语言学经典文丛

吕叔湘自选集

吕叔湘 著

上海教育出版社

吾生也有涯，而知也无涯。

——庄子·养生主

但开风气不为师。

——龚自珍

出 版 说 明

　　上海教育出版社成立六十年来,出版了许多语言学专著,受到学界的欢迎。为满足读者的需要,我们从历年出版的著作中精选了一批,辑为"语言学经典文丛"。此次出版,我们按照学术著作出版规范的国家标准,对编入文丛的著作进行了体例等方面的调整,还对个别差错予以改正。其他均保持原貌。

上海教育出版社

2018 年 8 月

序

　　将近半个世纪以来,我写了不少关于语言文字的文章。有专书,有单篇论文,有短篇札记;有专题研究,也有普及性的论述。去年上海教育出版社的同志说要给我出一本选集,征求我的同意,我同意了。过了些时候,负责编选的同志说是在文章的取舍之间很感觉为难,说是不如由我自己挑选,于是〈选集〉就变成〈自选集〉。殊不知自选比他选,其困难有过之无不及。

　　经过一番考虑,觉得需要先确定这么一本选集是供哪些个读者看的,才好定文章的去取。我想,研究某一个语文问题,要参考我的意见的同志多半会去找原书,不会到选集里来搜寻。选集的读者大概是对有关语言文字的事情怀有一般的兴趣,想拿来随便翻翻,借以增广见闻的。根据这样的考虑,我把以考据或者论证为主的论文都排除了。只有两个例外。一个是〈汉语语法分析问题〉。这是很多读者,专业的和业余的,感兴趣的问题,而这一篇文章是我对这个问题思考多年的结果,尽管我在其中的许多细节上没有做结论。另一个例外是〈'们'和'家'〉。这是因为选了〈三身代词〉连带选进去的,同时也因为这是我研究语法最早着手的问题。这一篇是已经经过改写的,初稿〈释您、俺、咱、喒,附论们字〉收入〈汉语语法论文集(增订本)〉(1984),有兴趣的读者可以把这两篇做个比较,悟出同一个内容可以有不同的写法。

　　从专书里选取章节,要考虑到这些章节是否具有一定程度的独立性。我从〈中国文法要略〉里选了四章。〈句子和词组的转换〉这一章是比较能够独立的。〈释因·纪效〉、〈假设·推论〉、〈擒纵·衬托〉这三章构成一个集体,论述有逻辑关系的句子。〈近代汉语指代词〉里只

有〈三身代词〉这一章跟其余各章关系比较疏,可以入选,〈'们'和'家'〉这一章是〈三身代词〉的补充。〈语文常谈〉里边每篇都可以独立,这里选了三篇。选录单篇论文的时候我考虑的是各个方面都有代表。札记的选录比较容易,主要的考虑是读者是否会对它感兴趣。

最后还有个排次序的问题。按文章发表的先后,是一种办法,按题目的性质分类,也是一种办法。最后采取的是按原来的单行本分开排列。也有一处例外,就是谈汉语和英语的词义异同和英汉翻译的三篇是从三本书里取出来放在一起的。

我写文章总是谨守一个原则,尽量让读者容易看懂,愿意看下去;一个人多费点劲可以省得许多人费劲。除此之外,在题目性质允许的条件下,我总想把文章写得生动些,不让读者感到沉闷。如果这本选集能够让不同嗜好的读者都能在里边找到几篇他能够欣赏的文章,而其余的也不让他皱眉头,我就喜出望外了。

吕叔湘

1987 年 11 月 15 日

目　　录

（以上选自《语文近著》）

句子和词组的转换

表态句和形容性加语

6.1　我们在第二章里讨论过，词和词的配合，可以有组合关系（即附加关系），结果是⌊词组⌉，又可以有结合关系（即造句关系），结果是⌊词结⌉，独立的词结就是⌊句子⌉。由此可见词组和句子的分别是配合的方式不同，并不是说词组里头包含的意义一定比句子少些。比如：

我前天在少城公园无意之中遇到的那位北京来的朋友，

虽然包含许多概念，只是一个词组；而

山高；水深；人来；客去，

却是四个句子，虽然每句只包含两个概念。

大概说来，相同的几个概念，可以配合成句子，也可以配合成词组；所以一句现成的句子大概可以改换成一个词组；大多数的词组也可以改换成句子。例如上面的那个词组，可以改成

我前天在少城公园无意之中遇到一位北京来的朋友，

这就成了句子了。又如那四个短句，如改成

　　　　　　高山；深水；来的人；去的客，

便都成了词组。本章就要讨论这种转换关系。可是句子和词组虽然可以转换，却不可误会他们的作用相同。无论怎样复杂的词组，他的作用只等于一个词；造句的时候，他只能做句子的一个成分。

　　同时我们也可以借此考查一下一个词组的加语和端语之间的关系。这个关系有时隐藏在内，有时用⌊的⌉或⌊之⌉来表示。我们在第二章里只泛概的称这种关系为⌊附加关系⌉，其实这个隐藏着的，或由⌊的⌉或⌊之⌉表示的关系并不单纯，⌊附加关系⌉只是从形式方面着眼的一个总名称而已。

　　我们拿上面的两个例子来看：⌊高山⌉，⌊深水⌉这两个词组里的加语都是形容词，我们称之为⌊形容性加语⌉。这两个词组转换成⌊山高⌉，⌊水深⌉，这两个句子都是表态句。所以我们可以得一结论，由表态句转成的词组，他的加语是形容性的。一部分表态句的谓语是动词（5.3），所以动词用作加语也是形容性，这个下文还要讨论。现在再把5.21里的例句找两个来试变词组，如：

　　　　　深溪；肥鱼；香泉；冽酒。
　　　　　呜呜之声，蝺蝺之音。
　　　　　惨淡之色，清明之容；栗冽之气；萧条之意。

　　凡是⌊形加名⌉的复词，里面所隐藏的关系就是这种关系，不过整个词组的意义往往特殊化了，例如⌊甘草⌉不是任何⌊甜的草⌉（参阅2.31）。

　　我们翻翻5.2各节的例句，应该注意到一件事：⌊他本来很热心⌉，不能转成⌊很热心的他⌉。尽管现代语体文里也不乏其例，如⌊落在这样生疏的甚至还有些敌意的环境中的他们俩⌉（大泽乡），口语里是绝对没有的。同样，假如有⌊这个干净⌉这么一句表态句，也不能转成⌊干净的这个⌉。因此我们可以得出结论：凡是指称词都不受修饰，即不能做词组的端语。这条规律适用于以下各节。

　　以上讨论的是拿主语做端语的例。我们是否还可以拿谓语做端

语呢,例如⌞溪之深⌝,⌞鱼之肥⌝? 也可以,下面 6.7 各节要讨论。

有无句和领属性加语

6.2　只有止词没有起词的有无句,即所谓纯粹的⌞存在句⌝,是不能改变成词组的,例如⌞有两个和尚⌝不能改成⌞有的两个和尚⌝。

有无句的另一极端是有起词,有止词,类似叙事句形式的⌞领属句⌝,如⌞我有一本书⌝。⌞我⌝和⌞书⌝这两个概念,如果配合成词,就是⌞我的书⌝。和一般的叙事句不同,这里无需保留原来的动词。⌞我读书⌝改成词组是⌞我读的书⌝,但是⌞我有书⌝不必说⌞我有的书⌝,是因为⌞有⌝字实在和普通动词的性质不同,本质上是个关系词。

⌞我的书⌝和⌞红的书⌝同用⌞的⌝字,因为⌞我⌝和⌞红⌝同是加语。可是虽然同用一个⌞的⌝字,表示的关系可不完全一样,⌞我的书⌝的⌞的⌝表示一种领属关系。

有些领属句也可以拿起词做端语,改成词组,例如⌞那些人有钱⌝可以转成⌞有钱的那些人⌝,这里的⌞有钱的⌝是形容性加语。同样,⌞这本书有二百页⌝可以转成⌞二百页的一本书⌝,加语也是形容性,但是不带⌞有⌝字。这一式含数量的加语,在许多复词里可以见到,如:

> 独幕剧;双眼井;三角板;三家村;三脚猫;三联单;四腮鲈;五线谱;七弦琴;八角亭;八行书;九头鸟;百叶窗。

如⌞独幕剧⌝,转成句子就是⌞这个剧本只有一幕⌝,余例同此。

但是这种转换很有一点儿限制,例如⌞人有两条腿⌝,转成⌞(有)两条腿的人⌝,也不能说是不通,可是事实上用不着,除非在⌞坐在轿子里的也是一个有两条腿的人⌝这一类话里。

拿方所词做起词的有无句转成词组以后,那些加语(方所词)又象是领属性,又象是形容性,例如:

> 蜀鄙之僧;北冥之鱼;黔之驴;中国的桐油。

都可以有两种看法,但如不用⌞之⌝或⌞的⌝,则加语的形容性就特别明显,如:

> 蜀僧;黔驴;中国桐油;烟台苹果。

这个区别,有时很有关系,例如⌞我有几个广东朋友⌝(形容性)和⌞广州是广东的省会⌝(领属性)。

判断句和同一性加语

6.3　注释式的判断句,如⌞马,动物也⌝,⌞仁者,人也⌝这类句子,不能转成词组。我们不能说⌞动物马⌝或⌞马动物⌝或加⌞之⌝字成⌞动物之马⌝或⌞马之动物⌝。但传记式判断句却有转换可能,如:

> 中国第一大水长江;故东阳令史陈婴;大姊淑静;南阳高士刘子骥。(参阅 5.42 例句)

这种加语是一种头衔式的加语,⌞中国第一大水⌝就是⌞长江⌝,所以称为同一性加词。

　　以上的转换是拿主语做端语的,下面的例子是拿谓语做端语的。

> 吕公女吕后;梁父燕。

何以这两个词组不能取⌞吕后吕公女⌝和⌞项燕项梁父⌝的形式呢? 我们只要和前面的例子比较,就知道这一类头衔式的加语是不能拿人名地名来充当的(虽然在判断句里人名地名尽可以做谓语)。

　　因此,⌞子瑜者亮兄瑾也⌝这一句不好安排成一个词组的道理也就不难明白,因为两头都是人名啊。(⌞亮兄瑾⌝这个词组里,⌞亮兄⌝是同一性加语。)

　　形容性词组和领属性词组都不大用人名地名做端语,而同一性词组常拿人名地名做端语,这很可以表示这种词组和前两种的性质不相同。

　　还有一点也可以表示这种词组和别种词组不同，就是不能在加语和端语之间加⌞之⌝字。但是另有一类同一性词组里面可以加⌞之⌝字或⌞的⌝字，例如：

　　　来到⌞省亲别墅⌝的牌坊底下。（红41）
　　　诵⌞明月⌝之诗，歌⌞窈窕⌝之章。（赤壁赋）

这些词组的加语也是同一性的，⌞省亲别墅⌝就是那座牌坊。
　　上面第一个例子的⌞的⌝字还可以省去，但第二例的⌞之⌝字就不可少。以下词组里的⌞的⌝字也差不多都是非用不可的。

　　　建国的事业；战争的威胁；沙漠旅行的经验；明日开船的消息；迁地为良的主张；赤壁之战的故事。

这里面加语对于端语的关系是同一性，不是领属性（如⌞我的事业⌝），也不是狭义的形容性（如⌞伟大的事业⌝）；⌞建国⌝就是⌞事业⌝，所以是同一性。

叙事句转成词组

　　6.41　叙事句转成词组和句法变化最有关系，情形也比别种句子来得复杂。把一个叙事句改成词组，可以用谓语动词做端语，如⌞国之将兴⌝，下面6.7要讨论，这里只讲拿叙事句里的起词、止词、补词做端语的词组。
　　（甲）我们先看有起词无止词的句子，就是动词为内动词的句子。我们在5.33节里已经说过，内动词和形容词很相近，改造成词组以后，这种性质尤其明显。

句子	词组
水流。	流着的水；流水。
事情已成。	已成之事；成事。

客健啖。	健啖客。
将军百战死,壮士十年归。	百战而死之将军,十载归来之壮士。
眼终夜常开,眉平生未展。	(惟将)终夜长开眼,(报答)平生未展眉。

有许多⌊动加名⌉式复词,就是这一式词组,如:

书家;画士;游子;旅客;歌童;舞女;中立国;不倒翁;自鸣钟;高射炮;未亡人;流行病。

6.42　(乙)其次,有起词兼有止词的句子,如果拿起词做端语,其例如下:

句子	词组
人看人。	看人的人。
力拔山兮气盖世。	拔山之力,盖世之气。
乱石奔云,惊涛裂岸。	奔云乱石,裂岸惊涛。
浪淘尽千古风流人物。	淘尽千古风流人物的大浪。

复词的例:

售票员;编剧人;缝衣妇;浣纱女;生发油;除虫菊;记事诗;指南针;食蚁兽;吐蚊鸟;教书先生;注音字母。

有些本来该属这一式的复词,省去止词,就和上面(甲)项的复词相同,如:

缝妇;牧童;渡船;搭客;剪刀;扫帚;吹鼓手;研究员;发起人;保护色。

照汉语的习惯,在词组里也是要先动词后止词的,但是现在有如下的例子:

　　日报读者;电影演员;飞机乘客;汽车修理厂;卫生展览会;学习辅导员。

这些例子多半是因为下半截已经成为一个复词,上半截是外加的,所以也可以在当中加一个⌊的⌉字,如⌊日报的读者⌉,⌊电影的演员⌉。不过多少也受了点外国语的影响,如英语的 newspaper readers 之类。假如这些复词解散了,成为普通的词组,仍然应该守通常的习惯把止词搁在动词后面,如⌊看报的人⌉,⌊演电影的人⌉。

6.43　（丙）如果拿止词做端语,其例如下:

句子	词组
朱先生教英语。	朱先生教的英语。
老牛拉车。	老牛拉的车。
美人卷珠帘。	美人卷起的珠帘。
余游巴黎蜡人馆。	余所游巴黎蜡人馆⌊⌊所⌉字用法详6.6⌋。

句子里的起词可以省略,词组里也叫以,如:

　　哑子吃黄连,说不出的苦。
　　扶不起的阿斗。
　　未完成的交响曲。

复词的例:

　　人造丝;天落水;脚踏车;手提箱。

大多数的复词是省去起词的,这个时候附加的动词有显明的被动意味。例如:

佩刀;插图;提琴;拉面;熏鱼;烧酒;白切肉;精装本。

上面所说种种转换都是有限制的,尤其是(丙)式。如⌊眇者不识日⌋,如果拿起词做端语,改成词组⌊不识日之眇者⌋,已经勉强;如果拿止词做端语,成为⌊眇者不识之日⌋,简直不成话。余如⌊锣鼓喧天⌋,⌊呼声震耳⌋,⌊行人避路⌋这些句子都只能变成(乙)式词组,不能转成(丙)式词组。如⌊大哥回家⌋之类,同样不能转成(乙)式词组。

6.44　(丁)如果拿句子的补词做词组的端语,白话里对于人和物是分别看待的。凭借补词多数指物,转成词组的例:

用话激他。　　　　　　用来激他的话。
拿纸糊窗。　　　　　　拿来糊窗的纸。

假如补词指人(受词,关切补词,交与补词),照例在关系词后仍然还得用个⌊他⌋字,如:

你送花给一个人。　　　你送花给他的人(我认得)。
我就向一位老人家问路。　我向他问路的老人家(偏偏是
　　　　　　　　　　　个聋子)。
你替你的朋友买票。　　你替他买票的朋友(早已走
　　　　　　　　　　　了)。

文言在这些词组里都要应用⌊所⌋字,和止词作端语的词组一样。
方所补词和时间补词作端语的例:

他把书插在书架上。　　他插书的书架。
他那天看见王胖。　　　他看见王胖的那天。

许多⌊动加名⌋式复词,那里的端语对于加语(动词)处于补词的地位,大率都是工具补词(凭借补词),例如⌊望远镜⌋本是⌊以此镜望远⌋。余如:

> 磨刀石；穿衣镜；习字帖；敲门砖；
> 发刊词；疑问号；计算尺；救护车。
> 照相机；留声机；纺纱机；……机。
> 测音器；瞄准器；听诊器；……器。

复词里面工具补词和起词很难分，例如⌊磨刀石⌉的⌊石⌉也可以算起词，⌊剪刀⌉的⌊刀⌉也可以算工具补词。方所补词作端语的例：

> 游泳池；藏书楼；签到簿；人行道；
> 积谷仓；会客室；办公厅；问询处。

其余补词做端语的例就不大看见了。

⌊者⌉字的作用

6.51　表态句和叙事句改造成词组，常在加语和端语之间加用⌊的⌉字或⌊之⌉字，上面已经说过。我们应用这种词组，有时把端语省去，比如上文刚说过，就无须重说。例如：

> 三十二个学生里头考在甲等的五个。
> 刚才看见三个骑马的人过去，后面跟着一个骑驴的。
> 这是化钱买来的书啊，别把他当捡来的。
> 有钱的和尚没去成，穷的倒去了来了。

以上都是白话的例子。我们知道白话里用⌊的⌉字的地方，文言里多用⌊之⌉字，但是这些地方却不能用⌊之⌉字，要用⌊者⌉字。

> 三十二人中考列甲等者五人。
> 富僧不能至，而贫者至焉。
> 桃花不名一色……与梨花间植者，尤有殊致。（看桃花记）
> 旁皆大松，曲者如盖，直者如幢，立者如人，卧者如虬。（新城

游北山记)

　　天下事有难易乎？为之则难者亦易矣；不为，则易者亦难矣。
（为学）

　　看七月半之人……名为看月而实不见月者……身在月下而
实不看月者……亦在月下，亦看月而欲人看其看月者……月亦
看，看月者亦看，不看月者亦看，而实无一看者……看月而人不见
其看月之态，亦不作意看月者。（陶庵梦忆）

这些句子里如果用「之」字，那个词组就缺点儿什么似的，非用「者」字
站不住。所以我们可以说这个「者」字有一种「完形作用」。

　　6.52　这个「者」字的完形作用，常常可以利用来改变加语和端语
的次序。例如白话里说「有钱的和尚没去成，穷的倒去了来了」，文言
里仿佛觉得这种把端语放在两个加语的一个的后面不大整齐似的，就
把端语索性放在前面，两个加语后头都用「者」字衬住，就成了

　　　　僧富者不能至，而贫者至焉。（为学）

其余的例子：

　　　　儿女大者攀衣，小者乳抱。（先妣）
　　　　佛像大者数丈，小者数寸。（云冈）
　　　　以土砾凸者为丘，凹者为壑。（记趣）

有时在端语之后加个「之」字使他处于一种分母地位，如：

　　　　大夫之忠俭者从而与之，泰侈者因而毙之。（左传）
　　　　牛之佳者不大胜亦不大败；次者虽败犹能好整以暇……下者
则苍黄抵触……不可牵挽。（斗牛）

这可以和分母性起词的有无句比较，如「玫瑰花有红的有白的」，改成
词组就是「玫瑰红者……白者……」或「玫瑰之红者……其白者」。

　　但是这实在是一种把加语移在端语之后的手法，一看下面的例子就明白了。

　　　　使吏召诸民当偿者悉来合券。（冯谖）
　　　　请益其车骑壮士可为足下辅翼者。（史记）

这都是因为加语太长了，放在端语之前不方便，所以移在后面的。

　　也有在这种句子里加一个「之」字的，大率端语若是一个单字就非加不可。如：

　　　　其石之突怒偃蹇，负土而出，争为奇状者，殆不可数。（柳记）
　　　　此亦理之不可信者。（市声说）
　　　　此又势之必不可者矣。（同）
　　　　况其他学术之较为复杂者乎？（有恒）

有了「之」字，俨然象是有分母分子的关系，其实下面只举一事，并非真的分述式（比较「客有吹洞箫者」式的句子），仍然是为了要把加语挪后。而且连挪后加语也不一定有必要，第一句的加语确是太长，其余无非利用这种格式而已。白话里就可以而且只能说在前，如「不能叫人相信的道理」，「办不到的事情」，「其他比较复杂的学术」。但是经过这一番挪动以后，词组成分的形式上的关系变了，加语变成端语，端语变成加语了（参阅 8.8）。

　　6.53　有时词组的端语并没有见于上文，只是因为不言而喻，也就无须说明，尤其是泛指「人」的时候。这个办法，文言里比白话里更常用，在下面的例句里有许多「者」字，翻成白话，不能单用一个「的」字，要加一个「人」字。

　　　　看戏的比唱戏的多。
　　　　这样说来，出门的倒比在家的安逸了。
　　　　一个巴掌拍不响，老的也太不公些，小的也太可恶些。（红 58）

自恃其聪与敏而不学，自败者也。（为学）

负者歌于涂，行者休于树，前者呼，后者应……射者中，奕者胜。（醉翁亭记）

适燕者北其辕……适越者南其楫。（辨志）

知者不惑，仁者不忧，勇者不惧。（论语）

不指人而指⌊物⌉或⌊地⌉的，例如：

君子务知大者，远者，小人务知小者近者。（左传）〔大事，小事〕

逝者如斯夫！（论语）

西望夏口，东望武昌……此非孟德之困于周郎者乎？（前赋）〔困于周郎之地〕

百年老屋，尘泥渗漉，雨泽下注，每移案，顾视无可置者。（项脊）〔无可置案之地〕

在复词里面，白话和文言一样，也常用⌊……的⌉代替⌊……的人⌉，例如：

当家的；看门的；打更的；掌柜的；卖糖的；算命的；打铁的。

文言里⌊……者⌉复词之例：

瞽者；瘖者；跛者；骙者；狂者；贤者；智者；长者；弱者；健者；老者。

骑者；耕者；门者；主者；从者；行者；卜者；作者；读者；歌者；学者；旁观者；当局者。

这可以看出⌊者⌉字比⌊的⌉字应用更广，例如⌊瞽者⌉、⌊跛者⌉，白话里只能说⌊瞎子⌉、⌊瘸子⌉。

还有一类复词，隐藏一个⌊者⌉字，如：

主席；主笔；司令；司书；司机；推事；录事；将军；屏风；惊闺；紧身；戒指。（以上动词带止词）

教授；警察；监督；经理；传达；书记；看护；买办。（以上动词不带止词）

6.54　以上说明⌊……的⌉在白话里可以独立作名词用，⌊……之⌉在文言里不能独立，要把⌊之⌉字改成⌊者⌉字才行。可是这⌊者⌉字上面只许用形容词或动词，不能用名词或指称词。换句话说，连系形容性的加语的⌊之⌉可以改用⌊者⌉，连系⌊领属性⌉的加语的⌊之⌉字不能改用⌊者⌉；当然也不能就用⌊之⌉，干脆就是不能独立，例如我们在白话里可以说：

尊敬咱们的老辈，也就得尊敬人家的。

但是文言只能说：

老吾老，以及人之老。（孟子）

不能说⌊以及人者⌉，更不能说⌊以及人之⌉。

⌊所⌉字的作用

6.61　⌊所⌉字有两个作用，一是指示，二是完形。

怎么样是⌊所⌉字的指示作用呢？比如说⌊猫捉老鼠⌉，这是个句子，改变成词组，可以拿⌊猫⌉做主体，也可以拿⌊老鼠⌉做主体。拿⌊猫⌉做主体词，⌊捉老鼠的猫⌉，用文言说，是⌊捕鼠之猫⌉，只是把个⌊的⌉字换成⌊之⌉字就完了。拿⌊老鼠⌉做端语，白话是⌊猫捉的老鼠⌉，文言可不能照样换个⌊之⌉字，作⌊猫捕之鼠⌉就完结，要加个⌊所⌉字在动词之前，⌊猫所捕之鼠⌉。这个⌊所⌉字的作用就是指示这个词组的端语⌊鼠⌉。

在古书里间或有⌊所⌉字指示原为起词的端语，但是照通常的用

法,只有端语原为止词或补词时才用这个⌐所⌐字。以下是止词做端语的例句:

> 仲子所居之室……所食之粟。(孟子)
> 天所立大单于敬问皇帝陛下无恙。(史记·匈奴列传)
> 视驼所种树,或移徙,无不活。(郭橐驼传)
> 故拯幼时,每朝入塾,所读书乃熟于他童。(课诵图)
> 复至飞来峰下,寻前所见村落而歇焉。(游西湖记)

从上面例句里可以看出:(一)用了⌐所⌐字以后,动词下面就可以不用⌐之⌐字,而白话里的⌐的⌐可不能不用;(二)动词的起词已见上文,可以省去,如⌐课诵图⌐及⌐游西湖记⌐二例,白话里也可以省去。

现在的口语里面是不用⌐所⌐字的(除少数成语),但一般白话文里常常看见,这是从文言里吸收过来的。

6.62　这类词组,假如省去端语,在白话里无须特殊表示,如:

> 你写的字比我写的好。
> 街上卖的哪有树上现摘下来的新鲜。

在文言里有⌐所⌐字的词组,假如省去端语,可以用⌐者⌐字来完成词组的名词性,但多数可以不用⌐者⌐字。我们可以说⌐所⌐字本身也兼有完形的作用。我们又常在原来的起词之下加一个⌐之⌐字,仿佛表示起词处于一种领属性的地位。

这种⌐所……者⌐或⌐所……⌐,假如省去的端语并未见于上文,那就是泛指事物,指人的例子较少,读者可以在下边的例句里试为辨别。

用⌐所⌐字兼用⌐者⌐字之例:

> 视吾家所寡有者。(冯谖)
> 然则吾所求者无不可乎?(左传)
> 叔孙所馆者,虽一日必葺其墙屋,去之如始至。(左传)
> 所爱者,挠法治之;所憎者,曲法诛灭之。(史记·酷吏列传)

单用⌊所⌉字不用⌊者⌉字的例：

仲子所居之室，伯夷之所筑与？抑亦盗跖之所筑与？（孟子）

舟车所至，人力所通，天之所覆，地之所载，日月所照，霜露所坠，凡有血气者莫不尊亲。（中庸）〔所至、所通……之处〕

令我日闻所不闻。（陆贾传）〔⌊所⌉上隐⌊吾⌉字〕

闻所闻而来，见所见而去。（晋书・嵇康传）

吾不忍为公所为，公所为不合古。（史记・叔孙通传）

非骚人之事，吾所不取。（黄冈竹楼记）

但愿常如此，躬耕非所叹。（陶潜诗）

鬻百货于市者，类为曼声高呼，诗所挟以求售。（市声说）

以吾所长，攻敌所短，徼天之幸，或能免乎。（冯婉贞）

6.63　以上各例，词组的端语原来是动词的止词。但不是只有止词需要⌊所⌉字，各种补词（假如能用作端语）都要用⌊所⌉字，只有起词通例不用。以下举补词作端语的例；说出端语的较少，大多数单用⌊所⌉，或⌊所……者⌉。

揖所与立。（论语）〔交与〕

其妻问所与饮食者，则尽富贵也。（孟子）〔交与〕

其在东所与游者，率皆赤心人。（林觉民）〔交与〕

梁乃召故所知豪吏，谕以所为起大事。（项羽本纪）〔目的〕

陛下所为不乐，非为赵王年少，而戚夫人与吕后有郤邪？（史记・张丞相列传）〔原因〕

所以饰后宫，充下陈，娱心意，悦耳目者必出于秦然后可。（史记・李斯传）〔凭借〕

臣恐侍御之不察先王之所以畜幸臣之理，而又不白于臣之所以事先王之心。（国策・乐毅报燕王书）〔上原因，下凭借〕

夫江湖所以济舟，亦所以覆舟。（袁宏：三国名臣序赞）〔上凭借，下原因〕（此二例可以表示原因补词和凭借补词很相近，所以用同一个关系词⌊以⌉字。）

见渔人，乃大惊，问所从来。（桃花源记）〔来由〕

自古至今，所由来远矣。（史记·三王世家）〔来由〕

以上各例，如用白话说，⌊和⌉、⌊跟⌉、⌊给⌉等字之后一定还要有个⌊他⌉字（参阅 6.44）。不用⌊所⌉字而用个⌊之⌉字在⌊与⌉、⌊为⌉、⌊以⌉等字之后，也可以帮助明了意义，但是这些句子便不合文言习惯了，因为这两个字性质大异，不可通用。例如⌊江湖，所以济舟，亦所以覆舟⌉，如果说⌊江湖，以之济舟，亦以之覆舟⌉，是不很通顺的。

方所补词的情形，又跟别的补词两样些。比如说⌊马生于某地⌉，倘若拿某地做主体而改成词组，照上面⌊所与⌉、⌊所为⌉、⌊所以⌉、⌊所从⌉等例子，应该是⌊马所于生之地⌉，但是通常不用这个⌊于⌉字，如：

冀北之土，马之所生。（左传）

殽有二陵焉……其北陵，文王之所辟风雨也。（左传·殽之战）

市者，声之所聚；京师者，又市之所聚也。（市声说）

予以罪废无所归。（沧浪亭记）

下面用⌊于⌉字的例句，反而是例外，可以和上面最后一例比较：

以官为家，罢则无所于归。（韩愈：送杨少尹序）

我们还可以用白话来比较，⌊他把书插在书架上⌉变成词组是⌊他插书的书架⌉，不说⌊他插书在上的书架⌉。

应用⌊所⌉字构成的复词远不及应用⌊者⌉字的多，下面是几个常见的：

所得；所有；所在；所天；所欢。

组 合 式 词 结

6.71   句子化为词组还有一个方式，上面已经提起过，就是把谓

语做端语,把主语改做加语。办法很简单,只在主语和谓语之间加个
└之┐字就行,分类举例如下:

（甲）叙事句转成组合式词结:

> 三子之不迁其业,非保守而不求进步之谓也。（有恒）
> 旁观者徒艳羡其功之成。（毅力）
> 例如比之受攻于德,比人奋勇而御敌,虽死无悔。（舍己
> 为群）

以上例句里的└……之……┐,形式上是一个词组,└三子之不迁其业┐
和└三子之业┐是同一形式。但是就内容而论,└三子之不迁其业┐实在
是一个词结,和└三子不迁其业┐是同一个意义。我们称这一类词组
为└组合式词结┐,当然也不妨称之为└结合性词组┐。不管名称如何,
反正只要知道,这些原来是句子,现在不是句子了。这里所加的
└之┐字,可说他的作用是取消句子的独立性。至于这些└组合式词结┐
在句子里头有什么作用呢,我们七八两章都要讨论,现在单注意他们
的形式。以下是表态句等等转成的例子:

（乙）表态句转成组合式词结:

> 吾资之聪,倍人也;吾材之敏,倍人也。（为学）
> 忘路之远近。（桃源）
> 虽不若市声之哓哓然,而无声之声,震于钟鼓矣。（市声说）

（丙）判断句转成组合式词结:我们要注意,这个时候不但否定性
句子要有系词└非┐,肯定性句子也非有系词└为┐不可了。

> 今三世以前,至于赵之为赵,赵主之子孙侯者,其继有在者乎?
> （国策）〔此└为┐有└成为┐之意,└赵之为赵┐即└赵始建国┐。〕
> 汉之为汉几四十年矣。（论积贮疏）
> 是第知盲者之为盲,而不知不盲者之尽为盲也。（盲者说）
> 言之津津,几忘我之为牛,牛之为我焉。（斗牛）

今夫弈之为数，小数也。（孟子）

（丁）有无句转成组合式词结（无起词的有无句不能转成组合式）：

象之有鼻犹人之有手也。
故士大夫之无耻，是谓国耻。（顾炎武：廉耻）

6.72　在文言里，⌐三子之业⌐之前，假如已经说过⌐三子⌐，就可以拿⌐其⌐字来代⌐三子之⌐，成为⌐其业⌐。这个原则同样适用于组合式词结，⌐三子之不迁其业⌐也可以作⌐其不迁其业⌐。下面是应用⌐其⌐字造成的组合式词结之例，仍分四类。甲类的前两例都是先用⌐……之⌐，后用⌐其⌐。

（甲）大夫之许，寡君之愿也，若其不许，亦将见也。（左传）
孟子，吾见师之出而不见其入也。（左传）
既共出，则或咎其欲出者，而予亦悔其随之而不得极夫游之乐也。（游褒禅山记）⌐⌐其⌐指⌐予⌐⌐
比其反也，则冻馁其妻子。（孟子）
（乙）宁武子……其知可及也，其愚不可及也。（论语）
及其老而病也，曰……（有恒）
不学者以艰深文其浅陋。
（丙）迨以手扪之，始知其为壁也，画也，皆幻也。（巴黎油画）
又四围幽壑深林，不类人境，惧其为虎豹之窟穴，因返。（游西湖记）
（丁）人之有是四端也，犹其有四体也。（孟子）

6.73　组合式词结，一般说来，是文言所特有，白话里本不大见。但是近来的语体文，一方面是受文言的影响，一方面受外国语的影响，也常有这种形式出现了。如：

她的质问和我的羞愧都是一点理由没有的。(寄小读者)

我心里暗笑他的迂。(背影)

我辨认了星月的光明,草的青,花的香,流水的殷勤。(康桥)

这些词组的加语原是端语(谓语)的主语,这是合于文言的惯例的。但另有一类的加语是端语(动词)的止词(即动词有被动性),如:

校舍的修建;园地的开辟;国语的学习;革命的完成;条约的订定;诺言的履行;一个人的毁灭;一个剧本的演出。

从前的文言里虽然间或也有这种例子,可是不多。现代的广泛应用,不能不说是主要由于外国语的影响。

词 组 代 句

6.8　词组不是句子,但是有时可以拿来代句子用,在诗词里很普通,如有名的元人小令〈天净沙〉:

枯藤老树昏鸦,小桥流水人家,古道西风瘦马,夕阳西下,断肠人在天涯。

除「夕阳西下」和「断肠人在天涯」各成一句外,其余十八字每两字成一词组,放在这里不能不说是有句子的功用,我们可以说是一种变相的「存在句」。这一类例子很多,如:

绿蚁新醅酒,红泥小火炉。晚来天欲雪,能饮一杯无?(白居易)

秦时明月汉时关,万里长征人未还。(王昌龄)

恻恻轻寒剪剪风,杏花飘雪小桃红。(韩偓)

西塞山前白鹭飞,桃花流水鳜鱼肥;青箬笠,绿蓑衣,斜风细雨不须归。(张志和)

玉钗斜簪云鬟重,裙上缕金双凤。八行书,千里梦,雁南飞。
(温庭筠)

其一,楼船箫鼓,峨冠盛筵,灯火优僮,声光相乱……其一,小船轻幌,净几暖炉,茶铛旋煮,素瓷静递。(陶庵梦忆)

白话里没有这一类用法,但赞叹的句子也常常取词组的形式,如:

多么热的天啊!
渔阳——好一个顺口的名儿!(茅盾:大泽乡)

释 因·纪 效

时 间 和 因 果

21.11　两件事情一先一后发生，可以是偶然的，也可以不是偶然的。如果我们不特别注重其间的因果关系，我们不妨仍然用时间关系词来连系。例如：

> 我不在家，你们就欺负我妈了。（冬儿）
> 秦始皇帝曰，⌊东南有天子气⌉，于是因东游以厌之。高祖即自疑，亡匿。（史·高祖纪）
> 孟尝君使人给其食用，无使乏。于是冯谖不复歌。（冯谖）
> 率妻子邑人来此绝境，不复出焉，遂与外人间隔。（桃源）
> 侯生视公子色终不变，乃谢客就车。（史·魏公子传）
> 吾言已在前矣，吾欲全吾言。（史·赵世家）

这类句子，表面上以时间相连系，但先后两事之间实亦因果相关。这些句子里，如果改用⌊故⌉、⌊以此⌉（前五例）及⌊以⌉、⌊为⌉（后一例）等词，因果关系就明确地表示出来了。

21.12　甚至不用关系词，其中也往往可以隐含因果关系。例如：

> 天也不早了，咱们也该散了。
> 看见叶子掉，知道是秋；看见叶子绿，知道是春。（康桥）
> 夫子时然后言，人不厌其言；乐然后笑，人不厌其笑；义然后取，人不厌其取。（论·宪问）

> 余嘉其能行古道,作师说以贻之。(师说)

这一类句子甚多。其中也有可以加「故」或「所以」的,但语气自然很有分别。

21.13　下面的例句也是不用关系词而隐含因果关系的,但句子组织的次序不同,先说后果,后说原因。白话里这种先果后因的句子很常见,酌举几例:

> 下了店不妨,那是店家的干系;走着须要小心。大道正路不妨,十里一墩,五里一堡,还有来往的行人;背道须要小心。白日里不妨,就是有歹人,他也没有大清白昼下手的;黑夜须要小心。(儿 3)
>
> 他不在家,剪头发去了。(姑姑)
>
> 你不用吓得那么样,我不是向你求婚。(压迫)

文言里类似的句子如:

> 余不能冠,被风掀落;不能袜,被水沃透;不敢杖,动陷软沙;不敢仰,虑石崩压。(袁枚:游黄山记)
>
> 打起黄莺儿,莫教枝上啼,啼时惊妾梦,不得到辽西。(金昌绪诗)

21.14　上面两节所举的例,要是加上适当的关系词(不是每句都相宜),因果关系就很明显了。例如:

> 下了店不妨,因为那是店家的干系。
>
> 夫子时然后言,故人不厌其言。

两件事情中间的因果关系,可以有两种说法:或是说甲事为乙事之因(例一),或是说乙事为甲事之果(例二)。前者可以称为释因句,后者可以称为纪效句。

有些句子兼用释因和纪效的关系词（白话里头尤其多），那就不能一定划入哪一类。例如：

> 虽然云是白的，山也是白的，云有亮光，山也有亮光，只因为月在云上，云在月下，所以云的亮光从背后透过来；那山却不然的……。（老残12）
>
> 我一进来，他就要去请你，我因为恐怕你有事，所以没有要他去。（亲爱的丈夫）
>
> 以不能取容当世，故终身不仕。（史·张释之传）
>
> 高帝已定天下，为中国劳苦，故释佗弗诛。（史·尉佗传）

但大多数句子只用一方面的关系词，所以我们还可以分别讨论。

原　　因

21.21　⌊原因⌉是个总括的名称，细分起来至少有：(1) 事实的原因，如⌊因为天冷，缸里的水都结了冰⌉；(2) 行事的理由，如⌊因为天冷，我又把毛线衣穿上了⌉；(3) 推论的理由，如⌊天一定很冷，因为缸里的水都结了冰了⌉。普通人说话是不去注意这个分别的，所以用的关系词大致相同，可是也有一部分关系词显然宜此而不宜彼。此外还有⌊目的⌉的观念，和行事的理由很相近，但所用关系词有同有不同。

因，以，为，由

21.22　最常用的表示原因（广义）的关系词，在白话是⌊因为⌉和⌊为（了）⌉，在文言是⌊以⌉、⌊为⌉、⌊由⌉。这些关系词可以引进原因补词，也可以连系原因小句。原因补词通常在主语和动词之间；在原因补词之前，白话多用⌊为了⌉，用⌊因为⌉较少，文言除上述各词外又用⌊用⌉字和⌊因⌉字。例如：

> 他为了这件事急得三夜没有睡觉。

君子不以言举人，不以人废言。（论·卫灵公）

臣闻，取人以人者，其去人也亦用人。（管·小问）

因前使绝国功，封骞博望侯。（史·卫青传）

仕非为贫也，而有时乎为贫。（孟·万章下）

原因补词和动词之间有时加用「而」字，例如：

我不杀周侯，周侯由我而死；幽冥中负此人。（世说·尤悔）

古人常有因狷侮而得祸者。（蔡元培：戒狷侮）

21.23　原因小句可以有好几种位置，在后果小句之前或后，或嵌在后果小句的中间，即主语和动词之间，与原因补词同。例如：

因为你没有来，大家的兴致都差了。〔在前〕

我所要介绍的是祥子，不是骆驼，因为骆驼只是个外号。（骆驼祥子）〔在后〕

非不呺然大也，吾为其无用而掊之。（庄·逍遥游）〔在中〕

当是时，诸侯以公子贤多客，不敢加兵谋魏十余年。（史·魏公子传）〔在中〕

不识庐山真面目，只缘身在此山中。（苏轼诗）〔在后〕

21.24　文言里，后置的原因小句常结以「也」字，表语气之决断。先置的原因小句也常常加一「也」字，表语气之顿宕。例如：

左右以君贱之也，食以草具。（冯谖）〔先置〕

先帝属将军以幼孤，寄将军以天下，以将军忠贤，能安刘氏也（汉·霍光传）〔以下后置〕

出二子命之日，「鼻以上画有光，鼻以下画大姊」，以二子肖母也。（先妣）

是故秦变封建而为郡县，以郡县得私于我也；汉建庶孽，以其可以藩屏于我也；宋解方镇之兵，以方镇之不利于我也。（黄宗

羲：原法）

还有,这类原因小句常利用⌊其⌉字和⌊之⌉字作成组合式词结,如上举例四之第二及第三中句,这是因为⌊以⌉、⌊为⌉等字原来都是动词,下面宜于接词组。又如：

> 黡之役,而父死焉。以国之多难,未汝恤也。（左・哀二七）〔先置〕
> 孝子无姓名；人以其哑而孝也,谓之哑孝子。亦不悉为何里人；昆明人以其为孝子也,谓之昆明人。（哑孝子）〔先置〕
> 竹工破之,刳去其节,用代陶瓦,比屋皆然；以其价廉而工省也。（黄冈竹楼记）〔以下后置〕
> 日之与钟籥亦远矣,而眇者不知其异；以其未尝见而求之人也。（日喻）
> 夫过者,大贤所不免,然不害其卒为大贤者,为其能改也。（示龙场诸生）

故

21.25　我们又常常应用⌊故⌉字表原因；这里的⌊故⌉字都应看作名词(缘故),和下节的关系词⌊故⌉不同。文言里常用⌊故也⌉结束在后的原因小句(有时只是一个补词),例如：

> 殷礼吾能言之,宋不足征也。文献不足故也。（论・八佾）
> 莒溃,楚遂入郓,莒无备故也。（左・成九）
> 窃以为与君实游处相好之日久,而议事每不合,所操之术多异故也。（王安石：答司马谏议书）
> 郑之从楚,社稷之故也。（左・宣一二）

21.26　白话里和这相同的句法,如：

记得有人翻译英文,误 port 为 pork,于是葡萄酒一变而为猪肉了。这何尝不是眼不到的缘故。

但除此以外还有别种应用⌊缘故⌉一词的方式,如:

地球绕日球一周的时间,月球绕地球十二周有余;这就是阴历必须置闰的缘故。

这和前面那个例句形式上很相似,但实质上大异其趣,因果的次序恰恰相反,第一句等于说⌊因为眼不到⌉,第二句等于说⌊所以必须置闰⌉。(这是因为两个⌊的缘故⌉的⌊的⌉字作用不同:第一句的⌊的⌉字是同一性,与文言⌊之故⌉同,但第二句的⌊的⌉字是领属性。参阅 6.2—3。)从这两式又分别产生下列二式:

讲送官,不必:原故,满让把他办发了,走不上三站两站……依旧放回来了。(儿 31)〔因为办发了依旧放回〕

地球绕日球一周的时间,月球绕地球十二周有余;阴历必须置闰,就是这个缘故。〔所以阴历必须置闰〕

最后一例可以和 21.45 的⌊是故……⌉比较。

21.27　其次,我们又有下面加⌊故⌉上面又用⌊以⌉、⌊为⌉等字的句子。嵌在中间的有时只是一个词,有时是一个小句;因为下面有个⌊故⌉字,小句和单词同样都成了加语,形式上很相近了。这个原因小句或补词也有在后果句之前或之后的两种位置,在前的较多。例句:

齐侯为楚伐郑之故,请会于诸侯。(左·庄三二)

青青子矜,悠悠我心,但为君故,沉吟至今。(曹操诗)

乃欲以一笑之故杀我美人,不亦傎乎?(史·平原君传)

以母故,不敢大声语。(杜环)

秦皇帝大怒,大索天下,求贼甚急,为张良故也。(留侯)

所　以

21.28　文言常把「所以」或「所为」嵌在前置的后果小句里,小句末又常用「者」字一顿,用此唤起对原因小句的注意。这里的「所以……者」等于「之故」,和白话里用在后果小句头上的「所以」不同。例如:

> 西洋各国,工艺日精,制造日宏……所以能致此者,恃机器为之用也。(薛福成:机器说)
>
> 上所以数问君者,畏君倾动关中。(史·萧相国世家)

这一类句子有时仍在原因小句的头上用「以」、「为」等字,如:

> 夫燕之所以不犯寇被兵者,以赵之为蔽于其南也。(燕策)
>
> 国之所以为国者,以有民也;民之所以为民者,以有谷也;谷之所以丰殖者,以有人功也;功之所以能建者,以有日力也。(潜夫论·爱日)
>
> 陛下所为不乐,非为赵王年少而戚夫人与吕后有郄邪?(史·张丞相列传)

这些句子如果除去「所以」,就成为上面21.24的句法,如「陛下不乐,非为……邪?」同样,那儿的例句也有可以加用「所以」的,如「所以不害其卒为大贤者」。

者,也,是

21.31　文言里用「也」字的句子,本是一种解释的语气,要是用在一个复句的末尾,往往就是用第二小句来解释第一小句。这种解释,可以是一般的说明,例如:

> 明星荧荧,开妆镜也;绿云扰扰,梳晓鬟也;渭流涨腻,弃脂水也;烟斜雾横,焚椒兰也;雷霆乍惊,宫车过也。(阿房宫赋)
>
> 觥筹交错,起坐而喧哗者,众宾欢也。苍颜白发,颓乎其中者,太守醉也。(醉翁亭记)

又可以参阅 8.92 左传例,那儿是两人对语,一人提出事实,要求解释,另一人即加以解释。

这种解释句法当然也可以用来说明原因。例如:

> 古者言之不出,耻躬之不逮也。(论·里仁)
> 南方多没人,日与水居也。(日喻)
> 凡学之不勤,必其志之尚未笃也。(示龙场诸生)

这类句子,我们为方便计不妨说是隐有⌊以⌉、⌊为⌉之类的词在第二小句的头上。这种说法有些句子里是可用的,如上面第二例⌊日与水居也⌋也可以说成⌊以其日与水居也⌋;但在另外一些句子里便觉得勉强。总之,这种句子仍是判断句的形式,解释原因只是判断句的多种作用之一。如下例,明用⌊此⌉字做第二小句的主语,就是毫无疑问的判断句。

> 若事之不济,此乃天也。(赤壁)

这种用⌊也⌉字的解释句又常常在第一小句之末用⌊者⌋字一提;而有了⌊者⌋字以后,⌊也⌋字又往往可省。例如:

> 人君无智愚贤不肖,莫不欲求忠以自为,举贤以自佐,然亡国破家相属而圣君治国累世而不见者,其所谓忠者不忠而所谓贤者不贤也。(史·屈原传)
> 呜呼曼卿!盛衰之理,吾固知其如此,而感念畴昔,悲凉凄怆,不觉临风而陨涕者,有愧夫太上之忘情。(祭石曼卿文)

这种用「者」字的句子可以方便说是 21.28 所举例句的省说「所以」的。但也不妨说这个「者」字就是判断句里面主语谓语之间常见的「者」字。

21.32　这种解释原因的判断句也有并列两个原因而分别加以可否的。例如：

> 非敢后也，马不进也。（论·雍也）
> 圣王在上而民不冻饥者，非能耕而食之，织而衣之也，为开其资财之道也。（重农贵粟疏）
> 然今卒困于此。此天之亡我，非战之罪也。（项羽）
> 先生独未见夫仆乎？十人而从一人者，宁力不胜智不若耶？畏之也。（赵策）

例一只有原因小句（后果为当前之事实，无待陈说）。例二，肯定的原因用「为」字，和上头的「非」字相待，但这个「为」字实是因为之义，不等于「是」。末例的第一原因之否定采取反诘式。

21.33　又有虽不提出其他原因而加以否定，但上面加用「无他」一语，也可以加强表示底下所说的是唯一真实的原因。例如：

> 今王鼓乐于此，百姓……此无他，不与民同乐也。（孟·梁惠王下）
> 箪食壶浆以迎王师。岂有他哉？避水火也。（同）

既有「无他」表示唯一之意，下面就可以用「而已」或「耳」字（15.91—2）。这儿的例句虽然没有用「而已」或「耳」，别处却有这样的例子；并且上面不明用「无他」，下面也可以用「耳」字。例如：

> 天下匈匈数岁者，徒以吾两人耳。（项羽）
> 又荆州之民附操者，逼兵势耳，非心服也。（赤壁）
> 其卒能成功者，决心而已。

21.34　我们有时在原因小句头上用「盖」字；但「盖」字并无连系

的作用,下例除例一(因下无⌊也⌉字)外都可不用。⌊盖⌉字本来是大盖
之意,所以用⌊盖⌉字的原因句比不用⌊盖⌉字的语气和缓些。例如:

> 丘也,闻有国有家者不患寡而患不均,不患贫而患不安:
> 盖均无贫,和无寡,安无倾。(论·季氏)
> 孔子罕称命,盖难言之也。(史·外戚世家)
> 今言⌊华⌉如华实之⌊华⌉者,盖音谬也。(游褒禅山记)

21.35　白话又常常用⌊就是⌉、⌊都是⌉等词引进解释原因的句子,
例如:

> 昨日已好了些,今日如何反虚浮微缩起来? 敢是吃多了饮
> 食,不然就是劳了神思。(红53)
> 都是宝姐姐赞的他越发逞强,这会子又拿我取笑儿。(红42)
> 麻花儿又拉屎去了。老爷……便说,⌊这就是方才那碗酪吃
> 的。⌉(儿38)

这些例句,方便说法,也可说是省去⌊因为⌉二字。但最后一例显然不
适用这种解释,因为我们只能说⌊就是因为方才吃了那碗酪⌉,不能说
⌊就是因为方才那碗酪吃的⌉。事实上,和文言的例句相同,这也是用
判断句式表原因的句法。前边的文言例句有好些翻成白话就要用
⌊是⌉字。

21.36　原因补词,我们前边已经说过,多用⌊以⌉、⌊为⌉等词连系。
但在形容词及内动词后间或有用⌊于⌉字的,补词的位置自然是依⌊于⌉
字的通例放在后面。例如:

> 然后知生于忧患而死于安乐也。(孟·告子下)
> 文倦于事,愦于忧。(冯谖)
> 业精于勤,荒于嬉;行成于思,毁于随。(韩愈:进学解)

第一例是说⌊人之生全出于忧患,而死亡由于安乐⌉(朱注)。第二例

的⌞倦于事⌝是说⌞因为事情忙,累坏了⌝,不是说⌞懒得做事⌝;若照第二种讲法,⌞惯于忧⌝便讲不通了。这几句也未尝不可改用⌞以⌝、⌞因⌝等字,如⌞以忧患生,以安乐死⌝,⌞以勤而精,以嬉而荒⌝,不过比原句生硬多了。白话里类似的句法是:

　　这次的事情完全坏在事先准备不足。

后果: 所以

　　21.41　前边讲的是释因句,就是先说后果,然后就后果解释原因或理由的句法(原因小句有关系词的时候,也可以放在头里)。现在要讲纪效句,就是先说原因或理由,接下去陈述后果的句法。

　　这类句子,在白话里最常用的关系词是⌞所以⌝,而这个⌞所以⌝很明显的是从文言里变化出来的。文言里用⌞所以⌝,除前边21.28节所说句法外,又可以先说原因,然后用⌞此……所以……也⌝揭出后果。例如:

　　　亲贤臣,远小人,此先汉所以兴隆也;亲小人,远贤臣,此后汉所以倾颓也。(出师表)
　　　此商人所以兼并农人,农人所以流亡者也。(重农贵粟疏)

　　21.42　到了白话里,就索性把⌞此……也⌝的架子取消,把⌞所以⌝的性质改变,简直用作关系词。文言的⌞所以⌝必须用在主语谓语之间,因此象前节第二例就不得不两个小句各用一个⌞所以⌝;要是改作白话,只要说一个就够了;⌞所以商人就兼并农人,农人就到处流亡了⌝。换句话说,文言的⌞所⌝和⌞以⌝是两个词,各有各的作用,配成一个熟语;白话的⌞所以⌝只是混然一体的一个复音词,只有单一的作用。白话里用⌞所以⌝的例:

　　　一层一层的山岭,却分别不清楚,又有几片白云在里面,所以分不出是云是山。(老残12)

我们也知道你医院里事情很忙,所以一向不常请你出来。
(一只马蜂)

上句用「因为」下句用「所以」的例已见前 21.14 节。

故,是故,是以

21.43　文言用「故」字,是否也是从名词(21.25)变化而生,还不能说定;就句中用法而论,已经是个纯粹的关系词。例如:

求也退,故进之;由也兼人,故退之。(论·先进)
生亦我所欲,所欲有甚于生者,故不为苟得也。死亦我所恶,所恶有甚于死者,故患有所不避也。(孟·告子上)
我国尚仪式,而西人尚自然,故我国造像……鲜不具冠服者。
(雕刻)

21.44　在下句用「故」的句子里,我们又常在前置的原因小句的头上用「惟」字,意思等于「正因为」,用来肯定与一般人意想相反的因果关系。例如一般人以为不争便要输给人,但老子却说:

夫唯不争,故天下莫能与之争。

其余的例如:

惟不信,故质其子。(左·昭二〇)
惟忠故勇。(彭绍升:任公画像赞)

这里面语气重的,往往含有相反的假设句的口气,如:「如果信他,倒不必拿儿子来抵押了。」上面用了「惟」字,下面的「故」字有时可省。
语体文里也用「惟其」。口语里在「因为」、「为了」等词上头加「就是」,或只说「就是」、「倒是」,下面多用「才」字应。例如:

惟其最关心,所以也最怕失望,最易怀疑。

就是为了要你好,才要你吃这些苦。

一学者苦读书不记。先生曰,只是贪多,故记不得。(朱子语类)

倒是他说得这么动听,我倒有些不放心起来了。

21.45 「是故」和「以故」的「故」字大概是名词,但也未尝不可说是「如是,故」「以此,故」的简省。这两个词的作用都和单用的「故」字相同,但如前面的原因小句头上已有「以」「为」等字,当然以单用「故」字为宜。「是故」的例:

玉不琢,不成器;人不学,不知道。是故古之王者建国君民,教学为先。(礼记·学记)

夫珠玉金银,饥不可食,寒不可衣……粟米布帛,一日弗得而饥寒至。是故明君贵五谷而贱珠玉。(重农贵粟疏)

「以故」的例:

汉败楚,楚以故不能过荥阳而西。(项羽)

秦法,群臣侍殿上者不得持尺寸之兵……方急时,不及召下兵,以故荆轲乃逐秦王。(史·刺客传)

「是故」必须用在小句的头上。「以故」可以用在主语之后,是补词的普通位置;也可以用在主语前头,关系词的性质更充分。「故」和「以故」可以表示事实的后果,也可以表示事理的后果;「是故」只表示事理的后果(即上句为理由而非原因)。

21.46 文言又常常在后果小句用「是以」「以此」等词语,作用和「是故」「以故」相同;不用「故」字,而用「是」「此」等字代表上面所说的原因或理由。「是以」的例:

纣之不善,不如是之甚也。是以君子恶居下流,天下之恶皆

归焉。（论·子张）

　　天下之至柔驰骋天下之至坚，无有入无间，吾是以知无为之
有益。（老子）

⌊以此⌉、⌊以是⌉、⌊由是⌉的例：

　　良说项王曰，⌊汉王烧绝栈道，无还心矣⌉，乃以齐王田荣反书
告项王，项王以此无西忧汉心，而发兵北击齐。（留侯）
　　录毕，走送之，不敢稍逾约，以是人多以书借余。（送马生序）
　　先帝……三顾臣于草庐之中，咨臣以当世之事；由是感激，遂
许先帝以驱驰。（出师表）

以上例句中，⌊是以⌉用在主语前，⌊以此⌉等词有主语前和主语后两种
位置。⌊是以⌉和⌊是故⌉相似，只表事理的后果；⌊以此⌉等等可以兼表事
实的后果。

为之，至于，得

21.51　后果也可以用⌊为之⌉来表示，位置必须在主语之后。
例如：

　　昂首观之，项为之强。（记趣）
　　善诙谐，涉口成趣，一座为之倾倒。（林觉民传）

⌊为之⌉的结构和⌊以此⌉相似，但是作用不同。⌊以此⌉可以兼表事实的
和事理的后果，⌊为之⌉只表事实的后果，这是一个区别。可是这还不
是这两个词的全部区别。前边说过的⌊故⌉、⌊是故⌉、⌊以故⌉、⌊是以⌉、
⌊以此⌉等词，在白话都可以用⌊所以⌉，语气没有什么出入，⌊为之⌉就不
能用⌊所以⌉来对翻。⌊为之⌉多数有⌊其效果有如此者⌉的意思，用白话
说该是⌊把颈项都看僵了⌉等等。
　　21.52　在上节的例句中，我们可以注意到，用⌊为之⌉的小句都具

备主语,而这个主语和第一小句(表原因的)的主语不同。这就是说,这类句子用于甲事物的某一行动在乙事物方面产生某一后果。要是甲事物的行动在甲自身产生某一后果,或发展到某一更高阶段,我们用「至」或「至于」来表示。例如:

> 攻读之勤,至废寝忘食。
> 君臣相顾,不知所归,至于誓天断发,泣下沾襟。(五代史·伶官传序)
> 人之不廉而至于悖礼犯义,其源皆生于无耻也。(日知录·廉耻)

「至」字上面还可以加「而」或「以」,这表示此处「至」字还是一个动词,虽然我们也不妨把「而至于」整个作为关系词看。

在小句的头上用「致」、「令」等动词,也可以表示后果。例如:

> 吸收者浑沦而吞之,致酿成消化不良之疾。(文明之消化)
> 遂令天下父母心,不重生男重生女。(长恨歌)

21.53　以上是文言的说法。白话里类似的意思,应用「得」字(也写「的」)来表示,把两个小句打成一片,句型与文言大异。例如:

> 他气的睡去了。(红19)
> 黛玉笑岔了气,伏着桌子只叫「嗳哟」;宝玉滚到贾母怀里;贾母笑的搂着叫「心肝」;王夫人笑的用手指着凤姐儿,却说不出话来。(红40)
> 把个小丫头说的撅着嘴不敢言语。(儿35)
> 大兵凶,她更凶,凶的人家反笑了。(冬儿)

这类句子在文言里不尽数可以应用「至于」或「为之」,好些是只能分作上下两句,当中不用关系词。文言的例句也不尽数可以翻成白话用「得」的句子。但在大体上这两方面的句子可以归入一类。

21.54 用乚所以丨、乚故丨、乚是以丨等词的句子,和用乚为之丨、乚至于丨、乚得丨等词的句子,同是表示后果,可是显然是两类:比较乚气的很,所以睡去了丨和乚气的睡去了丨可知。这两类的区别何在?扼要地说,前者是议论性,后者是记叙性。前一类句子正好跟前边 21.22—28 各节解释原因的句子相对,乚所以丨对乚因为丨、乚故丨对乚以丨(联合使用的例见 21.14);虽然一个是由因推果,一个是由果究因,可都是议论的口气。用乚为之丨、乚至于丨、乚得丨等词,可就不带议论口气,只是当作连贯的事情来叙述。不但如此,两种句子的注意点也不同:前者注意的是乙事乚是丨甲事之后果,后者注意的是甲事乚有丨如乙之后果;前者是纯正的因果句,后者是借结果表示程度的句法。乚得丨字又可以连系单纯的容态或程度限制词,如乚这回看的细,这孩子美的很呢,象你丨(冰心,分),那又就谈不上后果了(参阅 9.88)。

因,以,而

21.61 此外文言里还有一类句子,上下两事也是一因一果,而句子的用意和上面所说两类句子都不同。这第三类句子是记叙性(不强调那个乚是丨字),和第一类不同;可是也不特别重视那个后果(不强调那个乚有丨字),又和第二类不同。只是在平铺直叙之中略示上下二事之非偶然相合。

这类句子里头有一部分在第二小句中间用一乚因丨字。按说乚因丨就等于乚因之丨或乚因此丨,结构和乚以此丨、乚为之丨都相似,可是力量薄弱多了。例如:

> 单父人吕公,善沛令,避仇从之客,因家焉。(汉·高帝纪)
> 良业为取履,因长跪履之。(留侯)
> 及至颓当城,生子,因名曰颓当。(史·韩王信传)
> 宅边有五柳树,因以为号焉。(陶潜:五柳先生传)
> 予少以进士游京师,因得尽交当世之贤豪。(欧阳修:释秘演诗集序)
> 以是人多以书借余,余因得遍观群书。(送马生序)

这些例句里面的⌞因⌝字都不妨改用⌞遂⌝字；用白话来说，只有后两例勉强可用⌞所以⌝，前四句都以⌞就⌝字较为恰当。这都可以证明⌞因⌝字并不重视因果关系，只是一种轻轻带过的说法。反过来，要是把这些⌞因⌝字改作⌞故⌝字：⌞避仇从之客，故家焉⌝⌞宅边有五柳树，故以为号⌝，便变成解释的、说明的、议论的语气，因果关系也就显明起来了。

还有些用⌞因⌝字的句子，竟说不上有因果关系，只是⌞借此⌝、⌞乘此⌝之意（⌞因⌝字的动词本义就是凭借，依循，如⌞因其势而利导之⌝），例如：

坐之堂下，赐仆妾之食，因数让之。（史·张仪传）

汉兵因乘胜，遂尽虏之。（史·绛侯世家）

故尝喜从曼卿游，因以阴求天下奇士。（欧阳修：释秘演诗集序）

另一方面，⌞因⌝字之下又可以加用⌞而⌝字，例如：

草木为之含悲，风云因而变色。（黄花冈）

用⌞因而⌝比单用⌞因⌝字所表因果关系要明确些。

21.62 不但⌞因⌝字可以单用，⌞以⌝字也可以单用。例如：

发愤忘食，乐以忘忧。（论·述而）

赐也何敢望回？回也，闻一以知十，赐也闻一以知二。（论·公冶长）

正言不讳，以危其身。（卜居）

象有齿以焚其身。（左·襄二四）

或多难以固其国，启其疆土；或无难以丧其国，失其守宇。（左·昭四）

而卒赖其力，以脱于虎豹之秦。（王安石：读孟尝君传）

这些句子里头，上下二事之间有因果关系，这是不成问题的，⌊以⌉可说是⌊以之⌉之省，和⌊因⌉字代表⌊因之⌉相类。照说⌊以之⌉该和⌊以是⌉或⌊是以⌉的作用相同，然而这两类句子显然不同。有些句子，如⌊正言不讳，以危其身⌉，可以改说⌊正言不讳，是以危及其身⌉，可是意思变了；有些句子，如⌊乐以忘忧⌉就不能改用⌊是以⌉。

⌊以⌉和⌊是以⌉的不同，正如⌊因⌉和⌊故⌉的不同，是叙述性和议论性的区别。可是⌊以⌉和⌊因⌉又不能互换。用⌊因⌉的句子，行事相继，多属有意，用⌊以⌉的句子，后果之来，纯出自然（且往往是不如意的）。这仍是事理和事实的分别，前节⌊因⌉字例句中只有例五例六的⌊因得⌉和最后的⌊因而⌉，不表行事之理由而表自然之因果。

还有一个区别，⌊因⌉字的副词性比较显明，我们没忘记他是代表⌊因之⌉这个附加语的；⌊以⌉字就不然了，如例六，用了⌊赖⌉字已有因缘之意，下面仍用⌊以⌉字，已经把他当形式上的连接词看了。⌊因⌉字的地位，无疑问的属于下句，⌊以⌉字就似乎是两句之间的成分。因此，在诵读的时候，⌊因⌉字小句之前无不有一停顿，因为意义上须要停顿；⌊以⌉字之前就常常不停，若有停顿，那是因为诵读的方便。从这些地方看来，⌊以⌉字的作用已经和⌊而⌉字相近；一部分例句竟不妨改用⌊而⌉字，如⌊乐而忘忧⌉、⌊闻一而知十⌉，可说和原句无甚出入。

21.63　事实上，有好些用⌊而⌉字连系的句子，上下二事之间确有因果可言。例如：

> 昔者禹抑洪水而天下平，周公兼夷狄驱猛兽而百姓宁。（孟·滕文公下）
> 玉在山而草木润，渊生珠而崖不枯。（荀·劝学）
> 临溪而渔，溪深而鱼肥；酿泉为酒，泉香而酒冽。（醉翁亭记）
> 则如水渐涸而禾自萎，如膏渐销而火自灭，后患有不可言者矣。（机器说）
> 疫疠，昔人所视为神谴者也；今则知为微生物之传染而可以预防。（理信）

这些句子里头的⌊而⌉字不能直接改用⌊以⌉字，要把句子的构造略改，

才有一部分可以用⌊以⌉，如⌊禹抑洪水，天下以平⌉，⌊良玉在山，草木以润⌉。这是因为⌊以⌉字不能用在主语之前，多数用⌊以⌉的句子都是前后主语相同，⌊而⌉字则不论主语的同异都可以用；而且⌊以⌉字限于事实的因果，⌊而⌉字可兼及事理：一句话，⌊以⌉字的应用较狭，⌊而⌉字较广泛。所以多数用⌊以⌉的句子不妨改用⌊而⌉，可是用⌊而⌉的句子只有一部分可以改用⌊以⌉，并且要改动词序，这又是因果句里⌊而⌉、⌊以⌉两字同而不同之处。

　　总之，⌊而⌉字虽然用在一因一果二事之间，本质上是个单纯联络的词，第十八章各节及 20.5 节都已经讨论过。⌊而⌉字所联二事在时间上的先后，对于⌊而⌉字尚且不是必要，比单纯的先后关系更进一层的因果关系，对于⌊而⌉字更是附属的作用了。

目　　的

　　21.71　目的的概念和因果的概念有密切的关系。第一，目的和原因（尤其是理由）相通：来自外界者为原因，存于胸中者为目的。例如有人问你⌊为什么又要找房子？⌉你回答说：

　　　　（a）因为出不起这个房租；或（b）打算搬个清静些的地方。

（a）是原因，（b）是目的。可是你也可以说：

　　　　（c）想省几个房钱；或（d）现在的地方太闹。

（c）是目的，（d）是原因。而实际上（a）和（c）只是一件事，（b）和（d）也只是一件事。这就是原因可以换成目的说，目的可以换成原因说了。因此，目的的表示也常常就用原因的表示法，如上面的四句答语同样都可以在头上加⌊因为⌉二字。又如文言里用⌊……也⌉，也往往不表原因而表目的，如：

　　　　遣人立六国后，自为树党，为秦益敌也。（史·张耳传）

永和九年,岁在癸丑,暮春之初,会于会稽山阴之兰亭,修禊
事也。(兰亭集序)

白话里⌊为了⌉可以表原因,也可以表目的,但⌊为的是⌉和⌊为……起
见⌉都只表目的。例如:

为了把会开好,必须早做准备。
他这么卖力气,就为的是要行家点个头,说个⌊好⌉。
为省事起见,就请您便道去邀一邀,我就不另外通知了。

上面说过原因和目的原是一事的两面,但也常常在一句之中从两
方面来说明:例如⌊因为现在的地方太闹,打算搬个清静些的地方。⌉
又如:

然侍卫之臣,不懈于内,忠志之士,忘身于外者,盖追先帝之
殊遇,欲报之于陛下也。(出师表)〔⌊追先帝之殊遇⌉是原因,
⌊欲报之于陛下⌉是目的。〕
先茔在杭,江广河深,势难归葬,故请母命而宁汝于斯,便祭
扫也。(祭妹文)〔⌊势难归葬⌉是原因,⌊便祭扫⌉是目的。〕

21.72　但目的也有专用的表示法。文言里最普通的是用⌊以⌉
字。例如:

为之图以示不忘。(侍膳图)
今七年不饮酒,此后愿日夜倍饮酒以偿之。(郭老仆)
鬻百货于市者,类为曼声高呼,夸所挟以求售。(市声说)
夫卜者多言夸严以得人情,虚高人禄命以悦人志,擅言祸灾
以伤人心,矫言鬼神以尽人财,厚求拜谢以私于己。(史·日者
列传)

表目的的⌊以⌉字和表原因的⌊以⌉字(21.23—4)不难区别:这个⌊以⌉字

常连属上文,不读断(字数多时,间有例外),「以」字小句之末很少用「也」字。可是在这两点上这个「以」字和表后果的「以」字(21.62)都相同,因为都是一贯而下的叙述口气,而非一叩一应的议论口气。这两种「以」字只能从意义上分别:第一,后果是当作既成事实说的,目的是当作未成事实说的;其次,后果是不由自主而生的,目的恰恰是表示主语的意欲。

表目的的「以」字也可以和「所」字合用,如:

> 季梁请下之,弗许而后战,所以怒我而怠寇也。(左·桓八)
> 书于石,所以贺兹丘之遭也。(柳记)
> 所以昭炯戒,激众愤,图报复也。(巴黎油画)

21.73　目的和手段相对,乙事为甲事的目的,甲事即为乙事的手段。但语意可以有轻重,如以上的例句都可以说是以甲事为主,所以显得乙事是甲事的目的(画图做什么?——以示不忘)。以下的例句就似乎偏重乙事,以甲事为乙事之手段(如何得食?——自耕以食)。

> 自耕以食,自织以衣。
> 杀人以自生,亡人以自存,君子不为也。(公羊·桓十一)
> 群无赖用以齮龁,叟货田以免。(刘叟墓碣)

21.74　用「以」字表目的的句法是有限制的:第一,必须上下两动词同一主语;其次,目的小句必须具有积极的行动意义。要是目的小句另有主语,或有否定词(消极目的),或因其他条件不能用「以」字,大率就要利用致使义或希冀义的动词,前者如「使」「令」「俾」,后者如「庶」。「庶」和「俾」的普通动词用法已经不大看见,就很有几分关系词的性质了。例如:

> 布告天下,使明知朕意。(史·文帝纪)
> 卑之,无甚高论,令今可施行也。(史·张释之传)

敢尽布之执事,俾执事实图利之。(左·成十三)

用「庶」字,前后的主语可同可异,例如:

君姑修政而亲兄弟之国,庶免于难。(左·桓六)

后之人与我同志,嗣而葺之,庶斯楼之不朽也。(黄冈竹楼记)

盖欲与在港当事之人接洽后回闽,庶便于举措,不至抵牾。(林觉民传)

务请认明狮球商标,庶不致误。

以上一、二、三、五诸例的目的小句另有主语;六(后半)、七诸例为消极目的。

从目的小句的应用「以」、「令」、「不致」等词看起来,可见目的和效果这两个概念也很有关系。目的,一方面可以说是内在的原因,一方面也可以说是预期的效果。

21.75　前边讨论的都是文言里表示目的的方式。白话里头没有和「以」字相当的连系词,通常就把表目的的词结紧接在主要动词之后,不分开来自成小句。例如:

打开窗透透空气。

画个画儿留个记念。

不过偶感风寒,吃一两剂药疏散疏散就好了。

你就靠着我得了。我卖鸡子,卖柿子,卖萝卜,养活着你。(冬儿)　〔此句应以「养活」为主体,「卖鸡子」等表手段。〕

以上是同主语的例。目的词结若另有主语,还是可以不用关系词,可是有时候就要略作停顿。例如:

叫人端一碗你尝尝。(儿38)

你两个先抬起头来,我瞧瞧是谁。(儿 20)

21.76　有时用⌊好⌉字表示目的,意思和文言的⌊庶⌉字相近;而且和⌊庶⌉字一样,不管上下主语相同不相同。例如:

你递给我喝了,你好赶早回去交代了,好吃饭去。(红 35)
回来我可就从角门儿溜回去了,好把车让给你们送亲太太坐。(儿 27)
我找我们伙计去,叫他看着,我好报县。(三侠五义 25)
想请你来,我们好当面道谢。(一只马蜂)

21.77　消极目的用⌊省得⌉来表示,和文言的⌊以免⌉或⌊庶不⌉相当。例如:

从今咱们两个人撂开手,省的鸡争鹅斗,叫别人笑话。(红 21)
所以我带了铺盖来,打算住下,省得一天一趟的跑。(儿 17)
或是把这宴会取消了也使得,省得你太忙累了,晚上又头痛。(冰心:第一次宴会)

假设·推论

假 设 和 条 件

22.11 ⌊要是怎么样,就怎么样⌉,这是假设的句法:第一小句提出一个假设,第二小句说明假设的后果。后者是否成为事实,视前者为转移,也可以说是以前者为条件,所以这种句法也可以称为条件句。

假设句和条件句也未尝不可分为两类,这完全看我们对于⌊条件⌉二字作何界说。普通说到⌊条件⌉都是指可能实现的事情(未知的,且多数是未来的),要是明明和已知的事实相反,就只说是假设。前者例如:

> 你要见到他,给我传个信,说我回来了。
> 要是你不认识他,我可以给你一封介绍信。

后者例如:

> 我要不相信你,我就不会把这个话告诉你了。
> 要是我认识他,我何必还来求你介绍。

这个区别在西文里很重要,因为两种句子的动词要应用不同的形式。可是在中文里,对于句法没有多大影响(但⌊使⌉、⌊令⌉等关系词多用于纯假设,参阅 22.33)。

第二种看法是把⌊条件⌉当作必不可少的前提。我们普通说,⌊你要我去,我有一个条件⌉,就是这个意思。照这种说法,下面这两句话:

> 你请我坐车,我才去。
>
> 要是今天去不成,就明天去。

就只有第一句是条件句,第二句只是假设句。这个区别倒是有点用
处,因为两类句子的句法很有点差异。可是⌊条件⌋的定义未免太窄了
一点,我们有时候把这个称为⌊必需条件⌋(参阅 22.41)。

　　还有一种区别法,是把条件当作原因的别名,要有客观的因果关
系存在的句子才算是条件句。如:

> 你要不来,会就开不成了。
>
> 你要去,这会儿就去。

这两句里头,第一句可以改为⌊因为你不来,所以会开不成⌋,第二句可
不能改说⌊因为你要去,所以这会儿去⌋,所以只有第一句是条件句。
这个区别在论理思考上有点用处,可是在语句表达上没有多大关系。

　　因为条件和假设可以有这种种不同的区分方法,我们索性不去分
别,把这种种句子总称为假设句,把假设之辞称为条件,假设的后果简
称为后果,两者之间的关系称为条件关系。

　　22.12　假设句不用关系词,白话和文言都极普通。例如:

> 你是问道儿的吗?……问道儿,下驴来问啊。(儿 14)
>
> 这个大礼儿断错不得;错了,人家倒要笑话。(儿 35)
>
> 人无远虑,必有近忧。(论·卫灵公)
>
> 无恻隐之心,非人也;无羞恶之心,非人也……。(孟·公孙
> 丑上)
>
> 众恶之,必察焉;众好之,必察焉。(论·卫灵公)
>
> 东风不与周郎便,铜雀春深锁二乔。(杜牧诗)

以上例句,条件小句和后果小句之间都有一个停顿,假设的语气比较
明显。以下例句因为字数少,连贯而下,但同样有假设之意:

种瓜得瓜，种豆得豆。

无财作力，少有斗智，既饶争时。(史·货殖传)

刻削之道，鼻莫如大，目莫如小。鼻大可小，小不可大也；目小可大，大不可小也。(韩非子：说林下)

时间关系和条件关系

22.21　两件事情的同时或先后出现，可能是偶然的，也可能是非偶然的：前者是纯粹时间关系，后者就往往含有条件关系，尽管用的连系词还是时间方面的。有几类时间关系句，必然含有条件关系在内。一是习惯性的(即不止一次的事件)(20.4)，如⌞每见必学⌝，见是条件，学是后果；⌞每阴风细雨，从兄辄留⌝，风雨是条件，留是后果。

其次是未来之事，如：

等你明儿长大了，自然知道。

吾之大患，在吾有身；及吾无身，吾有何患？(老子)

志之为物，往而必达，图而必成；及其既达，则不可以返也；及其既成，则不可以改也。(辨志)

⌞长大⌝是条件，⌞知道⌝是后果；⌞无身⌝是条件，⌞无患⌝是后果。

22.22　又如用⌞一……⌝的句子，固然大多数以表示时间上的先后紧接为主，但也往往兼有假设之意。尤其是指未来之事，假设之意甚为明显；有时竟只有假设的作用，不表示紧接。在这种地方，白话常说⌞一个……⌝，文言常用⌞一旦⌝或⌞一日⌝。例如：

一开口，人就笑。

这个时候可不能揭盖子，一揭盖子就走了气，一走了气就不好吃了。

他一个不出去，我自然不好出去。(儿40)

一个不肯见面，这话又从那里说起？(儿19)

此鸟不飞则已，一飞冲天；不鸣则已，一鸣惊人。（史·滑稽列传）

彼一见，秦王必相之。（秦策）

朕亲率天下农，十年于今，而野不辟；岁一不登，民有饥色。（汉·文帝纪）

一旦山陵崩，长安君何以自托于赵？（赵策四）

一日不合上意，遣绣衣来责将军，将军之身不能自保，何国家之安？（汉·赵充国传）

22.23　要是两件事情的连带发生，既不限于一次，又不限于过去，现在，未来的任何一个时候，即成为一种一般化的连系，称之为时间的连系也好，称之为条件的连系亦无不可。正如在某种光线底下看某种物体的面，因为角度的不同，时而是这一个颜色，时而是那个颜色。例如：

霜晨雪早，得此周身俱暖。（郑书）

过了这个村儿，没那个店儿。（儿40）

戴了眼镜看，是清楚的，可是不戴眼镜的时候，看去糊涂得很。

饥则必食，疲则必卧，迫于物理，无可奈何。（章炳麟：说自由）

今之所谓士者，一凡人誉之，则自以为有余；一凡人沮之，则自以为不足。（韩愈：伯夷颂）

以上例句中，不但无关系词的可加以两种不同的关系词，如﹂得此之后，周身俱暖﹁，或﹂若得此，则周身俱暖﹁；就是明明用﹂的时候﹁或﹂之后﹁的句子，也未尝不兼有﹂倘若﹁之意。（比较：英语的 when 也常兼有 if 意；德语两种关系同用 wenn 一字。）

就,便,则

22.24　事实上，很多用﹂就﹁、﹂便﹁、﹂即﹁、﹂则﹁等词的句子，我们不把他当时间句而把他当假设句看；上面虽无﹂要是﹁、﹂苟﹁、﹂若﹁等

词,我们只当他是有这些词一般。这类句子里头的∟就┐、∟便┐等字,尤其是∟则┐字,通常已经承认是条件关系词。这类句子以无时间性的即一般化的为多;要是限于一次,大率为未来之事。例如:

> 尽得大的责任,就得大快乐;尽得小的责任,就得小快乐。(最苦与最乐)
> 处处尽责任,便处处快乐;时时尽责任,便时时快乐。(同)
> 公徐行即免死,疾行则及祸。(项羽)
> 先即制人,后则为人所制。(同)
> 木与木相摩则然,金与火相守则流。(庄·外物)
> 大王与秦,则秦必弱韩魏;与齐,则齐必弱楚魏;魏弱则割河外,韩弱则效宜阳;宜阳效则上郡绝,河外割则道不通;楚弱则无援:此三者不可不熟计也。(赵策)
> 日与水居,则十五而得其道;生不识水,则虽壮,见舟而畏之。(日喻)

要,若,使,令

22.31　前边的例子,关系词用在后果小句里头。很多假设句常在条件小句里头加用表示假设的关系词,假设句的性质就毫无疑问了。后果句或用∟就┐、∟则┐等字相应,或不用。文言里这些关系词可分三类:一是本来的关系词,∟若┐、∟如┐、∟苟┐等,多用在主语之后。例如:

> 王若隐其无罪而就死地,则牛羊何择焉?(孟·梁惠王上)
> 竹之为瓦,仅十稔;若重覆之,得二十稔。(黄冈竹楼记)
> 王如知是,则无望民之多于邻国也。(孟·梁惠王上)
> 如知其非义,斯速已矣,何待来年?(孟·滕文公下)
> 故苟得其养,无物不长;苟失其养,无物不消。(孟·告子上)
> 苟非吾之所有,虽一毫而莫取。(赤壁赋)

22.32　其次,条件小句里头又可以用⌞果⌝、⌞诚⌝、⌞倘⌝、⌞或⌝等限制词作关系词,也是用在主语之后为常。这一类句子大率表未定事实,即可能实现的假设。例如:

是以圣人果可以利其国,不一其用;果可以便其事,不同其礼。(史·赵世家)

诚如是也,民归之由水之就下,沛然,谁能御之?(孟·梁惠王上)

信能行此五者,则邻国之民仰之若父母矣。(孟·公孙丑上)

倘一旦追念天下士所以相远之故,未必不悔,悔未必不改;果悔且改,静待之数年,心事未必不暴白天下,士未必不接踵而至执事之门。(与阮光禄书)〔⌞悔未必不改⌝,其中条件关系未用关系词。〕

袁史则故御史珍之孙,何为苛罚?脱有奄忽,如何?(谢承:后汉书)

战争,罪恶也;然或受侵略国之攻击而为防御之战,则不得已也。(为群)

以这些字的意义论,⌞果⌝、⌞诚⌝、⌞信⌝为一类,⌞倘⌝、⌞或⌝、⌞脱⌝为一类。

我们又常常可以在条件小句头上看见⌞有如⌝、⌞如有⌝等词,这儿的⌞有⌝字有⌞或⌝字的意思。这类句子也是表可能实现的条件。例如:

如有马惊车败,陛下纵自轻,奈高庙太后何?(史·袁盎传)

公叔病,有如不可讳,将奈社稷何?(史·商君传)

22.33　又或在条件小句的头上用⌞使⌝、⌞令⌝、⌞假⌝、⌞设⌝等字,这些字原是动词(⌞使⌝、⌞令⌝二字的头上有时还可以再加⌞如⌝、⌞若⌝等字),但在这类句子里头可认为关系词。应用这一类字的句子多半表示与事实相反的假设,以下各例只有例一、例三、例九是未定事实的假设。例如:

使生者死,死者复生,生者不食其言,可谓信矣。(费宫人)

使天下无农夫,举世皆饿死矣。(郑书)

若使忧能伤人,此子不得复永年矣。(孔融:论盛孝章书)

但使龙城飞将在,不教胡马度阴山。(王昌龄诗)

向使四君却客而不内,疏士而不用,是使国无富利之实而秦无张大之名也。(史·李斯传)

吾马赖柔和;令他马,固不败伤我乎?(史·张释之传)

如令子当高帝时,万户侯岂足道哉!(史·李将军传)

假令仆伏法受诛,若九牛亡一毛,与蝼蚁何异?(司马迁:报任少卿书)

此时帝在即录录,设百岁后,是属宁复有可信者乎?(史·魏其武安列传)

⌊但使⌉的⌊但⌉相当于白话⌊只要⌉的⌊只⌉。⌊向使⌉的⌊向⌉即⌊向者⌉的⌊向⌉,所以⌊向使⌉限用于与过去事实相反的假设。

22.34　白话所用关系词,多沿袭文言而常两字合用,借以凑成两个音缀。条件之为可能实现与否,在关系词方面无大差别。例如:

倘若不肯,我也不叫你过于为难。(儿15)

倘使错过这个机会,又不知哪一天才能会面。

假使没有飞机,怎么能一天之内就从中国到了印度?

假若你不反对,我明天就去通知他。

假如方才这九十岁的老头儿被你们一鞭打倒,他的体面安在?(儿16)

如果你拿得出办法,他们一定会同意。

你果真爱她,你就应相信她。

果然太太出去,太太走到那儿,还怕我不跟到那儿去吗?(儿40)

他但一支吾,我第二句便是这句话。(儿16)

22.35　但白话里最常用的是⌊要⌉字。这本是一个动词,在下列

前二例里还保有动词的力量,但在其余的例句里就是纯粹的关系词了。⌊要⌉字的位置,倘若上下小句主语相同,就常常在主语之后,否则大率在主语之前,但是都有例外。例如:

你要学俄文,必得先明白这不是中文。〔比较⌊工欲善其事,必先利其器⌉〕

而且在船上行动自如,要看就看,要睡就睡,要喝酒就喝酒。(乌篷船)

你要不愿意,就把⌊愿意⌉两个字抹了去,留⌊不愿意⌉;要愿意,就把⌊不愿意⌉三个字抹了去,留⌊愿意⌉。(儿26)〔愿意不愿意,不是可以⌊要⌉得的,所以这个⌊要⌉字已不是动词〕

要姑奶奶在这边帮着,我更放心了。(儿27)

要是李老四家的船出了门,叫邓祥发家的也可以。(一只马蜂)

只要成全了他,就你我吃些亏也说不得。(儿16)〔这句的⌊就⌉作⌊即使⌉讲,见23.25〕

只要人家稍微帮他一点忙,他就即刻请他们吃饭。(北京的空气)

所以什么谎都可以说,只要说得好听:做贼,赌钱,都可以做,只要做得好看?(一只马蜂)〔此句系反诘语气〕

而

22.36　文言里的条件小句还有一种表示法,是在主语和谓语之间用一个⌊而⌉字。例如:

相鼠有皮,人而无仪? 人而无仪,不死何为?(诗·鄘风)

人而无恒,不可以作巫医。(论·子路)

富而可求也,虽执鞭之士,吾亦为之。(论·述而)

我有子弟,子产诲之;我有田畴,子产殖之。子产而死,谁其

嗣之？（左·襄三〇）

　　君言太谦，君而不可，尚谁可者？（汉·张安世传）

前人往往说这个⌊而⌉字等于⌊若⌉。其实这只是一种方便说法，这个⌊而⌉字虽然有表示条件的作用，可不必当作与常见的⌊而⌉字不相干涉的另一关系词。⌊而⌉字仍是转折的用法，⌊人而无恒⌉是说⌊人应有恒，而今无恒，则虽巫医之事亦不胜任矣⌉。此意例一最显，⌊人而无仪⌉叠用，第一句是纯粹转折，第二句以转折表条件。其余例句，⌊富而可求⌉隐有⌊富不可求⌉之意，⌊子产而死⌉隐有⌊子产不可死⌉之意，⌊君而不可⌉隐有⌊君自可⌉之意，都可以见出⌊而⌉字的转折作用。但用久了也有不含转折之意的。

也, 者

22.37　后果小句之后，白话多用⌊了⌉字结束。文言也常用⌊矣⌉字，但有时也用⌊也⌉字，这两个字语气上的差别依照一般原则（15.71—5）。

　　但文言有时在条件小句后也用⌊也⌉字。例如：

　　是可忍也，孰不可忍也？（论·八佾）

　　朔之妇有遗腹。若幸而男，吾奉之；即女也，吾徐死耳。（史·赵世家）〔即＝若〕

有时候又用⌊者⌉字。例如：

　　客亦何面目复见文乎？如复见文者，必唾其面而大辱之。（史·孟尝君传）

　　卿能办之者，诚快；邂逅不如意，便还就孤，孤将与孟德决之。（赤壁）

　　为君计者，勿攻便。（魏策四）

　　东亦客也，不可以久。图久远者，莫如西归。（祭十二郎文）

⌞也⌝和⌞者⌝都表示语意未完，但这两个字比较起来，⌞者⌝字只是顿住了等下文说明，⌞也⌝字多一点悠宕的神气(17.81—2)。

22.38　白话里和⌞也⌝字相当的是⌞啊⌝，此外又用⌞呢⌝、⌞罢⌝等语气词(17.84)。例如：

> 我要认得外国字啊，我都不来请教你了。
> 我怕热。听了两出，热的很。要走呢，客又不散。（红30）
> 现在我在街上摆卦摊，好了呢，一天也抓弄个三毛五毛的。
> （柳家大院）
> 要说是丢开吧，一时那里丢得开。

22.39　白话里有一个很特别的词语用在条件小句之后，就是⌞的话⌝。如：

> 你要是请客的话，千万别忘记请我。
> 要是跌倒的话，这二位一定是一齐倒下。（有声电影）

⌞的话⌝两字在这里毫无实义，可以算是准语气词；倘若拿来和⌞也⌝、⌞者⌝两字比较，似乎于⌞者⌝字为近。

充足条件和必需条件

22.41　条件有⌞充足条件⌝和⌞必需条件⌝的区别。充足条件是说具此条件即有此后果，但不具此条件，不一定就无此后果。例如：

> 胡乱吃东西，就会生病。

但不胡乱吃东西，不一定不会生病。必需条件是说不具此条件，必无此后果，但具此条件，不一定就有此后果。例如：

> 人不呼吸空气不得生存。

但是呼吸空气不一定就可以生存,因为不喝水不吃饭,光喝西北风,还是活不了。因此往往有从两方面来说,表示条件之为充足而又必要的。例如:

> 你能吃就吃点儿,不能吃倒别勉强。

话虽这样说,在日常语言里,充足条件也带上必需条件的色彩,必需条件也带上充足条件的色彩,仿佛以此时此地而论都成了唯一的条件了。例如说,⌊你去我也去⌉,事实上就有⌊你不去我不去⌉的意思,除非接着说个⌊你不去我也去⌉。又如说⌊不吃辣椒不知道辣椒味道之美⌉,仿佛一吃辣椒就能欣赏辣味似的,其实是尽有人能吃辣而不爱吃辣的。日常说话不能拿严格的逻辑来要求。

我们前边讲的都是充足条件的表示法。其中尽管同时隐含此条件亦为必需之意,表面上是看不出来的。现在要讨论必需条件的表示法。

22.42　必需条件有两种说法,正说和反说。正说是应用⌊方才⌉⌊然后⌉等词。这些关系词原是表示时间关系的,但其中皆有有待而然的意思(20.71—3)。有些句子,尤其是第一小句里有⌊必⌉⌊须⌉等字的,里面的条件关系比时间关系更显著,例如:

> 可知这样大族人家……必须先从家里自杀自灭起来,才能一败涂地呢。(红74)
> 亲戚们好,也不必要死住着才好。(红75)
> 读书须读得不忍舍处,方见得真味。(朱子语类)
> 每食,必问价乃举箸。
> 人恒过,然后能改;困于心,衡于虑,而后作;征于色,发于声,而后喻。(孟·告子下)
> 陷之死地而后生,置之亡地而后存。(淮阴)
> 世有伯乐,然后有千里马。(韩愈:杂说)

22.43　其次,在条件小句和后果小句各加否定词,也可以表示条

件之为必需。采取这种句法，未尝不可再在条件小句加用⌊若⌉、⌊要⌉等关系词，但多数例句都不用。如：

> 再说，安老爷若榜下不用知县，不得到河工；不到河工，不至于获罪；不至获罪，安公子不得上路；安公子不上路，华苍头不必随行；华苍头不随行，不至途中患病；华苍头不患病，安公子不得落难；安公子不落难，好端端家里坐着，可就成不了这番英雄儿女的情节，天理人情的说部。（儿 3）

这里一连七个假设句，只在第一个条件小句用一⌊若⌉字，在最后的后果小句用一⌊就⌉字。余如：

> 不到黄河心不死。
> 不登高山，不见平地。
> 不经一事，不长一智。
> 不入虎穴，不得虎子。
> 不愤不启，不悱不发，举一隅不以三隅反，则不复也。（论·述而）
> 利不百，不变法；功不十，不易器。（史·商君传）
> 士卒不尽饮，不近水，不尽餐，不尝食。（汉·李广传）
> 君非姬氏，居不安，食不饱。（左·僖四）
> 臣无祖母，无以至今日；祖母无臣，无以终余年。（李密：陈情表）
> 微夫人之力不及此。（左·僖三〇）
> 没家亲引不出外鬼来。（红 72）

这一正一反两种说法可以交换，例如⌊不到黄河心不死⌋也可以说⌊定要到了黄河边上心才死⌋。我们可以比较常在一起说的两句格言：

> 书到用时方恨少；
> 事非经过不知难。

又有一件事情连用两种说法的,如:

> 要下阵雨才得凉快,不下雨不得凉快的。
> 俟母食,然后食;母未食,不先食也。(哑孝子)

条件隐于加语

22.5　许多句子,表面上不是假设句,但里头实在含有条件的意思,大多数是隐藏在一个加语里。例如我们说:

> 巧妇难为无米之炊,

表面上并不分成条件和后果两小句,但实际上和

> 要是没有米,怎么样能干的女人也做不出饭来,

是一个意思,而后者是显明的假设句。又如:

> 〔吉老太太〕我不相信,一个女人会做了饭,就不会做文章。
> 〔吉先生〕不错,不过困难的不是会做了饭的女人不会做文章,是会做了文章的女人就不会做饭。(一只马蜂)

在这个例句里,吉老太太用的是假设句,但吉先生就把条件隐在加语里。其他的例如:

> 苍蝇不抱没缝的鸡蛋。(红61)
> 离开了土地的花草,离开了水的鱼,能快活吗? 能生存吗?
> (康桥)

文言里也常利用⌈者⌉字(间或用⌈所⌉字)把条件纳入词组。如汉高祖

入关,约法三章,说:

> 杀人者死,伤人及盗抵罪。(汉·高帝纪)

下半句不用「者」,显然是假设句,但上半句就成了隐含的假设句了。
又如:

> 小负之牛,尚可养成气力,更决雌雄;大负,则杀而烹之。
> (斗牛)

也是上半句藏条件于词组,下半句便明用假设句。其余的例如:

> 士志于道而耻恶衣恶食者,未足与议也。(论·里仁)
> 爱人者人恒爱之,敬人者人恒敬之。(孟·离娄下)
> 赵孟之所贵,赵孟能贱之。(孟·告子上)
> 不知子都之姣者,无目者也。(孟·告子上)
> 适百里者宿舂粮,适千里者三月聚粮。(庄·逍遥游)
> 食肉者弃其骨,食果者弃其核,未有浑沦而吞之者也。(文明
> 之消化)

这些例句里,要是把「者」字除去,在后句头上加个「则」字,就成了普通
的假设句了。

两 歧 假 设

22.61　假设句常常一正一反的叠用:或虽不相反,而意思相
对。有时候,尤其是在文言里头,也可以不取严格的假设句式,而
采一问一答的形式;但两个这样对立的问答句,自然使人感觉是对
立的两个假设。这种句子可以称为两歧假设句,他的作用或是表
示两可,或是表示两难,是议论文中常用的句法。先举采用假设句
式的例:

这要是个真的,不买可惜;要是个假的,买了又上当。

与之则费难供,不与则失其心。(后汉·班勇传)

贤而多财,则损其志;愚而多财,则益其过。(汉·疏广传)

前日之不受是,则今日之受非也;今日之受是,则前日之不受非也。(孟·公孙丑下)

以下例句,第一和第三小句之末用⌞罢⌝、⌞邪⌝等疑问语气词,象是问句,但是开头又有⌞若⌝、⌞要⌝等字,是假设句的标志。我们为方便计,把⌞罢⌝和⌞邪⌝等词算做假设小句后的停顿语气词。假设句和问句很多相通之处,就因为同是不定的语气。例如:

我要告诉二爷吧,对不起四爷;不告诉吧,又怕把二爷也饶在里面。简直的没法儿!(黑白李)

那时候,我要说愿意罢,一个女孩儿家,怎么说得出口来?要说不愿意罢,人也得有个天良,是这样的门第我不愿意呀?是这样的公婆我不愿意呀?(儿 26)

若有⌞意⌝邪,非赋之所尽;若无⌞意⌝邪,复何所赋?(世说·文学)

若以此譬为尽耶,则不尽;若谓本不尽耶,则不可以为譬也。(沈约:难神灭论)

另外有些句子,头上没有⌞若⌝字,我们虽然仍不妨把⌞邪⌝字或⌞也⌝字算做停顿语气词,可是不要忘记他们原是疑问语气。至于用⌞乎⌝字和⌞与⌝字的,还是认为问句的好。例如:

言君臣邪,固当谏争;语朋友邪,应有切磋。(后汉·马援传)

以我为君子也,君子安可无敬也?以我为暴人也,暴人安可侮也?(韩非·说林下)

我之大贤与?于人何所不容?我之不贤与?人将拒我,如之何其拒人?(论·子张)

以盟为有益乎?前盟口血未干,足以结信矣;以盟为无益乎?

> 君王舍甲兵之威,以武临之,而胡重于鬼神以自轻也?(国语·
> 吴语)

这一类两歧假设句和无论句可以相通,如⌞贤而多财⌝例,含有⌞无论智
愚,多财无益⌝之意,⌞我之大贤⌝例含有⌞无论我之贤不贤,皆不可拒
人⌝之意。

22.62　另有一类句子,形式上也是两歧假设,实际上上句是陪
衬,为下句蓄势。第一后果小句白话多用⌞就罢⌝,文言多用⌞则已⌝。
例如:

> 不说话也罢,一说话是鼻子里先带点儿鼷音儿,嗓子里还略
> 沾点儿膛腔。(儿38)
> 你不来就罢;既来了,索性等开过会再回去。
> 使赵不将括则已;若必将之,破赵军者必括也。(史·廉蔺
> 列传)
> 天下常无事则已,有事则洛阳必先受兵。(李格非:书洛阳
> 名园记后)

以下例句,用语略异,作用相同。如:

> 除非不算帐,算起帐来一个钱也不放松。
> 要就不作声,说动了头就没有完的时候。
> 你瞧瞧,不喝就不喝,喝起来就得使这么个大盅子。(儿37)
> 有弗学;学之弗能,弗措也。有弗问;问之弗知,弗措也。(中庸)

若夫,至如

22.71　现在讨论几个跟假设的意思有关的熟语。第一是⌞要
讲⌝、⌞若夫⌝、⌞至如⌝、⌞至于⌝等用法大致相同的几个词。⌞要⌝、⌞若⌝两
字明为设论之辞,⌞至⌝字本身虽无此意,⌞至如⌝、⌞至于⌝也都有假设的

意思。可是这几个词的假设之意甚轻,他们的主要作用在于另提一事。例如:

> 那时候,要论我的家当儿,再有几个五百,也拿得出来。(儿15)
>
> 要讲说话,我也算得会说的了,不知为什么总说他不过。
>
> 此其大略也;若夫润泽之,则在君与子矣。(孟·滕文公上)
>
> 诸将易得耳;至如信,国士无双。(淮阴)
>
> 夫才德不称,固自知之矣;至于不孚之病,则不才为尤甚。(宗臣:报刘一丈书)

白话里面有时单用一个⌊论⌉字,例如:

> 论画,可比的许只有柯罗的田野;论音乐,可比的许只有萧班的夜曲。(康桥)

文言里又常常不用⌊若夫⌉、⌊至于⌉等词,而仍然含有这种意思;有在句中用⌊则⌉字的,也有不用的。例如:

> 追惟一二,仿佛如昨,馀则茫然矣。(先妣)〔至于旁的〕
>
> 人情,一日不再食则饥,终岁不制衣则寒。(重农贵粟疏)〔论人情〕
>
> 骐骥骅骝,一日而驰千里,捕鼠不如狸狌。(庄·秋水)〔至于捕鼠〕
>
> 畴昔之羊,子为政;今日之事,我为政。(左·宣二)〔论从前的羊……至于今天的事情……〕
>
> 汉之得人,于兹为盛:儒雅则公孙弘,董仲舒,儿宽;笃行则石建,石庆;质直则汲黯,卜式……。(汉·公孙弘传)

最后三例,也可以说是表示⌊方面⌉的概念。

除　非

22.72　其次有└除非┐，表示唯一的条件。既是唯一的条件，自然是兼有必需和充足两种性质，但用└除非┐的句子，必需之意更为显著。└除非┐这个词大致是两个来由凑合而成：一是└非┐，即 22.43 的└非……不……┐的└非┐；一是└除┐，即 18.92└除……外┐的└除┐，但用于条件句，如：

　　　　除吾死外，当无见期。（祭妹文）

假如这个分析是对的，则└除非┐应该也是表示└若无此条件即无此后果┐的，后果小句里应有否定词和└除非┐相应。例如：

　　　　除非你亲自去请他，他不会来的。

但事实上常看见的句式不是如此。有些是在前面加└若要……┐把后果倒换成条件的，如：

　　　　若要人不知，除非己莫为。
　　　　欲写相思，除非天样纸。（董解元西厢）
　　　　若问相思甚了期？除非相见时。（晏几道词）

有些是在后面接上└才……┐的正面说法的，如：

　　　　只除非得这三个人，方才完得这件事。（水浒15）
　　　　除非少爷赏我个本钱，才可以回家养活母亲。（儒林外史32）
　　　　学者若有丝毫气在，必须进力；除非无了此气，只口不会说话，方可休也。（朱子语类）
　　　　应知别后，除非梦里，时时得见伊。（晏几道词）

还有照我们原来的说法,但在当中加⌞否则⌝的,如:

> 除非你亲自去请他,否则他不会来的。
> 除非是你,换了第二个人,我是不会给他看的。

以这些句式而论,⌞除非⌝和⌞必须⌝或⌞惟有⌝、⌞只有⌝同义。

否　　则

22.73　又其次要讲到⌞否则⌝和⌞然则⌝。用⌞否则⌝的句子也是一种假设句。比如我们说:

> 你不去我去。
> 要是你还不来,我就不等你了。

这是普通假设句。假如我们为别种理由把第一小句说成非条件式,而仍然要表示全句的条件意思,我们就用⌞否则⌝,如:

> 最好你去,否则只有我去。
> 这是你来了,否则我就不等你了。

⌞否则⌝二字虽然习惯上连起来说,实在是两个成分组成的:⌞否⌝一字代表一个条件小句(倘若不如此),⌞则⌝字接上后果小句。在文言里,这两个字还是活的,可分离的,我们有和⌞否则⌝同义的⌞不即⌝、⌞不且⌝,以及和⌞否⌝一字相当的⌞不然⌝、⌞非然⌝、⌞不者⌝(此⌞者⌝即 22.37 之⌞者⌝)。例如:

> 凡殖货财,贵其能施赈也;否则守财虏耳。(后汉·马援传)
> 齐趣下三国! 不且见屠。(史·齐悼惠王世家)
> 王已属政于执事。使者去! 不者,且得罪。(史·越世家)
> 思深哉,其有陶唐氏之遗风乎! 不然,何忧之远也?(左·襄

二十九)

　　盖谓不如是不足以穷其理也。

白话里头「否则」二字已成固定的结合,所以我们可以说「否则我就不等你」(就＝则)。但白话里更普通的还是用「不然」或「不」来代替「否」字。例如:

　　亏得你告诉我,不然我还在鼓里呢。
　　是这么着,我就住些日子;不,我可就不敢从命了。(儿 29)
　　轻易得不着好陈酒,求老太爷这里找几坛,交给回空的粮船带回去。不是,他就叫武生买几坛带去了,说那东西的好歹外人摸不着。(儿 38)

有隐含「否则」之意而不明著其辞者,如:

　　吾王庶几无疾病与? 何以能鼓乐也? ……吾王庶几无疾病与? 何以能田猎也? (孟·梁惠王下)

然　　则

22.74　「然则」的构成和「否则」相同,「然」字自为一句(倘若如此),「则」字引出下文。用「然则」的句子的特点是多数用于对话,即顺着对方的语意,接过口来申说应有的后果;即使不是对话,也往往含有说话的本人自为问答的神气。这又可以分为两类:一,「然则」后面取问句的形式,多半是「逗出下文」的语气,但也有真的询问,如例一:

　　晏平仲端委立于虎门之外,四族召之,无所往。其徒曰:「助陈鲍乎?」曰,「何善焉?」「助栾高乎?」曰,「庸愈乎?」「然则归乎?」曰,「公伐焉归?」(左·昭十)

> 大雩者何？旱祭也。然则何以不言旱？言雩则旱见，言旱则雩不见。（公羊·桓五）
>
> 故世之言道者，或即其所见而名之！或莫之见而意之，皆求道之过也。然则道卒不可求欤？苏子曰，道可致而不可求。（日喻）

另一类不是问句，如：

> 庄王曰：「诺，舍而止。虽然，吾犹取此然后归尔。」司马子反曰，「然则君请处于此，臣请归尔。」（公羊·宣一五）
>
> 「邹人与楚人战，则王以为孰胜？」曰，「楚人胜。」曰，「然则小固不可以敌大，寡固不可以敌众，弱固不可以敌强。」（孟·梁惠王上）
>
> 「子年几何矣？」曰，「年十五矣。」「以何时而眇？」曰，「三岁耳。」「然则子之盲也，且十二年矣。」（盲者说）

不用在对话里的，如：

> 楚子在城父，将救陈。卜战，不吉。卜退，不吉。王曰，「然则死也。」（左哀六）
>
> 子灿遇大铁椎为壬寅岁，当年三十；然则大铁椎今四十耳。（铁椎）

不用「然」而用「如是」等词的，如：

> 孟子曰，「否，我四十不动心。」曰，「若是，则夫子过孟贲远矣。」（孟·公孙丑上）
>
> 操军破必北还，如此，则荆吴之势强，鼎足之形成矣。（赤壁）

「然则」的构造虽和「否则」相同，但因「否」字建立的是与上述事实（已然的或盖然的）相反的条件，所以「否则」句的条件性甚显；而「然」字建

立的条件是肯定的,往往和已经确定的事实相符,所以⌊然则⌉句的条件性不显。以上诸例中,一部分可以作⌊倘若如此⌉讲,其余的就不如作⌊既然如此⌉或⌊这样说起来⌉讲更贴切些。换句话说,⌊然则⌉的⌊然⌉字有时候等于⌊若然⌉,有时候又等于⌊既然⌉。后者,严格说,不能算是假设句,只能算是推理句。

白话里和⌊然则⌉相当的是⌊那么⌉或⌊这么说⌉。例如:

⌊你我还有什么客气的,收了,收了。⌉——⌊那么我就恭敬不如从命了。⌉

去又不是,不去又不是;那怎么办呢?

这么说,你是不去定了?

推论:既,既然

22.8　前边说过,⌊然则⌉有时可作⌊若然⌉讲,有时又该作⌊既然⌉讲。事实上,有一类句子就把⌊既⌉(文)或⌊既然⌉(话)嵌在上句中间,和下句连合成一整句。这一个整句可以分为⌊前提⌉和⌊结论⌉两个小句,结论句中有时用⌊就⌉或⌊则⌉和⌊既⌉相应,又常有⌊应该⌉、⌊自必⌉等词语,或虽无此等词语,还是有这样的意思。结论句有时也出以问句的形式,和用⌊然则⌉的句子相似。例如:

你既受了我的定钱,这房子就算租了给我。(压迫)

我想你应该知道吧?——你既把房子都租了给他。(同)

且既有吸收,即有消化。(文明之消化)

吾辈既以壮士自许,当仗剑而起。(林觉民传)

易曰,⌊云从龙⌉,既曰龙,云从之矣。(韩愈:杂说)

但文言里用⌊既⌉的句子,也有直叙事实的因果的,如:

朕既不敏,常畏过行以羞先王之遗德。(史·文帝纪)

齐哀王闻之,举兵西……绛侯等既诛诸吕,齐王罢兵归。
（史·灌婴传）

⌊既⌉字的本义是⌊已⌉,和⌊已⌉一样,可以用来连接先后两事,表纯粹的时间关系(20.22)。要是先后二事因果相关,如此处最后二例,⌊既⌉字又有因果关系词的性质,也和⌊已⌉相同(21.11)。但是⌊既⌉字又可以用于推论的句子,如前面所举的例,这是⌊已⌉字所无的用法。所以文言里头只一个⌊既⌉字,到了白话里头就有⌊已经⌉和⌊既然⌉之分。

假设句,推论句,因果句

22.91　用⌊要是⌉和⌊就⌉连系的假设句,用⌊既然⌉和⌊就⌉连系的推论句,用⌊因为⌉和⌊所以⌉连系的因果句,这三种句法,虽然各有各的用处,所表示的是根本上相同的一个关系:广义的因果关系,包括客观的即事实的因果和主观的即行事的理由目的等等。这三种句法的同异,可以综括如下:

假设句:若甲则乙,甲乙皆虚,理论的,一般的,泛论因果。
推论句:既甲应乙,甲实乙虚,应用理论于实际,推断因果。
因果句:因甲故乙,甲乙皆实,实际的,个案的,说明因果。
虽然假设句和因果句各有一部分例外,以典型的例句而论,这三种句法是彼此相应的,例如:

倘若他天亮就动身,晌午准可以赶到。

这是假设句,前后都是未确定的事实,只说定二者之间有相应而生的关系。假如我们知道他天亮就动身,我们就说:

他既是天亮就动身,晌午准可以赶到。

这是由因推果。假如我们知道他晌午已到。我们就说:

　　他既是晌午就到，至迟是天亮就动身的。

这是由果推因。这两句是推论句。假如这两者都已确知是事实，我们就说：

　　他天亮就动身，所以晌午就赶到了。

这是直接说明的语气，是纪效句。或是先说事实，然后解释原因，那就是释因句，如：

　　他晌午就赶到，因为天亮就动身。

此外，还有把预期的后果作成条件形式的假设句：

　　他倘若要晌午赶到，至迟得天亮就动身。

这也有因果句和他相应，说明行事的理由或目的：

　　他要晌午赶到，所以天亮就动身。
　　他天亮就动身，为的是要赶晌午赶到。

有了说明事实因果的句子，按说不必再作成假设句，但是我们有时仍然用假设句的形式来特别申述其间的因果关系。假如仍用上面的例句，那就是：

　　他要不是天亮就动身，哪能晌午就赶到。

或是，

　　亏得他天亮就动身，否则晌午就赶不到了。

这就是我们在本章头上所说条件与确定事实相反的句子。由上所述，可知假设句和因果句息息相关了。

22.92　因为这几种句法的密切相关，所以一方面往往有参互着用的例子，如：

> 唇竭则齿寒，鲁酒薄而邯郸围，圣人生而大盗起。（庄·胠箧）
> 夫川竭而谷虚，丘夷而渊实，圣人已死则大盗不起。（同）
> 与楚则汉破，与汉而楚破。（史·栾布传）
> 五子哀恋，思念其母。其母既亡，则无五子；五子若殒，亦复无淮。（世说·方正）〔淮，郭淮自称〕

另一方面，又有些句子，可作假设句讲，也可作推论句讲。例如：

> 你热心，你就发起。
> 你不容我进去，我就走。

这里的上一小句，因为不用特殊的关系词，可说是⌊要是你热心⌉、⌊要是你不容我进去⌉，也可以说是⌊你既热心⌉、⌊你既不容我进去⌉。

又有些句子，可以作假设句看，也可以作因果句看。例如：

> 飞鸟尽，良弓藏。

可以说是⌊要是飞鸟尽了，良弓就要放在一边⌉，也可以说是⌊因为飞鸟已经尽了，所以良弓也就放在一边了⌉。不但此也，无论假设句或推论句或因果句，都是先有⌊先后⌉而后有⌊相因⌉的，所以必然包含时间关系在内。因此⌊飞鸟尽⌉这句还可以讲做⌊鸟打完了，弓也就收起来了⌉。反正这三种意思很相近，决不冲突。

其而至于有可以作这三种讲法而作者用意还在这三种之外的，例如⌊水落石出⌉可以是⌊水落之时石出⌉，或⌊若水落则石出⌉，或⌊因水落故石出⌉，但赤壁赋里用这句句子似乎意在平列，是说⌊水已落矣，石已

出矣⌉。

总之,汉语的语句结构,不象西文非处处用关系词连络不可。有时不妨重复,用了⌊以⌉字还可以用⌊故⌉字,有了⌊虽然⌉再来个⌊但是⌉;在不会发生误会的时候却又会全不用关系词,让听的人去理会。

擒纵·衬托

容　认

23.11　容认句指应用⌞虽然⌝等关系词连系的句子。这是擒纵句法的一种,先承认甲事之为事实(一放),接下去说乙事不因甲事而不成立(一收)。容认句和转折句很相近,同是表示不调和或相违逆的两件事情;所不同者,转折句是平说,上句不表示下句将有转折,而容认句则上句即已作势,预为下句转折之地。例如说⌞吾尝将百万军⌝时,并未预示下面将有⌞然安知狱吏之贵乎?⌝一转,若说⌞吾虽尝将百万军⌝,则我们自然预期下面将有一个转折。

23.12　表示容认的关系词,最重要的是⌞虽⌝字,文言单用,白话常说⌞虽然⌝、⌞虽则⌝、⌞虽说⌝。文言的⌞虽⌝字可位于主语之前或之后,在后更常见;白话则通例位于主语之后。在第二小句里头,常用⌞也⌝、⌞亦⌝等字照应。例如:

> 事情虽多,也该保全身子,检点着偷空儿歇歇。(红45)
> 旺儿的那小子,虽然年轻,在外吃酒赌钱,无所不至。(红72)
> 我那时候虽说无靠,到底还有我的爹妈。(儿26)
> 我虽则没有见过,也听人说过。
> 虽君有命,寡人弗敢与闻。(左·隐十一)〔⌞虽⌝在主语前〕
> 此言虽小,可以喻大也。(史·李将军传)
> 虽无丝竹管弦之盛,一觞一咏,亦足以畅叙幽情。(兰亭集序)
> 汝时尤小,当不复记忆;吾时虽能记忆,亦未知其言之悲也。

（祭十二郎文）

容认小句照例在前,但近来受西洋语法的影响,有放在后面的,如:

> 没有月光的晚上,这路上阴森森的有些怕人。今晚却很好,
> 虽然月光也还是淡淡的。(朱自清:荷塘月色)

23.13　文言也用⌊虽然⌉,但⌊然⌉字有实在的意义,不象在白话里
只是一个衬字。⌊虽然⌉承接上文,自成一顿,等于白话⌊虽说如此⌋。
(⌊虽然⌉一词在文言和白话里用法不同,正如⌊所以⌉一样,都是应该注
意的。)例如:

> 微子则不及此;虽然,子弑二君与一大夫,为子君者不亦难
> 乎?(左·僖十)
> 及楚,楚子飨之。曰:⌊公子若反晋国,则何以报不谷?⌉对
> 曰:⌊子女玉帛,则君有之……⌉曰:⌊虽然,何以报我?⌉(左·僖二
> 四)
> 虽然如此,到底该请大夫来瞧瞧是什么病,也都好放心。
> (红72)

这种句子的作用,实际全句只等于转折句的下句,如⌊周勃厚重少文,
然安刘氏者必勃也⌉,即可改作⌊周勃厚重少文;虽然,安刘氏者必
勃也⌉。

23.14　容认句和转折句的性质既是这样相近,一方面就有不用
关系词的句子,我们可以在上句中间加个⌊虽然⌉,也不妨在下句头上
加个⌊可是⌉。如:

> 实对你说了罢,身子去了,我的心不去。
> 身子虽然去了,我的心不去。
> 身子去了,可是我的心不去。

另一方面,又有上句用容认关系词,下句又用转折关系词的句子;这在白话里几乎已成为常例,文言里也常常遇见。例如:

> 他虽是姑娘家,心里却事事明白,不过是言语谨慎。(红 55)
> 虽是不差,却也差得一着。(儿 19)
> 虽不合他的路数,可奈文有定评,他看了也知道爱不释手。
> (儿 35)
> 荆轲虽游于酒人乎,然其为人沈深好书。(史·刺客列传)
> 楚虽有富大之名,而实空虚;其卒虽多,然而轻走易北。
> (史·张仪传)
> 园日涉以成趣,门虽设而常关。(归去来辞)
> 予虽亲在未敢言老,而齿危发秃,暗里自知。(祭妹文)

23.15　文言里头,除用「虽」字外,又可用「诚」、「信」、「固」等限制词表肯定,即用以为下文转折之地。例如:

> 贾子厚诚实凶德,然洗心向善;仲尼不逆互乡,故吾许其进也。(后汉·郭林宗传)
> 子晰信美矣,抑子南大也。(左·昭元)
> 固知其为钱,但怪其不在纸裏中耳。(东坡志林)

「固」字在文言里用于这类容认小句的并不多,但「固然」在白话里就很常见。例如:

> 这张照片固然很好看,但是总不及照片的主人好看。(一只马蜂)
> 能有,固然最好;没有,也没什么。
> 有学问的人,固然有有文凭有学位的,也有没有文凭没有学位的。(求学)

用「固然」的句子,固然是表示容认,可不一定全是容认之后继以转折。

要是上下两事不很相背,往往就转折之意轻而加合之意重了。

23.16　此外白话还有些词语表示容认:「只管(是)⌉、「尽管(是)⌉、「是说(是)⌉、「别看⌉等,底下也一样可用转折关系词来呼应。例如:

　　他只管是这等劝着,却也在那里拿着小手巾擦眼泪。(儿40)
　　不知怎的,往日这两道眉毛,一拧就锁在一块儿了,此刻只管要往中间儿拧,那两个眉梢儿他自己会往两边儿展。(儿27)
　　价钱尽管这么贵,买的还是买。
　　是说公公准他喝酒,他喝开了可没把门儿人,拦不住。(儿32)
　　别看他年纪轻,倒是事事精通。

23.17　白话里表示容认还有一个方式:就是在上句用一「是⌉字,例如:

　　雨是下了,天还是不凉快。
　　人是捉住了,东西可已经出了口,追不回来了。

用这个「是⌉字,有时更把动词或形容词一先一后重复说两遍,有「要论什么,确然是什么,可是……⌉的口气。例如:

　　好可是好,就是咱们驮着往回里这一走,碰见个不对眼的瞧出来呢? 那不是活饥荒吗? (儿4)
　　妙却妙,只是不知怎么变? (红19)
　　听是听懂了,不过……。(压迫)

当中用「是⌉字本来只是肯定。因为有下文的一转,「是⌉字才有「虽然⌉之意。(比较:儿2「吃是吃饱了,掳是掳够了,算没他的事了⌉,无「虽然⌉意。)但因此也有简直就用「虽然⌉或「只管⌉的,如:

　　但是说虽说了,凭怎的问他那仇人的姓名,可休想他说出来

了。(儿16)

让姑娘吃些东西,哭只管哭,可不要尽自饿着。(儿24)

我说可只管这么说了,想了想真也没法儿。(儿40)

23.18　这种句法,文言里本来也有,当中用⌊则⌉字,不用⌊虽⌉字。例如:

哀则哀矣,而难为继也。(檀弓上)

臣邻人之女设为不嫁,行年三十而有七子。不嫁则不嫁,然嫁过毕矣。(齐策四)

彼齐云落星,高则高矣,井干丽谯,华则华矣,止于贮伎女,藏歌舞,非骚人之事,吾所不取。(黄冈竹楼记)

23.19　上边的例句中,不但有特殊的句式,并且必用⌊矣⌉字一顿。事实上还有单单凭这一个⌊矣⌉字表示容认语气的。(参阅17.85)例如:

尽美矣,未尽善也。(论·八佾)

有志矣,不随以止矣,然力不足者亦不能至也。(游褒禅山记)

汉以后,天方大秦之文物稍稍输入矣,而影响不著……自元以来,与欧洲文明相接触,逾六百年矣,而未尝大有所吸收。(文明之消化)

纵　予

23.21　纵予句和容认句属于同类,通常合称为让步句;所谓让步,即姑且承认之意。但容认句所承认的是实在的事实,纵予句所承认的是假设的事实。我们前面说过,大多数转折句,其中下句所表事实和上句所引起的预期相反,这种情形在容认句更容易看出,到了纵

予句尤为明显。我们可以说那些转折句及容认句是跟一般的因果句相对,而纵予句是跟假设句相对。因果句和假设句都是表示⌊有此因方有此果⌉,而容认句和纵予句是表示⌊有此因却无此果⌉或⌊无此因仍有此果⌉。比较:

> 我把地址说了给他,所以他一找就找到。〔因果〕
> 我虽然把地址说了给他,他还是没有找到。〔容认〕
> 我虽然没有把地址说给他,他还是找到了。〔容认〕
> 你要是把地址说给他,他自然找得到。〔假设〕
> 那是个大地方,你就是把地址说给他,他也不容易找到。
> 〔纵予〕
> 那是个小地方,你就是不把地址说给他,他也找得到。
> 〔纵予〕

正如假设句之表因果相关比因果句更斩截,纵予句之表前后违异(不合预期)也比容认句更明确。纵予句的下句不大用⌊可是⌉、⌊然而⌉等转折关系词,但常用⌊也⌉字呼应(文言用⌊亦⌉是后起),又常变成反诘性的问句,这也是和容认句不同处。但纵予句所假设的事实也有容或有之和显属不然之分,前者和容认句的意味就很接近,有时竟很不容易分别。

23.22　表纵予的关系词文言以⌊纵⌉字为最显明,白话也说⌊纵然⌉。⌊纵⌉字只能位于主语之前(因为原是动词),但⌊纵然⌉也可以用在主语之后。例如:

> 青青子佩,悠悠我思,纵我不往,子宁不来?(诗·郑风)
> 纵江东父兄怜而王我,我何面目见之?纵彼不言,籍独无愧于心乎?(项羽)
> 纵使长条似旧垂,也应攀折他人手。(唐人诗)
> 便总有千种风情,更与何人说?(柳永词)〔宋人词中多以⌊总⌉为⌊纵⌉〕
> 我纵然有话,从那里说起?(儿16)

纵然有你这样的能干,也一定不会这样的和善,这样的体贴。
(一只马蜂)

23.23　⌞纵⌝字是代表的纵予关系词,因为他兼有⌞假使⌝和⌞虽
然⌝两层意思。文言也常常借用⌞虽⌝字。这些⌞虽⌝字和 23.12 所说的
不同,用白话说就不是⌞虽然⌝而是⌞就是⌝。例如:

虽鞭之长,不及马腹。(左·宣一五)
虽九死其犹未悔。(离骚)
然而汝已不在人间,则虽年光倒流,儿时可再,而亦无与为证
印者矣。(祭妹文)

23.24　更普通的是借用条件关系词⌞即⌝、⌞假⌝等字。此时我们
要注意和他们原来的单纯作用区别。⌞即⌝字的单纯条件用法,近代
文言里已不大见,所以⌞即⌝字就只作⌞纵⌝字讲。⌞藉⌝字本来等于
⌞假⌝,可表单纯的条件关系,但⌞藉曰⌝也只表纵予,等于白话的⌞就
算⌝。例如:

即饥寒毒热不可忍,不去也。(报刘一丈书)
即群不亡而己不免于亡,亦较之群己俱亡者为胜。(为群)
摧伤之余,气力可想。假令病尽已,身复壮,悠悠人世,不过
为三十年客耳。(柳宗元·与李建书)
人而无自治力,则禽兽也,非人也。藉曰人矣,小儿也,非成
人也。藉曰成人矣,野蛮之成人也,非文明之成人也。(论自治)
若由此业自致卿相,亦不愿汝曹为之。(颜氏家训)

23.25　白话里头最常用的纵予关系词⌞就⌝、⌞就是⌝、⌞就算⌝、⌞就
让⌝等就是⌞即⌝、⌞即令⌝等词变的。现在语体文里也还用⌞即使⌝,而
⌞就⌝字也早已见于魏晋以后的文言。例如:

法孝直若在,则能制主上,令不东行;就复东行,必不倾危矣。

（蜀志·法正传）

　　就你我吃些亏，也说不得。（儿16）

　　大约他要说的话，作的事，你就拦他也莫想拦得他住手住口。（同）

　　姐姐也自己保重些儿；就是哭出两缸泪来，也医不好棒疮。（红34）

　　就算他有本事罢，一个女孩儿家可怎么合你同行同住呢？（儿12）

　　满算我教你们装了去罢，我也是个带气儿的活人，难道叫人定了去我会不知道？（儿26）

　　即使带着家谱，而上面只有一个名字，并无画像，也不能证明这名字就是我。（鲁迅：说胡须）

　　季子平安否？便归来，生平万事那堪回首？（顾贞观词）

23.26　此外白话又用「那怕」表纵予关系，这和前述诸词不属于一个系统。例如：

　　那怕毒死了，也要吃尽了。（红40）

　　自己只管其丑如鬼，那怕丈夫弄个比鬼丑的，他也不容；自己只管其笨如牛，那怕丈夫弄个比牛笨的，他还不肯。（儿27）

23.27　纵予句又常常不用纵予关系词，这是顺了假设句不用关系词的趋势来的。白话里尤为常见，多数仍在下句用「也」字以为连系，例如：

　　不看僧面看佛面。

　　输理不输嘴，输嘴不输气。

　　作梦也想不到。

　　事已至此，怕也无益，哭也无用。（儿2）

　　姐姐不用哈我，哈我我也是说。（儿26）

　　有他也不多，无他也不少。

一日不思量,也攒眉千度。(柳永词)〔[一日]在意义上属下句〕

这回去也,千万遍[阳关],也只难留。(李清照词)

文言也有类似的句法,如:

人亦有言,[柔则茹之,刚则吐之]。维仲山甫,刚亦不吐,柔亦不茹。(诗·大雅)〔比较:上一句用假设句〕

极 端 和 衬 托

23.31　另有一类常见的让步句,文言仍用[虽]字发端,白话也用[就是],但所引进的不是一个小句而是一个词,因此这类句子的性质介乎单句与复句之间。例如:

就是婶子,见生米做成熟饭,也只得罢了。(红64)

当日在京,我们彼此都是通家;便是姑娘你小时节,我也曾见过。(儿19)

一著之失,人皆见之,虽护前者不能讳也。(钱大昕:奕喻)

及左公下厂狱……逆阉防伺甚严,虽家仆不得近。(左公逸事)

中国之画……虽名山水之画,亦多以记忆所得者为之。西人之画……虽理想派之作,亦先有所本,乃增损而润色之。(图画)

23.32　这类句子在白话里还有一种说法,不用[就是]而用[连……也]或[连……都],较早的白话不用[连]而用[和]。例如:

你怎么发呆,连他也不认得?(红24)

你管定连门儿也不准他进。(儿19)

姑姑病了,你怎么连影儿也不见?(姑姑)

你爷儿们今日这几句文儿，连我听着都懂得了。（儿37）

我同她侄儿举着风筝在前走，连头都不敢回。（姑姑）

无据，和梦也新来不做。（宋徽宗词）

23.33　还有连这个⌞连⌝字也省去的，如：

人人都说我那夜叉婆齐整，如今我看来，给你拾鞋也不要。
（红65）

听见人说句外话他都不懂。（儿1）

这可真说得起活老了的都没见过的一个希罕儿。（儿38）

一个大钱也没让那些大兵欠过。（冬儿）

冬儿在旁边听着，一声儿也不言语。（同）

文言里也有类似的句子，即省去⌞虽⌝字的，如：

叶脱亦无时，随落随生，春时亦摇落满庭。（岭外代答）

行事如此，三尺童子亦将从而窃笑之。

嘑尔而与之，行道之人弗受；蹴尔而与之，乞人不屑也。
（孟·告子上）〔此句连⌞亦⌝字也不用〕

23.34　以上所举各种例句，形式上尽管有些参差，句法是同一类型。就白话论，不但用⌞连⌝字的句子⌞连⌝字可省，不用⌞连⌝字的可加，并且用⌞就是⌝和用⌞连⌝的句子也多数可以互换；就文言论，用⌞虽⌝字的也可以省，不用⌞虽⌝字的也可以加，而翻成白话也是可用⌞就是⌝可用⌞连⌝（或者后者更顺些，因为同样是整句一气呵成，不象用⌞就是⌝须要一顿）。

⌞就是⌝表纵予，⌞连⌝字上头隐含⌞不但⌝（18.37），表衬托，何以在这类句子里头可以替换呢？这是因为这类句子的要义是表极端即⌞甚至⌝，这个极端的概念用衬托加纵予表示，例如：

自己不但不能料理薪水，连丈夫身上一针一线也照顾不来。

（儿 27）

只见那条街上，不但南来北往的车驮络绎不绝，便是本地那些居民，也男男女女老老少少的都穿梭一般，拥挤不动。（儿 38）

不独是对于一个人如此，就是对于家庭，对于社会……都是如此。（最苦与最乐）

墨子曰，⌊不唯越王不知翟之意，虽子亦不知翟之意。⌉（吕氏春秋·高义）

非惟顽固愚陋者不能，即号称贤达有志者亦不能也。（论合群）

不独儿时意象邈难再得，即曩昔家居骨肉聚处之乐亦怅然如梦，不可追忆。（侍膳图记）

单用⌊虽⌉或⌊就是⌉，是顾着纵予，而言外仍有衬托之意，所以才用⌊也⌉用⌊亦⌉。例如⌊就是婶子⌉，含有⌊不但老爷老太太⌉之意。单用⌊连⌉字，是顺着⌊不但⌉的口气下来，可是纵予之意自在言外，所以才可以改用⌊就是⌉。例如⌊管定连门儿也不准他进⌉，一方面自然是承⌊不但不会让他开口⌉而来，同时也就等于⌊就是让他进门，你也一定不准⌉。

而实际上这些句子的要点是表示⌊甚至⌉，不但用⌊连⌉字的和省⌊连⌉字的句子如此，如⌊甚至他也不认得⌉、⌊甚至影儿也不见⌉；就是用⌊虽⌉和⌊就是⌉的句子也只是一种⌊甚而言之⌉的说法，如⌊甚至姑娘你，我也见过⌉。

23.35　后面用⌊连……也⌉的句子，前面也可以用⌊……罢了⌉来衬托。这儿的⌊罢了⌉是⌊算了⌉的意思，和⌊而已⌉不同。例如：

不想这班人，不肯也罢了，连回话都没得一句。（儿 39）

你只在这里闹倒罢了，怎么连亲戚也都得罪起来。（红 59）

老太太岂不怪你：不管闲事，连一句现成的话也不说？（红 45）〔不管闲事罢了，连……⌉

虽然⌊罢了⌉的作用和⌊不但⌉差不多，如上例也可说⌊不但不肯⌉等等，

口气却不同,是加以容认而后撇开的说法。所以也有在这种地方用
⌞虽⌝字的,例如:

> 如今托我在家照料,我虽不能为力,难道连一句话也不肯说
> 不成?(儿 3)

23.36　另一类衬托句,用⌞别说⌝、⌞慢说⌝等开端,底下不限于用
⌞连⌝,也可以用⌞就是⌝。例如:

> 慢说别人,连我也不放心。
> 慢讲模样儿,就这说话儿,气度儿,咱们城里头大家子的孩子
> 只怕也少少儿的。(儿 22)
> 这会子热剌剌的说一个⌞去⌝,别说他是个实心的傻孩子,便
> 是冷心肠的大人也要伤心。(红 57)

这些句子仍有⌞不但⌝的意思,就是一浅一深相比较,用浅的衬托深的。
23.37　但如下列例句,就谈不到两件事物的比较,只是先把事实
一说,然后撇开,从相反的假设来立论。(比较 22.62 假设句前加衬
托句。)

> 别说我不去,就让我去,你也不能不去。
> 慢说没花儿,就是有花儿,也犯不上给你。(三侠五义 89)
> 慢说我没有这样家当,便有,我也不肯这样作法。(儿 2)
> 慢讲照这样办法没有差错,就便有些差错,老爷日后要怪,就
> 算你我一同商量的都使得。(儿 3)

有时也可以不用⌞慢说⌝等发端,例如:

> 不见得我这一进场就中,满算着中了,老人家弄到如此光景,
> 我还要这举人何用?(儿 3)
> 我没有一个钱——有钱也不给他,只管叫他告去。(红 44)

文言也有类似的句法。例如：

> 无论弟不能樵，纵或能之，且犹不可。（张诚）
> 微论势易时移，今非昔比，即往昔施行此制，亦复议者纷纭。

逼　　进

23.41　上边几节讨论过的衬托句，又往往可以换一种说法，把前后小句倒换次序。例如：

> 我有钱也不给他，别说没钱了。
> 连丈夫身上一针一线也照顾不来，别说料理家务了。
> 你行动就是坏心，连我也不放心，别说他呀。（红21）
> 连他都不知道，别人更不用说了。
> 我们有时在小说剧本上遇到的字句，尚且要把他记下来，那关于思想学问上的，更是要紧了。
> 问今是何世；乃不知有汉，无论魏晋。（桃源）

这类句子的构成部分虽然和衬托句相同，而作用大不相同：⌞不但甲，而且乙⌝，乙事比甲事有更大的意义；⌞乙尚且如此，别说是甲⌝，甲事比乙事有更大的理由。衬托句是由浅入深，这类句子则用深证浅，可以称为逼进句。

23.42　白话的逼进句通常用⌞别说⌝等，文言的典型的逼进句式则应用⌞况⌝或⌞而况⌝作成反诘句，如上边⌞无论魏晋⌝的例子比较少见（这句当然不能改用⌞况⌝）。这类逼进句的上半句常用⌞尚⌝、⌞犹⌝、⌞且⌝等字和底下的⌞况⌝字呼应。白话把⌞况⌝字说成⌞何况⌝，上句也常用⌞还⌝或⌞尚且⌝。例如：

> 一夫不可狙，况国乎？（左·僖十五）
> 吾未闻枉己而正人者也，况辱己以正天下者乎？（孟·万章

上）〔更所未闻〕

天地尚不能久,而况于人乎?（老子）

夫罪轻且督深,而况有重罪乎?（史·李斯传）

连校长还让他三分,何况你我?〔更该让他〕

宝姐姐先在家里住着,薛大哥的事他也不知道,何况如今在里头住着呢?（红28）〔更不会知道了〕

文言也用⌞矧⌝字,解同⌞况⌝,例如:

夫以子之不遇时,苟慕义强仁者,皆爱惜焉,矧燕赵之士出乎其性者哉?（韩愈:送董邵南序）

求其生而不得,则死者与我皆无恨也,矧求而有得邪?（欧阳修:泷冈阡表）

23.43　文言和白话又都有不用⌞况⌝字的说法,下句仍用反诘语气,上句仍用⌞犹⌝、⌞且⌝、⌞尚⌝等字照应,句法大体上和用⌞况⌝字的相同。例如:

臣死且不避,卮酒安足辞?（项羽）〔况卮酒乎?〕

民不乐生,尚不避死,安能避罪?（汉·董仲舒传）

他尚自输了,你如何拼得他过?（水浒2）〔何况你?〕

课本还念不过来,还谈什么参考书?

无　条　件

23.51　用⌞无论⌝、⌞任凭⌝等关系词连系的句子,表示不同的条件有同一后果,即条件的变动不影响后果,所以可以称为⌞无条件⌝。这类句子其实只是假设句扩展的结果,其中有一部分又可以说是纵予句的变型。先说后面的一种。

我们在上面曾经举过纵予句前加衬托句的例:⌞别说我不去,就

是我去,你也不能不去。⌉这句话可以拆成两句:

> 我不去,你不能不去。〔假设句,宾〕
> 我去,你还是不能不去。〔纵予句,主〕

合起来说:

> 无论我去不去,你不能不去。

⌊我去⌉和⌊我不去⌉是一正一反两种条件,结果相同,⌊你不能不去⌉。所以我们说这种句子表示条件的变动不影响后果。这一类无条件句,白话里有时就用一正一反并列的两个条件句构成,用⌊也⌉字连系。例如:

> 我不去你也得去,我去你也得去。
> 你此时,依,也是这样办;不依,也是这样办。(儿26)
> 干他的事他也作,不干他的事他也作;作得来的他也作,作不来的他也作。(儿16)

有时在正反条件之后各加⌊也罢⌉,把后果总作一句说。例如:

> 我也去罢,不去也罢,你不能不去。
> 赚钱也罢,不赚钱也罢,且躲躲羞去。(红48)

23.52　再进一步,可以把一正一反两个条件也合成一个小句,例如:

> 你吃饭不吃饭,到底老太太太太跟前坐一会子,和姑娘们顽一会子再回来。(红20)
> 林之孝说道:⌊才听见雨村降了,却不知何事,只怕未必真。⌉贾琏道:⌊真不真,他那官儿未必保的长。⌉(红72)

有时再在头上加用⌊不管⌉或⌊无论⌉,如:

> 不管有鬼没有鬼,让我们来看看房子好不好?（压迫）
> 无论成与不成,你务必给我说到。

以上例句中,形式上正反并列,意思中仍有所偏,⌊依也是这样办,不依也是这样办⌉,句意侧重⌊不依也是这样办⌉,上句只是一个陪衬。同样,⌊吃饭不吃饭⌉等于⌊就是不吃饭⌉。所以说这类无论句是纵予句的变型。

23.53　第二类无条件句所提出的条件不是一正一反(即某一条件之有无),而是或此或彼,二者不一定冲突,也不一定不。这类句子也可采取前面那种平列两小句的说法,如:

> 晴天也是一把伞,雨天也是一把伞。
> 左想也不妥,右想也不妥。
> 早也是去,晚也是去;早带了去,早清净一日。（红52）

又或把条件提在一处,叠用⌊也罢⌉以为表示,如:

> 晴天也罢,雨天也罢,他那把伞老不离手。
> 你真爱念书也罢,假爱也罢……只作出个爱念书的样子来。
（红19）
> 反正他挣钱不多,花匠也罢,草匠也罢。（柳家大院）
> 明天也好,后天也好,总之三天之内你得交这个卷。

这类句子里头,所提两条件要是冲突的,性质和第一类相同,也就是和纵予句相近。如第一例也可作⌊就是不下雨,也是一把伞不离手⌉,第二例等于⌊即使不爱念书,也作出个爱念书的样子⌉。

23.54　这类句子也可以用⌊不管⌉或⌊无论⌉。⌊无论⌉之后或不用连系词,或加用⌊是……（还）是……⌉,或再在中间用⌊与⌉或⌊或⌉(18.72)。例如:

不管晴天雨天,他那把伞老不离手。

无论讲意思,讲表现,这首诗都不可多得。

无论中外,也无论古今,大家都要求⌊老实话⌉,可见⌊老实话⌉是不容易听到见到的。(朱自清:论老实话)

不论秋菊与春花,个个能嘡空腹茶。(唐人诗)

我们常用的限制词⌊反正⌉、⌊横竖⌉、⌊左右⌉等等也都含有⌊无论⌉的意思。即⌊无论是这样或那样⌉之意。

23.55　第三类无条件句所提的是一个无限变异的条件,常用无定指称词来表示。例如⌊无论是谁,都不愿意挨骂⌉,实在代表⌊你也不愿意挨骂,我也不愿意挨骂,张三、李四、王五、赵六……都不愿意挨骂⌉的意思,所以我们说这是条件句扩展的结果。⌊谁⌉字代表一个无限变异的人物,我们称之为任指性的无定指称词(参阅11.63)。这些无定指称词的前面常常加⌊无论⌉、⌊不管⌉、⌊不拘⌉、⌊任凭⌉等词语,例如:

凭你是谁,凭你是怎样合他说着,再也休想他开一开口。(儿25)

后来我想老太太就要回南,无论怎样忙,都要来陪老太太顽半天。(一只马蜂)

那是我一生最快乐的两个星期——嗳,无论怎样,不会再有的。(同)

不管装什么的,你都每样打几个罢。(红35)

丫头不拘叫个什么罢了,是谁起的这样刁钻名字?(红23)

但也常常不加这些词语;虽然不说⌊无论⌉,仍然是⌊无论⌉的意思。例如:

全有我呢。包管平允:谁也不能吃亏,谁也不能占便宜。(三侠五义91)

哥儿俩一般儿高,谁也不用说谁。〔此句⌊谁⌉字不是绝对无范围〕

　　到了那个地方儿,吃喝穿戴,甚么都买不短。(儿 38)

　　天天放得天高的风筝,那天竟怎么放也放不起来。(姑姑)

　　走遍半个城,哪儿都是一样。

　　甚么时候说声⌊走⌉,我拔腿就走。(儿 32)

　　你放心好了,哪一天我不在这里住的时候,我通知你就是了。
(压迫)

　　多高的树枝他都上的去。

　　前面第二类无条件句里,所提交替条件不互相冲突的,性质和这一类
相近,如⌊明天也好,后天也好⌉等于⌊无论哪天都成⌉。

　　第三类无条件句不一定都有纵予的意思。例如⌊凭你跑到哪儿⌉
也许可说⌊你就跑到天上⌉,⌊任凭你有多大权力⌉也许可说⌊那怕你是
皇帝⌉,但如⌊谁也知道⌉,⌊哪儿也一样⌉之类就不隐含某一单个事物可
作为纵予的条件。

　　23.56　以上所举都是白话的例。这种种句法,虽不尽数是白话
里发展出来的,但白话里较为发达。文言里原来也有正反并列的说
法,例如:

　　从之将退,不从亦退;犹将退也,不如从楚。(左·襄十)
〔犹=均〕

　　华元曰:⌊过我而不假道,鄙我也,鄙我,亡也;杀其使者,必
伐我,伐我,亦亡也;亡,一也。⌉乃杀之。(左·宣十四)

　　是进亦忧,退亦忧,然则何时而乐耶?(岳阳楼记)

　　23.57　至于⌊无论……⌉的说法,文言原来只用⌊无⌉字,有主语则
必须放在主语之后。例如:

　　无小无大,从公于迈。(诗·鲁颂·泮水)

　　吾视郭解,状貌不及中人,言语不足采者,然天下无贤与不
肖,知与不知,皆慕其声。(史·游侠列传)

　　百姓闻之,知与不知,无老壮,皆为垂涕。(史·李将军传)

> 愚以为宫中之事,事无大小,悉以咨之,然后施行。(出师表)
> 是故无贵无贱,无长无少,道之所存,师之所存也。(师说)

在句首用⌊无论⌉是比较晚起的句法,大概是受了后世口语的影响。例如:

> 无论事之难易,掉以轻心则必败。〔事无难易……〕
> 地无分于中外,时不论乎古今,未有不立志不勉力而能有成者也。〔地无中外,时无古今〕
> 无论服药与否,休养仍为最要。
> 无论其言有无依据,不可不预为之地。

以上文言诸例和前面所说第一第二两类句法相当。至于利用无定指称词的第三类无论句,近代文言里也有。如:

> 无论如何区分,皆不免有游移两可之例。
> 任何社会,不得其平则乱。

但⌊无论⌉或⌊任何⌉适用的范围仍然很有限制,常常要利用⌊者⌉、⌊所⌉、⌊莫⌉、⌊事事⌉、⌊无事⌉、⌊随时⌉、⌊所在⌉等词造成别种句式,表示⌊无论⌉之意。

连　锁

23.61　连锁句指⌊谁先到谁买票⌉这一式的句子。这类句子一方面和倚变句(19.7)相似,因为同是表示甲变则乙变,⌊我先到,我买票;你先到,你买票⌉。一方面仍是无论句的变式,因为也可以说⌊无论谁先到,就把票买了⌉。

连锁句不用⌊无论⌉、⌊不管⌉等词语,而在上下两小句叠用同一无定指称词。第一个是任指性的,第二个表面上也是任指的,实际上随第一个为转移,并不是绝对无定,而是相对有定的。例如:

谁和我好，我就和谁好。(红27)

等到家，横竖还姐姐，那时姐姐爱送谁送谁。(儿21)

心里有什么，口里说什么。(红34)

送什么我就收什么，横竖我有主意。(红36)

我不过是接手儿，怎么来，怎么去，由不得我作主。(红36)

都照你说的，怎么好，怎么好。(儿3)

你爱和那个姐姐妹妹哥哥嫂子顽，就和那个顽。(红20)

你们那天要人，那天现成。(儿40)

这个东西禁不住搁，多会儿要，多会儿买就是了。〔现用现买〕

我没有成见，哪儿好玩，就在哪儿多住几天。

说到哪儿做到哪儿。

该搁哪儿搁哪儿。

23.62　以上都是利用无定指称词的连锁句。另有一些，是用数量来连系的，例如：

此刻还不能说定，借到多少算多少。

守着多大碗儿吃多大的饭。(红6)

他的喉咙，要多高有多高；他的中气，要多长有多长。(老残2)

他要几张给他几张，别多给。

治一个，好一个，真好大夫！

实打实，有一句，说一句。(儿32)

一等货色，一等价钱；一等价钱，一等货色。〔比较：哪等价钱，哪等货色〕

一步一回头。

大家围在窗外偷听，听他哼一声，就知道是挨了一下。

23.63　再还有用时间来连系的，或是表示两事起讫相同，或是表示两事次数相等(上节最后两例也可以归入次数相等类)。例如：

　　　　一日不说跪一日。(红 61)

　　　　从此后,我活一日,是你给我一日。(红 72)

　　　　你只说舅舅见你一遭儿就派你一遭儿不是,你小人儿家很不
　　知好歹。(红 24)

　　　　正是了,我们得尽一番心,且尽一番心。(儿 17)

这类连锁句也依然含有⌊无论⌉的意思。

　　23.64　连锁句是白话里发展出来的句法。第一类即利用无定指
称词的句子,在文言只有改用其他句式来表达,如⌊愿与我游者我与之
游⌉,⌊择所愿赠者赠之⌉,⌊胸有所蓄,辄出之口⌉等等。第二类连锁句
文言里虽然也可以见到,如:

　　　　一日不作,一日不食。

　　　　凡此琐琐,虽为陈迹,然我一日未死则一日不能忘。(祭
　　妹文)

似乎只限于用时日词连系的句子,而且不见很早的例子,显然是从较
后的口语里接受过去的。此外又有别种句式来表示这个意思,如⌊有
生之日,戴德之年⌉,⌊得尽力时且尽力⌉,⌊每见辄加诃责⌉等等。

〈句子和词组的转换〉等四篇
引用书名篇名表①

论（论语）

孟（孟子）

庄（庄子）

左（左传）

齐策，赵策等（战国策）

冯谖（战国策·齐策）

史（史记）

项羽（史记·项羽本纪）

留侯（史记·留侯世家）

淮阴（史记·淮阴侯列传）

汉（汉书）

后汉（后汉书）

赤壁（资治通鉴·赤壁之战）

过秦论；论积贮疏（贾谊）

重农贵粟疏（晁错）

出师表（诸葛亮）

兰亭集序（王羲之）

桃源（陶潜：桃花源记）

师说；原毁；祭十二郎文（韩愈）

郭橐驼（柳宗元：种树郭橐驼传）

柳记（柳宗元：柳州诸记）

冷泉亭记（白居易）

阿房宫赋（杜牧）

黄冈竹楼记（王禹偁）

沧浪亭记（苏舜钦）

岳阳楼记（范仲淹）

醉翁亭记；祭石曼卿文；秋声赋
　（欧阳修）

游褒禅山记（王安石）

赤壁赋；日喻（苏轼）

新城游北山记（晁补之）

岭外代答（周去非）

杜环小传；送马生序（宋濂）

先妣（归有光：先妣事略）

项脊（归有光：项脊轩志）

示龙场诸生（王守仁）

陶庵梦忆（张岱）

廉耻（顾炎武：日知录·廉耻）

郭老仆（侯方域：郭老仆墓志铭）

游西湖记（孙嘉淦）

---

①　表中书名、篇名概括《中国文法要略》全书所引例句出处，〈句子和词组的转换〉等四篇不一定都用上。又，引用例句很多是从中学课本及其他选本转引，未能详注书名、版本、卷页。

口技(丙);张诚(蒲松龄:聊斋
　志异)

铁椎(魏禧:大铁椎传)

费宫人传(陆次云)

看桃花记(刘大绅)

哑孝子(刘大绅:哑孝子传)

市声说(沙张白)

盲者说;画网巾先生传;乙亥北
　行日记(戴名世)

辨志(张尔岐)

为学(彭端淑)

祭妹文(袁枚)

记趣(沈复:浮生六记·闲情
　记趣)

侍膳图(朱琦:北堂侍膳图记)

课诵图(王拯:媭砑课诵图序)

斗牛(陈其元:婺州斗牛俗)

巴黎油画(薛福成:巴黎观油
　画记)

机器说(薛福成:用机器殖财养
　民说)

记冯婉贞事(近人,阙名)

林觉民传(近人,阙名)

黄花冈(孙文:黄花冈烈士事
　略序)

刘叟墓碣(张謇:良农海门刘叟
　墓碣)

云冈(袁希涛:大同云冈石窟佛
　像记)

图画;雕刻;文明之消化;为群
　(舍己为群);有恒(有恒与保
　守);理信(理信与迷信)(以上
　蔡元培)

毅力;论自治;论合群;最苦与最
　乐(梁启超)

求学(朱执信:求学与办事)

社戏;鸭的喜剧;藤野先生;读书
　杂谈(鲁迅)

寄小读者;冬儿;姑姑(冰心)

黑白李;牺牲;柳家大院;有声电
　影(老舍)

一只马蜂;压迫;酒后;亲爱的丈
　夫;北京的空气(丁西林)

康桥(徐志摩:我所知道的康桥)

荷塘月色;背影(朱自清)

水浒(一百二十回本)〔注一〕

红(红楼梦)〔注二〕

儿(儿女英雄传)

老残(老残游记)

〔注一〕七十回本词句大致相同,回数减去
　　一回即得,如一百二十回本之二十回等
　　于七十回之十九回。

〔注二〕亚东图书馆一九二七年重排本,与
　　通行本词句有出入。

汉语语法分析问题

前　言

　　多年来想写一篇文章谈谈汉语的语法分析问题。主要是为了说明汉语语法体系中存在的问题何以成为问题,说明问题的来龙去脉,借以活泼思想,减少执著。同时也可以安抚一下要求有一个说一不二的语法体系的同志们的不耐烦情绪,让他们了解,体系问题的未能甚至不可能定于一,不能完全归咎于语法学者的固执或无能。这是本文

的主要用意。当然,如果通过对问题的分析和说明,能把研究工作向前推进一步,那也是'固所愿也'。

中国之有语法学,如果从《马氏文通》的发表算起,到今年恰好是八十年。这八十年可以分成前后两个四十年。前四十年是各家著书立说,基本上没有提出问题来讨论。1938年在上海,有几位语法学者发起了一场'文法革新'的讨论,持续了两三年。这以后,虽然专门著作还是继续有人在写,问题的讨论却只是间断了几年,在中华人民共和国成立之后又蓬勃展开。除零星的商讨外,几次较大的讨论,如1953—54年关于词类问题的讨论,1955—56年关于主语宾语的讨论,1957年关于单句复句的讨论,在深度和广度上都有所前进。后来也许由于学校教学方面已经有了一个暂行体系,这方面的讨论就渐渐冷了下来。最近这十来年,文化教育工作普遍受到'四人帮'的疯狂破坏,语法研究自然也谈不上了。然而讨论的趋于沉寂并不意味着问题已经得到解决。就以学校教学而论,不少在大学和师范学院教课的同志就常常遇到学生提出问题,这个词属哪一类,这个句子应该怎么分析,不能在现有的教材中找到答案。

有问题就得求解决。解决的途径首先在于对实际用例多做调查。很多人一提到语法研究,往往只想到语法体系方面的大问题,忘了这个和那个词语的用法(在句子里的作用),这个和那个格式的用法(适用的场合)和变化(加减其中的成分,变换其中的次序,等等),忘了这些也都是语法研究的课题。这方面的研究,过去是很不够的。这种研究看上去好象琐碎,好象'无关宏旨',实际上极其重要。首先,教学上需要。一个词语,一个格式,怎么用是合乎汉语的语法,怎么用是不合汉语的语法,要教给学生的不正是这些个吗?其次,这种个别词语、个别格式的研究和语法体系的研究是互相支持、互相促进的。这两方面的工作,说得简单点,一个是摆事实为主,一个是讲道理为主。事实摆得不够,道理也就难于说清。弄清楚各别词语、各种格式的用法,才能对语法分析提供可靠的依据。反过来说,没有比较好的语法分析,用法的说明就难于概括;同时,语法分析的探讨也常常给用法研究提出新的课题。有了这两方面的配合,语法研究才能顺利地前进。

一方面要广泛地调查实际用例,一方面也要不断地把问题拿出来

理一理,看看这个问题是不是有可能或者有必要从一个新的角度或者更深入一层去考察,看看一个问题的探讨是不是牵动另一个问题。这样可以开拓思路,有利于寻求解决问题的途径。曾经在什么地方看见过引用一位物理学家的话,说是在科学上提出正确的问题比寻求正确的答案还要难。这个话是不是有点说过了头,也许还可以研究,可是问题提得对路,解决起来就比较容易,这个经验是人人都有的。

本文的宗旨是摆问题。问题摆出来了,有时候只提几种看法加以比较;有时候提出自己的意见,也只是聊备一说,以供参考。这些意见比较零散,不足以构成什么体系。其中也很少能说是作者的'创见'。有的是很多人说过的,不用交代出处;有的只记得有人说过,出在哪本书或者哪篇文章上已经查不出来,只好在这里总的声明一句:没有掠美的意思。

提出各种看法,目的在于促使读者进行观察和思考。所希望得到的反应,不是简单的'这个我赞成','那个我不同意',而是'原来这里边还大有讲究',因而引起研究的兴趣。如果进一步研究的结果,我这些意见全都被推翻,我也认为已经达到我写这本小书的目的了。

这本书原来是作为一篇论文来写的。虽然现在的篇幅已经不能容纳在期刊里而只能印成小册子,我还是准备读者把它当一篇论文来读。为了让读者能够痛痛快快地读下去,我把一些补充的材料,一些枝节的话,都写在附注里,并且放在全书之后。

一　引　言

1　本文试图对汉语语法体系中存在的问题做一番检讨,看看这些问题何以成为问题,何以会有不同意见,这些不同的处理法的利弊得失又如何。

语法是语言的一个方面,对于语言的性质,特别是对于人们怎样学会一种语言,可以有不同看法,这自然要影响到研究语法的方法。现在国外的语法研究可以大致分为三大派:传统语法,结构主义语法,转换生成语法,我国语法学界比较熟悉的是传统语法。结构主义

语法和转换生成语法各有一套理论,往往是引几个例子谈一个问题,的确能说得头头是道,因此我们应当对它们进行研究,弄明白究竟是怎么回事。可是到现在为止,还没有看到过应用结构主义语法理论或转换生成语法理论,全面地、详细地叙述一种发达的、有文学历史的语言的语法的著作,可以拿来跟用传统方法写出来的一些有名的著作相比较,这就未免有'雷声大,雨点小'的缺点。这是偶然抑或不是偶然,现在还很难说。下面谈问题,基本上还是在传统语法的间架之内谈,别的学派有可取之处也不排斥。

2　摆问题自然摆的是实质性问题,纯粹名称问题不去纠缠,比如'量词'、'单位词'和'单位名词',就不值得争论。也有不纯粹是名称问题的名称问题,比如'短语'、'词组'和'结构'。词组,一般理解为必须包含两个以上的实词,一个实词搭上一个虚词象'我们的|从这里'之类就不大好叫做词组(只能叫做'的字结构'、'介词结构'什么的),可是管它们叫短语就没什么可为难的。又如'来不及|看中了'之类介乎词和短语之间的东西,可以叫做'短语词',可决不能叫做'词组词'。至于'结构',一般要戴上个帽子,什么什么结构,光说'这是一个结构,不是一个词',似乎不行;而且'结构'既用来指关系,又用来指实体,有时候挺别扭,例如说:'这是一个动宾结构的词,不是一个动宾结构的结构'。

3　本文所用的术语,绝大多数都是现在通行的或者曾经有人用过的。关于术语,创新和利旧各有利弊。新的概念最好用新的术语来表示,但是不免增加读者的负担;反之,利用旧的术语而改变它的涵义,不论怎么声明,总是难以避免读者误解。本文不是为了提出一个新的语法体系,所以还是尽量利用旧的术语。但是有时候经过一番议论把一个名称或多或少的改变了它的内容,那么在这以前和这以后这个术语的意义就不一样了。这对于读者是一种不便,可是也想不出很好的办法。

此外还有一个使用上的严格和变通的问题。比如用'动词'代表'动词和动词短语',或者用'动词'代表'谓语动词',这都是变通,在不至于误会的场合,似乎比较省事,可以避免烦琐。当然,最好是用字母做代号,但是考虑到有些读者见了代号就不爱看,本文没有

用代号。

4　比起西方语言来,汉语的语法分析引起意见分歧的地方特别多,为什么? 根本原因是汉语缺少严格意义的形态变化。一般地说,有两个半东西可以做语法分析的依据:形态和功能是两个,意义是半个,——遇到三者不一致的时候,或者结论可此可彼的时候,以形态为准。重要的是末了这句话。例如安全剃刀,论功能,论意义,安全都该是形容词,可是如果这个语言(比如英语)里安全在这里带上名词语尾,那它就只能是名词。又如我冷,论词序,论意义,我都该是主语,可是如果这个语言(比如德语)里我在这里带的是非主格语尾,冷在这里带的是第三人称语尾,那就只能说这是个无主句。又如铁路,论意义可以是一个短语,也可以是一个词,如果铁和路都有一定的语尾(甚至中间有一个介词),铁路就是一个短语,如果只有路后头有一定的语尾,铁路就是一个词。

5　汉语有没有形态变化? 要说有,也是既不全面也不地道的玩意儿,在分析上发挥不了太大的作用。由于汉语缺少发达的形态,许多语法现象就是渐变而不是顿变,在语法分析上就容易遇到各种‘中间状态’。词和非词(比词小的,比词大的)的界限,词类的界限,各种句子成分的界限,划分起来都难于处处‘一刀切’。这是客观事实,无法排除,也不必掩盖。但是这不等于说一切都是浑然一体,前后左右全然分不清,正如中高纬度地方不象赤道地方昼和夜的交替在顷刻之间,而是黎明和黄昏都比较长,但是不能就此说那里没有昼和夜的分别。积累多少个‘大同小异’就会形成一个‘大不一样’。这是讨论语法分析问题的时候须要记住的一件事。

6　由于汉语缺少发达的形态,因而在做出一个决定的时候往往难于根据单一标准,而是常常要综合几方面的标准。例如不能只凭一个片段能否单用决定它是不是一个词,不能只凭一个词能否跟数量词组合决定它是不是名词,不能只凭一个名词在动词之前或之后决定它是主语还是宾语,如此等等。既然要综合几方面的标准,就有哪为主哪为次、哪个先哪个后的问题,就会得出不同的结论。这其间可能有这个较好那个较差的分别,很难说这个是绝对的是,那个是绝对的非。这是研究语法分析问题的时候须要记住的另一

件事。

7　在语法分析上,意义不能作为主要的依据,更不能作为唯一的依据,但是不失为重要的参考项。它有时候有'速记'的作用,例如在辨认一般的(不是疑难的)名词、动词、形容词的时候。有时候它又有'启发'的作用,例如在调查哪些形容词能受程度状语修饰的时候,又如在区别不同种类的宾语的时候。至于一个'语法实体'(一个词类,一种句子成分)归纳出来之后,不能光有一个名目,不给它一点意义内容,那就更不用说了。传统语法在一定程度上利用意义,可是对于如何利用,又如何控制,没有很好的论述,这是它在理论方面的弱点。但是跟某些结构主义学者的拼命回避意义、一头钻进死胡同比起来,不失为聪明;跟某些转换生成语法学家的明明从意义出发、却矢口否认比起来,不失为老实。

下面分三章分别谈单位、分类和结构三方面的问题。

二　单　　位

8　对语言进行语法分析,就是分析各种语言片段的结构。要分析一个语言片段的结构,必须先把它分解成多少个较小的片段,这些小片段又可以分解成更小的片段。结构就是由较小的片段组合成较大的片段的方式。所以,要做语法结构的分析,首先得确定一些大、中、小的单位,例如'句子'、'短语'、'词'。

中国的传统的用语是'字'和'句'。再上去就是'章'和'篇',按照现代的学科分工,已经不在语法论述的范围之内了。传统的'字',既指书面上的一个个方块字,也指说话里边的一个个音节,不管它在多大程度上独立的起表达作用。传统的'句'指说话和读书的时候两个停顿之间的一个片段,不管意义上是否告一段落。用传统的'字'和'句'来分析古汉语的语法结构,也许还可以试试,用来分析现代汉语,显然行不通了。现在用'词'和'句子'来代替'字'和'句','词'比'字'大,'句子'比'句'大。多少跟'字'相当的单位,现在管它叫'语素';多少跟'句'相当的单位,有的管它叫'小句'(分句),有的管它叫'短语'(词组)。讲西方语言的语法,词和句子是主要的单位,语素、短语、小

句是次要的。(这是就传统语法说,结构主义语法里边语素的地位比词重要。)讲汉语的语法,由于历史的原因,语素和短语的重要性不亚于词,小句的重要性不亚于句子。

9　**语素**。最小的语法单位是语素,语素可以定义为'最小的语音语义结合体'。也可以拿'词素'做最小的单位,只包括不能单独成为词的语素。比较起来,用语素好些,因为语素的划分可以先于词的划分,词素的划分必得后于词的划分,而汉语的词的划分是问题比较多的。(这里说的'先'和'后'指逻辑上的先后,不是历史上的先后。)语素有三方面的问题:大小问题,异同问题,以及与汉字对应的问题。

10　汉语的语素,单音节的多,也有双音节的,如疙瘩,逍遥,还有三个音节以上的,如巧克力,奥林匹克,都是译音。有很多双音节,里边是两个语素还是一个语素可以讨论,例如含胡(比较含混,胡涂),什么(比较这么,那么,怎么)。这是语素大小问题。

11　一个语素可以有几个意思,只要这几个意思联得上,仍然是一个语素,例如工有工作、技术、精巧等意思,都联得上,只是一个语素。如果几个意思联不上,就得算几个语素。例如公有共同、公平等意思,又有公[侯]、公[婆]、公的[母的]等意思,这两组意思联不上,得算两个语素。有时候,几个意思联得上联不上难于决定,例如快速、锐利的快和愉快、痛快的快。这是语素异同问题。

这两个问题都可以说是'一个还是两个?'的问题,不过前一个是一根绳子切不切成两段的问题,后一个是一根绳子掰不掰成两股的问题。

12　辨认语素跟读没读过古书有关系。读过点古书的人在大小问题上倾向于小,在异同问题上倾向于同。大小问题如经济,一般人觉得它跟逻辑一样,不能分析,读过古书的人就说这是'经世济民'的意思,经和济可以分开讲,是两个语素。异同问题如书信的信和信用、信任的信,一般人觉得联不上,念过古书的人知道可以通过信使的信(古时候可以单用)把前面说的两种意思联起来,认为信只是一个语素。

13　**语素和汉字**　汉语的语素和汉字,多数是一对一的关系,但

是也有别种情况。语音、语义、字形这三样的异同互相搭配,共有八种可能:两同一异的有三种,一同两异的有三种,全同的和全异的各一种。

(音)	(义)	(形)	(例)	(语素)	(字)
同	同	同	圆	1	1
同	同	异	圜、园	1	1(异体字)
同	异*	同	会合　会能	2	1(多义字)
异	同	同	妨 fāng～fáng	1	1(多音字)
异	异*	同	行 xíng～háng	2	1(多音多义字)
异	同	异	行、走	2	2(同义字)
同	异	异	圆、园	2	2(同音字)
异	异	异	圆、方	2	2

* 指有联不到一块的几个或几组意义,联得上的仍算'同'。

以上所说三个问题的情况,都是在一定程度上简单化了的。实际情况比这复杂,疑难问题是不少的。

14　关于语素,还有一个问题。有时候一个语素可以用于两个词类,意思密切相关,例如'一把锁'和'锁上门'的锁,'一个姓'和'他姓姚'的姓。是一个语素、一个词呢,还是两个语素、两个词? 一般认为词类不同就得算两个词,可是基本意义不变只是一个语素,这样就该作为一个语素、两个词。如果可以这样处理,那么象'把门'的把,'把门锁上'的把,'一把锁'的把,就是一个语素三个词了。

15　词。比语素高一级的单位是词。词的定义很难下,一般说它是'最小的自由活动的语言片段',这仍然不十分明确,因为什么算是'自由活动'还有待于说明。最好是用具体事例来给词划界。词在两头都有划界问题:一头是如何区别单独成词的语素和单独不成词的语素;另一头是如何决定什么样的语素组合只是一个词,什么样的语素组合构成一个短语。

先说第一个问题,即一个语素成词不成词的问题。第一条,可以单独作为一句话来说的,比如可以回答问话的,是不成问题的词。第二条,一句话里边把所有可以单说的部分都提开,剩下来不能单说,可

也不是一个词的一部分的，也是词。例如'我下午再来'这句话里边，把我，下午，来提开，剩下再是一个词，虽然它不能单说。可是如果在'比赛现在开始'这句话里边，把比赛，现在提开之后，又把开提开，说始是剩余下来的词，那就不对，因为始是开始这个词的一部分。上面定义里边说的'自由活动'，不但包括来这一类语素，也包括再这一类语素，但是不包括始这一类语素。

大概说来，能单说的多数是实词，少数是虚词；大多数虚词是靠第二条划出来的，少数实词也靠这一条。

16　以上有意把问题说得简单些，借以突出要点。实际情况比这复杂，下面是几种值得研究的情况。

（1）一般不单用，但在一定的格式里可以单用（'单用'包括来等和再等两类）。

楼：楼房，大楼，前楼，后楼（一般）；但三号楼。

院：医院，剧院，研究院（一般）；但院领导，院一级。

（2）一般不单用，但在专科文献里可以单用。

氧气（一般）；氧（化学）。

叶子，树叶（一般）；叶（植物学）。

（3）一般不单用，成语、熟语里可以单用。

老虎（一般）；前怕狼，后怕虎（成语）。

言语（一般）；你一言，我一语（熟语）。

（4）说话不单用，文章里可以单用。

云彩（说话）；云（文章）。

时候（说话）；时（文章）。

象这些情况该怎么处理？按说，能单用的语素不一定只能单用，有时候也跟别的语素组合成词，比如来也出现在'来源｜来宾｜将来｜往来'这些词里，再也出现在'一再｜再三｜再会｜再版'这些词里。能不能援这个例，无条件地承认楼，叶，虎等等也是能单用的语素，是一般的词呢？要是这样，就抹杀了一个重要的事实：这些语素在一般场合是不能单用的。

17　一个语素可以有互相联系的好几个意义，其中有的能单用，有的不能单用。例如工，在工人，工艺，工业这些意义上是不能

单用的,在工作(如上工),工程(如开工),计工单位(如三工)这些意义上是可以单用的。遇到这种情形,如果受汉字的拘束,就要在工字是词不是词上头决断不下。可不可以说:工这个语素有两个变体(似乎不必作为两个语素),一个能单用,是词,一个不能单用,是构词的语素?

18　总起来说,语素可以分成四种。(1)能单用的,单用的时候是词,不单用的时候是构词成分。(2)一般不单用,在特殊条件下单用的,单用的时候是词。(3)不单用,但是活动能力较强,结合面较宽,有单向性,即只位于别的语素之前,或别的语素之后,或两个语素之间。这是所谓'前缀','后缀','中缀',可以总的称为'词缀'或'语缀'。'语缀'这个名称也许较好,因为其中有几个不限于构词,也可以加在短语的前边(如第)或后边(如 de)。语缀和词的界限也难划,例如单音方位词和某些量词就很象后缀。(4)不单用,结合面较窄,但不限于在前或在后,专作构词成分,可以称为'词根'。

19　**词和短语**。现在来讨论第二个问题,一个语素组合是词还是短语的问题。前面谈一个语素是词不是词的问题,要考虑的只有一个因素:能不能单用。语素组合的问题就复杂了,大致涉及五个因素:第一,这个组合能不能单用,这个组合的成分能不能单用;第二,这个组合能不能拆开,也就是这个组合的成分能不能变换位置或者让别的语素隔开;第三,这个组合的成分能不能扩展;第四,这个组合的意义是不是等于它的成分的意义的总和;第五,这个组合包含多少个语素,也就是它有多长。这五个因素不是互不相关,可是不相一致,常常有矛盾,问题讨论起来够复杂的。这里不能详细讨论,只能提出几个问题来谈谈。

20　先说一个组合的成分能不能单用的问题。除了所有的成分都不能单用就不可能是短语外,似乎成分的能不能单用跟整体的能不能单用、是词还是短语,没有一定的关系。看下面的例子:

单用＋单用→短语	工人农民
→词	田地
→不单用	高射
单用＋不单用→短语	老师同学们

→词	高兴
→不单用	高速
不单用＋不单用→词	典型
→不单用	微型

单纯用有没有不单用的成分来决定一个组合是词还是短语，显然行不通。有一个过去常引用的例子，说是如果因为驼和鸭不能单用，所以驼毛和鸭蛋是词，因为羊和鸡可以单用，所以羊毛和鸡蛋是短语，那是非常可笑的。应该认为羊毛和鸡蛋也是词。

再说，如果一个组合里有一个不单用的成分就认为这个组合是词，那么，一个带语助词的句子就也得算是一个词，因为语助词是绝对不能单用的。能有那么长的词吗？

21　其次，整个组合如果能单用就是词(或短语)，如果不能单用就不是词而只是构词的成分，这样规定看上去是合理的。可是遇到一个问题：比如说高射不是词，高射炮才是一个词，孤立起来看这个例子，说得通，但是高射机关枪呢？就有点为难了。高射不能单说，这是事实，能不能算是可以单用呢？值得考虑。有很多语素组合是属于高射一类的，这一类组合又常常跟别的组合(不能单用的和能单用的)连成很长一串，例如'袖珍英汉词典|大型彩色纪录片|同步稳相回旋加速器|多弹头分导重入大气层运载工具'，等等。说这些都只是一个词，行吗？从语法理论这方面讲，没什么不可以，但是一般人不会同意。一般人心目中的词是不太长不太复杂的语音语义单位，大致跟词典里的词目差不多。这可以叫做'词汇的词'，以区别于'语法的词'。咱们不能忘了，词这个东西，不光是语法单位，也是词汇单位。二者有时候一致，有时候不一致，因为所用标准不同。袖珍，英汉，大型，彩色，同步，稳相，多弹头，这些都可以算是词汇词。语法上是不是也可以承认它们是词呢？要找根据也不难，语助词不都是不能单说的吗？还有介词、多数连词和多数副词，也都是不能单说的。

上面举的是名词的前加成分的例子，同样的情况也见于动词的前加成分，如'超额完成|加倍努力|按劳分配|准时到达|定期汇报|高价收购'。这里边的超额，加倍，按劳，准时，定期，高价，也都是不

能单说的,但是如果不承认它们可以单用,因而可以算是词,就不好办。

22　从词汇的角度看,双语素的组合多半可以算一个词,即使两个成分都可以单说,如电灯,黄豆。四个语素的组合多半可以算两个词,即使其中有一个不能单说,如无轨电车,社办工厂。三个语素的组合也是多数以作为一个词较好。例如人造丝可以向人造纤维看齐,作为两个词,但是人造革只能作为一个词,与其把人造丝和人造革作不同处理(类似鸡蛋和鸭蛋问题),不如让人造丝和人造纤维有所不同。同类的例子有'耐火-材料:耐火砖|生物-制品:豆制品|高压-电线:高压线|自由-体操:自由泳'。不妨说,拿到一个双语素的组合,比较省事的办法是暂时不寻找有无作为一个词的特点,而是先假定它是词,然后看是否有别的理由该认为是短语。同样,拿到一个四语素的组合,可以先假定它是两个词,然后看是否有别的理由该认为是一个词。在这里,语素组合的长短这个因素起了很大的作用。

23　现在来谈谈有没有专门意义的问题。向来有一种意见,认为如果一个组合的意义等于它的成分的意义的总和,那么这个组合是一个短语;如果不是这样,这个组合就是一个词。同一个'吃饭',如果吃的是米饭,吃饭是短语;如果吃的是馒头或者面条,吃饭是'进餐'的意思,那就是一个词。又如'大车'是个词,因为不是所有大的车都能叫做大车,只有牲口拉的两个车轮的载重车才叫大车;相反,'大树'是个短语,因为意思就是大的树。这个意见也是从词汇的角度考虑的结果。有专门意义的组合是一个新的词汇单位,没有专门意义的组合没有增加新的东西。从语法的角度看,有没有专门意义只有参考价值,没有决定作用。拿'吃饭'来说,只是饭的意义不同,吃和饭的关系没有什么不同,一切语法格式变化,如'吃着饭|饭不吃了'等等,对两种意义的'吃饭'都适用,没什么两样。同样,'大树'和'大车'在语法上也难于分别。

24　'大树'和'大车'都是形容词加名词。我们知道,形名组合不是很自由的,特别是单音形容词。例如我们说'高山',不说'高树',说'错字',不说'错数目',说'脏衣服',不说'脏鞋',说'闲工夫',不说

'闲日子',说'巧手',不说'笨手',说'热炕头',不说'冷炕头',等等。组合不自由,就是有熟语性,这是复合词的特点。短语的组成,原则上应该是自由的,应该是除意义之外没有任何限制的。

25 有人说'大树'可以换成'大 de 树','大车'不能换成'大 de 车',这是语法上的分别。不对,这仍然是'大车'的词汇意义所加的限制。并且'大树'和'大 de 树'也不是一回事,在语法上是很有分别的。把'大 de 树'和'大树'等同起来,好象有没有一个 de 字没有什么关系,这就小看了这个 de 字了。de 字虽小,它的作用可不小。没有 de 字,前边的形容词和后边的名词都不能随便扩展,有 de 字就行了,例如'挺大 de 一棵百年老树'('大树'至多能换成'大松树','大柳树')。可见有 de 和没有 de 是很不相同的两种结构,即使都叫做短语,也应该有所区别。事实上碰巧'大'和'树'中间可以加个 de,有很多单音形容词和名词的组合是不大能在中间加 de 的,例如'大雪|小雨|清水|闲人|怪事|胖娃娃'。不用单音形容词而用双音形容词做例子,也是不加 de 字则形容词和名词都不能扩展:'老实人:非常老实 de 老人|整齐房子:很整齐 de 新房子|干净衣服:干干净净 de 一套衣服'。又例如,我们说'历史研究和历史教学',也说'历史 de 研究和教学',但是'历史研究和教学'就不是真正的口语形式,只能作为标题或者书刊的名称。

形动或副动组合也有这种情形,例如:'仔细检查:很仔细 de 检查|老实说:老老实实 de 说出来|偶然遇见:极偶然 de 遇见'。(另外,有很多单音加单音的组合中间不能加 de,如'大干|快上|高举'。)

动形组合也有这种情形,例如:'变老实了:变得非常老实了|摆整齐:摆得挺整齐的|洗干净:洗得十分干净'。

以上举例的几种类型的组合,那些加进去 de 和得因而它的成分可以扩展的,是短语,不成问题。那些没有加进去 de 和得因而它的成分不能扩展的组合,它的地位介乎词和短语之间。如果把它算在短语里边,可以叫做'基本短语',而把前边那一种叫做'扩展了的短语';如果把它算在词里边,可以称为'复合词',但是那样就得给一般所说的复合词如看重,改正,加强,扩大之类(这些都是不能在两个成分中间加进任何字眼的)换个名称以示区别。要是这有困难,就只好把这种

短语式的词简单点叫做'短语词'了。

26　动形组合除能在中间加进去助词得外,还有一种变化,在动词和形容词中间加进去表示可能性的得和不,如'看清│看得清│看不清'。动词加趋向动词的组合的情况跟动形组合差不多,不过变化形式还要多些:'拿出│拿得出│拿不出│拿出来/去│拿得出来/去│拿不出来/去│拿了出来/去'。这两种组合,没有加进去得、不的时候,象一般的复合词;加进去得、不之后,前后两部分仍然不能扩展,因而还不象一般的短语,还只能算是短语词。

27　最后谈谈一个语素组合能不能拆开的问题。按说,一个组合的成分要是可以拆开,可以变换位置,这个组合只能是短语。可是有些组合只有单一的意义,难于把这个意义分割开来交给这个组合的成分,例如'走路│洗澡│睡觉│吵架│打仗',等等,因此有人主张管这种组合叫'离合词',不分开的时候是词,分开的时候是短语。可是这种组合的语法特点跟一般的动名组合没有什么两样。例如:

看了半天书　　打了三年仗　　睡了一会儿觉

看新书　　　　打胜仗　　　　睡午觉

书看完了　　　仗打赢了　　　觉睡够了

这里又遇到了语法和词汇的矛盾。从词汇的角度看,'睡觉','打仗'等等都可以算做一个词,可是从语法的角度看,不得不认为这些组合是短语。

28　一般称为'简称'的那种组合,其地位也是介乎词和短语之间。从意义方面看,简称代表全称,是短语性质,可是从形式方面看,简称不同于全称,更象一个词。实际上简称是一种过渡形式,用得多,用得久,就变成一个词,以致很多人都忘了它原来是一个简称了,例如:语文,科技,党委,支书,归侨,外贸。当然,有些简称会长期保持它的简称的身分,例如机关、学校的名称,象'北大│长影',以及带数字的简称,象'三反│四害'。它们的性质比较近于短语词。

29　还有一种组合,有几分象简称,但是不能叫做简称。例如:'轻重工业','上下水道',是由'轻工业重工业','上水道下水道'省并而成;'新旧图书','中西药品',是由'新书旧书','中药西药'省并加

字而成；'水陆交通'是由'水上陆地'省缩加'交通'而成，'城乡居民'是由'城市乡村'省缩加'居民'而成（'水陆'和'城乡'都不能单用，因而不能算简称）。这类组合是一种凝固的短语。

30　**小句和句子**。一般认为比短语高一级的单位是句子，句子有单句复句之分，一个复句里边包含几个分句。除单句复句问题留在 97 节讨论外，有三个问题想在这里谈一谈。

第一个问题似乎只是一个小问题，一个名称问题：叫做分句好还是叫做小句好？叫做分句是假定句子是基本单位，先有句子，分句是从句子里划分出来的。叫做小句就无须作这样的假定，就可以说：小句是基本单位，几个小句组成一个大句即句子。这样就可以沟通单句和复句，说单句是由一个小句组成的句子。如果改用分句，说单句是由一个分句组成的句子，就显得别扭。（这个情形跟'语素'还是'词素'的问题十分相似，参 9 节。）用小句而不用句子做基本单位，较能适应汉语的情况，因为汉语口语里特多流水句，一个小句接一个小句，很多地方可断可连。试比较一种旧小说的几个不同的标点本，常常有这个本子用句号那个本子用逗号或者这个本子用逗号那个本子用句号的情形。

第二个问题是小句包括不包括有些书上叫做子句、有些书上叫做主谓短语的那种组合。这两种办法各有利弊，何去何从是一个值得考虑的问题。权衡得失，似乎还是叫做主谓短语从而排除在小句之外为好。这主要是联系下一个问题来考虑的结果。

31　第三个问题是短语和句子是不是一个单纯上下级关系的问题。从一个角度看，短语比句子小，句子里边常常包含短语，短语里边难得包含'句子'，显然句子是比短语高一级的单位。可是从另一个角度看，句子跟词和短语又有一个重要的分别：词，短语，包括主谓短语，都是语言的静态单位，备用单位；而句子则是语言的动态单位，使用单位。说话起码得说'一句'。这'一句'可以很简单，简单到只有一个单语素的词，如'好！'，也可以很复杂，复杂到包含上百个语素，组成多少个词，多少个短语。而词和短语则是按复杂的程度区分，各有各的范围，尽管有时候界限不清或者长短颠倒（如'照相'是短语，照相机是词）。更重要的是，句子说出来必得有语调，并且可以用不同的语调

表示不同的意义；而词和短语，如果不单独作为一句话来说，则只有一种念法，没有几种语调。虽然从结构上说，句子大多具有主语和谓语两部分，可是这不是绝对的标准。即使只是一个短语或一个词，只要用某种语调说出来，就是句子，听的人就知道这句话完了；即使已经具备主语和谓语，只要用另一种语调说出来，就不是句子，听的人就等着你说下去。书面上，句子终了的语调用句号、问号、叹号来代表，有时候也用分号。（需要注意的是，往往在句子应该已经终了的地方用的不是句号而是逗号，做语法分析的时候不能以此为依据。这固然跟作者使用标点符号的习惯有关，但是也有客观的原因，就是上面说过的，汉语口语里用得特别多的是流水句，很多地方可断可连，如果'句子'观念不强，就会让逗号代替了句号。）

总起来说，语言的静态单位是：语素，词，短语（包括主谓短语），以及介乎词和短语之间的短语词，其中语素是基本单位。语言的动态单位是：小句，句子（一个或几个小句），小句是基本单位。静态单位和动态单位之间的关系是：一个小句一般是一个主谓短语；也常常是一个动词短语（包括只有一个动词）；在少数情况下是一个名词短语（包括只有一个名词）。这三种情况同样适用于独立的小句（＝句子）和非独立的小句。如下：

	独立小句	非独立小句
主谓短语	你知道？	你知道，[我可不知道。]
动词短语	快来！	[你要看，]快来！
名词短语	一个脚印！	一个脚印罢了，[也值得大惊小怪！]

32　比句子大的单位是段，大段，全篇（或章，节）。一般讲语法只讲到句子为止，篇章段落的分析是作文法的范围。事实上，句和句之间的联系，段和段之间的联系，往往也应用语法手段（主要是虚词）；但是除此之外还有其他手段，如偶句，排句，问答等等；还常常只依靠意义上的连贯，没有形式标志。因此，篇章段落的分析方法和句子内部的分析方法有较大的差别，语法分析基本上到句子为止，还是有点理由的。

33　**小结。** 现在可以把以上说的做个小结。这里边包括一些还没有定论的问题，只是既叫做小结，就不宜于罗列纷繁，只好姑且把个

人的不成熟的意见写在里边。

（1）语素有能单用的，有不能单用的。能单用的又有两种：一种是能单说的，如来；一种是不能单说但是也可以不跟别的语素组成一个词的，如再。这两种都是词。不能单用的语素，或者是语缀，或者是词根。

（2）词可以分为单语素词和多语素词。单语素词和多语素词的活动能力不一样，前者受到一些限制，如16节所举的例子。又如一个字的地名，一个字的姓，一个字的名字，一般不能单说，必得凑上一个字：比较大兴和通县｜欧阳和小杨｜秀芳和阿秀。还有许多别的事例。这种限制起源于语音（双音化的趋势），影响到语法。

（3）词的组合是短语。在词和短语的划分上，语法原则和词汇原则有时候有矛盾。语法原则强调的是这个组合不容易拆开，它的组成部分不能随意扩展。词汇原则强调的是这个组合不太长，有比较统一的意义。如果能用不同的名称来称呼'语法的词'和'词汇的词'，这个矛盾就解决了；但是现在还没能做到，还不能不共用一个名称。

（4）语法原则和词汇原则的矛盾表现在：

（a）语法上可以认为是一个词，而词汇上宁可认为是一个短语：

　　大树｜老实人｜干净衣服｜袖珍英汉词典

　　大干｜老实说｜超额完成｜仔细检查

　　说清楚｜看不完｜拿得出｜笑了起来

这些例子形成一种词和短语的中间物，可以称为基本短语或短语词。

（b）词汇上可以认为是一个词，而语法上宁可认为是一个短语：

　　走路｜打仗｜睡觉

这种例子最好还是归入短语。

（5）简称和'轻重工业'之类是短语的凝固形式，也可以视为特殊的短语词。

（6）不用主谓关系的有无来区别句子和短语。句子可以在形式上不具备主语和谓语两部分；短语可以包括主谓短语。

（7）语素、词、短语是静态单位，小句和句子是动态单位。

三　分　类

34　首先一个问题是为什么要给词语分类(首先是词,其次是短语)？回答是主要为了讲语句结构：不同类的词或短语在语句结构里有不同的活动方式。有人说,区分词类不是为了讲语句结构,而是因为词本身的特点值得分类,需要分类。这个话,对于有发达的形态的语言也许适用,对于汉语不适用,因为'词本身的特点'实际上就指的是形态变化。有发达的形态的语言,不同词类有不同的形态变化,甚至同一词类的形态变化还分类型,哪些词属 A 型,哪些词属 B 型,一点儿错不得,分了类才好记好查；汉语没这种问题。即便拿形态发达的语言来说,划分词类是为了讲语句结构这句话仍然是对的,因为词只有在语句里边才有各种变化形式,孤立的词,词典里的词,是从这个词的众多形式中抽象出来的基本形式,不把它用到语句里去是不需要知道它的形态变化的。

35　**结构分类和功能分类**。说到给词语分类,首先要辨别一种语言单位的分类有'向下看'和'向上看'两个角度。'向下看'的意思是看这个单位是怎样由下级单位组成的,例如把词分成简单词,复合词,又把复合词分成并列式,主从式等等。这叫做按结构分类。'向上看'则相反,是看这个单位在上级单位里担任什么角色。例如有一些词经常在句子里做谓语,算是一个类,称为动词；另有一些词经常跟动词发生施事、受事以及别种关系,算是另一个类,称为名词。这叫做按功能分类,也就是一般所说的分词类。词和短语是中间单位,都可以有两种分类法。语素是最低一级的单位,只能按功能分类。句子一般说是最高一级的单位,只能按结构分类,其实也还可以按功能分类,不过这方面过去不怎么理会。

36　西方语法用形态变化做划分词类的依据,一方面可以归入按结构分类法,因为形态变化可以包括在广义的结构之内,另一方面又跟按功能分类有联系,因为形态变化不同的词在语句里的功能也不同。作为分类的依据,形态变化比句法功能更可靠,因为词在语句里的用法有固有的、转变的、活用的各种情况,而形态变化是'说一不二'

的。汉语没有严格意义的形态变化,就不能不主要依靠句法功能(广义的,包括与特定的词的接触)。在有形态变化的语言里,词性的转变或活用也在形态上表示出来,而汉语则没有这种标志,因而在处理词性转变问题上常常会出现不同的意见,底下再谈(参看 53 节)。同时我们也不要忘了,就是有形态变化的语言,也少不了一些没有形态变化的'小词',要给它们分类也得依靠句法功能。

37 用句法功能做划分词类的依据,有单一标准和多重标准的问题。单一标准当然最好,但是往往找不着理想的标准。理想的标准应该是对内有普遍性,对外有排他性(不开放性),也就是说,用这个标准划定的一类词确实是'应有尽有,应无尽无',否则就有'失入'或者'失出'的毛病。(这个话好象有点'唯心',似乎已经先划定了范围再找形式上的标准似的。不是这样。应该这样来理解:标准要选得好,恰好抓住本质性的特点。太宽了,划出来的类的内部就难免混杂;太窄了,有些基本上特点相同的词被排除在外。)找不着这种理想的标准,就不得不采用多重标准,而多重标准的结果总是参差的,就有协调的问题。以动词为例,如果拿能做谓语做标准,就把形容词包括进来了;即使认为形容词可以跟动词合并,也还有介词带名词做谓语的;即使连介词也算动词,仍然有名词或数量词直接做谓语的问题。于是不得不用另外的标准来补充,如:能否用不来否定,能否带了,过,着,能否重叠等等。而这些标准也没有一种是恰到好处的,必须解决如何综合利用的问题。

38 再一个问题,词类的划分是否分成几个大类就够了,还是要进一步分小类? 事实是在分大类的时候已经常常涉及小类,例如方位词是单独作为一类好呢,还是作为名词的一个小类好? 指别词和代词是合成一类好呢,还是分做两类好? 本来,分类的目的是显示事物的异同,世界上各种事物,包括有形的和无形的,总是有同有异,有大同小异,有小同大异,情况极其复杂。这一切都反映在语词的形式上,反映在语词的用法上,光是分成十个八个类是不够说明问题的。语词的分类(语法上的分类,不是语义上的分类)虽然不能够也用不着象生物分类那样,按门,纲,目,科,属,种一层层分下去,但是有的类分个两次三次还是有用处的,例如动词就很有细分的需要。这也是推进语法研

究的途径之一。

39　另一方面,又有概括性更大的超级大类的问题。不少语法著作里提到实词、虚词的分别,可是对于怎样划分有不同的主张,例如指代词和副词算实词还是虚词,意见就不一致。按中国古来传统,指代词属于虚词,是从意义上考虑。要是从句法功能看,指代词大多数与名词、形容词相当,就应当归入实词。副词呢,从句法功能看,也应当归入实词,可是它们的意义有比较实的,也有比较虚的,少数是虚而又虚,如:就,才,还,也,又。因此有的书上把指代词称为'半虚词',把副词称为'半实词',这也可见虚词和实词难于截然划分了。又如有些书上把方位词列为名词的附类,把判断词(是),助动词,趋向动词列为动词的附类,也是因为这几类词虽然包括在实词(名,动)范围之内,但是它们的作用是辅助性的,跟虚词相近。看来光在'虚'、'实'二字上琢磨,不会有明确的结论;虚、实二类的分别,实用意义也不很大。

倒是可列举的词类(又叫封闭的类)和不能列举的词类(又叫开放的类)的分别,它的用处还大些。指代词,方位词,数词,量词,趋向动词,助动词(范围有问题),介词,连词,助词是可列举的词类;名词,一般动词,形容词,副词是不能列举的词类。可列举的词类也不都是大门关得严严的,比如数词是不大会有新的出现的,可是量词就很难说,不定哪天冒出一个新的来,但是决不会不断地有新的参加;名词等类就不同了,新的名词几乎每天都在产生,动词,形容词也时常有新的出现,副词差点儿。一部较详细的语法书,从原则上讲,应当把每个可列举的词类的成员全部列举,不应当满足于举例。

另外,也可以把词类概括为体词,谓词,小词三类。体词包括名词,指代词,数词,量词,方位词,这些词类的功能有共同之处,所以体词这个名称有用。谓词只包括动词和形容词两类,如果形容词合并在动词里边,那么谓词就跟动词是一回事了。

下面按一般认可的词类分别谈谈存在的问题,最后谈谈兼类即跨类的问题。

40　**名词**。名词里边除指具体事物的一般名词外,专有名词、集体名词、抽象名词都各自成为特殊的小类,跟能不能用数量词以及适用哪一类量词有关。名词这个类里边最困难的问题还是怎样区别哪

些动词已经转变成名词(兼属两类),哪些动词只是可以'名用',还没有转变成名词。

41　**方位词**。方位词一般作为名词的一个附类,其实也可以考虑单独作为一类。方位词跟名词的关系类似介词跟动词的关系,在句法功能上都已经有明显的分化。单音方位词和双音方位词的性质也有所不同,单音方位词主要是附在名词之后,构成方位短语。只有在'往里','向上'这类组合里不是附着于名词,但也不一定非算做词不可,把'往里','向上'整个地算做词也是可以的(比较从前,往后)。另外,有人把用在名词前边的方位词算做形容词,如'前门'的前,'东城'的东,这也是不必要的。我们可以说单音方位词有三种用途:(1)构成方位短语,(2)做复合名词中的前加成分,(3)跟介词组合成副词。双音方位词只有两种用途:(1)构成方位短语,(2)单用('之×','以×'除外)。

42　**量词**。有的语法著作里把量词也作为名词的一个附类,但是从句法功能看,量词比方位词更有理由独立成为一类。量词和数词也许是词类中问题最少的两类。只是量词有一个小问题,就是有那么一些词,前边可以直接数词而后边不要求有名词,如年,季,天,夜,块(元),毛,分,卷,章,节,页等。这些词可以算是特殊的名词,能直接跟数词组合,中间排斥量词;也可以算是特殊的量词,语义上可以自足,不需要另有名词。比较起来,似乎后一种处理较好,因为这种'自主量词'有时候也可以象一般量词那样用,如'一年时间|三天工夫|两块钱|一章绪论|四页插图(≠四幅插图)'。

43　**动词和形容词**。动词这个类涉及一些相当复杂的问题。首先是形容词和动词的分合问题。在西方语言里,动词和形容词,无论在形态上还是在功能上,都大不相同,该分两类。但是汉语的形容词和动词有很多共同特点,并且是重要的特点:都可以直接做谓语,都可以用不否定,都可以用'×不×'的格式提问,等等。因此,如果把它们分成两个词类,在讲句子格式的时候就常常要说'动词或形容词',很累赘。当然,在有些特点上,二者有区别,例如动词多数能用没否定,能带了,不少能带着,过,双音动词很多能整个重叠(ABAB),形容词能这样用的不是很多。但是这只是多和少的分别,不是有和无的分

别;而且一般承认是动词的词里边,也有不少是动作的意味比较弱,也就往往不完全具备这些特点,本来就难以跟形容词划分清楚的。如果把形容词合并于动词,把它作为一种半独立的小类,也不失为一种办法。只有一件事为难:一般所说形容词,其中有的只能修饰名词,不能做谓语,如果形容词并入动词,这一部分是带不过去的。

44　**非谓形容词**。这种形容词,单语素的不多,只有男,女,雌,雄,正,副,横,竖,青,紫,单,夹等。多数是双语素的,如个别,共同,主要,新生,慢性等;还有一些是三语素的,如多年生,无记名等。前面21节的袖珍,大型,彩色,同步,稳相,多弹头等都属于这一类。由于现代科学、技术的发展,这类词正在每日每时地大量产生。这些词修饰名词的时候一般不加的,也有必须加的和必不加的的。这些词可以放在是字后边做谓语,一般要加的字,也有可以不要的字的。除不能直接做谓语外,它们还在一个重要特点上跟一般形容词不同:否定形式不是加不,而是加非(有的没有否定形式),在这一点上接近名词,名词也是否定用非。这些词在词类系统中的地位非常特殊,它们跟实词里边的两大类都有距离:既不具备名词的主要特征(做主语,做宾语),又不具备谓词即动词和一般形容词的主要特征(做谓语)。把它们归入形容词,实在勉强得很。如果不打算单独作一词类,至少应当给它一个名称叫'非谓形容词',以便跟一般形容词有所区别。是不是有与此相反的'唯谓形容词'呢? 难,容易,多,少,对,错等等有点象。可是怎样区别于表示状态的不及物动词又是个问题。

45　**动词和介词**。跟动词有牵连的还有介词。我国语法学界一直有一种流传颇广的意见,认为现代汉语没有介词,所谓介词实际都是动词。这个话有一定的道理,汉语里的介词的确跟西方语言里的介词不一样,几乎全都是由动词变来的。可是从另一方面看,它们一般已经失去做谓语的能力,就不便还算做动词了。有时候一个介词带上一个名词可以做谓语(有是或者没有是),如:'这样处理是按照党的政策|成与不成就凭这一招了|我这是冲老梁。冲你,什么都不给'。可是能这样用的介词不多,而且就是在这种场合,介词也跟动词不同,多数动词可以在一定条件下甩开宾语,例如'我已经买了一个,你买不买?'介词办不到,例如不能说'党的政策摆在这里,你按照不按照?'当

然，兼属动词和介词两类的词是有的，也还不是很少。

介词内部也不均齐。把和被跟其余的不同，只有句法功能，没有实在意义，绝对不能当动词用。有些介词可以带上宾语作谓语，因而才有该不该从动词分出来的不同意见，把和被没有这个问题。给字兼有这两类的性质，有时候有'给与'的意思，有时候意思空泛，接近把、被。从和由(＝从)的意思倒是比较实在，但是绝对不能带上宾语作谓语，毫无动词的味道，跟它们的反义词到大不相同。

46　动词分成**及物**(外动，他动)和**不及物**(内动，自动)，是很有用的分类，可也是个界限不清的分类。按定义，能带宾语的是及物动词，不能带宾语的是不及物动词；一个动词有几个义项，有的能带宾语，有的不能，这个动词就兼属及物和不及物两类。问题在于'宾语'的范围：是不是动词后边的名词都是'宾语'？ 要是这样，汉语里的动词，就真的象有些语法学者所说，很少是不及物的了。如果把'宾语'限于代表受事者的名词，那么及物不及物的分别还有点用处，虽然'受事'的范围也还需要进一步规定。事实上及物动词内部的情况仍然很不单纯。从一个角度看，有一般的及物，有使动性的及物，如'上漆｜平地｜斗鸡'，有容许性的及物，如'桥上走火车，桥下过汽车'。从另一个角度看，动词的宾语可以是名词，也可以是动词，还可以是主谓短语，有的动词只能带其中的一种，有的能带其中的两种或三种，有的动词能带两个名词宾语，有的动词能带一个名词宾语和一个动词宾语，有的动词允许或者要求在所带名词宾语之后续上一个语义上属于宾语的动词，如此等等。及物动词的再分类，是个很值得探讨的问题，这方面的工作过去是做得不够的。(参看 96 节)

47　很多语法书在动词之下列出三个附类：趋向动词，助动词(能愿动词)，判断词(系词：是)。把**趋向动词**提出来作为一个小类是有理由的，因为它附在别的动词之后构成复合动词(短语词)比单独用的时候还要多。是是个很特殊的动词，无疑应该单独作为一个小类。叫做判断词还是叫做系词是个小问题，重要的在于怎样看待它的句法功能，这在后面 90 节再谈。另外一个动词有，也可以自成一个小类，它的句法功能也很有特殊之处。

关于**助动词**，首先要清除一种相当常见的误解。助动词这个名称

是从英语语法引进来的,原文的意思是'辅助性的动词'。很多人以为是'辅助动词的词',那是误会。

助动词是个有问题的类。助动词里边有一部分是表示可能与必要的,有一部分是表示愿望之类的意思的,所以又叫做'能愿动词'。前一种接近副词,后一种接近一般要求带动词做宾语的动词,这两方面的界限都很不容易划清。我们常常可以遇到助动词和副词并列的例子,如:'可以并且曾经进行实地观察|他是参加了那个会的,应该知道,必定知道';也常常可以遇到助动词和一般动词并列的例子,如:'愿意并且实行和工农兵结合|他一不会抽烟,二不爱喝酒'。有的书上把助动词划归副词,有的书上把助动词并入一般动词,就是由于上面所说的情况。

另外有几个词,单独说的时候不象动词,可是在一定的格式里,最恰当的解释是把它们当做助动词,例如:你高兴参加就参加得了|我也懒得去找他|反正没事儿,乐得去走走|人家这么求你,你好意思不答应?|你快决定,我好去回报|这个问题好(容易,难)解决|这一间就够住五个人。此外,来得及,免不了,不至于,便于,敢于,勇于等等也都象助动词。

48　**副词**。副词这个类的大问题是形容词修饰动词的时候要不要划入副词。这个问题本来就不简单,又由于书面上分别'的'和'地',问题就更加复杂起来。现在通行的说法是形容词可以修饰动词,只有在语义有明显分别的场合才算是同形的副词;'的'和'地'的区别跟词类无关,'的'是定语的标志,'地'是状语的标志。这样处理还是比较妥当,不过也不是没有问题。第一,怎样就算语义有分别,难于避免主观。第二,象突然和忽然,都是修饰动词的,但是突然间或也修饰名词,如'突然事故',要照上面的原则处理,突然是形容词,忽然是副词,是不是也有点别扭?此外还有全速,高价,稳步,大力等等,从结构上看,很象前面说过的非谓形容词,但是经常修饰动词,很难得修饰名词,是不是该归入副词?

副词内部需要分类,可是不容易分得干净利索,因为副词本来就是个大杂烩。

49　**代词**。代词这个类,成员不很多,可是相当杂。原因是代词

不是按照句法功能分出来的类。论句法功能,代词有的跟名词相当,有的跟形容词相当,有的跟副词相当,个别的跟动词相当,跟数词相当。其所以能提出来自成一类是因为有一个共同的特征叫做'代'。不但是'无定'代词象谁,什么所指无定,就是与无定代词相对的'有定'代词象我,这,其实也是无定的,谁说话,谁就是我,手指着什么,什么就是这,其余可以类推。换句话说,如果别的词类是竖的分出来的,代词就是横切一刀切下来的。因此代词在总的范围方面和内部分类方面都一直有不同意见。较早的语法书把这些词分属于代名词(人称,指示,疑问),形容词(指示,疑问),副词(指示,疑问)三类。这个分法在逻辑上有缺点:既然把指示形容词(副词)和疑问形容词(副词)纳入形容词(副词)之内,为什么又把人称代名词等等提在名词之外,单独成为一类呢?现在比较通行的办法是把这些词归为一类,只分人称,指示,疑问,不分代名词,形容词,副词。这是继承《马氏文通》的传统,至少在逻辑上较为一贯。

但是这些词并不是都有称代的作用,有的只有指别的作用。指别和称代是不同的句法功能,代词之中兼有这两种功能的固然不少,而只有一种功能的似乎更多。把代词分成代词和指别词两类(一部分兼属两类),也许更合理些。如果仍然合为一类,也是把名称改为指代词较好,因为指别是这类词不同于他类词的主要特征,至于称代,反而不是这类词独有的功能,数量词组合也可以代替名词,de 字短语也可以代替名词。

50　**介词**。介词除了跟动词的分合问题外,还有跟连词的分界问题。《马氏文通》列举古汉语中最常用的介词有五个:之,于,以,与,为。这五个介词里边倒有一个半现在的语法书里不认为是介词了。现代汉语里跟之字大体上相当的的,也曾经被认为是'领摄介词',但是现在多数语法著作里已经把它划归助词。跟与相当的和,跟,同都是兼属连词和介词两类:'笔和墨都现成'里边的和是连词,'笔要和墨放在一块儿'里边的和是介词。现在的连、介划分法来自西方语法。按照这种划分法,凡是连接小句和小句的,不论是并列关系还是主从关系,都是连词;至于连接词和词的,就得看是哪一种关系,表示并列关系的还是连词,只有表示词和词之间的主从关系的才是介词。四分

天下而连词有其三,介词只有其一,抽象地看来很不合理,但是从西方语言的形态出发,非得这样划分不可。介词是连接名词与别的词的,名词的变格决定于介词;连词连接小句或名词以外的词的时候固然没有变格问题,连接两个名词的时候仍然没有变格问题(名词是要有变格的,但是不决定于连词)。汉语没有名词变格的问题,马建忠按照连接的对象是小句还是词来划分连词和介词是有道理的。同样看到沿袭西方语法划分连、介的不合理而提出另一种主张的是〈国文法之研究〉的著者金兆梓,他认为应当撇开句和词的分别而着眼于并列和主从的分别,表示并列关系的是连词,表示主从关系的是介词。这个主张不切实际,因为汉语里边辨别小句或句子之间是并列关系还是主从关系既不容易,也无实用,不象西方语言里从句往往在'时态'和'语气'上跟主句有所不同。

51　**连词**。连词也有范围问题,一方面要跟有关联作用的副词(又,越,就,才等)划界,另一方面要跟有关联作用的短语(一方面,总而言之等)划界。第一个问题容易解决,可以出现在主语前边,也可以出现在主语后边的是连词,如虽然,如果等;不能出现在主语前边(指没有停顿的),只能出现在主语后边的是副词,如又,越,就,才等。第二个问题本来也好解决,只是因为缺少一个'关联短语'或'关联状语'之类的名称,才把一方面,总而言之等等笼统叫做连词的。

52　**助词**。助词的问题在别的方面:有些助词的'词'的资格不牢靠。比如动词后边的了和着,赞成把它们作为动词后缀的恐怕会比赞成作为单词的多。de 能够保留'词'的资格,全靠用在短语(包括主谓短语)后边的例子(领导交给我们 de 工作|不分昼夜 de 赶工);有人就主张把 de 分成两个,一个是助词(上例),一个是后缀(我 de|布 de|现成 de)。大概除语气助词外,都在不同程度上有能否保留'词'的资格的问题。这个问题现在还与实用无关,将来如果实行拼音文字,势必会由分写连写的问题牵连到是词不是词的问题。

53　**词类转变**。词类转变是相当复杂因而争论也比较多的问题。有一种简单的,也可以说是简单化的办法:把词类跟句子成分的关系固定下来:甲类词做 A 成分,乙类词做 B 成分,甲类词做了 B 成分就不再是甲类词而是乙类词了。这个办法在理论上有一个极大的缺点:

既然词类和句子成分之间是一对一的关系,那就不需要两套名目,一套就够了。句子成分是 A,B,C,D……,词类也是 A,B,C,D……,岂不省事?跟这个相反的办法是按照不同的情况分别对待。主要的原则是:凡是在相同的条件下,同类的词都可以这样用的,不算词类转变;凡是在相同的条件下,同类的词不是都能这样用,而是决定于习惯的,是词类转变。语义变化可以作为参考,不作为判断的标准。

　　大致有四种情况。(1)在一定的条件下,同类的词都能这样用,因而这种用法可以列入这类词的功能之内。例如名词的主要功能是做句子的主语和动词的宾语,但是也能修饰别的名词,不说是变成形容词。同样,形容词修饰动词的时候,如果语义没有明显的变化,不算转变成副词。又如双音动词都可以放在进行或予以后头做宾语,不因此就变成名词。又如'修旧利废','交旧领新',这里边的新、旧,废指具有这种性质的事物,别的形容词在适当的上下文里也可以这样用,不算是变成名词。(2)语义的变化比较特殊,只是偶尔这样用,没有经常化,这算是临时'活用',不同于永久性的词类转变。例如'我五好都好了四好了,就这一好我就好不上啦?'里边的'好了'和'好不上'的好就是临时活用作动词('五好、四好、一好'的好属于上面的第一种情况)。又如'看远些!别这么近视眼!'里边的近视眼也是临时活用作动词。这种活用如果经常化了,就成为词类转变了。例如'别废话!'里边的废话就应该算是正式的动词。(3)语义有明显的变化,同类的词不能随意仿效,是词类转变。例如'锁门'的锁是由名词转变成动词,'一挑柴'的挑是由动词转变成量词。我们说'锁门|锁柜子',但是不说'网鸟、网鱼';说'一挑柴|一挑水',但是不说'一抬柴|一抬草'。(4)语义没有明显的变化,但是语法特点有不同程度的改变,改变到什么程度就该认为词类已经转变,颇难决定。这个问题主要发生在'动词名用'上,情况相当复杂,需要专门研究。有人主张一概称为'动名词',以为可以解决问题。其实这是不能解决问题的,因为'动名词'只适用于一般的'动词名用',不能兼指已经转变成表示动作的真正名词。例如'捱批评'的批评只是动词名用,而'文艺批评'的批评则是正式的名词,二者是有区别的。甲类词乙类用,一般要丧失原词类的部分功能。如'挨了批评'里边的批评不受副词修饰,只能说'又挨了批

评',不能说'挨了又批评'。同样,'木头房子'里的木头丧失了名词的部分功能,不能说'一百二十根木头房子',必须说'一百二十根木头 de 房子'。(这是有 de 和无 de 是两种结构的又一个例证。)

54　以上是词的分类,下面谈谈比词小的和比词大的单位的分类问题。比词小的单位是语素。独立的语素是词,不独立的语素是构词成分,包括词根和语缀。**词根**可以分为名词性的,动词性的,形容词性的和其他的。词根的分类没法子从构词方式中归纳。比如说,前加式复合名词的主体词根是名词性的,这一条似乎可以成立,事实上却很多例外,如:'位置,助教,蛋白,冬青,土方,银圆,特长,误差,豆腐干,糖稀'等等。动词、形容词也都有这种情形。因此,词根的分类主要还得看它在古汉语里的用法。

55　**语缀**一般分为前缀,后缀,中缀。汉语里地道的语缀不很多,**前缀**有阿,第,初,老(鼠,虎,师,表),小(鸡儿,孩儿,辫儿)等,**后缀**有子,儿,头,巴,者,们,然等,**中缀**只有得,不(看得出,看不出)。有不少语素差不多可以算是前缀或后缀,然而还是差点儿,只可以称为类前缀和类后缀。**类前缀**有可,好,难,准,类,亚,次,超,半,单,多,不,无,非,反,自,前,代等;**类后缀**有员,家,人,民,界,物,品(商品,药品),具(用具,炊具,雨具),件(文件,邮件,信件),子(分子,原子,电子,转子),种(军种,兵种,工种,剧种),类,别(性别,级别,国别),度,率,法,学,体(磁体,导体,抗体,垂体),质,力,气(脾气,才气,勇气,运气),性,化等。说它们作为前缀和后缀还差点儿,还得加个'类'字,是因为它们在语义上还没有完全虚化,有时候还以词根的面貌出现。例如:人员,专家,各界,物品,器物,器具,物件等等。存在这种类前缀和类后缀可以说是汉语语缀的第一个特点。汉语语缀的第二个特点是有些语缀(主要是后缀)的附着对象可以不仅是词根或词,还可以是短语。例如:世界战争不可避免论者|战斗英雄、劳动模范们|第三百二十四号;还有划入助词的了,过,的等,还有一般语法书里没有明确其性质的似的,的话等。不把前缀、后缀总称为词缀而总称为'语缀',就可以概括不仅是词的而且是短语的接头接尾成分,连那些不安于位的助词也不愁没有地方收容了。

56　关于语缀还有一点可以提一下的是能产和不能产的分别,说

得通俗点就是活和死的分别。有些语缀是活的,能产生新词的,例如第可以加在任何数词前边,者,们,性化等都可以随意用来造新词。相反,象初,老,子,然等就是死的,不能产生新词,比如不能说'初十一',不能说'老猫,老狗'(只能理解为老的猫狗),不能说'床子|书子',不能说'空然|危然'。又如有一个只在几个词里出现的中缀乎其:'神乎其神|微乎其微|荒乎其唐';我们不能仿造说'妙乎其妙|细乎其细|慷乎其慨'。但是这里也存在一种中间状态,就是有些语缀一般不能随意用来造新词,可还是陆陆续续有新词出现。比如员,我们不能随意制造'办公员|总务员'等等,但是'办事员|乘务员|卫生员'等等也都是不久以前出现的,以后也还会有新的什么员出现。又如家,除'书家|画家|作家|小说家'这些是'古已有之'的以外,不很久以前又产生了一批。可是现在已经不能仿造,例如有'作曲家',没有'演奏家',有'美术家',没有'工艺家',有'发明家',没有'研究家',有'旅行家',没有'游历家',有'冒险家',没有'投机家',等等。看起来,家已经失去造新词的能力。但挂在学字后头还是活力充沛,有个'什么学'就有个'什么学家'。

57 **短语分类**。短语分类可以按结构,也可以按功能。按结构分类,短语可以分为:(1) 并列式,如'工业和农业|调查研究';(2) 主从式,又可以分为:(a) 前加式,如'自然条件|认真学习';(b) 后加式,如'调查清楚|走了一趟';(3) 主谓式,如'[不怕]事情多,[只怕]时间紧'(参看 31 节,60 节)。(4) 其他方式,如介名短语,de 字短语。

58 **de 字短语**应用广泛,情况复杂,很值得深入探讨。大概说来,有两种 de 字短语,可以称为 D1 短语和 D2 短语。D1 短语如'我 de|买 de|找你 de|你找 de';D2 短语如'高高 de|亮堂堂 de|仔仔细细 de|说说笑笑 de'。D1 短语和 D2 短语的分别主要在于:(1) D1 短语去掉 de 字就不是 de 字短语,有 de 没有 de 句法功能大不相同,例如'我 de'跟'我'不同,'大 de'跟'大'不同,'你找 de'跟'你找'不同;D2 短语有 de 没有 de 一个样,例如'他仔仔细细[de]看了一遍|干吗这么慌慌张张[de]?'所以 D2 短语可以包括省去 de 字的,只是有的不能省就是了;(2) D2 短语绝大多数能做谓语,D1 短语必须配合是字才能做谓语。形容词加 de 构成的短语,性质介乎二者之间,有 de 没 de 都可以

修饰名词,可是不跟是字配合不能做谓语。

59　按功能分类,短语可以分为三类:名词性短语,动词性短语,其他。(1) **名词性短语**包括:(a) 基本名词短语,如'高大建筑物|无产阶级专政';(b) 方位短语,如'会场上|天安门前面';(c) 指数量短语,如'这三件|三件|这件';(d) 动名词短语,如'这个作品 de 发表,家庭访问';(e) D1 短语,如'小 de[比]大 de[难做]|[这是]我找了半年才找到 de';(f) 扩展了的名词短语,如'这两座去年才完工 de 高大建筑物'。(2) **动词性短语**包括:(a) 基本动词短语,如'做完|做完了|做不完|写出|写出来|写得出来';(b) 扩展了的动词短语,如'急急忙忙 de 发了个电报';(c) 形容词短语,如'三米高|大一号|很高兴';(d) D2短语;(e) 用似的和一样结尾的短语;(f) '你一言我一语|高一脚低一脚'之类的短语。(3) 其他性质的短语:如介名短语,主要附属于动词,也可以附属于形容词,如'[他]比你[小]'。

60　**主谓短语**在句子里主要是用来做主语或宾语,是名词短语的性质。如果要用它修饰名词,得加个 de 字,就变成 de 字短语,不再是主谓短语了。如果要用它修饰动词或形容词,得加上象……似的/那样之类的字眼,也不再是主谓短语了。

主谓短语和动词短语,孤立地看是显然不同,一个有主语,一个没有主语。可是用在句子里边,主谓短语可以省略主语,形式上就跟动词短语没什么两样,这是常常被忽略,值得引起注意的一种现象。例如:'会不长,话不多,大家觉得解决问题。'这句话乍一看是拿动词短语'解决问题'做动词'觉得'的宾语,可是拿来跟'他觉得冷|他觉得使不上劲'比较,就会发现不一样。冷是'他'冷,使不上劲是'他'使不上劲,可是解决问题不是'大家'解决问题,是'会'和'话'解决问题。

61　**四字语**。现代汉语里有大量的四字语,这是一种特殊的短语,它的结构上的特点是:一,分前后两段,两段的结构相同;二,前后两段的意思或者平行,或者对称;三,一般不能单用的语素在四字语里当单词用。至于每个两字段的内部结构,那是各种类型都有。这是大多数四字语的情况,有少数不分前后段,或者分段而不对称。下面按各种结构举例。

分段并前后平行或对称:

主谓：山青水秀｜人强马壮

主从：

　主体是名词：铜墙铁壁｜粗眉大眼

　主体是动词：

　　动词在后：千锤百炼｜前思后想

　　动词在前：

　　　从属是名词：欢天喜地｜彻头彻尾

　　　从属是形、动：颠来倒去｜吃饱喝足

　主体是形容词：千真万确｜大同小异

前后非对称：轻松愉快｜直截了当

前后不分段：锦上添花｜乱七八糟

四字语的特殊形式也影响它的句法功能。第一，它很容易加 de 字构成 de 字短语，尤其是 D2 短语。第二，主谓结构的四字语用法多，如做谓语：'这个古迹已经名存实亡了'；做宾语：'这件事一定要有个水落石出'；做后置状语：'何必为这点小事闹得天翻地覆'。第三，主体成分为名词的四字语常常不当名词用：'你们不要七嘴八舌，等他一个人说（象动词）｜这个人长得粗眉大眼（象形容词）'。

62　句子分类。句子按结构分类，可以首先分为主谓句和非主谓句，主谓句再分为动词谓语句，形容词谓语句，名词谓语句，主谓谓语句，形容词作谓语跟不及物动词作谓语几乎没有什么不同，也可以不另作一类。名词谓语句包括（也可以不包括）有是字的句子。是字句是一种特殊的句式，动词谓语句和主谓谓语句也都可以加进是字去。换句话说，是字句跟这几种句子交叉，它分别属于动词谓语句等等，而总起来又是是字句（参看 90 节）。非主谓句可以分为无主句，存现句，名词句。无主句指真正没有主语的句子，如：'有没有人不同意？｜还没有轮到你呢。'省略主语的句子不算无主句。是字开头的句子，如'是谁告诉你的？'也是一种无主句；这本来是个主谓句，让是字在头里一站，把后边的全打成谓语了。存现句其实也是一种无主句，不过它有个假主语在头里。名词句指'我的帽子呢？｜喏，你的帽子！｜好大的雨！'之类。此外常常提到的还有把字句，被字句，以及连动式，兼语

式等,这些都是动词谓语句里的特殊类型。

63　一般讲语法,到句子为止,句子是最大的语法单位,因此句子只有结构分类,没有功能分类。其实这也是一种老框框。若干句子组成一个段落,句子和句子之间不仅有意义上的联系,也常常有形式上的联系,比如这,那等指代词,首先,其次,总之等关联词语,这些都应该算是语法手段。所以,按句子在段落里的功能来分类,不是不可能。这里,得先明确一件事,一般所说陈述句,疑问句,命令句,感叹句,那是按句子的用途分的,凭这个句子本身就能决定它是陈述句还是疑问句或其他句式,不必管它在一串句子里的地位和作用。要是按一个句子在一串句子里的地位和作用,也就是按功能来分类,可以分为始发句和后续句。这在语法上是有区别的,比如始发句里不大能用你、我以外的指代词,不大能省略主语和宾语。后续句多数是承上句,可也有启下句,比如用首先或第一或一方面开头的句子都有启下的作用,而用其次或第二或另一方面开头的句子则是承上句。在两个人或几个人对话的时候,除第一个说话的人的第一句话一定是始发句外,别人的话即使是第一句也不一定是始发句,也可能是接着别人的话说的。问话不一定是始发句,答话却一定是后续句。一段结尾的句子可能有标志,但是不一定有。

四　结　　构

64　在讨论句子结构之前,先谈两件事:一是结构层次,二是结构关系。

结构层次。任何一个语言片段都是由若干个语素组成的,但不是一次组成,而是,比如说,先有两个语素的组合,然后跟第三个语素组合,或者跟别的语素组合相结合,这样一层一层组织起来的。因此,拿一个现成的片段来分析,总是先一分为二,然后一层一层分下去,分到全部都是单个语素为止。这种分析法叫做**直接成分分析法**(非正式的名称叫做'二分法',其实也不一定是二分,比如遇到并列的三项,那就只能三分了)。

这种分析法可以用图形来表示。图形有好几种画法:图形里面

的 A,B,C,D 代表基层单位：语素(或者词,如果不需要分析到语素)。
X,Y,Z 代表较大的单位,如名词,名词短语,句子,等。

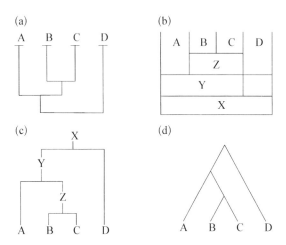

65　分析结构层次,对于词语的理解有帮助。比如有些个有歧义
的片段就可以通过层次分析来说明。象这两个句子:'(a)假如在这时
候不适当地灌水施肥,就会造成徒长|(b)假如在这时候不适当地灌
水施肥,就会使棉铃因缺乏营养而脱落。'两句里面都有'不适当地灌
水施肥'这八个字,可是意思大不相同,就因为结构层次不同。

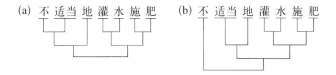

66　一般说,两个直接成分总是紧挨着的,但也有被另一层次的
成分隔开的情况。例如:

一系列语素在语音上形成一定的段落。结构层次跟语素排列不一致,
往往使得它跟语音段落也不一致,而词和短语的划分又往往偏重语音
段落,因此会产生层次跨越词的界限的情况。在下面的例子里竖道表

示词的界限。

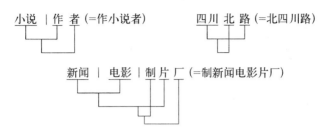

上面是语素的排列次序不按结构层次的例子;有时候语素排列跟结构层次一致,但是语音段落跟它们不一致,也会引起对结构的错觉。在下面的例子里,中间的横道表示语音段落。

67　分析结构层次,不是没有疑难问题。比如:

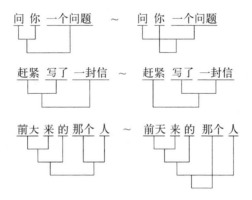

这样的问题不少,而且是看起来两种分析法都有理。既然如此,是不是可以不在这种地方纠缠,只要一本书或一篇文章前后一致就行?

68　**结构关系**。光是分析层次,远远不足以说明某一语言片段的特征。比如'一朵大红花'和'小李上夜班',分析层次都是

A B C D E ,然而是迥不相同的两个片段。为什么不同?成分之

间的结构关系不同:'一朵'跟'大红花'之间的关系和'小李'跟'上夜

班'之间的关系不同,'大'跟'红花'之间的关系和'上'跟'夜班'之间的关系不同。

结构关系大致可以分四个大类,八个小类。

1. 联合关系。成分的功能相同,整体和成分的功能相同。

(1) 并列关系。(假定用'＋'表示。)

(2) 连续关系。(假定用'×'表示。)

(3) 复指关系。(假定用'＝'表示。)

2. 主从关系。成分的功能不同,整体的功能和主要成分的功能相同。

(4) 修饰关系。(假定用'＞'表示修饰成分在前,用'＜'表示修饰成分在后。)

(5) 补足关系。(假定用'┨'表示补足成分在后,用'┠'表示补足成分在前。)

这里讲的修饰关系和补足关系跟一般讲法稍有出入,详见下文。

3. 表述关系。成分的功能不同,整体的功能又和任何一个成分不同。

(6) 表述关系(主谓关系)。(假定用'：'表示。)

4. 附属关系。

(7) 提挈关系。介词和所介名词之间,连词和所连词句之间。(假定用';'表示。)

(8) 衬附关系。衬附成分在前：前缀;衬附成分在后：后缀,语助词;衬附成分在中间：中缀,衬字。(假定用','表示。)

这四大类八小类也还都是带点概括性的,每一种关系里边还可能包括一些不同的情况,参看 75 节。

69　把层次和关系都标出来,一个语言片段的面貌就清楚多了。下面综合举例。

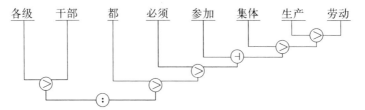

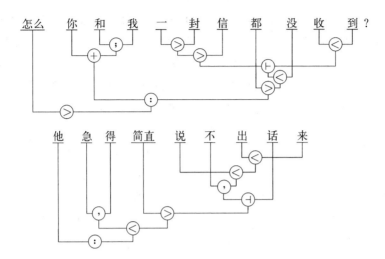

70　也有这种情形：论结构关系，A 应该属于 B，但是在语义上 A 指向 C，例如：(a)'圆圆的排成一个圈'(圆的圈)｜(b)'走了一大截冤枉路'(走得冤枉)｜(c)'几个大商场我都跑了'(都总括几个)。

71　**句子的结构**。词和短语的结构，弄清楚里边的层次和关系就成了，问题多的是句子的结构。传统语法分析句子是把构成句子的成分分为若干种，然后按照这些成分搭配的情况说明句子的各种'格局'，或者叫做'句型'。这种分析法可以叫做**句子成分分析法**。这种分析法有提纲挈领的好处，不仅对于语言教学有用，对于科学地理解一种语言也是不可少的。

句子结构的分析，用传统的术语叫做'句法'，是现代语法学的中心。这个地位是近百年来取得的。在这以前，讲语法总是以'词法'(形态)为主，句法不受重视，许多句法现象都放在词法里讲。这是个古老的传统，从古代的希腊语法、拉丁语法就是如此。希腊语、拉丁语都是形态繁复而语序活动，讲语法以词法为主是很自然的，后来西方的语法著作却一直维持这个传统。直到二十世纪初年，才有些语法学家在论述形态不太繁琐的语言如英语的著作里，开始把句法提到重要的位置上。此后不久，美国的布龙菲尔德学派兴起，又换了个方向，讲语法着重讲层次分析，对句子格局的研究不免草草了事。这个倾向有它的历史原因，这里不必多讲。五十年代后期转换生成语法学派崛

起，又把重点移到句法上，可是着重讲句子结构的变化，对于句子的静态分析并没有什么独创之处，也不采用传统语法里各种句子成分的名称。值得注意的是，尽管这些个新学派在语言学界影响很大，但是在中小学语法教学上影响却很有限。学校里的语法教材基本上还是以句子格局的分析为主，不过吸收了层次分析的优点（以及语法的语音背景）。

我国最早的讲汉语语法的书〈马氏文通〉是以词类为纲的，十卷里边只有一卷'论句读'，许多句法问题都分散在各个词类里讲。五四以后出现的语法书，从〈新著国语文法〉起，就都以句法为主干。重点的转移不是偶然，是受了国外语法著作的影响。层次分析法的理论也曾经渗入我国语言学界，但是目前通行的语法教材受它的影响还是微小。现在大多数讲汉语语法的著作，尽管在体系上有这样那样的分歧，方向还是一个——句子格局的分析。

72　**句子成分和结构层次**。现在一般都说句子有六大成分：主语，谓语，宾语，补语，定语，状语。问题是这些是否都是句子的直接成分？这问题似乎简单，可并不简单。要按直接成分分析法来看，一个句子首先应该分成两部分：（a）构成句子的词语，和（b）语调；再拿（a）来看，又可以分成（aa）句子本身，和（ab）挂在句子身上的'零碎'，包括连词和其他关联词语，评注性的词语，语助词，以及叹词、呼语等；然后才能就句子本身来分析，分成主语和谓语。这样看来，如果把（b）和（ab）两项撇开，单就句子本身而论，它的直接成分就只有主语和谓语这两样。宾、补、定、状不是句子的成分，只是句子的成分的成分：离开句子没有主语、谓语，离开句子仍然有宾、补、定、状。有名词就可以有定语，有动词就可以有宾语、补语、状语。不正是这样吗？（主谓短语可以看做潜在的句子，也可以看做一种动词短语，即动词带施事补语，参看 31，60，91 节。）

句子成分分析法也不是不讲层次，但是在手续上颠倒了。它拿过来一个句子，先摘出两个词，说这是主语，那是谓语，然后把这个那个连带成分，这个那个附加成分，一个一个加上去。在这些成分没加上去以前，往往是讲不通的。比如说，'我从前不喜欢喝酒，现在还是不喜欢喝酒，将来大概仍然不喜欢喝酒，'如果先摘出主语和谓语，就变

成'我喜欢,喜欢,喜欢,'不是跟原来的意思恰好相反吗?主语、谓语以外同样有这种情形。例如'哭瞎了眼睛',光是一个'哭'不能拿'眼睛'做宾语,必得是'哭瞎';'尽最大的努力',光是'努力'不能做'尽'的宾语,没有人说'尽努力',必得是'尽最大的努力'。这些例子说明,句子成分分析法有必要吸收层次分析法的长处,借以丰富自己。

传统语法以词为造句的单位,因此才不得不把宾、补、定、状都作为句子成分。但是一个句子成分常常是,甚至可以说是更多的是短语,这个事实也没法儿视而不见。结果是一种'双轨制'。比如'各级干部都必须参加集体生产劳动'这个句子,有时候说主语是'干部',谓语是'参加',有时候又说主语是'各级干部',谓语是'都必须参加集体生产劳动';或者说前者是简单主语、简单谓语,后者是完全主语、完全谓语。要是这样'简单'和'完全'并行的话,宾、补、定、状也都可以这样分,例如上面这个句子里,'劳动'是'参加'的简单宾语,'集体生产劳动'是'参加'的完全宾语。(介乎'简单'和'完全'之间的'生产劳动'该怎么说?)这样不免有点混乱。最好还是守住层次的原则,只有那'完全'的才算数,然后再在它的内部划分次一级的成分。

73　我国语法学界目前比较通行的分析法是先把一个句子分成主语和谓语。这主语或谓语如果只有一个词,不需要再分析;如果不止一个词,就说这是一个什么词组(或者什么结构),再进一步分下去。还拿'干部参加劳动'这个句子做例(参看69节的层次图)。主语是'各级干部',这是一个'偏正词组','各级'是'干部'的定语。谓语是'都必须参加集体生产劳动',也是一个偏正词组,'都'是其余部分的状语,其余部分还是一个偏正词组,'必须'是'参加集体生产劳动'的状语,'参加集体生产劳动'是一个'动宾词组','集体生产劳动'是'参加'的宾语,它本身又是一个偏正词组,'集体'是'生产劳动'的定语,'生产'又是'劳动'的定语。这是层次分析法和句子成分分析法的结合:按层次分析,但是不抛弃句子成分;后者反映在词组名称上,'主谓词组'、'动宾词组'这些不用说,'偏正词组'或者是定语和名词的组合,或者是状语和动词(形容词)的组合。

74　传统语法分析句子是从词到句,短语没有正式地位,只在必要的时候用用,例如'介词短语'。要是拿行车来打比,这个办法是直

通快车,过站不停。层次分析法是逐层剖分,哪一部分简单,层次就少,哪一部分复杂,层次就多。这个办法好比是有乘客上下就停车,否则就开过去。还可以有一种分析法,就是分阶层,设定短语是句子和词之间的中间层。一个句子可以只有一个短语,例如只有谓语的句子;一个短语可以只有一个词,这样的短语是短语的最小形式。这个办法好比是只停大站,不停小站,小站乘客得到大站去上车,大站不论有没有乘客上下都停。转换生成语法分析句子就是先分成一个名词短语和一个动词短语,二者都有可能只是一个词。这个学派之外也还有些语法学者采用这种阶层分析法,但不一定限于一分为二,也可以是一次分出三个或四个成分。

把短语定为词(或者语素)和句子之间的中间站,对于汉语好象特别合适。西方古代语言有发达的形态变化,借以表达各种语法范畴,形态变化附丽于词,词在句子里的位置比较自由。这样,词就是天然的造句单位。以词为界,把语法分成两部分,讲词的内部情况的是词法,讲词和句之间的情况的是句法。这样划分,对于某些近代西方语言已经不太合适,对于汉语就更不合适了。汉语里语法范畴主要依靠大小语言单位互相结合的次序和层次来表达。从语素到句子,如果说有一个中间站,那决不是一般所说的词,而是一般所说的短语。有一个现象很值得注意:短语内部的次序是不大能改变的,句子内部的次序就比较灵活。句子可以不改变其基本意义而改变其内部次序,短语很少能够这样。例如(a)'我没有看第一本',(b)'第一本我没有看',(c)'我第一本没有看',三句一个意思。可是,'花纸'和'纸花','半斤'和'斤半','后头的小孩'和'小孩的后头','好商量'和'商量好',意思都完全改变了。('方言调查'和'调查方言'是例外,这种例外不多。)

75　**句子成分和结构关系**。句子成分和句子成分之间有一定的结构关系,这不用多说。要注意的是不能满足于说出这是什么成分,那是什么成分;换句话说,不能贴上标签就完事。世界上的事情是复杂的,句子里边一个成分和另一个成分之间的关系,一方面需要用一个名目或者一句简单的话来概括,另一方面又需要作进一步的分析,看它包括哪些具体内容。比如动词谓语句里出现一个或几个名词,它

们跟动词的语义联系是多种多样的,这种语义联系决定它们在句子里的活动方式。仅仅把这个标为宾语,把那个标为补语,是不够的,要查考这样的名词同时可以出现几个,各自跟动词发生什么样的语义关系,什么关系的名词和什么关系的名词可以同时出现,各自在什么位置上出现,什么关系的名词和什么关系的名词不能同时出现,如此等等。

比如所谓双宾语,进一步研究就会发现有三种情况。(1)两个宾语可以同时出现,也可以只出现其中的一个,如:'我问你一个问题|我问个问题|我问你。'(2)可以单独出现指人的宾语,不能单独出现指物的宾语,如:'我托他一件事儿|我已经托了他|×我托一件事儿。'(3)可以单独出现指物的宾语,不能单独出现指人的宾语,如:'我借了他十块钱|我借了十块钱|×我借了他。'

又比如一个动词拿另一个动词做它的宾语,有三种情况。(1)两个动词表示的是一个人的动作,如:'他喜欢唱歌|我想回家。'(2)两个动词表示的不是一个人的动作,如:'他命令撤退|我们欢迎批评。'(3)两个动词表示的可以是一个人的动作,也可以是两个人的动作,如:'他要求参加|他要求放他走'(参加是他自己参加;放他走是别人放)。

仍然是动词拿动词做宾语,还有另一种分别。(1)有的动词后边的动词必须带疑问词,如:'研究怎样加快进程|讨论在哪里修大坝。'(2)有的动词后边的动词不能带疑问词,如:'会下围棋|擅长说相声。'(3)有的动词后边的动词可带可不带疑问词,如:'学会[怎么]开汽车|试验[怎样]用针刺麻醉做手术。'

又比如并列成分之间的关系包括加合(A和B)和交替(A或B)两类,这是语法书上都讲的,可是加合关系里边又可以分为加而不合和加而且合两种,这就很少讲到了。这个分别,比较这两个句子就可以知道:(a)'老张和老李是山东人'(加而不合。=老张是山东人,老李是山东人);(b)'老张和老李是同乡'(加而且合。不能说:'老张是同乡,老李也是同乡',必须'老张和老李'才是同乡)。同样,交替关系也有互相排斥和不互相排斥两种,后者跟加而不合的加合关系没有实质性的区别。例如:'动词或者形容词都可以做谓语',把或者换成和,不

改变全句的意思。比较互相排斥的例子：'重音落在第一个音节或者第二个音节上。'这里，或者前后两项是互相排斥的，或者不能换成和。（从逻辑上看，涉及全体和个别的问题，这里只是就或者的用法说。）

总之，不联系结构关系来研究，光划分句子成分，问题还比较简单，进一步研究结构关系，就大有文章可做。语法研究要取得进展，这应该是重要方面之一。

76　在分别讨论各种句子成分以前，再谈几个一般性的问题。一个问题是**句子成分**和**词类分别**的对应问题。这种对应可能是整齐的，也可能是不整齐的，汉语属于第二种情况。如果要把汉语也说成是属于第一种情况，跟有形态变化的语言一样，就会导致'依句辨品，离句无品'的词类理论，这在前面53节里已经谈过了。

77　另一个问题是如何看待某些句法变化手段的问题，其中最容易引起争论的是**省略**和倒装。关于**省略**，从前有些语法学家喜欢从逻辑命题出发讲句子结构，不免滥用'省略'说，引起别的语法学家的反感，走向另外一个极端，说是只要说出来的话能让人懂，其中就没有任何省略。要是平心静气来考虑，应该说是有省略，但是有条件：第一，如果一句话离开上下文或者说话的环境意思就不清楚，必须添补一定的词语意思才清楚；第二，经过添补的话是实际上可以有的，并且添补的词语只有一种可能。这样才能说是省略了这个词语。比如，'稿子写得不好就重写，一次不行写两次，两次不行写三次，'如果没有上下文，'一次不行'的意思不清楚，抽象的'一次'，不连上一定的动作，就说不上'行'和'不行'，而要添补就只能添补写，不能添补别的。又如'他买了两本画报，我也买了一本，'光有后半句，不知道'一本'是一本什么，连上前半句就知道省略的是画报。跟这个不同，'你一言，我一语，'可以在'一言'和'一语'前边添补说或者来，但不能限定是说或者是来，并且实际上都不这样说，我们就只能说这里隐含着一个'说'或'来'，不能说省略了一个说或来，至多只能说省略了一个动词。同样，在'他要求参加'和'他要求放他走'里边，可以说'参加'前边隐含着'他'，'放'前边隐含着'别人'，但是不能说省略了他和别人，因为实际上这两个词不可能出现。'隐含'这个概念很有用，'隐含'不同于'省略'，必须可以添补才能叫做省略。

78　讲到**倒装**,最好不用这种说法。'顺装'和'倒装',把句子成分的位置绝对化了,而一种句子成分如果有不同的几个位置,大概都有一定的条件,合于哪个条件就出现在哪个位置上,这就无所谓'顺'和'倒'了。

79　再谈谈**图解**和**代号**问题。前边谈结构层次和结构关系的时候曾经提到用图形表示的办法,句子的格局同样也是可以用图形来表示的。有一个时期,我国的语法教学中盛行一种图解法,其来源是美国学校课本里流行的里德和凯洛格图解法,它在五四前后流入我国,先用于英语语法教学,后来又被采用于汉语语法教学。这种图解法现在知道的人还很多,这里就不举例了。图解法把抽象的道理形象化,无论在教学上或者在研究上都不失为有用的工具。通行的图解法可能有某些不完善的地方,这是可以改进的;至于由于体系的不同,对原有的画法要作必要的调整,那就更不用说了。除这种用纵横斜直的线条构成的图解法外,还有别种方式,例如用字母和符号组成的。理想的图解法该具备三个条件,一是形象化,二是能保存原有的语序,三是有伸缩性,可繁可简。如果有人把语法分析上曾经利用过或者可能利用的各种图解和符号搜集起来,做一个比较研究,那倒是很有意思的。

讲到符号,首先想到的是那些代替词类名称和句子成分名称的字母,例如:N＝名,V＝动,S＝主,P＝谓,O＝宾,等等。这些代号在国际上已经通行(除俄语外)。我们有些语法学者,可能因为这些字母有'外来'之嫌吧,还不愿意采用,要改用 M,D,Z,W,B 等等。需要不需要这种考虑? 在数学上我们也曾用过'天元、地元'等等,后来还是接受了 X,Y。化学元素的代号也是一个例子。这跟术语的沿用和创新(参看 3 节)还不一样,不涉及涵义的异同,是一个单纯形式问题。

80　有哪些**句子成分**? 一般都说句子有六种成分:主,谓,宾,补,定,状。是不是只许有六种? 可不可以有七种八种? 或者五种四种? 这个问题大可讨论,现在姑且不谈。六种成分之说从二十年代起就有,可是名称和内容都有过些变化。名称方面,主语一直是主语,或者叫主词,谓语曾经有过表词、述语等名称,宾语也叫目的格,补语原来叫做补足语,定语和状语都曾经叫做加词或附加语。比名称的分歧更重要的是内容的改变。内容改变比较小的是定语和状语。其次是

主语和谓语,主语原先不包括'倒装的宾语',谓语不能是名词(归入补足语,或者叫做表语),也没有'主谓谓语'。变化最大的是宾语和补语,宾语在动词后边扩大到包括时量和动量,甚至施事,但同时从动词前撤退,补语则更加'面目全非',因为'补'的基本概念改变了。下面就这六种成分分别讨论。

81　先谈谈**主语**和**宾语**的纠纷。关于这个问题,1955 年有过一次广泛的讨论,持续到 1956 年上半年,先后发表了好几十篇文章,可是没能得出一个一致或者比较一致的意见。

主语宾语问题的症结在哪儿呢? 在于位置先后(动词之前,动词之后)和施受关系的矛盾。在名词有变格的那些语言里,哪是主语哪是宾语不成为问题,因为有不同的格做标志。汉语里边,名词没有变格,区别主语和宾语失去主要的依据,只能在位置先后和施受关系上着眼。在多数句子里,代表施事的名词出现在动词之前,代表受事的名词出现在动词之后。把前者定为主语,把后者定为宾语,是没有人不同意的。但是多数句子不等于所有句子,在两项标准不一致的时候就会有不同的意见。优先考虑施受关系的人,遇到施事在后的句子,比如'门口站着解放军',就说这是'主居谓后',通俗点儿就叫做'倒装';遇到受事在前的句子,比如'这个会我没参加',就说这是'宾踞句首',也是'倒装'。可是遇到象'信已经写好了'这样的句子,就贯彻不下去了,不得不妥协一下,说这是'被动句','信'是受事作主语。

优先考虑位置先后的人,同样遇到这种种情况,可是难不住他。照他的办法,凡是动词之前的名词都是主语,凡是动词之后的名词都是宾语。干脆倒是干脆,只是有一个缺点:'主语'和'宾语'成了两个毫无意义的名称。稍微给点意义就要出问题,比如说'主语是一句话的主题'吧,有些句子的'主语'就不象个主题。例如'前天有人从太原来,'能说这句话的主题是'前天'吗? '一会儿又下起雨来,'能说这句话的主题是'一会儿'吗?

82　要解决这个矛盾,关键在于认清两个事实。第一,从语义方面看,名词和动词之间,也就是事物和动作之间,可以有多种多样的关系,决不限于施事和受事。'施——动——受'的句子,论数量确实是最多,可是论类别却只是众多种类之一。下面的句子都是'施——

动——受'以外的'名$_1$——动——名$_2$'句。其中有的是：名$_1$＝施事，名$_2$≠受事；有的是：名$_2$＝受事，名$_1$≠施事；有的是：名$_1$≠施事，名$_2$≠受事。

> 新来的同志都已经分配了工作｜这孩子种过牛痘没有？｜王冕七岁上死了父亲｜从此我们就断了消息｜我们明天考语文｜我只错了一道题｜他大我三岁｜棉衣换成单衣｜他后悔两件事：……｜我送你的电影票你看了没有？｜这个问题一直存在两种意见｜事情可也不能都怪他｜下一步就要看你的了

这些句子里边的名词，除代表施事或受事外，有的代表工具，有的代表原因，有的代表比较的对象，有的代表变化的结果，有的代表受到有利或不利影响的人物，等等。在这些例子面前，主施宾受的理论完全站不住脚了。

83　必须认清的第二点，也是更加重要的一点，那就是：主语和宾语不是互相对待的两种成分。主语是对谓语而言，宾语是对动词而言。主语是就句子格局说，宾语是就事物和动作的关系说。主语和宾语的位置不在一个平面上，也可以说是不在一根轴上，自然不能成为对立的东西。主语和宾语既然不相对立，也就不相排斥。一个名词可以在入句之前做动词的宾语，入句之后成为句子的主语，可是它和动词之间原有的语义关系并不因此而消失。不但是宾语可以分别为施事，受事，当事，工具等等，主语也可以分别为施事，受事，当事，工具等等。在一定程度上，宾语和主语可以互相转化。'写完了一封信'⟺'一封信写完了'之类的例子不用说，更能说明问题的是下面这种例子：

> 西昌通铁路了：铁路通西昌了｜这个人没有骑过马：这匹马没有骑过人｜窗户已经糊了纸：纸已经糊了窗户｜竞争和战争，争霸和称霸，充满了帝国主义的整个历史进程：帝国主义的整个历史进程充满了竞争和战争，争霸和称霸

似乎不妨说,主语只是动词的几个宾语之中提出来放在主题位置上的一个。好比一个委员会里几个委员各有职务,开会的时候可以轮流当主席,不过当主席的次数有人多有人少,有人老轮不上罢了。可以说,凡是动词谓语句里的主语都具有这样的二重性。

84　在对上面所说两点的认识的基础上,可以提出两个问题来讨论。第一个问题:既然不能拿施受关系来分别主语和宾语,可不可以用位置先后做标准呢? 这里边包含三个问题。(1)可不可以把谓语动词前边的名词都定为主语?(2)可不可以把谓语动词后头的名词都定为宾语?(3)通常在动词之后的名词,在一定条件下跑到动词前边,是不是由宾语变成主语? 我们的想法是:(1)主语得象个主题,那些'望之不似'的最好不承认它是主语。在没有主语的情况下,也许可以承认它是一种'假主语'。(2)动词后头的名词性成分大致有表示事物,表示时间、处所,表示数量三类。现在的语法书,有的把这些全归入宾语,有的只承认表示事物的是宾语,其余的是补语,有的说后者是居'副位',即作状语(大致如此,细节有出入)。我们觉得全看做一种成分好,但是不赞成叫做宾语(见下)。(3)对这个问题意见分歧最大,这里不能一一列举。我们的意见简单点说是:如果代表事物的'宾语'跑到原来的主语的前头,就得承认它是主语,原来的主语退居第二(这个句子变成主谓谓语句);不合乎这个条件的,原来是什么还是什么,位置的变动不改变它的身分。

85　**宾语还是补语?** 第二个问题:既然宾语不跟主语相对,有没有必要还管它叫宾语? 是不是换个名字好些? 不错,'宾语'这个名字已经叫了多年,叫熟了,叫惯了,最好不改。可是从另一方面看,只要你保留'宾语'这个名称,人们就要拿它跟'主语'配对,就要找一个标准来区别它们,或是施受关系,或是位置先后;就不想到它们各有自己的对立面(一个是谓语,一个是动词),各有把自己区别于它的对立面的标准。因为'宾'和'主'相对,正如'阴'和'阳'相对,'负'和'正'相对,已经深入人心,牢不可破,不管你说多少遍'主语和宾语不是对立的东西'也没用。而且,由于历史的原因,要让'宾语'包括受事(以及比较接近受事)以外的事物也有困难;例如对于'施事宾语'就有人摇头。那末,不叫'宾语'叫什么呢? 如果没有更好的名称,似乎不妨叫

做'补语'。补语这个名称比宾语好,不但是不跟主语配对,而且可以包括某些不便叫做宾语的成分。至于现在通行叫做'补语'的东西怎么办,可以再研究。

不管是叫做宾语还是叫做补语,总之是品种相当多,活动能力相当强,是最值得研究的一种句子成分。这里不打算详细谈,等将来有机会的时候专门写一篇文章来讨论。

86　**补语**。如果实行把'宾语'改个名字叫'补语',那就跟现在一般所说的'补语'发生冲突了。早先没有'补语'的名称,只有'补足语'。这'补足语'的内容跟后来的'补语'完全不同,相当庞杂:论成分,有是字后边的成分,有不及物动词后边的成分,有宾语后边的成分;论词类,有名词,有形容词,有动词。总起来分为'主语补足语'和'宾语补足语'两大类。按现在通行的体系,主语补足语或者归入宾语(名词),或者还叫补语(形容词);宾语补足语连同它前边的宾语构成所谓兼语式。

现在通行的'补语'也包括好几种东西。首先指的是'走不了'的'了','走出来'的'出来','提高'的'高','说清楚'的'清楚','打扫干净'的'干净'这一类动词后加成分。我们在前边讲语法单位的时候已经说了,这样的动词短语实质上是一种复合动词,只能作为一个造句单位,构成一个句子成分,不该分成两个成分。其次,'补语'又指动词后边的表示动量和时量的词语,如'学一遍'的'一遍','学三年'的'三年'。这是有人觉得把它们放在'宾语'里边不合适,特意提过来放在'补语'里的。其实只要稍微一琢磨,就会发现,'学一遍|学三年'跟'学理论|学手艺'固然不一样,可是跟'学好|学通|学透'又何尝相近,也许还相去更远。如果要合并,还宁可把'一遍|三年'合并于'理论|手艺',因为同是名词性词语。原先因为都叫做宾语,好象不相容,现在如果按前面的建议都叫做补语,应该可以相安。此外,有的语法书上把插入复合动词里边表示可能性的得和不也叫做补语,这样,'站不起来'里边的'站'字后边就有了两个补语,可是得/不有没有词的资格都成问题,即使不认为是语缀,也只能算个助词。在动趋式里,得/不可以和了替换(站不起来～站了起来),如果得/不是补语,岂不是也得承认了是补语?

把上面的几种补语都打发了之后，还剩下两种补语有待处理。一种是动词（以及形容词）加得之后表示结果或程度的词语，如'好得很'的'很'，'等得不耐烦'的'不耐烦'，'嚷得嗓子都哑了'的'嗓子都哑了'，等等。这一类成分似乎可以划归状语。觉得新鲜吗？不，这是早已有过的，不过那时候不叫做状语而叫做'后附的副词附加语'罢了。当然，这种放在后边的状语跟放在前边的状语的意味有所不同，只有表示结果和程度的可以在后，但这正是所以出现在不同的位置上的原因；尽管位置有先后之分，所用的词语却是往往相似（如'慢慢地说'和'说得慢'），作为同类的成分是没有什么不可以的。

有几位语法学家认为这一类成分是一种谓语，主语是一个主谓短语，这种句子是'主谓谓句'（跟'主主谓句'可以配对儿），这种主谓短语不同于一般的主谓短语在于有一个后缀性的得字。这种看法不为无理。有人更进一步，说这个得就是 de，这里的主语不是主谓短语，而是名词性的 de 字短语，那就有点不合乎实际了。

另一种是动词后边的形容词（可以扩展成短语的），例如：'她不算太胖│他的态度显得很不自然│我去晚了│路走多了│鞋买小了'等等。这些形容词（短语）在早期的语法著作里属于主语补足语，后来的书上有称之为表语的。这一类成分是从来没有人把它收进宾语去的；如果把宾语改称补语，似乎可以容纳这一类成分。要是这样，新的'补语'里边除事物补语、时地补语、数量补语之外，还得包括这一类'性状补语'。这是一种办法。如果要把补语限制在名词性词语的范围之内，这一种成分就只好也归入状语。

有人要说，状语是修饰动词的，这里的'胖│不自然'等等，不修饰前边的动词，而是指向动词前边的主语，怎么能叫做状语呢？那么，我们就得修改状语的定义，说是动词后边的状语可以不描写动词本身而描写动词前边的主语。前面那种位于带得的动词后边的状语也有类似的情况，例如'他的书架收拾得十分整齐'，'整齐'也不是描写'收拾'这个动作而是描写被收拾的'书架'。

上面这两种成分，如果觉得既不好归入新的补语，又不好归入状语，就得另立名目。

87 **状语**。状语一般指动词前边的修饰性词语。刚才所说的动

词(带得和不带得)后边的状语可以叫做后置状语,它的性质也是修饰性的。除修饰性的状语外,还有起关联作用的状语,如'首先|最后|同样|反之|此外|例如|特别是'等。此外还有有的语法书上称之为独立成分的词语,如'奇怪|可惜|幸而|可见|据说|看起来|老实说|俗话说得好'等,也可以归入状语,是评注性质的状语。修饰状语是动词的连带成分,关联状语和评注状语则属于全句,是在划分主谓之前就得先划出去的成分。

88　**介系补语**。动词前边常常有一个介名短语,这是不是它的状语呢? 现代汉语的介词绝大多数是从动词演变来的,至今还或多或少保留着动词的性质,例如不少介名短语可以做谓语:'每次发货,他都按照规定的手续'(参看 45 节)。有些语法学者强调介词的动词性,甚至认为跟一般动词没有分别,把介名短语作为连动式的一部分。多数语法书则说介名短语在动词前是状语,在动词后是补语。介名短语作为状语,对于别的介词还说得过去,对于把,被,由等有点说不过去,因为这几个介词引进的施事和受事都紧贴着动词,语义贯通,很难说是仅仅起修饰作用的状语。我们认为首先应当研究一下介名短语里边哪是主要成分,是那个介词啊,还是那个名词? 无疑是那个名词。那末,最合理的办法是把动词前后的介名短语都当作一种类型的补语,——介系补语。有些有名词变格的语言,有的格前边不能有介词,有的格前边必须有介词,有的格前边可以有介词也可以没有介词,可见介词的有无不足以把后边的名词区别为截然不同的两种成分。古汉语里最常用的介词是于字,很多地方这个于字可用可不用,这个习惯现在还残留在'宣传群众|忠诚党的教育事业'这些例子里。现代汉语里的在字也有类似的情况,如'坐[在]床上|掉[在]地下'。

89　'六大成分'还有两种没有谈到。谓语和定语。关于定语,没有什么需要特别讨论的,只要记住:定语只是名词短语的一个成分,不是句子的直接成分,一般不影响句子的格局。关于谓语,一向有一个容易引起混乱的问题,就是指大('完全谓语')还是指小('简单谓语')。这在前边已经谈过,一切成分都以指大为妥。此外还有三个与谓语有关的问题:一个是'述语',一个是是字,一个是主谓短语做谓语。

述语？述语原来是谓语的别名。最早用'谓语'的是〈英文汉诂〉(1904)，最早用'述语'的是〈新著国语文法〉(1924)。过去的语法著作里没有同时用这两个名称的。最近才有既用谓语又用述语而给以不同的定义的：谓语和主语相对，一块儿构成一个主谓结构；述语和宾语相对，一块儿构成一个述宾结构。这是从严格区分词类名称和结构成分名称出发，用意是很好的。但是贯彻起来不无困难。一则名目太多。假定一共区别出六种结构，就要有十二个名称。其中除主谓结构的两部分不能借用词类名称外，其余的都可以用词类名称代替一种结构的两方的一方，如名词和定语，动词和宾语，等等。二则有的结构还非用词类名称不可，例如'数量结构'，'介词结构'。（'并列结构'离不开词类名称，又当别论。）这样，要不要在'谓语'之外再引进'述语'，是值得再考虑的。

90　**是字句**。是字的最常见的用法是放在两个名词（词或短语）中间。前边的名词是句子的主语，没问题。后头的名词呢？就不一其说了。老一点的说法认为是是系词或同动词，后头的名词是补足语或者叫做表语。后来出来过一种说法，认为是跟一般动词没有什么不同，后头的名词是它的宾语。现在比较通行的说法是这种句子用名词做谓语，是是判断词，一种特殊的动词，判断词加名词构成一个'合成谓语'。

这种种不同的说法，关键在于对是字性质的认识。是字的性质跟一般动词又相同又不相同。侧重相同的一面，就说后边的名词是宾语或补足语；侧重相异的一面，就说是字后边的名词是谓语，是字只是起联系作用。这些都还只是就是字后边是名词的句子说，但是是字后边也常常出现动词或形容词，如'他是不知道，不是故意'；有时候也出现介名短语或者带连词的小句，如'我第一次看见他是在成都 | 我找你是因为有人托我带东西给你'；有时候是字还会出现在句子头上，如'是我搞错了'。这种句子里边的是跟名词谓语前边的是相同还是不相同？有一种相当流行的看法，认为这个是字的作用是表示强调，是一个副词。然而强调作用和判断作用很难划清。有人说可以用重读不重读来分别，事实上名词谓语句里的是字在必要的时候也可以重读，非名词谓语句里的是字一般也不重读。象上面举的例句，正常的说法，重音分别落在知，意，都，东，错这些字上；强调的时候重音也不一

定准落在是字上,如'他′是不知道′不是故意|′是我搞错了～是′我搞错了'(另外两句更不大会重读是字)。副词说既然不大站得住,能不能把是字的用法一元化呢? 好象没有什么不可以。是字的基本作用是表示肯定:联系,判断,强调,都无非是肯定,不过轻点儿重点儿罢了。在名词谓语句里,因为用是字为常,不用是例外,它的肯定作用就不显著,好象只有联系的作用;在非名词谓语句里,因为一般不用是字,是字的肯定作用就比较突出。但是是字的肯定作用的强弱是渐变的,不是顿变的,跟不同句式的相关也只是相对的,不是绝对的。这样看来,完全有可能把是字的用法统一起来。这个统一的是字,它的后头可以是名词,也可以是动词,形容词,或其他词语。这样,要说是字后头的成分是宾语或者表语都有点不合适,还是认为是谓语较好。可是这主谓之间的是字算什么成分呢? 有点不大好说。合成谓语说是想滑过去,很多人不满意。我想提议把这个是字叫做'前谓语',意思是:它是谓语的一部分,但不是谓语的主要部分,是各种谓语类型的句子里都可以出现,而名词谓语句里经常出现的。

　　91　**主谓短语作谓语**。汉语里边有主谓谓语句,现在已经没有人否认了。可是这种句式的范围有多大,内部结构能复杂到什么程度,看法还不一致。有人认为凡是动词前边的名词都是主语,有几个名词就有几个主语。比如'这事儿我现在脑子里一点印象也没有了'这么一句话,先是'这事儿',然后是'我',然后是'现在',然后是'脑子里',然后是'一点印象',前前后后一共五个,挨个儿当主语,而谓语则是从'我现在脑子里一点印象也没有了'逐步缩小,缩到最后一个是'也没有了'。这就大大扩大了主谓谓语句的范围,会不会把一些有用的分别弄模胡了? 我们的意见,既然动词之前除主语外还允许出现补语,那么只有不能用'主——补——动'句式来说明的才是主谓谓语句。说得更具体点,(1) 主谓谓语句里的小谓语不是动词谓语,(2) 小谓语是动词谓语,但主语不能跟这个动词挂钩。这样,下面的句子是主谓谓语句:'这一次分配来的知识青年,上海的最多|[用这种办法来领导,]谁还思想不通呢? |无线电我是门外汉'(以上合乎第一个条件);'这个问题他心里已经有底|什么事情她都抢在前头|这个地方我认为比杭州还好'(以上合乎第二个条件)。反之,'我们一个会也没开|我

三块钱买了一本词典|他这一回代表没选上,'都不是主谓谓语句。同样,'[要人,]我第一个报名|他嘴里不说,心里明白'等等也不是主谓谓语句。比较难于决定的是受事作主语而施事补语在动词之前的句子,例如'这些书他全看过'。按说这也可以归入'主——补——动'句式,但是从两点考虑又似乎归入主谓谓语句较好。一,主谓谓语句的作用,说明性多于叙述性,这个例句也是说明性多于叙述性。二,主谓谓语句往往在大主语之后出现停顿,这个例句也是这样。但是这两点都是相对的,不是绝对的,难以作为划分句式的标准。另一方面,如果把这一句归入主谓谓语句,有一系列句子不好决定,因为其中动词前边的名词可以解释为施事补语,也可以解释为工具补语,例如:'战士们头淋着雨,脚踩着烂泥|这种人手不能提篮,肩不能担担|他一只手牵着一个孩子,'等等。这倒是有点两头儿为难。

92　**连动式**。现在来谈谈连动式和兼语式,两个经常引起争论的谓语类型。自从连动式出现在语法著作中以来,一直有人要取消它,也一直没取消得了。要取消它,因为总觉得这里边有两个(或更多)句子成分;取消不了,因为典型的连动式很难从形式上决定其中哪一部分是主体,哪一部分是从属。不少人主张把连动式的前一部分作为状语。不错,很多连动式是前轻后重,例如'坐车回家|赶着做活。'可是前重后轻的情况也不少,例如'买菜去|写个信[去]试试|说着玩儿。'还有前后难分轻重的,例如'躺着不动|这东西留着有用|喝酒喝醉了。'看样子连动式怕是要终于赖着不走了。剩下的问题就是要给它划定界限。凡是能从形式上划成别的结构的,就给划出去。留下来的,尽管有的能从意义上分别两部分的主次,还是不妨称为连动式,同时说明意义上的主次。

93　**兼语式**。在'兼语式'出来之前,语法书上认为这种结构是:动词+宾语+宾语补足语。兼语说出来之后,宾补说似乎过时了。然而兼语式也仍然一直有人要取消它,也一直到现在没取消了。兼语式跟连动式一样,有跟别的结构划界的问题。首先是跟主谓短语作补语(宾语)的区别。一个办法是用可能的语音停顿(实际是拉长)来辨别,如:'我知道——他走了'(主谓作宾),'你通知他——来开会'(兼语式)。有时候好象两处都能停:'我看见他——从食堂里出来|我看

见——他从食堂里出来.'于是又有一个办法,看能不能改变语序,如:
'他走了,我知道,'行,原句是'主谓作宾';'他来开会,你通知|他从食
堂里出来,我看见,'都不自然,原句只能是兼语式.但是这也不完全
可靠,例如'连省里的报纸都在表扬你们创造了新记录,'一般认为是
兼语式,然而可以改变为'你们创造了新记录,连省里的报纸都在表
扬.'另一个问题是跟双宾语划界.这本来不难,只要看'兼语'跟后边的
动词有没有主谓关系,但是有人要扩大双宾语的范围,就把问题闹复杂
了.例如'我托你带给他'是兼语式,不必比照'我托你一件事,'把'带给
他'也作为一个'宾语'.总的说来,兼语式的划界还不是太难.

94　比较严重的问题是兼语式不适合层次分析.兼语式的定义
就是一个动宾结构套上一个主谓结构,画个图就是 $\boxed{A\,\boxed{B}\,\boxed{C}}$ 。这怎么
适用'二分法'呢? 这倒是主张取消兼语式的一个有力的理由.要是
取消兼语式,一个办法是回到宾补说,虽然宾补说如何适应层次分析
也是个问题.另一个办法是承认这也是一种主谓短语作补语(宾语)
的格式,虽然在语音停顿上跟一般的主谓短语作补语有点不一样.
'你通知他来开会','他来开会'是'通知'的预期结果,是一种结果补
语.(代表具体事物的结果补语如'写篇文章'的'文章','修条马路'
的'马路',在句子里的活动方式跟一般受事补语没什么两样.)'我爱
他老实','他老实'是'爱'的原因补语(类似'帮忙'的'忙').这些是
兼语式中最重要的两类.

95　还有一类句子通常也包括在兼语式里边:'她有一个儿子参
了军.'这没有问题,可是引起别的问题.兼语式可以用公式'名$_1$——
动$_1$——名$_2$——动$_2$'来表示,其中名$_2$是动$_1$的受事,又是动$_2$的施事,
动$_2$跟名$_1$没有关系.有些句子里边,动$_2$不仅跟名$_2$有关系,跟名$_1$也有
关系,如'我有一期画报丢了.'通常说这是连动式,其实跟一般连动式不
一样,是连动式兼兼语式,如果我们不把名$_2$对动$_2$的关系限于施事的话.
这一句里'画报'是'丢'的受事,别的句子里还可以有别的关系,如'我有
办法叫他来'(工具),'我这儿有人说着话呢'(交与),'你完全有理由拒
绝'(理由),'我们有时间做,可是没有地方放'(时间、处所).

96　**动词之后**.兼语式问题实际是动词的后续词语这个总问题

的一部分。各种情况大致如下：

  （1）他已经写了一篇。（后续名词）

  （2）他答应另写一篇。（后续动词，施事同于句子主语）

  （3）他允许另写一篇。（后续动词，施事异于句子主语）

  （4）他同意另写一篇。（后续动词，施事同或异于句子主语）

  （5）他答应我另写一篇。（后续一名一动，动的施事同于句子主语）

  （6）他允许我另写一篇。（后续一名一动，动的施事同于名）

  （7）他问我一个问题。（后续二名）

  （8）他问我［他］可不可以去。（后续一名一主谓语，主语同于句子主语，省）

  （9）他问我［我］去不去。（后续一名一主谓语，主语同于名，省）

  （10）他问我［我／他］能不能去。（后续一名一主谓语，主语同于名或句子主语，省）（'我'后的'能'和'他'后的'能'意思不同。）

  （11）他问我你去不去。（后续一名一主谓语，主语不同于名或句子主语）

  （12）我找个人教你。（同(6)，但可以留名去动）

  （13）我找个人问个问题。（后续一名一动，动的施事同于句子主语）

  （14）我找个人一块儿去。（后续一名一动，名与主语共为动的施事）

  （15）我找本书你看。（后续一名一主谓语，名为主谓语中动词的受事）

  （16a）咱们找个地方说说话儿。（后续一名一动，动的施事同于句子主语，名为动的处所补语）

  （16b）咱们另找时间谈吧。（同上，名为动的时间补语）

  （16c）咱们想个法子通知他。（同上，名为动的工具补语）

这些句子的相互关系如下图：

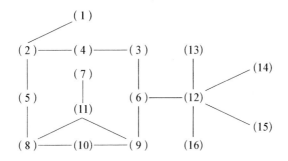

这里边,按现在通行的说法,有的是一个'宾语',有的是'双宾语',(6)和(12)是'兼语式',(9)是否兼语式不明确,(13)(14)(16)是'连动式',同时也该算是'兼语式',因为后续名词跟后续动词不是没有关系。从这些例子可以看出来,光靠'宾语','双宾语','兼语'这几个概念不足以辨别这种种情况。

97　单句?复句?　最后谈谈单句复句的问题。单句复句的划分是讲汉语语法叫人挠头的问题之一。1957年曾经在刊物上展开讨论,最后也没有得出比较一致的意见。区分单句和复句,涉及三个因素:一,只有一个主谓结构,还是有几个主谓结构? 二,中间有没有关联词语? 三,中间有没有停顿? 这三个因素正负交错,能有八种情况,加上有时候主语不好确定,问题就更加复杂了。拿最常见的问题做例子,'她不说话,只顾笑,'有人认为是复合谓语的单句,有人认为是复句,第二个小句的主语承前省略。光就这个句子说,两种主张难分高低。同样格局,换个例子,'他呀,一天到晚写,写,写,'似乎单句说比复句说强。可是,'他就是爱打乒乓球,下了班到处拉人打球,外带能赢不能输,输了一定得再打下去,非赢一盘不罢休,'跟前边的两句一样,也是只有一个主语,却又似乎单句说不如复句说。往往是这样:不能拿一个句子跟另一个句子比较,一比较就叫人为难。比如,'有一个孩子正在横过马路,他赶紧煞车,'和'他看见有一个孩子正在横过马路,赶紧煞车,'用主语是否一贯来分别单句和复句,那末第一句是复句,第二句倒是单句。又比如,'你呀,喜欢就买,不喜欢不买;我呢,便宜才买,不便宜不买。'分号前后两个句子的格局十分相似,可是如果光拿一个还是几个主语做标准,那,分号前边的一句,主语'你'一直管到

底,因而是单句;分号后边的一句,主语'我'只管住'买'和'不买','便宜'和'不便宜'另有没露面的主语,因而是复句。西方语言里边,如果两个小句的主语不同,一个也不能省略,汉语却不是如此,后一小句的主语常常借用前一小句的某一成分,甚至无所承接也可以省略。例如:'他十分信服老队长,吩咐他做什么,总是话才出口,抬腿就走|他还说我表扬不得,一表扬就翘尾巴,净给我吃辣的。'如果承认这样的句子是复句,而对于后一小句的主语同于前一小句因而省略的句子,非咬定它是单句不可,就未免有点不那么公平合理了。

以上是拿主语是一个还是几个这个标准来说。要是拿有没有关联词语这个标准来说,同样有露面不露面的问题。并且这两个标准会闹矛盾,例如两个小句共一个主语,但是中间有连词。拿有无停顿做标准也一样。总之,象汉语这种不爱搞形式主义的语言,要严格区分单句和复句,确实是一件相当困难的事情。下面再举几个句子,看是单句还是复句。

十月革命一声炮响,给我们送来了马克思列宁主义|生产资料少一点也可以组织合作社|1977 年比 1958 年,茶园面积扩大了 3.3 倍|帮助他们学会说话,语言科学工作者是有责任的

98　句子的复杂化。要让我说,尽管哪是单句哪是复句的问题还可以继续探讨,却也不妨把眼界放宽些,研究研究句子结构的复杂化和句子格式的多样化。让我们先用一个例子来说明句子是怎样复杂化的。

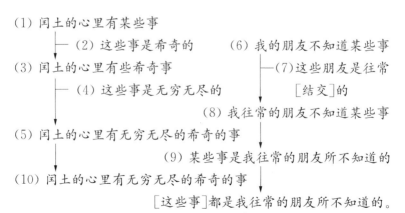

(1) 闰土的心里有某些事
　　(2) 这些事是希奇的　　　　(6) 我的朋友不知道某些事
(3) 闰土的心里有些希奇事　　　　(7) 这些朋友是往常
　　(4) 这些事是无穷无尽的　　　　　　　[结交]的
　　　　　　　　　　　　(8) 我往常的朋友不知道某些事
(5) 闰土的心里有无穷无尽的希奇的事
　　　　　　　　　　(9) 某些事是我往常的朋友所不知道的
(10) 闰土的心里有无穷无尽的希奇的事
　　　　　　　[这些事]都是我往常的朋友所不知道的。

句子的复杂化不外乎三个途径：一，添枝加叶；二，局部发达；三，前后衔接。在上面的例子里，(1－3－5)是主干，(2)(4)是枝叶；同样，(6－8)是主干，(7)是枝叶：这些是添枝加叶的例子。(5)加(9)成(10)，这是前后衔接的例子。局部发达指的是某一个句子成分特别复杂，上面的例子里没有；如果把(10)的前半句里的有改成的，拿前半句代替'［这些事］'做后半句的主语，那就多少有点象。上面例子里从(8)到(9)不是句子复杂化的例子(没有增加什么)，乃是改变句子格式的例子。

　　上面这个例子所显示的步骤，跟直接成分分析法恰好相反，那里是从整到零，这里是从零到整，那里是分析，这里是综合。跟所谓句本位分析法，先找核心成分然后逐步添加其他成分的办法比较，倒有几分相似。不同的是那种分析法每走一步都得说出一个句子成分的名目，交代一种结构关系，而这里完全免了。这个办法拿来教儿童造句，也许比较容易领会。

　　99　**句子格式的变化**。句子不光是可以复杂化，还可以多样化。句子的基本格式是有限的，可是实际出现的句子不都是那么一板三眼，按谱填词。(要是那样，说话写文章就太苦了。)下面举几个不那么'循规蹈矩'的句子，供读者研究(还可以参考97节末了的那些例子)。第一句略加说明，作为举例。

　　(1) 看书写文章，他都在晚上。(＜他看书写文章都在晚上＜他看书在晚上，写文章也在晚上＜他［在］晚上看书；他［在］晚上写文章)

　　(2) 你真行，一讲就是三个钟头。

　　(3) 你去太原是明天还是后天？

　　(4) 她家养了一黑一白两只鸡。

　　(5) 他跟赵司机的车，这回还是第一次。

　　(6) '巴扎'是维语，汉语是集市的意思。

　　(7) 对于工作，他是越多越好，越难越好。

　　(8) 这是当教师的人都有过的经验，不过这个过程有人长有人短罢了。

研究句子的复杂化和多样化,可以说是在静态研究的基础上进行动态的研究,是不仅仅满足于找出一些静止的格式,而是要进一步观察这些格式结合和变化的规律。怎样用有限的格式去说明繁简多方、变化无尽的语句,这应该是语法分析的最终目的,也应该是对于学习的人更为有用的工作。

附　注

（数码指正文内的节次）

[5] 汉语里没有发达的形态变化,可以分三点来说。(1) 有形态标志的语法范畴不多,有些重要的语法范畴在汉语里全无表示,例如名词、形容词的'格',动词的'时'和'人称'。(2) 某些可以算做形态标志的东西,不是对于一种语法范畴普遍适用,而是有条件。例如们,可以算做复数的标志,但是(a) 只有指人的名词可以带们,指物的就不行;(b) 带们的名词只能出现在主语的位置上(社员们都在那里修渠),不能出现在谓语的位置上(在那里修渠的都是社员[×们])。(3) 有一定程度的任意性。例如：大院里的孩子[们]都听石爷爷的话|带回来[了]两张参观券。

　　早先有些外国汉学家爱用西方语法体系来套汉语。拿 de 字做例子,他们说名词和人称代词后边的 de 是'属格'的标志,形容词后边的 de 是'形容词词尾',动词和动词短语后边的 de 是'关系代词',把一个有统一的作用的 de 字搞得四分五裂。绝大多数语言学家是反对用一种类型的语言的语法去讲另一种类型的语言的语法的。不光是不能用西语套汉语,也不能用汉语套西语。例如 O. Jespersen 在〈语法哲学〉39 页的一条脚注里说到他的语法分部理论曾受 Gabelentz 的〈汉语语法〉的影响,接着说：'但是汉语全然没有屈折变化,一切都跟我们西方语言不同,语序和"虚"词构成语法的全部,因而 G.的体系不能毫无改变地用到我们的语言上来。'

　　[7] 著名语言学家 Roman Jakobson 有一句名言：Language without meaning is meaningless(没有意义的语言是不可思议的)。

　　[9] '语素'和'词素'都是 morpheme 的译名。morpheme 有过三

个译名：形素，词素，语素。三个译名都对，因为 morpheme 这个术语先后有过三种意义。(1) 最早指一个词里边的形态成分，跟表示实在意义的 semanteme 相对。例如 J. Marouzeau 的〈语言学名词词典〉(1951 增订三版)和 J. Vendryes 的〈语言论〉(英译本，1925)里边都用的是这个意义。这个意义的 morpheme 译做'形素'最合适。(2) 稍后又用来指一个词的组成部分，不管它的意义是虚还是实。例如苏联科学院出版的三卷本〈俄语语法〉(1953)里边就用的是这个意义。这个意义的 morpheme 译做'词素'最合适。(3) 最后出现、现在最通行的意义是指最小的有音有义的语言单位，不管它是词还是词的部分。这个意义的 morpheme 译做'语素'最合适。(2)和(3)的意义似乎相差不多，实际不然。'词素'是从'词'分解出来的，没有'词'就谈不上'词的组成部分'。'语素'不以'词'为前提。完全可以设想有一种语言只有语素和它的各种组合，在一定条件下形成句子，没有'词'这样的东西。所谓'多重综合语'就接近这种状态。

[16] 参看〈汉语语法论文集〉370 页〈说'自由'和'粘着'〉。

[18] 这里所说'词根'跟西方语言里的'词根'的意义稍有不同，西方语言的构词以派生为主，跟词根相对的是词缀，汉语构词以复合为主，跟词根相对的是'根词'，即既能单用又能构词的。

[21] '词汇的词'和'语法的词'的矛盾，早就有人说过。例如 Charles Bally 在他的〈一般语言学和法语学〉(1944 第二版)466—470 节里就认为法语里 mot(词)这个字的意思太笼统，在他的书里管'词汇的词'叫 sémantème(这可跟 Marouzeau 和 Vendryes 的 sémantème 不一样)，管'语法的词'叫 molécule syntaxique(句法分子)。除了词汇的词和语法的词之外，还有书写的词即正字法的词。汉语目前还是用汉字书写，'字'和'词'不一致已经到了非用两个不同的名称不可的程度。(用不同的名称是为了避免混淆，但是在对语文问题不怎么注意的人中间，二者还是常常混为一谈的。)即使将来改用拼音文字，能否使书写的词和词汇的词完全一致，也还要等实践来解决。用拼音文字的语言如英语等，正字法的词和词汇的词也还不能完全一致。M. A. K. Halliday 等三人合著的〈语言科学和语言教学〉(1964)中就说英语里'word'这个字有语法上、词汇上、正字法上三种不同的意义，因而

在讨论语言时引起混乱(36页)。

〈中国语文〉1954年4期有一篇彭楚南〈两种词儿和三个连写标准〉,那里边所说的两种词是'形式词'和'理论词',实际上也就指的是正字法的词和语法的词。过去讨论'词'的问题老是跟拼音连写问题搅在一起,往往是先考虑什么样的一个片段最好连起来写,使用方便,然后想方设法从语法上'证明'它是一个词。这就难免有时候要强为之说,引起非难。如果认清正字法的词和语法的词不是一回事,连写与否只需要从正字法的角度考虑,不勉强语法理论去为正字法服务,就可以省去许多无谓的笔墨。

[24] 关于单音形容词和名词组合不很自由,可以看朱德熙:〈现代汉语形容词研究〉(〈语言研究〉,1期,1956)和〈汉语语法论文集〉327页,〈单音形容词用法研究〉。

[25] 关于有de字和没有de字是两种不同的结构,可以参看范继淹:〈形名组合间'的'字的语法作用〉(〈中国语文〉,1958年3期)。

[25,26] 如果一种语言里的'词'的结构比较简单,它的'个儿'比较小,那么词和句子之间的距离就很大,把这中间的不同繁简程度的片段都叫做'短语',在运用上是不太方便的,因而有些语法学家就针对这种情况想办法。例如R. Quirk等四人合著的〈当代英语语法〉(1972)就根据英语的情况,把名词短语分为基本名词短语和复杂名词短语,又扩大动词的范围,把某种类型的动词加介词、动词加形容词、动词加助词(指别的书上划归副词的up等)全叫做multi-word verbs(多词动词)。

[27] 有少数动名组合,如'注意',有两种用法,既可以说'注点儿意',又可以说'要注意天气变化'。这得承认有两个'注意',一个是动宾短语,一个是单词(及物动词)。

很多动名组合,两个成分或其中的一个不能单用,因而整个组合一般也不拆开用,可以当作一个词看待。但是要拆开也很容易,例如:

努力:还要大家努一把力|赌气:你这是赌的哪家子的气？|
报名,过期:去年报名过了期,今年报上名就有希望了|谢幕:一
　　连谢了三次幕|裁军:裁军必须首先裁超级大国的军

这一模式在现代口语里占很大优势,许多不是动宾结构的词被人们当动宾结构来用,例如:

考完试|登个记|我跟他同过三年学|好! 我赞你的成! |就这么定了,甭再考什么虑了!

〔30,31〕各家对于主谓结构的分类大致有甲、乙、丙三种,如下:

例:(1) 我知道他要去。
(2) 他要去的地方很远。
(3) 他要去就让他去。
(4) 他要去,他爱人不想去。

	(1)	(2)	(3)	(4)
甲	小句(名)	小句(形)	小句(副)	小句
乙	子句(名)	子句(形)	从句	分句
丙	主谓短语	主谓短语	分句	分句

甲种分类法是西方语法书中最通行的一种。最近有些书上把小句的范围扩大,包括别的书上的动名词短语、分词短语等等。我国语法学者有把小句改称句子形式而分别‘首品’、‘次品’、‘末品’与‘平等’的,实质上跟上面所列甲种分类没有分别。乙种分类法首先分别子句和非子句。前者又分别‘名’和‘形’,都是作用等于一个词,作为一个句子成分的。后者都是作为句子的一个部分而不是作为一个成分的;没有一个总名,在主从复句内分别主句和从句,在并列复句内都是分句。丙种分类法把(1)(2)和(3)(4)区别开来,跟乙种分类相同,但是把(1)(2)划归短语,跟乙种分类不同。有的语法著作里把(1)(2)(3)(4)都称为主谓结构,但同时认为(3)(4)是分句。

〔33〕赵元任在两篇文章里谈到划分单位的问题,立论颇为通达。(A)‘然而与其说这是一个实质问题,毋宁说这是一个名称问题,因为,如果所有的单音节(除上述例外)都算做词,研究它们的关系都算句法,那末我们就得在句法中再分平面,有的单位是别的单位的组成

部分。因而,我们愿意分别称之为(1)粘着语素,词,短语,还是愿意分别称之为(2)词,紧密短语,松散短语,这在一定程度上是一个怎么方便怎么办的问题'。(〈国语结构不同层次中形态上跟意义上的参差〉,载〈历史语言研究所集刊〉第二十八本)(B)'我们为什么要在汉语里寻找那些存在于别的语言里的东西呢? 进一步研究的更有成效的途径应该是,决定在那些单音字儿和句子之间有哪些类型的中间单位,而把管这些类型的单位叫什么这个问题放在次要地位去考虑。'(〈中国语文里节奏与结构的观念〉,载〈台湾大学考古人类学刊〉第三十七、三十八期合刊)这两篇都是用英语写的,引文是译文。

关于单语素词的活动受限制,可以参看〈汉语语法论文集〉415 页〈现代汉语单双音节问题初探〉。

[36] 用形态作为分类的根据,例如古代希腊的有名的语法学家 Dionysius(公元前第二世纪)在他的书里把古希腊语里的词分为八类:

(1) 名词:有格的变化。
(2) 动词:没有格的变化,而有时、人称、数的变化。
(3) 分词:兼有动词和名词的特点。
(4) 冠词:位于名词之前和之后,有格的变化(此类包括希腊语里边的有定冠词和关系代名词)。
(5) 代名词:用来代替名词。
(6) 前置词:在造句和构词中用于别的词类之前。
(7) 副词:没有格的变化,附属于动词。
(8) 连词:连接思路,填补理解中的缺口。

古代罗马的有名的语法学家 Varro(公元前 116—27)在他的书里把拉丁语的词分为四类:

(1) 有格变的词——名词。
(2) 有时变的词——动词。
(3) 有时变又有格变的词——分词。
(4) 没有格变也没有时变的词——连词和副词。

以上转引自 R.H.Robins,〈古代和中世纪欧洲语法理论〉40 页,54 页。

　　[50] 金兆梓的主张见〈国文法之研究〉,113 节:'第五须声明的,就是介词联词和向来讲文法的所谓介词联词不同。向来所谓介词是单表字与字的主从关系的,联词是表句与句联接的关系包括主从[和]衡分的,而且又包括字与字衡分关系的。这里所列为介词,不论介字或介句,只要是表主从的关系,都叫他介词。……所以我这里的介词联词是主从连合与衡分连合的分别,不是字与句的分别……'

　　陈承泽在〈国文法草创〉介字章注三十八(1957 年重印本 61 页)里说:'有人将与字全认为连字,亦有全认之为介字者,说明上均有不便之处。'后半句当是指马建忠,前半句可能是指金兆梓(〈国文法之研究〉出版于 1921 年,〈国文法草创〉出版于 1922 年)。

　　瑞典语言学家 A.Noreen 在他的大著〈我们的语言〉(1903—18)中讲到这个问题,认为连词和介词的合理区分应当是把连词限于连接小句的,分为并列连词和主从连词;把连接两个词的连词分出去,和介词合称'傍词'(apudpositions),也分为并列和主从两类,后者即原来的介词。他的连介系统列表如下。(转引自 Rudolf Magnusson,〈词类理论的研究〉(1954),63 页。)

	连接词与词	连接小句与小句
总　名	apudpositions	conjunctions
连接并列成分	sepositions	objunctions
连接主从成分	propositions	subjunctions

　　[53] 关于词类的活用和转变,陈承泽在〈国文法草创〉中有很细致的论述。简单点说,他分别四种情况:(1) 本用的活用(共九种),如'白马之白也'的第二个白字;(2) 一般的非本用的活用(共九种),如'晚来天欲雪'的雪;(3) 特别的非本用的活用(共四种),如'彼白而我白之'的第二个白字;(4) 变义,如恳由忠实之义变为请求之义。

　　Rudolf Magnusson 在〈词类理论的研究〉中认为从纯动词到纯名词是一个渐变的过程,经过一系列的阶段,摘记以供参考。(作者根据他的理论,从名词出发,逐步接近动词,下面依照他的顺序,见原书

84—87页。)第一阶段是纯粹的动名词,限于跟形容词和不及物动词相应的,不受副词修饰,不能带施事。第二阶段是跟及物动词相应的动名词,能带不定式或小句作为它的受事。第三阶段以希腊语、德语中的不定式为代表,可以带各种受事和补语、状语,但也可以带定语。第四阶段以拉丁语、哥特语、瑞典语、英语、法语中的不定式为代表,一切与上项相同,但不能带定语,在这一点上与名词的距离又加大一步。第五阶段以英语的动名词(gerund)和西班牙语的不定式为代表,比上项更接近动词在于能带施事,但仍然不能有人称和单复数的变化。第六阶段以葡萄牙语的不定式为代表,已经有复数和第二人称单数的语尾。但作者也承认情况极为复杂,很难安排出一个逻辑上令人满意的表明逐步过渡的系统(88页)。

O. Jespersen 创立'三品'说,一方面是为了解决词类活用问题,另一方面是为了把短语以及小句的句法功能跟词类的句法功能统一起来。另外有一些语法学家在名词、形容词、副词之外应用名词性成分(nominal),形容词性成分(adjectival),副词性成分(adverbial)等术语,用意与 Jespersen 的三品说相同。但是 Jespersen 把三品的理论扩大到主从关系之外,应用到主谓关系上去,这是三品说招致非难的主要原因。

[60] 主谓短语和动词短语可以相通,参看附注[96]。'省去主语的主谓短语',至少在字面上是自相矛盾的。如果不把里边的'主'叫做'主语',而说它是动词的施事补语,那就可以把'主谓短语'纳入动词短语之内,补语本是可有可无,无所谓省略的。

[68] L. Bloomfield 在〈语言论〉中区别结构关系为两大类:(1) endocentric(内中心),整个结构跟它的所有成分或成分之一属于同一个'形式类';(2) exocentric(外中心),整个结构跟它的任何一个成分都不属于同一个'形式类'。前者又分为并列和主从两类。L. Hjelmslev 在〈语言理论序论〉中把结构关系分为三类:(1) interdependence(互依),两个成分互以对方为前提,即有甲方有乙,有乙方有甲。(2) determination(偏依),一个成分以另一个成分为前提,但反之则不然,即有甲方有乙(有乙必有甲),但有甲不一定有乙。(3) constellation(相容),两个成分不以任何一方为另一方的前提,但不相排斥。这两家用来区分结构关系

的原则不同,结果却是基本上一样。Hjelmslev 的互依关系相当于 Bloomfield 的外中心结构,H.的偏依关系相当于 B.的内中心结构(主从),H.的相容关系相当于 B.的内中心结构(并列)。

[71] 语法分析的过程,可以从听话人的角度来看,也可以从说话人的角度来看。听话的人接触到一连串的声音,听完了,听懂了这句话的意思,这是一个由形式到意义的过程。说话的人相反,先有一个意思,然后借助于一连串的声音把它说出去,成为一句话,这是一个由意义到形式的过程。无论是说的人还是听的人,都得掌握这种语言的语法体系才能胜利地完成说或是听的过程。(当然还得掌握这种语言的语音体系和词汇,这里只讲语法。)这个语法体系是怎么获得的,有人说是靠无数次的'反复试验'积累起来的,有人说是人类的脑子里有一个先天形成的(遗传的?)抽象的语法体系,儿童接触实际语言就把它具体化了,成为某一种语言的语法体系。持有前一种见解的人大多强调各种语言的语法的殊异性;持有后一种见解的人则强调各种语言的语法的共同性。多数语言学家,特别是结构主义学派,主张前者;转换生成语法学派主张后者。这两种主张分别跟哲学上的经验主义和理性主义相联系。

'反复试验'(trial and error,尝试和错误)是人类以及别的动物的生活中经常运用的手段,说话和听话也不例外。一个人听人说话,听了 个词,根据他的语法和词汇知识预期底下可能是一个(或哪几个里边的一个)什么词,也许猜对了,也许猜错了,一个个词顺次猜下去,猜测的范围逐步缩小,猜对的机会逐步加多,最后全对了,就叫做听懂了。听完了还不完全懂,这种情况也常见,多半由于说话的人说得不周到。说话也经历类似的过程,起头说的时候不一定'成竹在胸',而是一边说一边挑选字眼儿,说完才算数。一句话说了一半另外起头的情形是常有的,甚至一而再,再而三地另外起头,最后还是不成一句完整的话。中间搭上许多嗯,啊,这个…这个…,也是很普通的现象。有时候把一句话想好才说出去(例如做学术讲演的时候),那也不是没经过'反复试验',只是预先在脑子里进行罢了。

人们怎样学会一种语言,以及临时怎样说,怎样听,这些都是心理语言学(从前叫做语言心理学)及其分支神经语言学所要研究的问题。

对于怎样进行语法分析,不同的学派有不同的主张。传统学派的语法学家不怎么在方法论上寻根究底。'这里有一个句子,咱们来分析。喏! 这是主语,这是谓语,等等,等等,完了。'结构主义学派讲究'发现程序'(discovery procedure),这跟这个学派的第一、二代学者多从事过陌生语言的调查有关。正宗的结构主义者讲究不求助于意义,理由是: 为了了解这句话的意义,才需要做语法分析;要是已经了解这句话的意义,那就无须乎再做分析了。平常人说话听话,多咱做分析来着? 这个话有部分理由,但是不全对。人们说话听话的时候,不是不做分析,上面说的'反复试验'既包括词汇方面,也包括语法方面,只是这种分析做得极快,连自己都不觉得罢了。一般语法书上的分析,不反映分析的过程,只描写分析的结果。但是必须掌握(1)这种语言的语法习惯,或者叫做体系(不是这一家或那一家的'体系',是客观存在,不挂术语牌子的体系),和(2)当前这句话的意义,才能做出正确的分析,这是可以肯定的。(这可以用两种结构外貌相同的例子来证明,例如'给你,车票和零用的钱,'如果不是从实际环境——拿给的是车票和钱还是没有车票光有钱——了解到这句话的真实意义,怎么能决定是这一种结构而不是那一种结构呢?)

结构主义学派强调'发现程序'是从听话的角度出发的;转换生成语法学派与此相反,从说话的角度出发。一句话先有一个'深层结构',这个结构由囫囵逐步分裂成若干部分,然后按这种语言的语法习惯调整它的形式(主要是词序和形态),成为'表层结构'即实际出现的句子。尽管出发点不同,必须掌握上面说过的两个条件(语法习惯和本句意义)是相同的。转换生成语法学派(指正宗派)否认意义的作用,说是可以先把句子的各个成分(抽象形式)调整好,然后让这些抽象的成分具体化,成为一个个有意义的词。这实在令人不解。试问,在具体为若干个有意义的词以前,凭什么把那些抽象的成分安排成这样一种秩序(次序和形态协调)而不是那样一种秩序? 不是有点不可思议吗?

结构主义学派强调一句话的结构层次,以及怎样决定这个层次的过程。转换生成语法学者不强调这一点,好象这一个句子的具有这样一个层次是不成问题的。他强调的是秩序的变化,即一个'深层结构'

怎样变成一个'表层结构'。这两派都不象传统学派那样重视整个语法体系，以及根据这种体系做出来的句子分析。转换生成语法的术语里只有名词，名词语，动词，动词语，等等，没有主语，谓语，等等。结构主义学派不这么极端，用些句子成分的名称，只是不怎么详细探讨。

[77,78] 转换生成语法里有所谓'换位'(transposition)和'消去'(deletion)，跟传统语法里的'倒装'和'省略'有可以相通之处。

[79] Reed-Kellog 图解法，F. W. Householder 在他所编的〈句法理论甲集〉(1972)的导言中对它有较详细的介绍。这种图解法的来源是 Stephen W. Clark 的〈实用语法〉(1847)。Clark 是在每个词的周围画个圈，然后把它们连起来。A. Reed 和 B. Kellog 在他们讲英语语法和作文的书(1877)里改为在每个词的下面画横线，在不同的句子成分之间画竖线或斜线。在他们之后出版的课本里采用这种图解法也往往有些小修小改。总的说来，这种图解法在美国中小学里流传很广，时间很长，直到最近有的学校里还在用。这种图解法似乎没有在欧洲形成风气。

这种图解法传入中国大约在 1920 年前后。除了通过美国出版的课本外，也有在中国编辑出版的，其中流传最广的是 D. Lattimore 的〈英文典大全〉(1923，序言署 1921 年 7 月)。

用字母、数码和符号作图解的，可以拿 Jespersen 的〈分析句法〉(1937)做例子：

You	cannot	expect	more,	prices	being
S	Vn		O	3(S_2	P(Y

what they are.
P_2(Pc S_2 V)))

S 主语，Vn 动词，否定式，O 宾语，3 三级(＝状语)，S_2 第二主语，P 表语，Y 分词，P_2 第二表语，Pc 表语兼连词。

[83] 主语和宾语这两个名称的来源是逻辑学上的主词和宾词，但是宾语所指的对象跟宾词不同了。古代希腊人把语法上的句子和逻辑上的命题混为一谈，共用 subject 和 predicate 这两个术语。最早

介绍西方的逻辑学进中国的是明末的李之藻,在他所译的〈名理探〉(1631)里把 subject 译为'主',predicate 译为'谓'。清末严复译〈穆勒名学〉(1905),分别译为'词主'(括注'一曰句主')和'所谓'。更后就被'主词(辞)'和'宾词(辞)'代替了。语法方面,清末马建忠在〈马氏文通〉(1898)里分别译为'起词'和'语词',而严复在〈英文汉诂〉(1904)里则译为'句主'和'谓语'。到了章士钊的〈中等国文典〉(1907)才分别用'主格'和'宾辞',后者与逻辑用语一致,但仍然指的是谓语而不是后来的宾语。更后的语法著作如刘复的〈中国文法通论〉(1920)和金兆梓的〈国文法之研究〉(1921)都用的是'主词'和'表词'。

逻辑命题分别主词和宾词两部分就够了(或者在中间加上一个系词,李之藻译为'纽',严复译为'缀系'),宾词内部没有再分割的必要,而语法句子则不然,如果谓语的主体是及物动词,就有一个重要的名词性连带成分。这个连带成分,马建忠称之为'止词',严复称之为'受事(之字)',章士钊称之为'目的格',刘复称之为'受格',都没有管它叫'宾语'。到了金兆梓,才把它叫做'客词',但金氏不用'宾'而用'客',可能是为了避免跟逻辑用语'宾词'冲突。第一个把及物动词后边的连带成分叫做'宾语'因而与逻辑学里的'宾词'分道扬镳的,不知道是不是黎锦熙的〈新著国语文法〉(1924);不管怎么样,'宾语'这个名称是通过〈新著国语文法〉而得到广泛流传,这是肯定无疑的。让宾语跟主语相对,正如更早的止词跟起词相对,都是着眼于名词跟动词的关系,即事物跟动作的关系。这样就出现了主语的二重性:一方面是主和谓直接相对,是说明和被说明的关系,一方面是主和宾围绕动词相对,是施动和受动的关系。

各种句式之中,只有单纯的主谓关系的是名词谓语句,其次是形容词谓语句。到了不及物动词做谓语,已经可以有两种看法:或者以主语为基点,谓语是加于主语的说明,或者以谓语动词为基点,主语名词代表体现动作的事物。但是不及物动词做谓语的句子,跟名词、形容词谓语句一样,还是'二项式',到了及物动词做谓语的主体,就成了'多项式',动作所赖以体现的事物就不是一个而是两个甚至三个,也就是说有了两个或三个主要的补语了。但是主语只能有一个,或者代

表这一个事物,或者代表那一个事物。这时候主语的二重性就更加明显了。西方语法学著作里颇有重视名词句和动词句的分别的,不是没有理由,因为名词句(包括形容词作谓语的)只有单纯的主谓关系,不夹杂动作和施动、受动的关系。也有语法学家强调动作和事物(施动、受动及其他)的关系的重要性,竟不妨说是以动词为句子的中心的,例如 L.Tesnière〈结构句法原理〉(1959)。

[85,86]英美传统语法里的'补语'也是很杂的,一般分别主语的补语和宾语的补语,也是有名词,有形容词,有动词,基本上跟〈新著国语文法〉里的'补足语'相同。也有把宾语也包括进去的,但是 object complement(宾语补语)和 objective complement(宾语的补语)非常容易搞错,所以采用这种说法的不多。法语传统语法里的'补语'包括英语语法里的宾语和一部分补语(名词性的),又包括几乎所有的介名组合。俄语传统语法里的'补语'大致跟法语语法里的补语相同,但介名组合只收进去一部分,大部分归状语。

把得字后头的成分认为是谓语的,先有龙果夫(A.A.Dragunov),见所著〈现代汉语语法研究〉(中译本 96—98 页),后有赵元任,见所著〈中国话的文法〉355—358 页(中译本〈汉语口语语法〉,178—180 页)。他们二位都认定这里的'得'应该是'的'(从资料上考核,'得'就是'得',只在一段时期的通俗文学里写成'的')。王力的语法体系里的递系式有三类,第三类就是这里讲的动词后带得的格式,他说'我来的不巧了'里边,'我来'是主语,'不巧'是谓语。但是他认为'得'是正体,'的'是俗写,有方言为证。见所著〈中国语法理论〉,上册 194—196 页,又注四十六。

[90]这里说是字是'前谓语',如果用转换生成语法的'深层结构'理论来说,也可以说是是高一级的谓语。比如说,'他北京人+是>他是北京人。'同样,'他不知道+是>他是不知道。''我搞错了+是>我是搞错了/是我搞错了'(这个例子说明深层结构里的一个内容在表层结构里可以有不止一种形式)。'你搞错了,是不是?'这样的句子可以作为旁证。

由高一级的谓语转成前谓语,这种说法也可以应用于一部分(不是所有的)'助动词'。例如,'他忘了这件事+会>他会忘了这件事。'

'他不知道＋不能＞他不能不知道。'

[91] 赵元任在他的〈中国话的文法〉95 页（中译本 57 页）脚注中说，小句作谓语之说的创始人是陈承泽，他在〈学艺〉杂志 1921 年第 2 期里说：'得以句为说明语。'

[96] 从这里所引的一系列句子可以看出：第一，在一定的环境里，有时候难以决定一个名词加一个动词是否构成一个主谓短语，例如（9）'他问我去不去，'可以分析为'他问＋我去不去，'也可以分析为'他问我＋去不去'（本文采取的是后一种分析）。第二，也是更重要的一点，那就是，在一定的环境里，一个动词短语跟一个主谓短语的作用相同。拿（8），（9），（10），（11）四句来比较，（11）'他问我你去不去'里边的'你去不去'是主谓短语形式，而（8）'他问我可不可以去'里边'可不可以去'是动词短语形式，主语'他'没有说出来，（9）'他问我去不去'里边的'去不去'也是动词短语形式，主语'我'没有出现，（10）'他问我能不能去'里边的'能不能去'也是动词短语形式，主语'我'或'他'没有说出来。按汉语的习惯，（8）和（10）里的'他'是可以说也可以不说的，（9）和（10）里的'我'则照例不说出来。（翻译成另一种语言，比如英语，这四句里边都要用主谓短语形式，（8）（9）（10）里的'他'和'我'都得露面。）这么一比较就看出来，作为这种句子格式的一部分，动词短语跟主谓短语的作用相同。

推而广之，可以说凡是动词短语都有主谓短语的作用，因为只要有动词，就有'表述'（predication），这个动作系属于哪个事物，总是可以从上下文推定的，不管有没有代表这个事物的名词（或代词）安在动词的前边。例如（2）（3）（4）（5）（6）的'另写一篇'，（6）明白说出是'我'写，（2）（5）隐含一个'他'，（3）（4）隐含一个'你'或'我'或'他'或人名，（3）的'他'是主语以外的另一个'他'，（4）的'他'是同一个'他'或另一个'他'。一个独立的表述是一个句子，那是在一般情况下非有主语不可的。一个不独立的表述，有没有主语就不一定了。西方语言的动词分别限定形式和非限定形式，限定形式的动词必须有主语，非限定形式的动词原则上没有主语，但是事实上有的也有代表施事或受事的名词或代词伴随出现，只是不叫做主语罢了。汉语动词没有限定和非限定的形式分别（〈马氏文通〉的'坐动'和'散动'只是从位置上分别），只

有有主语和没有主语的分别,前者是主谓短语,后者是动词短语,用法不完全相同,但是作用基本上相同,上面已经说了。

西方的传统语法对限定形式的动词和非限定形式的动词区别很严格,只有前者可以构成句子或小句,后者只能构成短语,即使伴随着类似主语的名词或代词也还是短语。但是也有些语法学家不愿意受这种拘束,把由非限定形式的动词组成的短语也叫做小句。例如1961年出版的 Ralph B. Long 的〈句子和它的各部分〉里边就有'不定式小句'和'动名词小句'(他的动名词包括分词)。讲得更加全面的是1972年出版的 Quirk 等四人合著的〈当代英语语法〉,那里边把小句分成三个类型:(1)限定形式[动词]小句,(2)非限定形式[动词]小句,其中包括'不定式小句'和'分词小句'(他们的分词包括动名词),(3)无动词小句。比他们更早的 O.Jespersen 在他的语法理论里有很重要的一环就是 nexus 的理论。他彻底破除只有限定形式动词才能实现'表述'的老规矩,把各种明显的和隐含的'表述'纳入一个范畴叫 nexus,这里边不仅包括 Quirk 等人的书里的三种小句,还包括带有实际的'主语'的抽象名词(动作名词和性质名词)。但是 J.氏不把这一切都叫做小句,而让'小句'保持传统的范围,大概是因为把'小句'扩大到象 Quirk 等人的书里的范围,在他那个时代已经不太容易,要连以抽象名词为主体的短语也包括进去就更加困难了——别说是他那个时代,就连现在也不成。(Jespersen 的 nexus 理论见于他的各种著作,主要是〈语法哲学〉第九、第十章。)

[98] 这里所讲的把若干最简单的句子综合成比较复杂的句子的例子,大体上就是转换生成语法的析句造句法的内容,其实也就是传统语法讲造句的通俗化形式。所不同的(这可是个很大的不同!)是,转换生成语法要把所有的步骤都化成严格的'规则',并且把这些规则按严格的先后次序排列成套。要求一切严格化,形式化,必然带来困难。例如排列规则的先后,往往是一种次序适宜于对付一种句式变化,另一种次序适宜于另一种句式变化,可是一种规则系统不能容许有两种次序。搞这种规则系统,可以训练人的逻辑思维,跟计算机打交道更非如此不可。可是如果对方是人而不是机器,也许采取随机指点的方式更容易收效。

'局部发达'最突出的例子是长而复杂的'de 字短语',在翻译文章里最容易遇到。例如:

> 这就是一切有觉悟的共产主义者的任务,也就是每一个要做共产主义者的青年,明确地认识到加入共产主义青年团之后就负起了帮助党建设共产主义、帮助整个青年一代建设共产主义社会的责任的青年的任务。(列宁)

现代汉语单双音节问题初探

本文所说'单音节'指有意义的单字,'双音节'指两个单字的组合,虽然在多数场合指不能拆开的,但是不限于不能拆开的。我没有用'单音词'和'双音词',因为汉语里如何划定'词'的界限,到现在为止还没有一致的结论,我写这篇文章的目的之一也就是想对于划分'词'的问题提供一些值得参考的情况。

在现代汉语里,单音节多半不能单说,双音节单位越来越多,这是大家都知道的。本文将陈述一些具体事例,使人对于这双音化倾向有一个更清楚的印象。三音节以上的语言片段,多数是由单音节和双音节组成的。按说其中单音节已不再处于孤立的地位,单双音节的搭配应该没有什么限制,可是事实上仍然表现出某些倾向,有某些适宜和禁忌。这些,也把我所见到的略述一二。

对于这些现象,能解释的也酌量试作解释,可是这种解释是十分没有把握的。说实在的,本文的企图只是把单双音节问题作为一个问题提出来。这似乎是个性质颇为复杂的问题,其中有语法问题,也有语汇问题,修辞问题。本文只是一个初步探索,希望研究现代汉语的同志们深入发掘情况,分析因素,找出些明细的规律来。

一　单音节的活动受限制

现代汉语里有很多单字,象语,言,初,始,等等,不但不能单独说,在句子里也难以构成一个句法单位。另外有些单字,象单,独,句,题,等等,在句子里有时候不能不承认它自成一个句法单位,可是很难单说。这些,我在另外一篇文章里已经谈过。①现在再拿人名、地名、数目字来做例子(这些都是不能看作只是构词成分的),说明单音节的活动

远不及双音节自由,不但单说受限制,在句子里也受些限制。

汉人的姓有单音的,有双音的。比如有一个人姓张,人家问他'贵姓?'他可以回答'姓张',也可以回答'张'。要是人家问他'你姓什么?'他多半得回答'姓张'或是'我姓张',不大能够只回答'张'一个字。可是如果这个人姓欧阳,他大概就回答'欧阳',不必再带上个'姓'字。熟人中间打招呼,常常听到的是'老张!''小王!''欧阳!',不大听见'张!''王!',更不会听见'老欧阳!'别人在说话中间提到他们也是如此,单音的姓要在姓上加个'老'或'小',否则就连姓带名说,可是双音的姓就可以光说姓。

用名字来称呼的时候,如果一个人是双名,比如说'张子平',一般都叫他'子平同志',只有陌生人才会叫他'张子平同志'。可是如果他单名一个'平'字,人家没法儿叫他'平同志',多熟的人也只能连姓带名叫他'张平同志'。

外国人的姓,一般译出来不止一个字,称说的时候光用姓就够了,比如高尔基(仿佛姓高名尔基似的)。也有译出来只一个字的,就不得不连名字一块儿说,比如萧伯纳(这可真是姓萧名伯纳)。要不就给他加个'氏'字,管他叫'萧氏'。可是多音的姓也能援例,比如也管莎士比亚叫'莎氏'。

地名也有类似的情形。县名有两个字的,也有一个字的;两个字的可以不带'县'字,一个字的必得带'县'字。说话是这样,地图上也是这样。连在一块儿说的时候,常常是'大兴、通县、顺义等县',虽然末了有'县'字,通县的'县'仍然不能省。市名不用一个字,所以湖北省有个'沙市市',四川省有个'万县市'。

山名也是这样。峨眉,普陀,不带'山'字也可以说;泰山,华山,必得带'山'字。

国名也是这样。英国,法国,单说非带'国'字不可;印度,哥伦比亚,难得听见带'国'字。1956 年 6 月 7 日的〈北京日报〉有两条标题,一条是'欢迎在美、英、法、日等国的科学家和留学生回到祖国来',一条是'中国展览团同法国等国企业作成大量交易'。尽管后面同样有'等国'二字,第一条只要一个'法'字,第二条就非用'法国'两个字不可。

　　拿数目字来说，一位数和多位数的活动力也不一样。一个月的头十天必得说'一号…十号'，阴历是'初一…初十'，'十一'以后光说数目也行。

　　说到一个人的岁数，'三岁'，'十岁'没有第二种说法，'十三岁'，'三十岁'也可以说'十三'，'三十'。

　　数目前面加'第'字，如果是一位数，'第'字不能省，例如'第三页第五行'，至少口头上不说'三页五行'。可是'第十三页第十五行'的'第'字就完全可以不说。（这是一般的情形，有好些例外，如'一九六三年三月'，'五楼'（第五层楼或第五号楼），'一营二连'。）

　　'十八尊罗汉'可以说'十八罗汉'，'三尊菩萨'不能说'三菩萨'。最有意思的是，不说'四天王'，'四金刚'而说'四大天王'，'四大金刚'，可是不带数目的时候，只有'天王'和'金刚'，没有什么大的和小的。又如'四大名旦'，已经'名'了，还要加个'大'。故宫的'三大殿'，西山的'八大处'，以及'七大奇迹'，'十大罪状'等等，都是同类的例子。当然，要这事物在一定意义上当得起这个'大'字，但是它的主要作用并不在于表示大。

　　从以上这些例子可以看出，在现代汉语里，单音节成分的活动是常常受到一定的限制的。

二　双音化的倾向

　　2.1　单音节的活动受到限制，结果是倾向于扩充为双音节。双音化的主要方式有两种：或者在前面或后面加上一个不增加多少意义的字；或者把两个意义相同或相近的字合起来用。

　　双音化的倾向在名词里最显著。在前面加字，大家最熟悉的是加老字。用于动物的有'老虎，老鼠，老鹰，老雕，老鸹，老鸦'等等；用于人的主要是在人伦关系和行第上，如'老公，老婆，老兄，老弟，老表，老乡，老师，老大，老二…'，此外有'老道、老美、老英'等等。这里的老都已经失去原有的意义，例如可以说'小老虎、小老婆、小老道'等等。跟老相对的小也有同样的作用。'小子'可以有'小小子儿'，'小孩儿'可以有'大小孩儿'，可见小也已经失去原有的意义。此外象'小偷，小

贩,小照,小注'等,也都没有对立的'*大偷,*大贩,*大照,*大注',那个小字也没有多少意义。

颜色作为某种动物的特征,也常常用作前加字。例如'乌龟,乌鳢,黄莺,黄鳝,麻雀,苍蝇'。这里边有些个,后一个字已经在动物学上用作类名(科或属),前一个字有区别作用,但是一般使用者并不这样理解。从历史上说恐怕多数也是本无区别作用的。

此外象'飞禽,走兽,喜鹊,仙鹤,跳蚤,宝剑,宝塔,咸盐(方言),酸醋(方言),黑墨(方言)'等,也都是加上一个不起区别作用的字,借以达到双音化的目的。

2.2 谈到后面加字,立刻会想到子,儿,头,可是这里边得有个分别。'厨子,瞎子,剪子'跟'厨师,盲人,剪刀'一样,由指处所、属性、动作的字眼(厨、瞎、盲、剪)转为指人指物,不是单纯的双音化。但是大多数后加的子字已经没有意义,只是双音化的一种手段。同样,'念头,想头,苦头,甜头'不是单纯的双音化,只有'石头,木头,竹头(方言),纸头(方言)'等才是。

加儿也有两种情形。有对立的形式的('X儿'跟'X'或'X子'都出现),儿有指小的作用。如果带儿的是唯一的形式,那就只有双音化的作用了。儿在多数方言里已经失去音节独立性,在有些方言里还自成音节,在戏曲唱词里也常常是独立的音节。

在单音的动植物名字后面加上个类名,这也是一种双音化的手段。一般的情形,单音节后面的类名必不可少,双音节后面就可有可无,三音节以上的一般不再加类名。比较:

> 桃花:碧桃(花):夹竹桃　鲤鱼,鲫鱼:河豚(鱼),乌贼(鱼)
> 杨树:白杨(树):毛白杨　韭菜,芥菜:茼蒿,芫荽

'父亲,母亲'的亲,'心脏,肝脏,脾脏'的脏,'〈诗经〉,〈书经〉,〈易经〉'的经,也都是为了双音化而加类名的例子。('〈诗经〉'等可与'〈毛诗〉,〈尚书〉,〈周易〉'比较。)

在单音节物名后加量词,有集体的意义,同时也有双音化的作用,因为不加量词也可以有集体的意义。比较'书本上的话'和'书上的

话'，'纸张问题'和'纸的问题'。象'文件，牲口'之类，不但指集体，也可以指个体，加数量词，竟跟一般名词没有什么两样了。

方位字也有类似的作用。比较'手里拿着杯茶'和'右手拿着杯茶'，'眼睛望着天上'和'眼睛望着天空'。又如'一边耳朵听着，一边心里想着'。

此外还有一些后加字，部分地起着双音化的作用。例如'鸟类，鱼类，肉类，豆类，酒类，鞋类'的类，'果品，药品'的品，'药物，谷物'的物，'头部，胸部'的部，'省分，县分'的分，'年度，季度'的度等等，都不是意义上不可缺少，而是带有衬字添音的作用的。

虚词里也有一些后加字的例子，如'虽然，既然，果然，已然，竟然，全然'等等的然，某些句子里的'就是，还是，可是，倒是，只是，都是'等等的是。

2.3　两字并列是汉语造词广泛应用的格式。有的，原来的单字意义有分别，造出来的词包括两个字的意义，不只等于其中一个。例如'诊疗'包括诊断和治疗，'钢铁'不只是钢，也不只是铁。

但是很多是两字同义，至少在这里是同义，造成的词仍然是这个意义，只是双音化了。例如'身体'，'身'就是'体'，'体'就是'身'，'身体'还是这个意思。同样的例子如'皮肤，牙齿，背脊，年龄，衣服，树木，房屋，田地，墙壁，状况，姿态，遗漏，驱逐，叙述，询问，购买，委托，健康，美丽，亲密，柔软，伟大，艰难，坚固，急促，全都，刚才'等等。

另一种情形是以一个字为主体，连上一个意义相近或有关的字作陪衬。例如'眼睛，肩膀，窗户，书籍，报纸，灯火，云彩，雾气，国家，事情，位置，占有，据有，拥有，缝制，印制，调制（以上主体字在前），干净，热闹，老实，结实，容易，仔细，打扫，打扮，打赌，打搅，打捞，发抖，发觉（以上主体字在后）'等等，双音化的用意尤其明显。

2.4　重叠作为双音化的手段，普通话用得不多。名词除某些个亲属称谓外，只有'星星，乖乖，宝宝'等少数几个。有些方言里多些，如四川话。叠字动词更少，'痒痒'是一个，'吵吵'是一个。'嚷嚷'跟单字的声调不同（单字上声，叠字阴平），意思也稍微变了点。（动词和形容词的重叠形式有语法作用，而且不限于单音的，双音的也可以重叠，不在讨论之列。）

　　有些双音词的构成很特别,是一种'截搭题'方式。比如'年级',原来只有'一年级,二年级'等等,它们的组合方式是'一年'加'级',后来被理解成'一'加'年级',于是可以有'高年级,低年级,这两个年级'等等组合。同样,'卅二开|本'被理解成'卅二|开本',于是可以说'开本大小'。'医学|院'(类似'化学|系')被理解成'医|学院'(类似'医|科'),于是可以说'八大学院'。

　　2.5　上面讲的是把单音节扩充成双音节的例子。跟这个相反而相成的倾向是把三音节压缩成双音节,例如:'落花生>花生','长生果>生果'(方言),'山茶花>茶花','川贝母>川贝','生地黄>生地'。有些例子是三音节形式和双音节形式都通行,例如:'外(国)语,(照)相机,机(关)枪'。

　　很多偏正结构的物品名称,可以省去后面的类名成分而留下前面的区别成分。例如:'连史(纸),毛边(纸),羊毫(笔),狼毫(笔),高粱(酒),大曲(酒)'。通过这一方式,许多地名变成物品的名称:'龙井(茶),茅台(酒),寿山(石)'。

　　2.6　单用要扩充的字,在组合(偏正,动宾,并列)之内不扩充。下面是无数实例中的几个:

衣服:棉衣,衣料,穿衣吃饭	重要:首要,次要,择要
工人:女工,工会,工农联盟	名字:姓名,签名,点名
翻译:口译,译文,编译	儿子,女儿:儿女

　　有不少字,作名词的时候要加子,作量词的时候就不加。例如'一个杯子:一杯水','一付担子:一担柴'。这是因为量词在语音上附着在数词(或末位数词)之后。

　　非单字扩充的双音词,在组合之内也常常被压缩成一个字。例如:

牛奶:奶粉,奶酪	电影:影片,影院,影评
黄豆:豆浆,豆腐,豆油	荒地:生荒,熟荒,垦荒
赤豆:豆沙	电台:中央台,地方台

芝麻：麻油，麻饼，麻酱　　　轮船：江轮，海轮，江新轮

胡琴：二胡，京胡，板胡，高胡　　封面：里封

宣纸：生宣，熟宣　　　　　　地雷，水雷：布雷，扫雷

甚至还可以辗转压缩，如‘豆腐’在‘腐乳，腐竹’里只剩一个‘腐’字，‘豆沙’在‘澄沙’里只剩一个‘沙’字。

2.7　在现代汉语的语句里，双音节是占优势的基本语音段落。正如周有光先生所说：‘把单音节的补充成双音节，把超过两个音节的减缩为双音节…。双音节化是现代汉语的主要节奏倾向。’[②]

作为现代汉语里的语汇单位，双音节比单音节多得多。至于这些双音节是不是全都可以算作‘词’，那是另一问题。〈普通话三千常用词表(初稿)〉[③]收名词 1 621 个，其中多音的(绝大多数是双音的)1 379 个，占 85％；收形容词 451 个，其中多音的(绝大多数是双音的)311 个，占 69％；收动词 941 个，其中双音的 573 个，占 61％(另有三音节的 2 个)。从这里可以看出：这三类词里都是双音的占优势，而以名词为最甚。[④]

三　从双音节到四音节

3.1　在三音节和四音节的语音段落里有单音节和双音节的搭配问题。三音节的语音段落，大多数是由一个双音节加一个单音节(2＋1)或是一个单音节加一个双音节(1＋2)构成的。从结构关系上看，除少数情况外，都属于偏正或动宾两类。偏正组合可以按能否在中间加 de 字分成松、紧两种。较松的即能加 de 字的(有的较自然，有的较勉强)，留在 4.3 节里讨论。不能加 de 字的组合似乎是不成问题的构词方式。其中 2＋1 式(如‘动物学，示意图，辩证法，可见度’)比 1＋2 式(如‘副作用，手风琴’)要多得多，跟在前或在后的单字的性质和可以这样用的单字的数量有关系，还可以进一步研究。

三音节的动宾组合差不多都是可以拆开的，比如可以在动词后面加‘了’字，可以在中间加数量词(至少是可以加个‘个’字)。跟偏正组合的情形相反，三音节的动宾组合是 1＋2 式(如‘买东西，写文章’)多

于2+1式(如'吓唬人,糟踏钱')。这跟常用动词中单音的较多有关系,可是是否完全由于这个因素,也还需要进一步分析。

四音节的语音段落,除少数情况外,语音上可以分2+2,3+1,1+3三种,结构上属于并列,偏正,动宾三类。并列组合都是2+2,这是很自然的,可是偏正组合和动宾组合(指动词不带'了、着'等,名词不带数量词的)也都是2+2远远多于3+1或1+3,数目的悬殊不能完全用成分本身音节多寡来解释(三音节的词并不少),不得不承认2+2的四音节也是现代汉语里的一种重要的节奏倾向。

3.2　四音节的倾向表现在某些个组合里一个双音节成分要求另一个成分也是双音节。

(1)'进行,加以,予以'以及某些双音副词的后面要求双音动词。例如:

> 进行调查(研究,讨论,分析,试验)
> 加以整顿(考虑,审查,表扬,批评)
> 互相支持(倚赖,监督,利用,埋怨)
> 共同使用(居住,管理,爱护,研究)
> 各自处理(解决,掌握,负担,照管)
> 一律看待(邀请,欢迎,接受,拒绝)
> 分别对待(处理,存放,讨论,答复)
> 日益巩固(增多,减少,繁荣,衰退)

这些双音动词都不能改用单音节,例如不说'*进行查,*加以整,*互相怨,*共同用,*各自管,*一律请,*分别放,*日益多'等等。

(2)很多双音动词要求后面的名词宾语至少有两个音节(单音节宾语限于代词)。例如:

> 调查事实　了解情况　发生作用
> 操纵机器　管理图书　开垦荒地

这里的宾语都不能改用单音名词,例如不说'*管理书,*开垦地,

等等。

（3）名词在前动词在后的组合（整个组合是名词性）同样要求名词至少是双音节。例如：

钢铁生产　余粮收购　货物运输
地质勘探　音乐欣赏　干部培养

这种组合更不能改成三音节，象'＊钢生产，＊粮收购，＊货运输'等等。例外如'胃切除，肺切除'是很少的。

（4）某些双音形容词只出现在双音名词之前。例如：

伟大人物　辉煌成绩　宝贵意见
先进经验　强大队伍　严重后果

这些形容词，有的也可以用在单音名词前面，可是必得在中间加个 de，例如'伟大的人，宝贵的书'等等（参看下面 4.3）。有的加了 de 也还是要求双音名词，例如不说'＊＊辉煌的城，＊强大的国'等等。

以上这几类例子可注意的一点是这些双音词绝大多数是最近几十年里产生的所谓'新名词'，或是原来只用于文言，最近才在白话文里活跃起来的。它们跟单音名词和单音动词不大能搭配，也许是因为属于不同的词汇层，带有不同的修辞色彩。

（5）两个同类并且意义相近的双音词常常联合起来造成一个短语。例如：

文化教育　财政经济　图书仪器
风俗习惯　强迫命令　小心谨慎
聪明伶俐　轻松愉快　阴险毒辣

这种短语中间一般不用（有的绝对不用）和、而且等连词，这表示它们具有一定程度的熟语性，可是其程度不及'四字格'，两个成分还可以分别跟别的双音词搭配。

3.3　由于单音节和双音节有通过扩充和压缩互相转换的可能，我们常常可以看到同一内容有时候用四个字来说，有时候用两个字来说，也就是有伸缩的可能。但是并不是所有的组合都能这样伸缩，有的只能用四个字，有的只能用两个字。这完全是习惯问题，也就是熟语性问题。可注意的是很少能改为三音节。底下是动宾组合的例子：

四字～两字	四字/两字
打扫街道～扫街	打扫房屋/扫地
编写剧本～编剧	编辑资料/编报
保护森林～护林	保护文物/保墒

这种动宾组合有的可以改为三音节，但是限于单音动词加双音宾语，不能倒过来。例如可以说'扫街道，编剧本，编资料'，不能说'* 打扫街，* 编写剧，* 编辑报'等等。

副词和动词的组合也有类似的例子：

互相帮助～互助	互相尊重/相亲相爱
———	自我批评/自豪，自满

这两组例子充分表明这类组合的熟语性。不仅所有的例子都不能改成三音节，并且除'互助'一例外，四音节的不能换成两音节，两音节的不能换成四音节，而且'互相尊重'不能说成'* 互尊互重'，'相亲相爱'也不能说成'* 互相亲爱'。

名词性的组合也有类似的情形。例如：

英国国王～英王	瑞典国王，英国女王
华侨事务～侨务	民族事务/财务，教务
化学工业～化工	纺织工业，机械工业
———	财政制度/币制，学制

这些例子也都是或者四音节，或者两音节，没有能改成三音节的。⑤

双音节和四音节胜过三音节的优势还表现在另外一些例子上。'大学,中学,小学'曾经称为'大学校,中学校,小学校'(更早是'大学堂'等等),后来都从三音节缩成两音节了,但是'师范学校,农业学校'等等却不能省去'校'字,要省得省去两个音节,只留下一个双音节:'师范'和'农校'。

作为学科的名称,'物理学,生物学'可以说成'物理,生物'。另一方面,不但是'数学,化学'显然不能省去'学'字,'微生物学,古生物学'也不大省去'学'字。〈物理学报〉不重复'学'字,可是〈数学学报〉没有省成〈数学报〉(但是'数学会'不叫'数学学会')。

'外交部部长、总务处处长'有时候说成'外交部长,总务处长'。五音节可以压缩成四音节。另一方面,部的领导人叫'部长',处的领导人叫'处长',而办公厅,办公室的领导人就叫'主任',不叫'厅主任,室主任'。两音节不必扩充成三音节。⑥

同类的例子在其他场合还可以遇到。

3.4　四音节的优势特别表现在现代汉语里存在着大量四音节熟语即'四字格'这一事实上。四字格的语法结构是多种多样的,甚至哪些是四字格,哪些不是,也不容易划清界限。⑦本文不打算在理论上讨论这个问题,只就四字格里涉及单双音节的问题谈一谈。

(1)四字格里最常见的格式是由两个双音节组成,语法上是有平行而又有交义:前段和后段的结构相同,第　第三字同类,第二第四字同类($A_1B_1A_2B_2$)。例如:

丰衣足食　枪林弹雨　安家落户
修桥补路　心平气和　风调雨顺

音节的限制使四字格里容纳许多别处不能单用的字,象第一例'丰衣足食'就没有一个字能单用。可是利用单双音节同义互换的可能性来满足四音节的需要,更清楚地表现在以下各类,其中四个字只代表三个甚至两个不同的成分。

(2)有些并列结构的四字格,用四个字说三样东西或三件事情。例如'绸缎布匹'。这三样东西,分开来说的时候是'绸子,缎子,布',

在四字格里'绸'和'缎'都不带'子',反而把'布'字扩充成'布匹'。别的例子:

日月星辰　牛羊马匹　桌椅板凳
门窗墙壁　瓜菜豆角　耳鼻咽喉
老弱残废　坐卧行走　吃喝玩乐

(3) 有些四字格的第二个字和第四个字是同一个字(A_1BA_2B)。例如:

大事小事　新书旧书　男客女客
中药西药　英侨法侨　收信发信
进门出门　横看竖看　左想右想

这种四字格不允许省去相重的字,改成三音节,例如不说'* 大小事,* 新旧书'等等。可是如果把相同的那个字扩充成同义的双音词(A_1A_2BB),四个字还它四个字,就完全通得过。例如:

大小事务　新旧图书　男女客人
中西药品　英法侨民　收发信件

当然不是所有的 A_1BA_2B 都可以换成 A_1A_2BB,例如'横看竖看,左想右想'就不能更改。

A_1A_2BB 这种格式是四字格里极常见的一种。有许多例子只能用这种格式,不能用 A_1BA_2B 那种格式。例如:

大小机器　新旧教师　男女演员
轻重工业　上下水道　主副食品
城乡居民　水陆交通　零整交易
花素绸缎　水暖工程　大专学校

这里面有的能拆开说,如前六例(大机器,小机器……主食品,副食品),有的不能拆开说,如后六例。

(4) 有些四字格的第一个字和第三个字是同一个字(AB_1AB_2)。例如:

> 真刀真枪　屋前屋后　动手动脚
> 戒骄戒躁　有声有色　非亲非故

这种四字格也不允许省去相重的字,改成三音节,例如不说‘* 真刀枪,* 屋前后’等等。

(5) 有些四字格形式上跟上一类一样,可是实际上第二个字和第四个字是一个已经固定的双音词被拆成两处(ABAB)。例如:

> 旧衣旧裳　闲是闲非　怪模怪样
> 一模一样　无拘无束　老夫老妻

这种四字格有的省去相重的字也还可以说,例如‘旧衣裳,闲是非’,可见原来的四个字只包含两个成分。

(6) 有些不重字的四字格实际上也只包含两个成分。例如把一个双音词拆开,分别在前面(有时候在后面或中间)加两个数目字表示数量多或程度深:

> 三朋四友　千辛万苦　千头万绪
> 一干二净　一清二楚　七零八落
> 七颠八倒　颠三倒四

附加数目字以外的字眼的例子:

> 天公地道　欢天喜地　鸡零狗碎

(7) 有些四字熟语(算不算四字格?)是把一个双音词拆开,或是

重复一个单字(或是重复双音词中的一个字),再加上'衬字'性质的虚字凑成四个音节。例如:

> 荒乎其唐　冤哉枉也　微乎其微
> 难而又难　久而久之　自然而然

这一类四字熟语跟'慌里慌张,糊里糊涂'之类已经相差无几了。

四　与某些虚字有关的音节问题

4.1　**不**。现代汉语里有很多在一个单音节前面加不字造成的双音词,而表示跟它相对的意义的时候必须把这个单音节扩充成双音节。例如:

不可：可以	不必：必须
不宜：宜于	不便：便于
不忍：忍心	不甘：甘心
不顾：顾及	不免：免得
不确：确实	不妥：妥当
不良：良好	不满：满意
不快：愉快	不定：一定
不同：相同	不利：有利
不幸(名)：幸运	不幸(副)：幸而
(用意)不明：明白	(天时)不正：正常
(招待)不周：周到	(自命)不凡：平凡

有些字是可以单用的,可是也常常双音化。例如:

不能：能(够)	不敢：敢(于)
不该：(应)该	不许：(准)许
不难：难(以),难(于)	不巧：(凑)巧

非字也有类似的情形,只是例子不多:

非常:平常　　　　　　　　非分:本分

　　毫不之后的动词或形容词必须是双音节,合起来构成一个四音节,例如:'毫不退让,毫不迟疑,毫不客气,毫不奇怪'。毫无之后的名词也必须是双音节,例如:'毫无道理,毫无消息,毫无准备,毫无作为'。但是'丝毫不'之后又是单音节为多,例如:'丝毫不让,丝毫不拿',虽然双音节也出现,例如:'丝毫不退让,丝毫不可惜'。

　　4.2　**和,与,或**。和类连词用来连接动词的时候,不但要求动词是双音节的,并且如果后面有宾语,也必得至少有两个音节。例如可以说'编辑和出版刊物',可是不能说'＊编和出刊物',或是'＊编辑和出版书',或是'＊编和出书'。两个单音动词,习惯上可以连用的就连用,例如'编印刊物'。如果习惯上不连用,就重复宾语,例如'编刊物和出刊物'(多半带'和'字),'编书出书'(多半不带'和'字)。

　　和类连词连接名词的时候,没有太多的限制,但是一般也要求前后匀称。例如:'有自己的力气与洋车,睁开眼就可以有饭吃。'(老舍:〈骆驼祥子〉,人民文学出版社,1955 年版,4 页)就是因为'力气'是双音节,'车'也就不得不说成'洋车'。(比较同书 9 页的'人与车':'而且车既是自己的心血,简直没什么不可以把人与车算在一块的地方。')如果名词都是单音节,又合起来作一个单音动词的宾语,一般是不用'和'而重复动词,或是把两个名词连起来说,如果习惯上可以连用。例如不说'＊编书和报'而说'编书编报'和'编报刊'。

　　4.3　**de**　与 de 字有关的音节问题包括调整 de 字前后音节的问题,但是主要是 de 字本身用与不用的问题。这个问题很复杂,这里所谈的以只有用一个 de 字的可能并且前后都不超过两个音节的组合为限。组合的两部分只要有一个是不能单用的,中间照例不能有 de 字,因而不在讨论之列。

　　de 字后面是名词的时候,前面可以是名词,动词,形容词或代词。如果是代词(人称代词),一般有 de 字,'我哥哥,我们学校'等是例外。如果是动词(及其连带成分),不论音节多寡,后面的 de 字不可少,不

用 de 字是构词的方式。

　　de 字前面如果是名词,有没有 de 字跟音节的数目就有关系。如果前后都是单音节,一般没有 de 字。'羊的毛'很少见,'布的鞋'更难遇到。如果前后都是双音节,或者其中之一是双音节,要看中间是什么关系。如果是领属关系,有 de 的较多,没有的也不少。如果不是领属关系,没有 de 的较多,两可的也不少。没有 de 的名名组合,两音节和三音节的一般都认为是复合词。四音节的——例如'玻璃灯罩,塑料鞋底,经济基础,气候条件,健康情况,科学常识,语法问题,外交礼貌',这种组合多得很——是不是也是复合词呢? 这是可以讨论的一个问题。

　　de 字前面如果是形容词,有没有 de,除前后的音节数目外,形容词的类型也是一个因素,并且在较小的程度上还跟名词的性质有关。形容词和名词都是双音节的时候,一般的情形是中间可以有 de,也可以没有 de。例如:

现成(的)例子　　　　　　详细(的)计划

普通(的)墨水　　　　　　贵重(的)药品

幸福(的)生活　　　　　　奇怪(的)现象

有些组合,虽然加得进去 de,可是习惯上不用。例如:

重要新闻　紧急措施　临时任务

甚至完全加不进去 de。例如:

绝对高度　高等教育　普通化学

这些组合具有一定的凝固性,跟上面引的'玻璃灯罩'等例子相似,都有点象复合词了。

　　有些形容词后面带 de 的时候多些。例如:

　　雪白的桌布　出色的作品　有用的材料
　　容易的功课　可笑的姿态　不同的环境

这一类形容词用作谓语的时候较多,这一事实跟它们用作修饰语的时候常带 de 字也许不无关系。

　　如果形容词是双音节而名词是单音节,不但是刚才说的这一类形容词后面仍然要有 de 字,连一般形容词后面也多半要有个 de 字。例如:

　　雪白的墙　出色的画　有用的书
　　容易的字　可笑的人　不同的树
　　现成的车　详细的图　普通的水
　　贵重的酒　幸福的人　奇怪的梦

也有一些不带 de 的组合。这些组合的不带 de 看起来象是跟前面是哪些形容词的关系较小,而跟后面是哪些名词的关系较大。'人、事儿、话'等不多几个名词最容易造成这种组合,例如'普通人,一般人,老实人,规矩人,聪明人,明白人,糊涂人;要紧事儿,新鲜事儿,稀奇事儿,危险事儿,麻烦事儿,便宜事儿;老实话,糊涂话,漂亮话,轻松话,客气话,现成诂'。此外的例子如'便宜货,枣红马,天然气,光荣榜,自由诗'等等,其中形容词和名词之间的选择性更强,也就更象是复合词了。

　　反过来,前面是单音形容词,后面是双音名词,一般都没有 de 字。例如:

　　新产品　好东西　笨主意
　　远地方　黑头发　光脑袋

书面上有时候可以看到'新的产品,好的东西'之类的例子,念起来很拗口。在口语里,只有前面的形容词已经扩充成两个音节的时候,中间才会有 de 字。例如:

> 最新的产品　挺好的东西　很笨的主意
> 老远的地方　乌黑的头发　溜光的脑袋

前后都是单音节的形名组合,当中带 de 的就更少了。跟上面最后一类的例子一样,要就是'高山,热水,重病,怪字'等等,要就是'高高的山,滚热的水,沉重的病,古怪的字'等等。

单音节加 de 修饰动词,除'真的'('真的看过')和'总的'('总的说来')外很难找到别的例子。多音节加 de 修饰动词,传统的格式限于重叠式,部分重叠式,或各种四字格,例如'慢慢儿的,慢吞吞的,慢慢吞吞的,慢条斯理的'等等。'缓慢地走过来'这种说法是比较晚近的格式,可是书面上已经很普通。在曹禺〈日出〉(〈曹禺剧本选〉,人民文学出版社,1956 年版)第一幕前四页(171—174 页)的舞台动作说明中有 30 个带'地'字的例子,其中只有 5 个(加点的)是合于传统的模式的:一言不发地,冷冷地,不安地,故意地,厌恶地,周围地(望望),挑衅地,惊喜地,兴高采烈地,急切地,败兴地,很苍老地,鼓励地,久经世故地,不在意地,冷冷地,奚落地,爽直地,拘谨地,轻轻地,善意地,熟练地,巧妙地,忍不住地,同情而忧伤地,感慨地,难过地,毫不以为意地,神秘地,摇摇晃晃地。

4.4　**得,不**。动词和它的补足成分之间的得、不表示这个动作的某种结果能否实现。这种组合里面的动词可以是单音节,也可以是双音节,例如'拿不了,收拾不了,猜不出,琢磨不出,笑不起来,高兴不起来',但是事实上是单音动词占绝对优势。例如:

> 这是不是斗争? 是不是两条道路,看谁斗得过谁? (林斤澜:春雷,作家出版社,1958 年版,31 页)

第一句用'斗争',可是第二句不说'斗争得过',只说'斗得过'。

4.5　**得**。得字紧接在动词或形容词后面,引进补语。补语没有音节的限制,可以是一个字,也可以是很长的一句话。单音节的例子有'坐得正,立得直,飞得高,跌得重,来得早,来得巧,来得好,好得很,好得多'等等。另一方面,比较下面无得和有得的例子:

喝醉了：喝得大醉	煮熟了：煮得烂熟
磨光了：磨得溜光	搞糟了：搞得稀糟

‘喝得醉’只会被理解为‘喝不醉’的反面。如果要得字表示已经实现的结果，就觉得一个‘醉’字站不住。什么条件决定这两种情况，还有待研究。[8]

跟得字作用相同的个字也有类似的情形。例如：

> 衣服叫霜湿透…。赶旁晚，大家衣服才干，一上桥，一宿又湿个稀透。（杨朔：三千里江山，人民文学出版社，1956 年版，166 页）

即使得字和补语中间有名词隔开，单音节的补语仍然站不住。例如可以或者说‘逗得那些孩子哈哈大笑’，或者说‘把那些孩子逗笑了’，可是不说‘*逗得那些孩子笑了’。

4.6　重复动词，中间有一、了、不。单音动词和双音动词都可以重叠，例如：‘你说说，我们听听，大家商量商量。’可是如果中间有一或了，双音动词重叠的就不大遇到，虽然不是绝对没有。例如：

> 听说你们很有些反刘清算斗争。但是这一次清算斗争是事出有因的，必得清一清，算一算，斗一斗，争一争。（毛泽东选集，人民出版社，1960 年版，1399 页）

所以要把‘清算’和‘斗争’都拆开来重叠，不应该看成单纯是为了增强气势，而是因为‘清算一清算，斗争一斗争’是属于比较少见的格式。

单音动词和双音动词都可以有‘X 不 X’的问话格式，例如：‘肯不肯？’‘知道不知道？’可是后者有五个音节，不太符合现代汉语的节奏倾向，因此口语里已经出现‘知不知道’这样一种压缩形式。例如：

> 他怎么样啦？要不要紧？（三千里江山，161 页）
> 谁知道爸爸答不答应呢？（春雷，126 页）

毛驴不入,社里倒可以。单看你们自己合不合算。(同上,23 页)

不管你同不同意,衣服我今晚非拿走不可。(人民文学,1955 年 12 月号,94 页)

动补加得、不的正反组合,也常常出现这种压缩形式。例如:

桥临时抢修好,谁知经不经得起这大的分量……(三千里江山,217 页)

你说行,咱明天就到学校去报名,还不一定插不插得上班呢。(欧阳山:三家巷,48 页)

这两句里的动词组合本来应该是'经得起经不起','插得上插不上'。底下这句里是另一种正反组合,'见着了没见着',现在压缩成:

见不见着无关紧要,横竖人家想的开,不会恼她。(同上,76 页)

4.7　**给,在,向**。给、在、向这三个介词常常出现在动词后面。如果那个动词是单音节,就和这些介词构成一个语音段落,因而引起语法上的变化。比较这两句:

出售或者出借给公社。
卖给或者借给公社。

第二句不可能照第一句的样子说成'＊卖或者借给公社'。可以说'卖给公社或者借给公社',其中给字似乎属前属后都说得通。可是如果加了字,只能加在给后头,不能加在'卖'和'借'后头,把给字认为属前比较好。底下的例子更能证明给字已经附着于前面的动词:

别瞎张罗啦,先教老品教给教给你们吧。(文艺报,2 卷 8 期)

翻译员指给了我们的住房,就回头走了。(中国作家协会编,1956 年短篇小说选,41 页)

三四月间没米吃的时候借给点米吃。(人民文学,1955 年 12 月号,12 页)

爸爸说……人家不卖给再回来。(人民日报,1957 年 2 月 28 日,8 版)

过去一字学不会,找人教给跑折腿。现在遇到字不识,把嘴一张就拼会。(人民日报,1958 年 9 月 18 日,7 版)

包裹里……一块毛巾,是祖国人民赠给的慰劳品。(1956 年短篇小说选,53 页)

在和向也有附着于单音动词的倾向。下面例句里的了字的位置可以证明这一点:

走到小店门口,他一软就坐在了地上。(骆驼祥子,29 页)

还是那两条烟,放在了敌人仓库的木箱上。(人民文学,1955 年 12 月号,108 页)

她急忙打开了箱子,把麦子放在了箱子里。(剧本,1955 年 4 月号,11 页)

反复地读着邓子恢同志的报告,我的心飞向了很远很远的时代,很远很远的地方。(文艺报,1955 年 15 期,3 页)

战士们连使用冲锋枪都嫌慢,就用满把满把的手榴弹砸向了敌人。(人民日报,1956 年 7 月 11 日,8 版)

双音动词后面不出现这种情况。例如'软瘫了在地上',不会把了字搁在在字后面;'飞奔向很远的地方',不会在向字后面加了。

从古汉语里吸收来的于、以、自,语音上也都附着在前面的动词或形容词上。于字还可以有'大于或等于…'之类的格式。

动词后的到附着在动词上,也是没有问题的。但是到字和动词中间可以加进得、不,它的语法性质更近于上、下、进、出一类,不属于给、在、向一类。

五 试谈几个问题

由于调整音节的需要而对词语加以扩充或压缩,古人也早已注意到了,清代学者如顾炎武的〈日知录〉,赵翼的〈陔余丛考〉,钱大昕的〈十驾斋养新录〉,俞正燮的〈癸巳类稿〉,俞樾的〈古书疑义举例〉等书对此屡有论述。二十多年以前,郭绍虞先生写过一篇论文〈中国语词的弹性作用〉,⑨引了多方面的事例来说明这一现象。绍虞先生讲的都是古汉语的情况,主要说明语词的伸缩是汉语修辞的特点。我这里讲的是现代汉语的情况,并且觉得这里面有修辞问题,也还有语法问题。比如可以说'打扫街道',也可以说'扫街',什么时候用哪个形式,这是修辞问题。又比如可以说'签名,签个名,签了名,名还没签'等等,而单说的时候必得说'名字',这就成了语法问题。可是可以说'扫街道'而不能说'打扫街',这又是什么性质的问题呢? 还可以进一步提出这样的问题:究竟哪些是修辞现象,哪些是语法现象? 修辞和语法的界限在哪里? 修辞现象能不能转化成语法规律? 这是很值得研究的理论问题。我在上面罗列了很多事例,究竟这里面包含哪些问题,一时还说不清楚,只能就所想到的提出几点来简单地谈一谈。

(1) 既然古代也有把单音节扩充为双音节的例子,如'雨雪其霏','投畀有北',把多音节压缩为双音节的例子,如称东方朔为方朔,称司马迁为马迁,能不能说双音化的倾向是古今一贯的呢? 似乎不能这样说。不错,古代也有扩充有压缩,可是似乎只是在适应'句'的节奏的时候才出现这从两头向双音节变化的情况,因而是流动的,临时的。如果离开'句'来看'词',就好象只有压缩的倾向。以对外来语的处理为例,可以看出古代和现代的不同倾向。古代常常把多音节的外来语压缩成双音节,例如'安石榴>石榴','波棱菜>菠菜','菩提萨埵>菩萨',但是也常常把它压缩成单音节,例如'佛陀>佛','僧伽>僧','塔婆>塔','比丘尼>尼',现代则常常在译音上附加译意字,使单音节扩充为双音节,如'卡车、卡片、啤酒',双音节扩充为三音节,如'太妃糖、吉普车'。又比如同一双音节形式,例如'父母',因为'父'和'母'古代能单用,现代不能单用,所以'父母'在古代汉语宜于看作词

组,在现代汉语应该看作单词。因此,一般的说法,古代汉语以单音词为主,现代汉语里双音词占优势,大体上是正确的。

(2) 为什么现代汉语词汇有强烈的双音化的倾向? 同音字多应该说是一个重要原因。由于语音的演变,很多古代不同音的字到现代都成为同音字了,双音化是一种补偿手段。北方话里同音字较多,双音化的倾向也较强。广东、福建等地的方言里同音字比较少些,双音化的倾向也就差些。可是不能认为同音字现在还在积极推动双音化。北方话的语音面貌在最近几百年里并没有多大变化,可是双音词的增加以近百年为最甚,而且大部分是与经济、政治和文化生活有关的所谓'新名词'。可见同音字在现代主要是起消极限制作用,就是说,要创造新的单音词是极其困难的了。

(3) 音节多寡能不能作为划分'词'的一个条件? 讲古代汉语,不区别'字'和'词'关系不大,讲现代汉语不能不有所区别。然而划清现代汉语里'词'和'非词'的界限的确不是十分容易的事情。最常常用来作为划分词的两个标准是:一,能否单说或单用;二,能否'扩展',即能否拆开,能否插入别的成分。这两个标准应用起来都会遇到困难,两者之间又常闹矛盾,我们现在不去讨论,⑩ 只谈谈与音节多寡有关的问题。我们常有这样的经验:两个语言片段,语法结构相同,能否单说能否扩展的条件相同,只是音节多寡不同,比如说,一个是双音节,一个是四音节,我们觉得前者更象一个词,后者更象　个词组。例如:'公路:公共汽车','另算:另外计算'(前面一个成分不能单说,中间不能插入别的成分);'水缸:泡菜坛子'(前后两个成分都能单说,中间不能插入别的成分);'新书:新鲜蔬菜'(前后两个成分都能单说,中间能插入 de)。如果把音节数目作为一个重要条件,似乎也可以把双音节的(和三音节的)和四音节的(和四音节以上的)分别对待,不按同样的标准处理。这些是偏正组合的例子,动宾组合的情形又不同些。双音的动宾组合基本上都能拆开,这该是词组的特点,但是很多是其中的名词必须跟动词同时出现的,即所谓'宾不离动',这又该是词的特点。从语音上看,拆开的时候和不拆开的时候给人的感觉也不一样。语法学家称之为'离合词',也真是有点不得已。

(4) 现代汉语里有许多语素组合公认为'略语'或'简称',也就是

说,本质上是词组。但是多数所谓略语的构成方式跟一般复合词没有什么两样,很难截然分开。一般用有无相应的完全形式('全称')来作为区别略语和单词的标准。这个标准用在机关、团体、职务的名称上是有效的,可是用在别的例子上就不无困难。第一,会把结构完全相同的形式一部分划作略语,一部分划作单词。例如:'侨务(华侨事务):财务','农校(农业学校):党校','化肥(化学肥料):绿肥','苏南(江苏南部):闽南','脱产(脱离生产):在职'。其次,有些组合处于一种中间状态或模糊状态,可以说有相应的完全形式,也可以说这只是一种'释义',它不是由此省略而成的。例如:'外交'可以肯定是单词,'外贸'无妨作为略语,可是'外事,外汇,外销'划在哪一边呢?'理疗、电疗、水疗'是不是略语?(比较'药物疗法'。)'编导'(编剧兼导演)算不算略语? 如果算,'编选,译注'等算不算? 还有,所谓略语又常常用来作构词成分,例如:'苏联人,高中生,文教科,土改关'。那末,单用的时候是不是也可以算是单词呢? 此外,有许多组合明明是略语,但是因为常用,大家已经不再同时想起它的完全形式,例如:'精简(精兵简政),七律(七言律诗),急电(加急电报),抗战(抗日战争)'。似乎不能不承认略语可以因常用而转化为单词,可是常用是个程度问题,因而略语和单词的界限又模糊了。

(5)音节伸缩的修辞作用,绍虞先生的论文里已经多方举例。现代也有利用单双音节以适应节奏要求的例子:

> 一亩园子十亩地,一亩鱼塘三亩园。(春雷,8页,引农谚)
> 难道说他们生的是三个脑袋九只眼,六只胳膊仨脊梁。(山东快书武松传,作家出版社,1957年版,24页)
> 他半辈子里不是风,就是雨,不是血,就是泪。(三千里江山,17页)
> 它通过所谓'援助',要求受'援'国家割让军事基地,在军事上、政治上和经济上承担对他们不利的义务。(人民日报,1956年1月30日)
> 男的去当游击队,女的参加妇救会。(孙犁:白洋淀纪事,140页)

　　我们在第三节里讨论了一些四音节形式,着眼于四音节和双音节的错综关系,因而讨论的只是一些短语,而且限于音节上是 2＋2 的,语法结构也是有限的几种。如果放开这些限制,并且从历史上来观察,就会发现,四音节好象一直都是汉语使用者非常爱好的语音段落。最早的诗集〈诗经〉里的诗以四言为主。启蒙的课本〈千字文〉、〈百家姓〉、〈李氏蒙求〉、〈龙文鞭影〉等等都是四言。亭台楼阁常常有四言的横额。品评诗文和人物也多用四个字(或八个字)的评语。流传最广的成语也是四言为多。这种种例子,除〈百家姓〉外,多半四言成'句',内部的语法结构是多种多样的。

　　在上古,四言句主要用于诗。汉魏以后,诗由四言延长为五言,可是差不多同时,四言句却在无韵之文里大大地盛行起来,不但是文学作品如此,应用文,甚至象佛经的译文,也都受到它的影响。直到唐宋古文运动胜利之后,四言句才失去它在成篇的文章里的统治地位。如果说,古代某个时期或某种文体曾经以四言句为它的主要节奏单位。那末,非程式化的散文即所谓'古文'的节奏规律是怎样的? 更重要的,现代散文的节奏规律,基本上也就是现代口语的节奏规律,又是怎样的? 虽然叫做散文,当然不是一盘散沙。无论是古代的文章或是现代的文章,念起来都有顺口或拗口的分别,这里面必然有规律性。在现代汉语里,四音节只是部分的、特殊的节奏规律,全面的、系统的节奏规律还有待于研究。这里面不仅有音节数目搭配问题,还有轻重音配列问题。(古文还有平仄问题,恐怕就是在现代文里平仄也不是完全没有作用。)本文并不准备谈现代汉语的节奏问题,只是所谈的既然跟这个沾了点边儿,也就顺便把它作为一个问题提出来。

　　本文多少带有尝试的性质,观察不周和推论不当之处一定很多,有些该做的工作也没有都做到。第一,这里谈的是某些个倾向。倾向不同于规律,规律能否成立只看有没有反证,倾向是数量多寡的问题,没有统计作支持总不免是主观印象。可是要做统计,不但要有充分的时间,还得先解决一系列'怎样统计'的问题。其次,特别在第三节里,谈到的只是一些比较简单的现象,有些比较复杂的情况还没有摸清。例如把某种组合拆开之后,音节的限制是否还存在? (比较'*参加会'和'参加了两个会','*等候信'和'等候北京来的信'。)把某种组合放

在更大的片段里面,音节的要求有些什么变化?(比较'* 他劝他们互助'和'他劝他们互相帮助','他们能互助,能合作,所以成绩好'。)这些情况都有待于进一步研究。把这样一篇很不成熟的文章贸然发表,无非是希望引起研究现代汉语的同志们对这个问题的注意罢了。

注

① 〈说'自由'和'粘着'〉,见〈汉语语法论文集〉370 页。

② 〈汉字改革概论〉,文字改革出版社,1961 年版,245 页。

③ 文字改革出版社,1959 年版。

④ 关于这个统计,作几点补充说明。(1) 没有统计虚词。(2)〈普通话三千常用词表〉里所收多音节名词和动词有一些也许该算作'词组',这样,收词的总数就得减少一些。另一方面,所收单音词有的是不能单说的,如果不算'词',单音词的数目也得减少一些。两方相抵,百分比不会有太大的变化。(3) 这是就词表计算。如果照出现次数计算,单音词的百分比会大大增加,因为单音词大多数是最常用的。可是另一方面,如果把计算的范围扩大到三千词以外,单音词的比重会缩小。〈汉语拼音词汇(初稿)〉(文字改革出版社 1958 年)收词大约二万个,我曾经拿 Y,Z 两个字母统计,共 3 056 个词,其中单音的 251 个,只占8%强。

⑤ 压缩要服从习惯,因此有时候会出现列举同类事物而或缩或不缩的情形,例如:'鞍钢、重钢、太钢、大冶钢厂开展钢铁高产高质运动'(人民日报,1959 年 3 月 5 日报头)。(在修辞上,这种情形可避免时应该避免。象这一句就可以改为:'鞍山、重庆、太原、大冶等钢厂开展钢铁高产高质运动',只多一个字。)又如下面这个例子:

今冬明春进行一批,明年冬天和后年春天再进行一批。(1963 年李富春在人民代表大会上的报告)

'今冬'和'明春'都是压缩形式。后半句因为'后春'生硬,只能说'后年春天',连带'明年冬天'可压缩也不压缩了。

⑥ 但是'研究室主任'可以称为'室主任'。

⑦ 参看陆志韦:〈汉语的并立四字格〉,载〈语言研究〉第一期(1956 年);陆志韦等:〈汉语的构词法〉(科学出版社,1957 年)第十七、十八、十九章。

⑧ 因此,这两个得字大有在字形上加以区别的需要,比如说,把'喝得大醉'写做

'喝彐大醉'。

⑨ 载〈燕京学报〉24 期,1938 年。收入作者的论文集〈语文通论〉,开明书店,1941年。上述清代学者著作中谈到这一问题的,郭先生论文中均有摘引。

⑩ 参看〈汉语的词儿和拼写法〉论文集(第一辑,中华书局,1955 年);陆志韦等:〈汉语的构词法〉(科学出版社,1957 年);吕叔湘:〈汉语里词的问题概述〉,〈汉语语法论文集〉359 页;〈说'自由'和'粘着'〉,〈汉语语法论文集〉370 页。

(原载〈中国语文〉,1963 年 1 期)

三 身 代 词

三　身

1.1　近代汉语里的三身代词是我、你、他。说话的人自称为我,这是第一身;称对面听话的人为你,这是第二身;称这以外的人或物为他,这是第三身。

就古代汉语而论,第三身代词跟指示代词的关系异常密切,应该合并成一类;剩下第一身跟第二身的代词可以合称'对语代词'。可是在近代汉语里,第三身代词的性质已经跟第一第二身相近,跟指示代

词没有多大关系。只要一看这些例句：

> 你站住！别合我论姐儿们！我是我，他是他，你是你。（儿7.18）
>
> 咻！一样的人，一样的事，你还是当日的你，我还是当日的我，他还是当日的他，怎么'又当别论'呢？（又26.9）
>
> 你演戏，我演戏，他演戏，可谁给我们提词呀？（曹禺，正22）
>
> 您又何必这们拘泥，归了包堆，就是你，我，他。（聊2.2）

就可以知道近代汉语里头已经把一、二、三身等量齐观了。

我、你、他出现有早晚，但一直是近代汉语三身代词的通式，沿用至今。另外，有些三身代词只通行于某一个时代或者某一方言区域，有时间和空间的局限性，如第一身代词身、侬、奴，第三身代词渠、伊。

我

1.1.1　第一身代词我来源甚古。语音自然免不了若干变动，但是我们可以相信近代汉语里的我跟古代汉语里的我是一个语词。古代汉语里属于我字这一系的第一身代词还有一个吾。这两个字的用法的分别是：主语跟领格吾多我少；宾语基本上用我。[①]大概在语音上我字是比较强势的一个，周秦之际它已经扩展到吾字的领域。秦汉以后的口语里很可能已经统一于我，吾字只见于书面了。[②]

你

1.1.2　第二身代词你就是古代的爾。汉晋以来，草书里久已把'爾'写作'尔'。如〈淳化阁帖〉卷一托名汉章帝书'遐邇一体'的'邇'即作'迩'；卷六王羲之书有很多'尔'字，如'政爾复何于求之'，'气力故爾'，'知足下连不快，何爾？'，'吾疾故爾沉滞'，'果爾乃甚可忧'，都作'尔'，尤其'旦极寒'一帖，草书的成分很少，但其中'想小爾'及'小畹物便爾'两'爾'字皆作'尔'。[③]我们可以相信，南北朝人写这个字已经跟现代的情形相似，除必须工整的场所作'爾'外，通常就写'尔'。至于什么时候又在左边加上'亻'旁，那一定是在'爾'的语音跟读音已

经分歧之后,借这个来分别一下。在〈北齐书〉里(百衲本二十四史,他本同),'爾'、'尔'、'你'三种写法都有:

> 谁是爾叔? 敢唤我作叔!(卷 11 河间王孝琬)
> 闻尔病,我为尔针。(卷 30 高德政)
> 你父打我时,竟不来救。(卷 12 太原王绍德)
> 阿那瓌终破你国。(卷 50 高阿那肱)

〈周书〉和〈隋书〉里也有'你'的写法,如:

> 你能作几年可汗?(周书 50 突厥)
> 狐截尾,你欲除我我除你。(隋书 22 五行)
> 和士开,七月三十日,将你向南台。(同)
> 我好欲放你,敢如此不逊!(又 58 许善心)
> 共你论相杀事,何须作书语邪?(又 70 李密)

这里面,〈北齐书〉卷 30 和卷 12 两例〈北史〉作'爾',〈北齐书〉卷 50,〈周书〉卷 50,和〈隋书〉后两例〈北史〉也作'你'。大概'你'的写法也是南北朝的后期就已经出现,隋唐之际已经相当通行,到了修史的文人或誊写的钞胥敢于录用的程度。[④]

由此推论,'爾'的语音跟读音在南北朝时已经分化了。〈广韵〉:爾,儿氏切,日母,支韵,你,乃里切,泥母,之韵,声韵两俱不同。爾变成你是声变因而影响到韵呢,还是韵变因而影响到声呢? 前者的可能性较大。

以下略举唐人用'你'的例子,宋以后可以不用举例了。

> 你欲看,我亦欲看。(金载,广记 146.7)
> 若向你州县道,你即不存生命。(又,又 176.2)
> 你情知此汉狞,何须犯他百姓?(隋唐嘉话 20)
> 我也不辞与你判。(开天传信记,广记 250.6)
> 二百年后,乞你与西门豹作对。(嘉话录 27)

再三劝你早修行，是你顽痴心恍惚。（寒山 8）

我要你作一手力，得之已否？（庐山远公，变 172）

纵有重差科，有钱不怕你。（敦琐 30.146）

不可取你人情，交我再沉恶道。（敦录，光 94）

负你残春泪几行。（冯延巳，南乡子，唐词 254）

换我心为你心，始知相忆深。（顾敻，诉衷情，唐词 180）

一直到北宋为止，文人笔下并不怎么避讳你字。后来的人反而拘泥起来，往往在相当接近口语的文字里写爾或汝。刻书时也往往有这种复古主义的窜改。例如：

你是吕渭儿子耶？（因话录，广记 76.8）

你何以知？（又，广记 250.4）

这两个你字在〈丛书集成〉所据的本子里第一个改作爾，第二个改作汝。

在唐代，有在你前加阿的例子，如：

阿你头脑，不须干努。（茶酒论，变 268）

鸱鹡隔门遥唤：'阿你莫漫辄藏！……'（燕甲，变 250）

阿你欲作佛。（灯录 9.9）

阿你寻常巧唇薄舌，及乎问著，总皆不道。（又 28.19）

他

1.1.3　古代汉语里没有一个完备的第三身代词：之、其、彼这三个字本来都是指示词，作为三身代词，它们的用法都有重要的限制。因而汉魏以后从另外一个来源发展出一个他字来，成为近代汉语里的第三身代词，它的用法大致跟我和你平行，比起古代汉语里的情形来方便多了。

'他'，也写作'它'，上古属歌部，中古属歌韵，唐人韵语中还是如

此。例如：

> 真照无边说似他。（灯录 12.5;叶何,磨）
> 乐道山僧纵性多,天回地转任从他。（又 30.4）

到了宋词里边,有跟家字叶韵的,似乎已有归麻韵的趋势：

> 已属君家,且更从容等待他。（东坡乐府 9）

元曲里,或入哥戈：

> 命非由己不由它,进舍行藏须在我。（新声,中 2）
> 急回头不见它,好姻缘暗里消磨。（又,中 4）

或入家麻：

> 布袍粗袜,山间林下……官？谁问它！民？谁问它！（太平 4.49）
> 他,问前村沽酒家：秋千下,粉墙边,红杏花。（又 5.1）
> 怎知他？一半儿真实一半儿假。（又 5.52）

现代在北方方言区里差不多全都说 tʻa,但南京及其附近有些地方说 tʻɔ,吴语区里也有韵母作 o 的,如宜兴及溧阳 tʻo,无锡 do。

他字现在按照性别分别写成‘他’、‘她’、‘它（牠）’三式,但这只是书面上的分别,嘴里是分不出的。⑤

他字在古代汉语里只作‘其他’讲。加在名词前边的,例如：

> 去齐,接淅而行,去他国之道也。（孟,尽心下）
> 制,岩邑也……他邑惟命。（左,隐元）

处于名词地位的,例如：

> 人知其一，莫知其他。（小雅，小旻）
>
> 王顾左右而言他。（孟，梁惠王下）

如果指称的对象是人，通常作'他人'，如：

> 子不我思，岂无他人？（郑风，褰裳）
>
> 在他人则诛之；在弟则封之。（孟，万章上）

单用他作'他人'讲，比较少见：

> 萧同叔子非他，寡君之母也。（左，成2）
>
> 且夫兄弟之怨，不征于它；征于它，利乃外矣。（周语）

魏晋以后，单用他字指'他人'逐渐多了起来。'他人'的意义最显著的是跟自或己或我对待的语句。例如：

> 见他老病死，不知自观察。（佛所行赞，离欲品1.20）
>
> 非我心不乐，亦不见他过。（又，入苦行林品2.10）
>
> 若此愚人，讳闻己过，见他道说，返欲打扑之。（百喻，上10）
>
> 欺他必自危。（王梵志诗170）
>
> 昔日极贫苦，夜夜数他宝；今日审思量，自家须营造。（寒山19）
>
> 自买（卖）索钱多，他买（卖）还钱少。（敦琐30.150）
>
> 他道生离胜死别，我道死别胜生离。（敦录，生25）

底下的例句里，虽无自或己对待，他字还是明显的'别人'的意思：

> 年十四，学读书，一日所得，当他一旬。（高僧传卷六）
>
> 虽造作经象，正欲得它人财物；既得它物，贪心即起。（伽蓝卷二）
>
> 他贫不得笑，他弱不得欺。（王梵志诗）

得他一束绢，还他一束罗。（又）

有汉姓傲慢，名贪字不廉，一身无所解，百事被他嫌。（寒山7）

平生辛苦觅钱财，死后总被他分擘。（敦录，丽85）

以上例句里的他包举所有的别人或泛指任何的别人，底下例句里的他则专指一个或几个别人，不带任何的意思。自然，这只是一个细微而且容易混淆的区别；在当时，既然使用同一语词，说话的人决不会意识到这种分别。但是这个分别似小而实大，是他字转变成第三身代词的关键。

尝有他舍鸡谬入园中，姑盗而食之，妻对鸡不餐而泣。姑怪问其故，妻曰：'自伤居贫，使食有它肉。'（后汉书84乐羊子妻）

长房曾与人共行，见一书生……无鞍骑马，下而叩头。长房曰：'还他马，赦汝罪。'人问其故，长房曰：'此狸也，盗社公马耳。'（又82下费长房）

终不能如曹孟德、司马仲达父子，欺他孤儿寡妇，狐媚以取天下也。（晋书105，石勒）

公自高氏名家，何能为他养子？（又124慕容云）

往有商人，贷他半钱，久不得偿。（百喻，上12）

昔有一长者，遣人持钱至他园中买庵婆罗果。（又，下14）

昔边国人不识于驴，闻他说言驴乳甚美。（又，下17）

汝既荷国恩，无状反叛，我何忍见他屠戮汝也。（魏书75尔朱度律）

上数幸巘第，宋长宁陵蹑道出第前路，上曰：'我便是入他家墓内寻人。'（南齐书22豫章王巘）

卿早逐我向并州，不尔他经略杀卿。（北齐书47宋游道）

凤与穆提婆闻告败，握槊不辍，曰：'他家物，从他去。'（又50韩凤）

上面的例句，虽然已经接近第三身代词，究竟还是隔着一层：第

三身代词是有定的,而这些个他虽然已经由泛指众人而专指一人,却仍然没有脱去无定的性质。第三身代词的所以有定,或是因为是指点已经说起过的一个人,或是因为是指点就在面前的一个人。他字终于由这两个途径达到第三身代词的地位。在底下的例子里,每例连用两个他字,用现代的话来说,第一个他字是别人,第二个他字就是那个人＝他了:

> 如彼愚人,被他打头,不知避去,乃至伤破,反谓他痴。(百喻,上5)
> 世间之人亦复如是。见他头陀苦行……便强将来,于其家中,种种供养。毁他善法,使道果不成。(又,上21)

下面两例里的'他'也很明显的是指点已经提起过的人:

> 甲与乙斗争,甲啮下乙鼻。官吏欲断之,甲称乙自啮落。吏曰:'夫人鼻高耳(而)口低,岂能就啮之乎?'甲曰:'他踏床子就啮之。'(笑林,钩沉186)
> 亲中除父母,兄弟更无过;有莫相轻贱,无时始认他。(王梵志诗)

底下这个例子是指点当前的人:

> 颜置脯斟酒于前。其人贪戏,但饮酒食脯,不顾。数巡,北边坐者忽见颜在,叱曰:'何故在此?'颜唯拜之。南边坐者语曰:'适来饮他酒脯,宁无情乎?'(干宝搜神记3.34)

到了唐代,这种真正的第三身代词他字就很常见了。如:

> 且我辈无故远来,他又不与我战。(大唐起居注,上6)
> 阿师当向北门出入,南衙宰相往来,勿犯他。(隋唐嘉话23)
> 沈三兄诗直须还他第一。(又25)

若是,即还他牛。(金载,广记 171.5)

暂一日外出,不可不许他东西过往。(羯鼓录,广记 205.3)

泥他沽酒拔金钗。(元稹,遣悲怀)

汝不知,他父实嫌天子不作。(因话录 1.3)

他字伯玉,亦应呼陈伯玉。(又 1.5)

德宗降三日……玄宗一顾之,曰:'真我儿也。'谓肃宗曰:'汝不及他。'谓代宗曰:'汝亦不及他。'(嘉话录 5)

誉才出,又失其弟。家人恸哭,誉独不哭,曰:'他亦甚快活,何用哭也?'(酉阳,卷 15 诺皋记下)

王谓羊曰:'他不食汝肝,今欲如何?'(广异记,广记 115.7)

王母曰:'何不拉取老轩辕来?'曰:'他今夕主张月宫之宴。'(纂异记,广记 50.3)

他即欲面见公,公当自求之。(逸史,广记 130.3)

二郎岂不共柳十八郎是往来,今事须见他。(河东记,广记 157.1)

某得此人大恩,性命昔在他手。(原化记,广记 195.7)

忘却他不遣家内知。(定命录,广记 222.6)

以上说明他字由一个别择之词变成一个三身代词的经过,跟古代汉语以及大多数语言的借用指示词作第三身代词的取径不同。后来人家(=别人)一词又顺着这条路走,几乎也成了一个三身代词。直到现代,还有许多方言,例如四川话,还常常用别个代他(有时也代我,用法跟北京话人家全同)。

身

1.1.4　魏晋南北朝时期,身字曾经用做第一身代词。〈尔雅·释诂〉:'卬、吾、台、予、朕、身、甫、余、言,我也。朕、余、躬,身也。'郭璞注云:'今人亦自呼为身。'是知身用作我,不自魏晋始,汉代或更早已有此用法。但汉以前文献中用例不多(〈词诠〉举了几个例子),魏晋以后史传和笔记中才比较多见。例如:

飞据水断桥,瞋目横矛曰:'身是张益德也,可来共决死!'(蜀志 36 张飞)

中散抚琴而呼之:'君是何人?'答云:'身是故人,幽没于此,数千年矣……'(荀氏灵鬼志,钩沉 312)

裴曰:'身是逸民,君明可更来。'(裴子语林,钩沉 137)

帝曰:'致意尊公,家国之事,遂至于此,由身不能以道匡衡,思患豫防……'(郭子,钩沉 172)

丞相自起,解帐带麈尾语殷曰:'身今日当与君共谈析理。'(世说 2.10)

王曰:'若如公言,并不如二人耶?'谢云:'身意正尔也'。(世说 4.23)

桓温常责之云:'君太不逮,须食何不就身求,乃至于此!'(世说 5.30 注引晋阳秋)

瓘笑曰:'此事决之主上,非身所了。'(晋书 112 符生)

虏既入,兵刃交至,问曰:'青州刺史沈文秀何在?'文秀厉声曰:'身是。'(宋书 88 沈文秀)

觊曰:'江东处分,莫不由身,委罪求活,便是君辈行意耳。'(又 84 孔觊)

身是萧平南,诸君善见观!(南齐书 1 高帝)

弘曰:'身家讳与苏子高同。'(又 33 王僧虔)

君非段中兵邪?身在此。行矣,必不两全,可刎身头以南,使家公望绝。(南史 13 刘义真)

灵运大怒曰:'身自大呼,何关痴人事!'(又 19 谢灵运)

隋唐以后,身的这种用法逐渐消失,在〈敦煌变文集〉中尚见几例:

下官身是伍子胥,避楚逃逝入南吴。(伍子胥,变 6)

令身与妻子,即合永为奴仆,以谢恩私。(叶净能,变 218)

新妇身是天女,当来之时,身缘幼小,阿耶与女造天衣,乘空而来。(句道兴搜神记,变 883)

清郝懿行〈尔雅义疏〉云：'今时唯狱词讼牒自呼为身。'由此也可见公文词牒之类有时保留旧的语言成分。

侬

1.1.5　侬，〈玉篇〉'吴人自称我'，〈广韵〉只注'我也'。盖口语为吴人自称，书面则播及其他地区也。⑥侬多见于南朝民歌，以〈乐府诗集〉所收清商曲辞中为最多。例如：

> 观见流水还，识是侬泪流。（鲍照吴歌，44.2）
> 天不夺人愿，故使侬见郎。（子夜歌，44.3）
> 蟋蟀吟堂前，惆怅使侬愁。（子夜变歌，45.2）
> 寒衣尚未了，郎唤侬底为？（秋歌，44.5）
> 出侬吴昌门，清水绿碧色。（长史变歌，45.5）
> 丝布涩难缝，令侬十指穿。（懊侬歌，46.1）
> 长鸣鸡，谁知侬念汝，独向空中啼。（华山畿，46.2）
> 君既为侬死，独生为谁施？欢若见怜时，棺木为侬开。（华山畿，46.2）
> 人言襄阳乐，乐作非侬处，乘星冒风流，还侬扬州去。（襄阳乐，48.4）

亦偶见于史传和小说：

> 道子领曰：'侬知侬知。'（晋书64，简文三子）
> 或问狂僧曰：'时世何时当安？'答曰：'侬去即安矣。'（稽神录，广记卷86）

又作阿侬：

> 间一日，又见向小儿持来门侧，举之，笑语僬曰：'阿侬已复得壶矣。'（幽明录，广记卷324）
> 吴人之鬼，住居建康，……自呼阿侬，语则阿傍。（伽蓝记卷

二景宁寺)

　　世榰亦知帝昏纵，密谓其党茹法珍、梅虫儿曰：'何世天子无
要人，但阿侬货主恶耳。'(南齐书 7 东昏侯)

唐宋时期又有作侬家的：

　　侬家暂下山，入到城隍里。(寒山 14)
　　日日祥云瑞气连，应侬家作大神仙。(玉堂闲话，广记
55.343)
　　侯印几人封万户，侬家只办买孤峰。(司空图，白菊杂书四首
之三)
　　曰：'如何是隐身处？'师曰：'还见侬家么？'(灯录 17.10b)

奴

1.1.6　唐五代时期还有一个特殊的第一身代词。奴或阿奴，字或
作孥。⑦例如：

　　太上皇召肃宗谓曰：'张均弟兄皆与逆贼作权要官，就中张垍
更与贼毁阿奴家事，犬彘之不若也，其罪无赦。'(大唐新语，广记
卷 77)
　　初见捕去，与奴对事。(纪闻，广记卷 100)
　　我缘一国帝王身，眷属由来宿业因，争那就中容貌差，交奴耻
见国朝臣。(丑女，变 790)
　　[陈王]当时宣问：'阿奴今拟兴兵，收伏狂秦，卿意者何？'(韩
擒虎，变 199)
　　皇帝宣问：'阿奴无得(德)，槛(滥)处为军(君)，今有金璘
(陵)陈叔古(宝)，便生为(违)背，不顺阿奴……'(同上)
　　[陈王]责而言曰：'卧耐遮贼，临阵交锋，识认亲情，坏却阿奴
社稷。'(又，又 202)
　　[国王言]：'阿奴闻诸仙久居岩□……'(太子成道，变 322)

异方歌乐,不解奴愁。(王昭君,变100)

远指白云呼且住,听奴一曲别乡关。(又,又101)

夫人语大王曰:'占看气色,道奴身亡,……伏愿帝听,放奴归家。'(欢喜国王,变774)

[张生妻曰]擘凡歌六七曲,有长须者频抛觥。方饮次,外有发瓦来,第二中擘额。(纂异记,广记卷281)

[皇后言]阿奴来日,前朝自几(己)宣问。(韩擒虎,变198)

[魔王第三女道]阿奴身年十五春,恰似芙蓉出水賨(滨)。(破魔,变352)

前七例为男子自称且多为帝王,后六例为女子自称,可知唐五代时奴字男女尊卑均可使用,后来才逐渐缩小为女子专用。

渠

1.1.7　在他字逐渐发展成第三身代词的期间,曾经有过两个字跟它竞争这个位置,可是结果仅仅各自占据一些方言地区,在官话区域里完全失败了。这两个字一个是渠,一个是伊。

渠字跟其字该是同源。其字在古代是只用于领格的,可是汉魏以后常常可以看见非领格的其字。这些其字可能代表实际口语的渠。例如:

可引军避之,与其空城。(魏志7,陈登)

从子将婚,戎遗其一单衣,婚讫而更责取。(晋书43,王戎)

然吾与其有言矣,不可不救。(又101,刘渊)

赐其乳婢一口,谷一百石。(又105,石勒)

诸偷恐为其所识,皆逃走。(南齐书26,王敬则)

此人事我忠,我身后人必为其作口过,汝勿信也。(又31,荀伯玉)

民有饷其新米一斛者。(又53,刘怀慰)

神人与其玉印玉板。(又53,裴昭明)

孔稚珪从其受道法。(又54,褚伯玉)

　　　教其鲜卑语及弹琵琶。(颜氏家训・教子)
　　　臣下车之始与其为约。(隋书 62,刘行本)

以上诸例其字用作宾语,照先秦的用例该用之字(其中有连之字也不能用的)。底下的例句里,其字用作主语,在先秦的用例是既不能用其也不能用之的。

　　　其为何谁? 子以言之。(吴越春秋上 27b)
　　　其若见问,当作依违答之。(宋书 99,刘邵)
　　　其恒自拟韩白,今真其人也。(南齐书 25,垣崇祖)
　　　奉敕遣胡谐之、茹法亮赐重劳,其等至,竟无宣旨……臣累遣书信,唤法亮渡,乞白服相见,其永不肯。(又 40,鱼服侯子响)
　　　公所道臧荣绪者,吾甚志之,其有史翰;欲令入天禄,甚佳。
(又 54 臧荣绪)

写成渠字,初见于〈三国志〉,直到唐代的较近语体的文字里还常常看见。[8]

　　　女婿昨来,必是渠所窃。(吴志 18,赵达)
　　　无奈人心复有忆,今暝将渠共不眠。(庾子山集 6.4)
　　　蚊子叮铁牛,无渠下觜处。(寒山 6)
　　　渠是弓弩手,名在飞骑籍。(杜甫,遭田父泥饮美严中丞)
　　　高下任渠攀。(游仙窟 12)
　　　当家儿子亦不能捨,何况渠? (金载,广记 176.2)
　　　某前生乃与之作儿……渠甚爱念……渠又为某每岁亡日作斋。(逸史,广记 125.4)
　　　渠已许嫁一人。(传奇,广记 50.6)
　　　渠今正是我,我今不是渠。(洞山 508a)

敦煌写本〈汉将王陵变〉中把这个字写成居:

> 汉帝谓张良曰：'三军将士，受其楚痛之声，与寡人宣其口敕。号令三军，怨寡人者，任居上殿，摽寡人首，送与西楚霸王。'（变36）

我们知道他字在唐代已经很通行；因此宋以后的渠字，至少以官话区而论，恐怕已经跟现在的情形相似，只是一个通俗的文言字。至于官话区域以外，渠字仍在应用。如底下这个例句就显然是口语的记录：

> 张崇帅庐州，好为不法，士庶苦之。尝入觐江都，庐人幸其改任，皆相谓曰：'渠伊必不复来矣。'崇来，计口征'渠伊钱'。（南唐近事，郭 20.19）

现代粤语的第三身代词还是用 k'øy，写作佢。吴语区里也有用渠或其的：如宁波、诸暨 dzʻi，衢县 gʻi 及 dzʻi，余姚、黄岩 gʻé，都是其的一系；永康 gʻou（本地音同沟），金华 gʻoʔ，都是渠的一系。

伊

1.1.8　伊字在先秦是个指示词，如'所谓伊人，在水一方'（秦风，蒹葭）。在魏晋之际，正当他字开始向三身代词方面发展的时候，伊字已经是个盛行的代词。〈世说新语〉里就有不少例子：

> 羊邓是世婚，江家我顾伊，庚家伊顾我。（世说3.8）
> 伊讵可以形色加人不？（又3.13）
> 使伊去必能克定西楚。（又3.27）
> 勿学汝兄，汝兄自不如伊。（又4.22）
> 伊辈亦常以我度为胜。（又5.15）
> 我就伊无所求……我实亦无可与伊者。（又6.13）
> 自杀伊家人，何预卿事？（又6.22）

隋唐时伊字仍常见应用。例如：

我为伊索得元家女。（隋书 45 废太子）

三十六峰犹不见，况伊如燕这身材。（才调集 2.25）

我脱却伊绿衫，便与紫著，又常唤伊作陆九。（上清传，广记 275.5）

待伊朱解回归日，扣（口）马行头卖仆身。（季布，变 60）

山僧此间，不论僧俗，但有来者，尽识得伊。（临济 499a）

无人识得伊。（灯录 7.8）

五代宋人词中尤其常见。例如：

片红休扫尽从伊。（南唐后主，喜迁莺，唐词 224）

上马出门时，金鞭莫与伊。（尹鹗，菩萨蛮，唐词 155）

擎作女真冠，试伊娇面看。（珠玉词 3）

深浅花枝相并时，花枝难似伊。（六一词 3）

占取艳阳天，且教伊少年。（小山词 16）

恁烦恼，除非共伊知道。（乐章集 19）

笑谑从伊情意恁。（东坡乐府 11）

有分看伊，无分共伊宿。（山谷词 8）

莫怪为伊抵死萦肠惹肚，为没教人恨处。（淮海词 10）

但是如上文所见，他字在唐代已通行，宋代更不成问题。这些伊字只是词家的一种传统，在当时的口语里至多是局限在一个方言区域。现代吴语里，第三身代词是伊和渠和他鼎足三分的局面，伊见于上海，浦东，宝山，昆山，吴江，嘉兴，绍兴等处，皆音 i。

值得注意的是在金元人的曲文里，伊字常作你字用，例如：

你把笔尚犹力弱，伊言欲退干戈，有的计对俺先道破。（董西厢 92）

俺也不似别的，你情性俺都识。临去也，临去也，且休去，听俺劝伊。（又 229）

我于伊志诚没倦息，你于我坚心莫更改。（又 253）

> 楚重瞳阵上高呼：'无徒……我看伊不轻,我负你何辜?'（元
> 杂 12.5）

> 比及你远赴京华,薄命妾为伊牵挂。（元 41.2.8）

> 我这里吐胆倾心说与伊,难道你不解其中意? （又 43.3.7）

> 早知你病在膏肓,我便可舍性命将伊救。（又 55.3.5）

> 谁向官中指攀着伊? 是你那孝子曾参赛卢医。（又 79.4.23）

这些例句里伊和你互文,我们可以断定伊字不作他讲。伊字单用的例子难于决定,但如下例就显然是作你讲的：

> 三娘告启刘知远,'伊自参详：我因伊吃尽兄打枑,今日高迁,宝印我收藏。'（刘知远 16）

甚至宋人词里的伊字也有该作你讲的也未可知。我们相信,口语里不会既拿伊字当他讲,又拿伊字当你讲。曲文里何以会用伊字来代你呢? 这只能有一个解释：利用伊字的平声来协律,因为你字没有一个平声的同义字,不象我字可以利用咱字。

本 用 和 活 用

'你……我'泛指

1.2.1　我的本用是代表说话的人。在文言里,我字有时作'自己'讲,如'尽其在我','人我之见'这些词语里所见。近代口语里都改用自家或自己,间或也许用我们或咱们,但决不用我。

在近代口语里,我字只有一种活用,就是跟你联合起来指点一群人里头的个体。有时候有'互相'的意思,大多数例句采取你和我互为主语和宾语的形式。例如：

> 若还结果了他,那厮们你我相传,去戏台上说得我等江湖上好汉不英雄。（水 27.97）

也有玉箫他们，你推我，我打你，顽成一块。（金 22.238）

众人见问，你看我，我看你，都想不起来。（红 37.15）

一个个不象乌眼鸡是的，恨不得你吃了我，我吃了你？（又 75.4）

大家庭本来就是今天我吃你，明天你吃我的一种算不清账目的组织。（老舍，惶 498）

我们彼此合作的次数多了，这点儿事还用得着瞒你瞒我的？（袁俊，小 57）

有时候没有'互相'的意思，如：

三人你一句我一句说个不了。（儒 1.3）

天下莫非只有一个宝玉？你也想他，我也想他！（红 94.6）

公子被他大家你一句，我一句，这个一拳，那个一脚的，臊得真正无地缝儿可钻。（儿 28.13）

大家捉呆子，你也叫抗，我也叫抗。（侠 80.2）

七手八脚，登时的你拿这个，我拿那个。（又 84.9）

大家你一言，我一语，全都要讲讲说说。（聊 14.2）

我字偶尔跟他搭配指点一群人里的个体：

凤姐便说道：'明儿他也来迟了，后儿我也来迟了，将来都没有人了。'（红 14.7）

从上面的例句可以看出：（1）这种活用的起始并不很早，是到了后期近代汉语里才盛行的；（2）'这个……那个'也有相同的作用，如上面〈儿〉28 一例所见，但限于无互相意义的场合。

'你'泛指

1.2.2　你有时候泛指'人们'、'人家'。例如：

这就是'空谷传声，虚堂习听'的道理。虚堂就是个小空谷，

空谷就是个大虚堂。你在这门外放个大爆竹,要响好半天呢。
(残,9回)

凡是反动的东西,你不打,他就不倒。(毛泽东,抗日战争胜
利后的时局和我们的方针)

麻搭着脸的售货员,你上班他也上班,你下班他也下班。(北
京晚报,1982.11.2)

有时候你既指对方,也包括自己,实际上等于咱们。例如:

老通宝虎起了脸,象吵架似地嚷道:'水路去有三十多'九'
呢,来回得六天! 他妈的,简直是充军! 可是你有别的办法么?
茧子当不得饭吃,蚕前的债又逼紧来!(茅盾,春蚕;你不单指其
子阿四)

'补课'都是抬举你,实际就是'扫盲',拿咱们当文盲扫。(琼
浆,北京晚报 1982.12.19;前说你,后说咱们)

有时候甚至不指对方而指说话人自己。例如:

〔贾蓉〕又自己问着自己说:'……婶娘是怎么样待你? 你这
么没天理,没良心的!'(红 68.14)

长得漂亮点又成了罪过了,人们围你,追你,你心肠好点,和
他们亲热些,人们说你感情廉价! 你不理他,他闹情绪了,又说不
负责任! 难道这一切都能怨我吗?(邓友梅,在悬崖上;前说你,
后说我)

魏鹤鸣说:'批评不动! 他根本不参加党的会议,你上哪儿批
评去? 偶尔参加一次,你提意见,他说:"提意见是好的,不过应
该掌握分寸,……"。'(王蒙,组织部来了个年轻人)

'你'虚指

1.2.3 你字除代表听话的人以外,过去还曾经有过一种虚指的用

法。例如：

秋到任他林叶落,春来从你树开花。(寒山 16)

任你天地移,我畅岩中坐。(又 14)

任你随情多快乐。(敦录,光 94)

他若不情愿时,任你王侯将相,大捧的银子送他,他正眼儿也不看。(儒 55.392)

凭你世间稀奇作怪的东西,有了钱那一件做不出来?(恒言 13.141)

随你了得的包待制,也断不得这事。(通言 20.164)

饶你丹青心里巧,彩色千般画不成。(丑女,变 788)

饶你奸似鬼,吃了洗脚水。(水 16.92)

巧人自少拙人多,那牛女何曾管你。(笑笑词 12)

许来大个东岳神明,他管你什么肚皮里娃娃。(元 8.2.5)

这些你字跟前面的动词结合是高度熟语性的,而且除最后两例的'管你'外,只跟'任、凭、随、饶'这一组同义词相联。这个虚指的你跟下面 1.2.6(3)的虚指的他完全属于一类,观于上面第一例的'他'跟'你'互文可知。虽然那个他字是由指事而引申,这个你字仿佛以读者为对象,心理的背景并不一样,可是实际上的空空洞洞是相同的。

'他'指人

1.2.4　天地间的事物除'你'跟'我'之外都是第三身,所以第三身代词的用法天然要比第一第二身繁富。我们先就实有所指的他字分指人,指物,指事这几项来讨论。

跟古代的之和其不同,他字以指人为主。这是因为之和其都是由指示词转成的,所以人物无别,而他是由'他人'的意义转变来的,所以指人为主。

他字主要是个回指性的代词,第一次提起一个人,或是说'有一个人',或是称名道姓,反正不能凭空来一个他:在这一点上他跟你、我有本质上的差别。如：

那知市井中间又出了几个奇人……又一个是卖火纸筒子的，这人姓王名太，他祖代是三牌楼卖菜的。(儒 55.393)

我们庄子东边儿庄上有个老奶奶子，今年九十多岁了。他天天吃斋念佛。(红 39.13)

'……就连僧们那日看见的那个绷僧额也贴出去了。''那样闹法，焉得不贴？他名下是怎样注的？'(儿 35.4)

要是人在面前，有时候就直接说他，这就跟你、我的用法相同。例如：

[梅问羹道……]大家听了，不禁大笑。安公子道：'我说他是梦话不是？'(儿 35.3；他指梅问羹)

但是第一次指点给别人的时候还是得用指示代词，然后才能说他。例如：

这个是孙员外。他是个巨富的长者。(元 7.4.2 白)

[何小姐]因指着公子问他：'你只说这是谁罢。'那孩子又摇摇头……张姑娘道：'那么着问着你那是谁，只摇头儿不言语。偏叫你说。'他这才呜呐呜呐的答道：'他是个老爷。'(儿 37.8)

总之，必须要说的听的双方的脑子里有了默契，知道他指谁，然后才能说他。

比较突兀的他见于旧时候的丈夫或妻子在人前提到他的妻子或她的丈夫的时候，因为那个时候既不兴称名字，跟后来的'我们先生、我们太太'以及现在的'我爱人'相当的称呼也不及现在普及，在许多人跟许多场所就只能拿一个他字来敷衍。因为这个他字有特殊的涵义，所以〈红楼梦〉里平儿才取笑晴雯：

平儿笑道：'好！白和我要了酒来，也不请我，还说着给我听，气我！'晴雯道：'今儿他还席，必自来请你，你等着罢。'平儿笑问道：'他是谁？谁是他？'晴雯听了，把脸飞红了，赶着打，笑说道：

'偏你这耳朵尖,听的真!'(红 63.17)

关于他字的使用,还有一条通例:连用几个他字,必须指同一个人(否则就乱的不堪设想了)。可是有一个例外:

> 他姐姐伏侍了我一场,没个好结果,剩下他妹妹跟着我,吃个双分儿也不为过。(红 36.4)
>
> 有一家子,只有父子两个:他爹爹四十来岁,他女儿十七八岁。(残 6.2)

第一个他字指第二个名词所代表的人,第二个他字指第一个名词所代表的人,这么着一递一个的用。

跟印欧语言比较起来,汉语里的他字用得少得多。这有好几个原因。第一,我们的语句常常省略主语,例如:

> [那婆子]又向平儿道:'[二奶奶]说了:[他]使唤你来,你就贪住嘴不去了![他]叫你少吃钟儿罢!'(红 39.2)

其次,称及尊长不大用他(除非称他老人家,他老,或您),一般用身分称呼来代替。例如下面这句里的第二个第三个二爷都是可用他而不用他的:

> 姑娘到底是和我拌嘴是和二爷拌嘴呢?要是心里恼我,你只和我说,不犯着当着二爷吵;要是恼二爷,不该这么吵的万人知道。(红 31.5)

又其次,因为古代没有一个跟之和其相配的作主语用的代词,就不得不重复已见的(甚至是刚说过的)名词,例如:

> 京叛太叔段,段入于鄢。(左,隐元)

这个习惯一直留存到近代汉语里,虽然近代汉语里的他字尽可以用作主语,例如:

> 袭人便将昨日……的话告诉宝玉。宝玉听了,忙说:'不该。'（红 36.18）
>
> 因让薛姨妈吃。薛姨妈只拣了一块糕。（又 41.8）

最后,还有一个实际上的困难。我们的第三身代词只有一个他字,指人没有男女的分别,指物指事也都是这个字。加之西方语言另有一套关系代词,而我们在他们用关系代词的地方也得用他。因此,要是可用他的地方都用上,那会极端混淆,不知道他指谁或什么。比方张先生跟张太太吵架,有第三者跑来报告,他怎么怕烦也得左一个'张先生说'右一个'张太太说'交代明白,决不能一律用'他说'。自从书面上有了他跟她的分别以后,现代作家使用这个代词已经比从前多得多了。可要是听人家念这些作品,有时候还是不免要打个岔,问是男的'他'还是女的'她'。

他指人的时候也有泛指活用的现象,有时指说话人自己,有时指听话的对方。例如:

> 侄儿糊涂死了,……只当婶娘有这个不肖的儿子,就惹了祸,少不得委屈还要疼他呢!（红 68.16）
>
> 坏透了的小猴儿崽子! 没了你娘的说了! 多早晚我才撕他那嘴呢!（又 64.25）

'他'指物指事

1.2.5　由于他字的来源,指物的用法自然比指人的用法后起,但是唐代中叶以后也就有这种例子了。底下是些个指物的例子,活的,死的,有形的,无形的都有。

> 可贵天然物,独一无伴侣,觅他不可见,出入无门户。（寒山 13）

作么生拟修他,证他,庄严他?(临济 499b)

盆池之鱼,由(犹)陛下任人,他但能装景致助儿女之戏尔。(开元天宝遗事,上 11)

却爱蓝罗裙子,美他长束纤腰。(和凝,河满子,唐词 100)

莫将他去比荼蘼,分明是他更韵些儿。(稼轩词 65;茉莉)

只要他医治得病,管什么难吃。(水 25.63;药)

最讨人嫌的是杨树……没一点风儿他也是乱响。(红 51.19)

看他浮上来不浮上来。(又 81.6;鱼)

你拿此票到兴隆镇把他赎回来。(侠 34.8;衣裳)

只这碗茶他怎的会知道他可口儿,其理却不可解。(儿 35.10)

所以象牙性最喜洁,只要着点恶气味,他就裂了;沾点臭汁水儿,他就黄了。(儿 37.22)

一般的说,他字指物差不多全是回指性的,当前直指用指代词这(个)或那(个);连回指的时候也常常不用他而用这个或这个东西。

有时候,他字所指是前边说过的一件事情,这是指事的他。指事的他从来不用做主语,那是这跟那的事儿。底下的例句分两组:

(1) 不得雪也听他。(灯录 22.8)

五牛远去莫管他。(诚斋集 34.323)

莫管他。自家依旧是取得好文字。(朱语 150)

芭蕉叶上三更雨,人生只合随他去。(须溪词 10)

由他。他说的话是金子言语。(水 24.32;第一个他=人家笑话;第二个他=武松)

由他。你放着,教丫头进来收。(金 23.247)

然也是天数,只索听他罢了。(残 15.12)

(2) 正是这件事了。你却慢慢的访问他。(水 26.28)

莫若趁今日偺们把他作好了,也省得临时现忙。(儿 17.6)

好在我们穿的都是蒲草毛窝,脚下很把滑的,不怕他。(残 88;不怕路滑)

在第一组例句里,'他'字跟前头的动词已经构成一个熟语,跟底下第三类虚指的'他'性质相近。

'他'虚指

1.2.6 虚指的'他'可以分成三类。

'给他个闷睡'

(1) 第一类的他初一看好象指着一个人,而仔细一想可实在说不出这么个人。这一类他字多用作与(早期)或给(后期)的宾语。例如:

我遣汝早去,因何违他期日?(句道兴搜神记118)

自古元不曾有人解'仁'字之义,须于'道'中与他分别出五常。(程语171)

若使后世做牛,须著与他日里耕田。(默记,中)

别管他们作什么,咱们俩就在前边给他个痛喝,喝醉了就给他个闷睡。(侠62.7)

莫如给他个不说长短,不辨是非。(儿30.30)

给他个见道儿就走。(聊2.12)

'画他几枝'

(2) 第二类虚指的他很象实实在在代表一个人或一个物件,它是指人和指物的他扩展的结果,那大概是没有问题的。例如:

今夜里弹他几操,博个相逢。(董西厢138)

谁着你赏中秋玩月畅开怀,敢前生少欠他几盏黄汤债。(元24.4.6)

议定五两粜一石,改做十两落他些。(又3.0白)

把荷花画他几枝。(儒1.2)

托个伙计过去和参行里要他二两原枝来。(红77.3)

家里不是有前日得的那四个大花雕吗?今日偺们开他一坛儿。(儿15.16)

大家闲口弄闲舌,何不猜他一番。(又29.12)

再叫上他几个泥水匠,人多好作活。（又 32.3）

等着,偺多早晚置他两张机,几呀（架）纺车子。（又 33.43）

咱有了银子咧,治他二亩地,盖他几间房,再买他两只牛咧。
（侠 80.9）

没事可以养养蚕,织他五匹绸子。（聊 6.7）

你每天作他一篇,我替你看看。（又 8.5）

一辈子改他三百六十行。（曹禺,正 12）

嗒则这里跪者;若是张孝友孩儿一日不下船来,嗒跪他一日。
（元 8.2.2 白）

今日歇他一日,明日早下山去。（水 34.4）

倒莫如遵着太太的话,睡他一天,倒也是个老正经。（儿
35.35）

此外,我们时时可以听见'走他一趟','试他一试','喝他一杯','打他
两牌','写他一篇'这一类的话。

上面例句,除最后三句外,里头的动词都是及物动词,后头自有宾
语;最后三句的动词是不及物动词,但是后边有个时间名词,形式上和
其余的例句相近。不管是哪一类动词,后面都有了支撑动词的名词,
在这中间插进去一个他字,在句子的结构上找不着一个位置。从形式
上看,也许可以或应该解释为双宾语句子,可要是从这个他字的作用
方面看,它既然无所称代,实在是前面的动词的附属物。这些例句里
头的动词都是单音词,这个他字可以凑一个音节,这种用法跟古代的
'填然鼓之','浡然兴之'（孟子·梁惠王）的之可以相比。（英语里有
foot it,cab it 等说法,it 也无所指,但动机不同,不是凑合音节,而是确
定前头的名词的动词用法。）

另有一点：这些例句里的宾语或准宾语都带有数量词,或者本身
就是数量词,不是这种形式的宾语,前边的动词就不大能附带他字。
这不知是什么缘故。也许是那种句子里头的他字容易误解成实有
所指？

'凭他甚么为难的事'

（3）第三类虚指的他跟上文所说的指事的他是一类,可是有这么

一点不同：它所指的事情不在前头而在后头,因此我们更加感觉它是空空洞洞无所称代。底下的例句也分两组,(3.1)熟语性的,(3.2)非熟语性的。现代常见的是前者,其中的动词是(a) 任、凭等;(b) 管(管他! ＝不管他,也就是任凭);(c) 知(知他……? ＝不知……)。例如：

(3.1) 任他流水向人间。(李嘉佑,题道虔上人竹房,全唐诗207.2168)

任他明月下西楼。(李益,写情,全唐诗283.3228)

金盏酒,玉炉香,任他红日长。(珠玉词6)

顶上从他鹊作巢。(灯录30.15)

等他四下里皆瞧见。(元86.3.7)

凭他谁叫我裁,也不管(关)二爷的事。(红28.12)

凭他甚么为难的事,你自说,我有主意。(儿8.4)

‘和尚所说修行迥然与大乘别,未审如何?’‘不管他别不别。’(灯录28.21)

没来由! 管他甚满朝皆醉! (太平4.45)

天遥地远,万水千山,知他故宫何处? (宋徽宗,燕山亭词)

某知他吃了人多少言语。(绍兴甲寅163.7)

知他你姐姐知我此情么? (董西厢128)

知他是西山傲我,我傲西山? (白雪,补4)

你道他是贼,知他谁是贼? (元10.1.4白)

肚里思量,知他张太公睡也未睡? (通言39.337)

(3.2)且莫泥他古今,但彼此著些精彩,大家验看是什么。(灯录21.21)

夜寒不近流苏,只怜他后庭梅瘦。(东堂词24)

三杯两盏冷酒,怎敌他晚来风急。(漱玉词9)

又非他今年晴少,海棠也恁空过。(须溪词81)

更消他几度东风,几度飞花。(王沂孙,高阳台词)

我吃烟的朋友很多,为求他上瘾吃的,一个也没有。(残12.13)

　　上面有些例子也可以把他作前位语看,如'任他红日长'一例,我们可以说他字指'红日长'这件事情,也可以说只指'红日'这个物件,单凭这个以及同类的例子是不能决定的。但是有显然是指事而非指人或物的例子,如'凭他谁叫我裁',不能说他指不定的'谁';'管他甚满朝皆醉',他跟'满朝'之间隔着一个甚';'某知他吃了多少人言语','吃'的主语是'某',他字没有着落;'知他你姐姐知我此情么',如果是前位跟同位关系,应该说'你姐姐他'。我们的语觉告诉我们这两方面的例句应该同样处理,自然以全都作为指事为宜。再说,这里(3.1)组的例子跟1.2.5的(1)组的例子相比,任、凭跟听、由是同一意义,管字两组同见:这两组的差别只是一个指已说之事,一个指将说之事而已。

　　可是就这一点差别叫我们把它们分成虚实两类。已经说过的事情,重又提到,自然得用一个字眼来称代;紧接着就要说出来的事情,何必先安插一个指代词在中间? 推究起来,无非还是因为前头的动词是单音,所以用这么一个他字凑个音节。再还有,我们看见过同样的句子里头用你,同类的动词后头跟你的例子(1.2.3)。去了他字于意义无损,换成你字意思不变,只能说它是虚指了。

三 身 的 转 换

直接引述和间接引述

1.3.1　在直接引述改成间接引述的时候,三身代词往往要经过一番转换。例如:

　　宝钗道:'妈妈既有这些人作伴,不如叫菱姐姐和我作伴去……'薛姨妈笑道:'正是我忘了,原该叫他和你去才是。'(红48.5)

假使宝钗去把这个话说给香菱听,她一定是这么说:

　　我跟妈妈说了。妈妈说是他忘了,原该叫你和我作伴去

才是。

我变成他，他变成你，你变成我，全都变了。

上面的例子是把直接引述改变成间接引述。反过来，我们也能把间接引述还原成直接引述。例如：

> 赖尚荣又[对薛蟠]说：'方才宝二爷又嘱咐我：才一进门，虽见了，只是人多不好说话，叫我嘱咐你散的时候别走，他还有话说呢。'（红 47.11）

从'才一进门'起，是赖尚荣转述宝玉的话，用的是间接式。宝玉原来的话该是：

> ……你嘱咐他散的时候别走，我还有话说呢。

这里的三个代词在转述时也都换了。

我们转述别人的话，采取直接或间接的方式，必须始终一致，否则就要引起误会。但是有时候，由于注意方向的转移，或仅仅由于一时的疏忽，也会中途改变引述的方式。这里有一个先用间接引述，中途改用直接引述的例子：

> 他和我计较来，要买礼谢。我说你大官府里'那里稀罕你的。休要费心，你就送去，他决然不受。'（金 35.390）

这个例子里加浪线的是一个人，加点的是一个人。底下这个例子恰恰相反，先是直接引述，中途改成间接引述。

> 押番却把早间去钓鱼的事说了一遍道：'是一条金鳗，他说："吾乃金明池掌。若放我，大富不可言；若害我，"叫我合家死于非命。你却如何把他来害了？'（通言 20.161）

从心理方面看,这一种转变不及上一种转变容易发生,因为直接引述比间接引述生动,我们说话的时候会越说越激动,相反的情况比较少。

其他情形

1.3.2　甚至不在引述别人说话的时候,心理上的原因也会让我们改变三身代词。⑨例如:

> 他那里斜倚定门儿手托着腮,则管哩放你那狂乖。(元 50.2.4)
>
> 你背地里去劫夺人,也防人要侵害我。(元 80.2.8)
>
> 梁中书听了大惊,骂道:'这贼配军! 你是犯罪的囚徒,我一力抬举你成人,怎敢做这等不仁忘恩的事! 我若拿住他时,碎尸万段!'(水 17.13)
>
> 随我在这屋里自由生活,你休要理他。(金 21.218)

还有,在自言自语的时候,我们有时候也会派自己兼当听话的差使,一会儿'你',一会儿'我'。例如:

> [李逵自云]山儿也,事要前思,免劳后悔。 当此一日……你正是囊里盛锥,尖者自出。 我便道:'我敢去,我敢去'……山儿也,你有甚么面目去见俺宋江哥哥? (元 40.3 白)
>
> 就把这件事忘却了。 直到第二日要发童子案,头一晚才想起来。 说道:'你看我办的是什么事!'(儒 7.53)

礼貌和三身称代

忌说'你'、'我'

1.4.1　中国封建社会里头,长幼尊卑之间,说话最要有分寸。 一般的三身代词,尊长可以用之于卑幼,卑幼不能施之于尊长。 乃至地位相等的人,假若不是十分亲近,也还是要避免。 我们可以在文献里

找到很多证据。对不该称你的人称你是无礼貌,甚至是一种侮辱:

> 人能充无受'尔、汝'之实,则义不可胜用也。(孟,尽心下)
>
> 弋仲性狷且俗,无尊卑皆'汝'之。(晋书 116 姚弋仲)
>
> [游雅]尝众辱奇,或'尔、汝'之,或指为小人。(魏书 84 陈奇传)
>
> 见公卿不为礼,无贵贱皆'汝'之。(隋书 78 萧吉传附杨伯丑传)

对可以称你的人称你是表示亲密:

> 祢衡有逸才,与孔融为'尔汝'交,时衡年二十余,融年已五十。(世说 1.13 注引文士传)
>
> 忘形到'尔汝',痛饮真吾师。(杜甫,赠郑虔醉时歌)
>
> 昵昵儿女语,恩怨相'尔汝'。(韩愈,听颖师弹琴)

自己称我也有同样的限制:

> 贾魏公为相日,有方士姓许,对人未尝称名,无贵贱皆称'我',时人谓之'许我'。(梦溪笔谈 18.1)

这个风气一直流传到不久之前:

> 这不是你又急了,满嘴里'你'呀'我'的起来了?(红 55.22;凤姐对平儿)
>
> 我们知道你是好心,不过你和太太说话,不必这样发急,'你'呀'我'的,没了规矩。(男士,女 47)

虽说是你和我都犯忌讳,可是两者之间似乎也还有点分别。大概称你比较严重,称我比较可以马虎些,前者是直接的指斥,后者虽然傲慢,可是及于对方的印象是间接的。孟子说'无受尔汝',不说'无受尔

我’，后世的记载也都偏重在第二身代词。上面所引〈红楼梦〉例，接下去是：

平儿道：偏说‘你’！你不依，这不是嘴巴子？再打一顿！

可见王熙凤挑剔的是‘你’不是‘我’，‘你呀我的’只是一句现成的熟语而已。事实上，翻开一部〈红楼梦〉，那些丫头老妈子尽管一方面‘老爷’，‘太太’，‘奶奶’，‘姑娘’的，可是称自己还不是一个‘我’字？

何以现代口语里头发展出来一个第二身尊称您，乃至一个第三身尊称怹，可是没有跟这个相配的第一身谦称，就是这个缘故。

您，怹

1.4.2　现代北京话里用您字（最初作儜）做你的礼貌式。例如：

今日总算‘他乡遇故知’，儜也该做首诗，我们拜读拜读。（残12.18）

墨得了，儜写罢。（又 12.18）

谢谢您，您又给这许多钱，我先替冬儿谢谢您了。（冰心，集286）

太太，您大门不出二门不迈的，哪里知道这些事呀！（男士，女 48）

再过二三年，我也得跟您一样！您横是快六十了吧？（老舍，骆 118）

大人的明鉴，不信，您派人调查调查。（聊 1.25）

这个您字跟金元时代用为复数的您字（见 2.4.2）是一个写法，可不是一个语词。第一，早先的您以代你们表复数为主，虽然有用于单数的，可绝对没有尊称的意味，而现代的您只用于单数，并且只用于礼貌的场合。不错，别种语言有借第二身复数作单数礼貌式的例子，如英语的 you，法语的 vous，德语的 Sie，可是这些代词并没有因为用于单数而失去复数的用法，不能拿来跟您相比。第二，在早期的以复数

为主的您跟现代的以礼貌为主的您之间,没有可以证明用法递变的文献:〈红楼梦〉、〈三侠五义〉、〈儿女英雄传〉这些书里边没有'您'字;直到〈老残游记〉(1906)才第一次著录这个字儿,可是不写做'您'而写做'儜'。⑩假如认为前后两个您字一脉相承,这是很难解释的。

另一个假设是您为你老(=你老人家)的合音。⑪这在音理上是说得过去的:老字脱落元音,只剩下一个'l-'的时候,汉语里既没有用'-l'作韵尾的习惯,就转成发音部位相同的-n。现在口语里您字有时说成您哪,要是现在的您就是早期的您,这是不可理解的;要是您是你老的省缩,就比较容易说明:您哪(nína)是您(nín)凑上老(lǎo)字留下的-a-。⑫

> 儜那歇手。(残 12.14)
> 请罢,您哪。(聊 14.30)
> 多谢您了,回见,您哪。多穿件衣服,别着了凉。您哪。(邓友梅,双猫图)

有人会说,既然您是你老的省缩形式,怎么依然有你老人家乃至您老人家出现呢? 如:

> 得啦,你老人家拿我两个大的,准保赔着本儿卖。您要什么样子的?(老舍,四世同堂)
> 他说有,有要紧的事,非见您老人家不可。(曹禺,蜕 48)

这个问题是不难解答的。从你老人家缩成你老,又从你老缩成您,省而又省,面目全非,一般人嘴里说到您,心里不再意识到这是跟你老人家同值的。这个事实一方面有利于您的应用范围的扩展(特别是在年辈相同而比较生疏的人之间),可另一方面又把它的原来的意义冲淡,给你老人家一个机会,在比较狭小的范围之内,应需要而被使用。

最近三二十年间,您们一词常见于私人书信特别是年轻一辈的笔下,有的文学作品中也开始出现您们,但据了解,北京人口头上一般是不说您们的。

在北京话里,有一个跟您平行的第三身的礼貌式:tʻān。最初还没有确定的写法,往往就写'他'字加注音,例如:

> 怪不得我上府上去,见老太太老不大喜欢哪:我一问老爷,他(原注:念摊)就说不知道。(聊 12.10)
>
> 作为罚他(原注:念贪)个不告而娶。(又 12.20)

这个字现在写作'怹',〈国音常用字表〉(1930)里已经著录。

怹的生成在您之后,其中多少有点类推作用。但是这不是纯粹形式上的类推:倘使没有他老(人家)通行于前,可能产生不出一个怹。同时,倘使没有你老变您在先,他老也不会变怹。

身 分 名 词

1.4.3　一般的三身代词既不适用于礼貌的场所,于是就有特定的尊称和谦称。这些尊称和谦称往往因时代而异,古代所用的君、子、公、卿和臣、仆、妾等等,近代口语里早已不用。严格说,近代口语里已经没有专用的尊称和谦称,有的只是一些身分名词,在别种语言可用三身代词的场所,我们常常用它来代替。这些身分名词包括人伦和职位两类,可以说是家族社会和阶级社会在语言上的反映。以下是第一身第二身用身分名词的例子:

> 识儿以(与)不? 儿是秋胡。(秋胡,变 158)
>
> 我儿,娘有件事和你说。(通言 20.162)
>
> 我的儿,舅舅要有,还不是该当的? (红 24.8)
>
> 我不是笑这个,我笑奶奶认错了辈数儿了:我妈是奶奶的干女孩儿,这会子又认我做干女孩儿。(又 27.11)
>
> 老太太有什么吩咐,何必自己走来,只叫儿子进去吩咐便了。(又 33.11)
>
> 妹子如今也有几个字儿,请姐姐看看。(儿 26.34)
>
> 门生年轻学浅,蒙老师栽培。(又 36.3)
>
> 你们又该着抱怨姑姑的嘴碎了。(又 38.5)

告诉你,哥哥得了儿子了。(又 39.23)

请宪台上坐,容卑职参谒。(又 39.2)

报告所长,东阳来给你道喜。(老舍,惶 517)

快睡下,想吃什么你说,大嫂给你做。(王宗元,惠嫂 69)

第三身,似乎不必避讳代词了,可是也不然。比方说,依尊卑的次序有互有身分关系的甲,乙,丙三个人。丙在甲前说到乙,或在乙前说到甲,都因为比自己尊,不能说他;反过来,甲在丙前说到乙,或乙在丙前说到甲,又都因为比丙尊,也不便说他。剩下来就只有甲乙谈话说到丙,才没有顾忌。可也不一定,有时还得因第三者跟对方的关系而'推爱'一下,比如一个人在朋友家里看见他的女儿,大概不会问他,'她今年几岁?'而是说'令爱(或:你女儿)今年几岁?'以下是第三身不用他的例子:

我才去请老太太,老太太也说去,可算我这脸还好。(红 45.10)

我已经回了奶奶们,奶奶们气的了不得。(又 58.9)

前儿个我合我们姑太太商量了会子,姑太太也拿不稳你老的主意。(儿 36.32)

自从您,以及在较小的程度上,怹,广泛应用以后,这些身分名词用得比从前少了;至于第一身我字,原来所受限制就不太严。(参上节)

关于身分名词,还有可以注意的一件事:往往有明明是跟第一身关系密切的人,却反而就他跟第二身或另一第三身的关系去称呼。这是为了避免说我(的),尤其是在夫称妻或妻称夫的时候。这也属于礼貌,不过这不是为了客气,而是为了显得庄重些。不说'我……'而说'你……'的例子:

我死之后,二位老舅照顾你外甥长大。(儒 5.43;不说我儿子)

我天天和你舅母说,只愁你没个算计儿。(红 24.8;卜世仁谓

其妻）

怪不得你叔叔常提起你来,说你好。（又 24.13；凤姐谓贾琏）

怎么没人儿会呀？你亲家母就会。（儿 33.43；张老谓张太太）

嗳！你那舅舅何曾戴得个红顶儿哟！（又 37.3；舅太太说）

那是为你干女儿去要的么。（又 39.23；邓九公对安学海说,不说我女儿）

说不定你妹夫他什么时候也许就回来。（冰心,集 281；冬儿母谓冬儿父）

不说'我……'而说'他……'的例子：

林妹妹的事老太太倒不必张罗,横竖有他二哥哥天天同着大夫瞧。（红 97.4；凤姐谓贾琏）

那也不值什么。叫他姐夫出去见见那个人。（儿 17.13；褚大娘子谓褚一官,他指何玉凤）

我们冬儿她爸爸在海淀大街上看热闹。（冰心,集 280）

这种绕弯子称呼的事儿可也得当心。冬儿的妈可以说冬儿她爸爸,可是〈儿女英雄传〉十五回里,邓家那位姨奶奶当初并没养过一男半女,在邓九公叫她出来见安水心的时候,邓九公说：'……这位安二老爷,人家是在旗的世家,因为瞧的起我,才合我结了弟兄——'才说到这句,那位姨奶奶便道：'是他二叔哇?'邓九公立刻给她一个钉子碰：'这又来了！到底是谁二叔啊?'又如〈红楼梦〉里刘老老对王熙凤称板儿为你侄儿,过后周瑞家的大大的排揎了一顿：'我的娘,你怎么见了他倒不会说话了呢？开口就是你侄儿！我说句不怕你恼的话,就是亲侄儿也要说的和软些儿。那蓉大爷才是他的侄儿呢。他怎么又跑出这么个侄儿来了呢?'（红 6.19）

自 称 名

1.4.4　从古代直到近代,都是第二身的尊称比第一身的谦称更加发

达,这跟第一身自称名字的习惯不无关系。〈颜氏家训·风操〉篇说:

> 昔者王侯自称孤、寡、不毂。自兹以降,虽孔子圣师,与门人
> 言,皆称名也。后虽有臣、仆之称,行者盖亦寡焉。江南轻重各有
> 谓号,具诸书仪。北人多称名者,乃古之遗风。吾美其称名焉。

〈晋书〉卷95〈幸灵传〉说他'性至恭,见人即先拜,言辄自名。'又
〈魏书〉卷94〈张宗之传〉说:'[萧]彦时往来萧宝夤,[宝夤]致敬称名,
呼之为尊。'这都可以证明那个时代称名确实在口语里通行,没有流为
文字上的一种程式。

唐宋以后呢? 那些文籍里的自称名字是不是还代表口语呢? 上
文1.4.1所引〈梦溪笔谈〉里那个姓许的方士'对人未尝称名',可以作
为以例外反证通例。此外我们还有一个很好的正面的证据:

> 石参政中立在中书时,盛文肃度禁林当直,撰张文节公知白
> 神道碑,进御罢,呈中书。石急问:'是谁撰?'盛卒对曰:'度撰。'
> 对讫方悟,满堂大笑。(湘山野录,上16;'度'谐'杜')

盛度是确确实实说了自己的名字,才会招的满堂大笑。因此,我们可
以放心承认当时文献里的称名是口语的写实,尤其是较近语体的那些
文字里的,例如:

> 但衾(擒)虎三(甲)杖在身,跪拜不得,乞将军不怪。(韩擒
> 虎,变201)
> 泉(南泉=普愿)云:'师兄吃茶了,普愿未曾吃茶。'(灯录
> 7.12)
> 问曰:'元来是你不肯降?'仲熊对曰:'仲熊是赵皇臣子,岂敢
> 便降?'又传令曰:'你全不怕我军令为甚?'仲熊对曰:'仲熊昨日
> 已蒙监军郎君贷命,云大金国一句便是一句,贷了便无他公事,恃
> 此所以不降。'(北记61.14)

这一类例子不如想象的多,是因为大多数例子在写下来的时候都已经拿某字来替代名字了(见下节)。

当时称名之俗不限于读书知礼的人,可以从底下的例子看出:

[沙世坚云]:'沙世坚武人,性直,没许多事,一句是一句,知县不相怨否?'晁[百辟]素滑稽……曰:'百辟岂敢怨太尉,但心里有些怏怏地。'(桯史 12.10)

郡王问:'是谁?'郭立道:'见秀秀养娘并崔待诏两个。请郭立吃了酒食,教休来府中说知。'(京 10.10)

张主管道:'张胜从先父在员外宅里二十余年,张胜随着先父便趋事员外,如今也有十余年。'(又 13.5)

告员外周全杨温则个,肯共社头说了,交杨温与他使棒,赢得他后,这一千贯钱出赐员外。(清平 15.5)

大哥在上:今日武二蒙知县相公差往东京干事,明日便要起程。(水 24.30)

你弟兄们若是可怜见宋江时,容我去江州牢城,听候限满回来。(又 36.39)

可是到了这些'粗人'的嘴里,稍微改变了点方式,不仅仅是称名,而是连名带姓一块儿来。〈桯史〉一例表示得很清楚,沙世坚连名带姓,晁百辟就只称名而不连姓。

称名的习惯好象从元代起就渐渐衰退。〈红楼梦〉里就没有确实可靠的例子。〈儿女英雄传〉跟〈老残游记〉里各有一例:

大人休如此说……依学海鄙见,还是早办一条归路,回到家乡,先图个骨肉团聚。(儿 39.5)

请大老爷的示:还是许亮在这里伺候老爷的吩咐,还是先差许亮到那里去?(残 19.1)

这都是官场里的排场。倘若在别的场所,一定会被人笑为迂腐。辛亥革命以后,连官场里也听不见了。

另有一种自称姓名的习惯,起源也相当的早,到现在也还能遇到;那不是为了礼貌,反而是有点自尊自大。例如:

> 殷洪乔作豫章郡,临去,都下人因附百许函书。既至石头,悉掷水中,因祝曰:'沉者自沉,浮者自浮,殷洪乔不能作致书邮。'(世说5.28)
>
> 收性颇急,不甚能平,夙有怨者多没其善,每言'何物小子!敢共魏收作色!'(北齐书37 魏收)
>
> 蓉哥儿,你别在焦大跟前使主子性儿!(红7.19)
>
> 人家本主儿是放了你们了,没人家的事,如今就是邓九太爷朝你们说咧。(儿31.37)
>
> 弟兄们,有李司令就有尤老二,有尤老二就有你们。(老舍,上任101)

这里的自称姓名,多少有点把自己当第三身看待的口气。可是从另一方面看,这又跟说我某某某差不多。在上面的例句里,姓名的前头都可以再加上一个我;在底下的例句里,我字也都可以去了,只剩姓名:

> 我邓老九的银子是凭精,气,命,脉,神挣来的。(儿15.31)
>
> 多年的朋友,捧我尤老二一场。我尤老二有饭吃,大家伙儿就饿不着。(老舍,上任100)

隐名代词'某'

某

1.5.1　某字不是三身代词,可是它的用法有一部分跟三身称代有关系,所以附带在这里说一说。〈日知录〉卷24'称某'条云:

> 经传称某有三义。(1)〈书·金縢〉'惟尔元孙某',史讳其

君，不敢名也。(2)《春秋》宣公六年《公羊传》'于是使勇士某者往杀之'，传失其名也。(3)《礼记·曲礼》：'内事曰孝王某，外事曰嗣王某'；《仪礼·士冠礼》：'某有子某'，《论语》：'某在斯，某在斯'，通言之也。

这些例子可以分成两类。一类是口说某，记下来自然也是某。或是根本不知道名字，《公羊传》之例是；或是作为一种公式（顾氏所谓'通言之'），当然不能用任何一个人的名字来限制它，《礼记》与《仪礼》之例是。第二类是当时口中说的是名字，记载的人用某字来替代了。或是为了恭敬，《书·金滕》之例是；或是为了省得啰嗦，《论语》之例是（孔子当时是一定说了一个个名字的）；还有为了不便说，无需说，等等。有时候一个例子很难决定是口说作某，还是仅仅记载作某。例如：

　　某生于微门，吾成就其兄弟，拔擢而用之，某今孤负恩施。
（魏志11邴原，注引原别传）

这个某字可能是不便指名道姓而用，但也可能是作传的人将其姓名用某字来替代了。

　　以上是用某代第三身姓名的例子。汉魏以后又有了用某代第一身姓名的例子，如：

　　诸君赖遭某，故得有今日耳。（魏志28邓艾）

这里邓艾明明是照当时的习惯自称艾，而作史的人用某来代。这种例子后世很多。例如：

　　其婶素玉忽云：'夫人来语某曰："生时闻佛经说地狱，今身当之，苦不可言……"'（报应记，广记卷115）
　　侯世与云：'某年十五六时，明道先生与某讲孟子……某当时言下有省。'（程语12）
　　某不幸典着贼赃，暂出回避。（画墁录11）

> 某且死,所恨未知死后佳否耳。(程史 2.11)

可是这种文字上的替代被后人误会了,以为古人有自称为某的办法,于是有了如下的例子:

> 某姓严名光,字子陵。(元杂 2.1)
> 某毛延寿,领着大汉皇帝圣旨,遍行天下,刷选室女……某汉元帝,自从刷选室女入宫,多有不曾宠幸。(元 1.1 白)

这就变成拿某来代我了。

这种称某的办法似乎只是剧作家的一种程式,未见得在一般人的口语里通行。在一般人的口语里只有附缀在姓后头的例子。例如:

> 先生,你我虽是初交,你外面询一询,邓某也颇颇的有些微名。(儿 17.19)

这里也跟上节末段所举连姓带名的说法一样,不是自谦而是自大。

某甲、某乙

1.5.2　古代又有用甲、乙来虚代人名的习惯。〈日知录〉卷 23'假名甲乙'条云:

> 〈史记·万石君传〉:'长子建,次子甲,次子乙,次子庆',甲、乙非名也,失其名而假以名之也。〈韩安国传〉:'蒙狱吏田甲';〈张汤传〉:'汤之客田甲';〈汉书·高五王传〉:'齐宦者徐甲';〈严助传〉:'闽越王弟甲',疑亦同此……蜀汉费祎作〈甲乙论〉,设为二人之辞,晋人文字每多祖此,虚设甲乙……范缜〈神灭论〉有张甲,王乙,李丙,赵丁……

就这些例子来看,(1) 用甲、乙代人名,或因不知道名字,或因根本无其人;(2) 有的仅代名字,附缀于姓氏之后,有的替代整个姓名;(3) 只

有一个人的时候用甲,有二人以上依次用甲、乙、丙、丁。大概说起来,单用甲的时候,作用跟某相同。

于是有合称某甲的例子:

> 至呼太祖小字曰:'某甲,卿不得我,不得冀州也。'(魏志 12
> 许攸传,注引魏略)
> 谨附某官某甲奉表以闻。(文选 38.9b)
> 今遣某位某甲等率兹百辟人致其诚。(又 36.3a)

这些例子里的某甲是文字上的替代,〈许攸传〉例明明说是呼曹操小字,〈文选〉两例的原件也必定开列官位人名,这里只是稿本或副本的模样。南北朝人文集中很多这种例子,如:

> 今遣具位某甲等使,不复多述。(徐孝穆集 5.12,答周主论和
> 亲书)

以上各例,某甲所代人名或为第二身,或为第三身。以下是代第一身自称名字的例子:

> 今蒙指授入处,如人饮水,冷暖自知,今行者即是某甲师也。
> (灯录 4.16)
> 师问僧:'名什么?'僧曰:'某甲。'(又 15.16)
> 有住庵僧缘化什物,甘曰:'若道得即施。'乃书'心'字,问:
> '是什么字?'僧云:'心字。'又自问其妻:'什么字?'妻云:'心字。'
> 甘云:'某甲山妻亦合住庵。'其僧无语,甘亦无施。(又 10.11)
> 某甲改一令如斯,不依者,脑上一论棒。(葆光录 1.8)

用某甲代人名的例子很常见,不烦列举。

可是不知为什么缘故,从唐朝起,又有一个舍某甲而改用某乙的趋势。一般说来,唐宋两代的文献里某乙比某甲更常见。例如:

便往宾州取副将某乙。(逸史,广记122.6)

'陛下何不用后来俊杰?'上曰:'为谁?'吴乃奏常衮及某乙,翌日并命拜二人为相。(嘉话录18)

维某年岁次某月某朔某日辰,某乙谨上清酌之奠,告于考姚之灵:某某年已成立,未有婚媾,今因媒人某乙娶纳某氏第某女,以今日吉辰就礼。(敦琐74)

谨谨上　某号　几前　某乙　状封(又80)

朝廷每有除改,外面多谤议,云,'某乙甚人主张,''某乙是甚人亲戚。'(丁晋公谈录,郭98.24)

教坊乐工某乙诣几上书,以为不可。(闻见近录7)

乃议吏部而下,及某官除某乙,则俾雍震互书之。(又29)

这里面〈敦煌掇琐〉74和〈丁晋公谈录〉的例子都叠用某乙代不同的人,不分别用甲、乙。和这相应的,附缀在姓后头的也多用乙。例如:

元和末,海陵夏侯乙庭前生百合花。(酉阳,卷6器奇)

太和三年,寿州虞侯景乙京西防秋廻。(又83)

王乙者,自少恒持如意轮呪。(广异记,广记卷115)

同样,替代第一身自称名字也用某乙。例如:

婆罗门言曰:'某乙妻昨来亦死⋯⋯某乙收什(拾)娘子,为其夫妻之例(礼),有何不得?'此女人便嫁况婆罗门。(敦录,腾29;'况'通'向')

婢女言道:'某乙莲花并总不买(卖)。'(不知名变文,变820)

以上所说为早期的事例。晚期关于某字的用法可以略述如下:

(1)某字主要用作修饰语,指人则称某人,指物则加于物名。(某人这个复合词宋代已有,如〈朱语〉142,'况某人事母如此,临财如此⋯⋯')例如:

　　　　早听得大家在那里纷纷议论，说某缺放了某人，某缺放了某
人。(儿 40.14)

　　　　才得某营请示挑缺，又是某旗来文打到……还有某老师交题
的手卷，某同年求写的对联。(又 40.17)

　　(2) 某人以用于假设的人为主；失其名的不用，如〈日知录〉所引
〈公羊传〉的例，用现代话说是'叫一个有本事的什么人去把他杀了。'

　　(3) 文字上替代第一身称名的某已经完全不用。

　　(4) 某甲、某乙只用于有两个假设的人的场所。只有一个人的时
候只说某人，甚至不止一个人的时候也只说某人，如上引〈儿〉
40.14例。

　　(5) 现代口语里说到不定的人常用谁，不定的事物常用什么或哪
个，如上引〈儿〉40.14 例就可以说成'哪个缺放了谁，哪个缺放了谁。'
在文字上，现代又有模仿西文用字母来代替人名地名的办法。借重某
字的地方比从前少了。

注

① 参看胡适〈吾我篇〉，〈胡适文存〉第一集；B. Karlgren, Le Proto chinois, langue
　　flexionnelle (Journal Asiatique, 1920；译文曾载〈东方杂志〉26 卷 5 期)。

② 很有些人以为吴语里的 ŋu 是古代吾的残留，这是很可怀疑的。在吴语里模韵
　　字(吾 ŋuo)固然读-u，哿韵字(我 ŋa)也同样读-u，而第一身代词用 ŋu 的吴语方
　　言都是上声或去声，没有平声。

③ 这里所引的爾字都是指示词(＝那样)和语助词，不是三身代词，〈说文〉也说
　　'尔，词之必然也'，似乎只是语助词爾可以写作'尔'，可是我们相信字体的简省
　　不会限于几个意义里的一个。我们这里已经举了'邇'作'迩'的例，又北魏爾朱
　　氏在〈洛阳伽蓝记〉以及〈北齐书〉、〈隋书〉里都作'尔朱'，这些地方的爾都只有
　　标音的作用，也都可以省写。

④ 禅宗语录里的你有作'儞'的，如'儞问，我与儞语'(〈云门〉571b；又〈临济语录〉，
　　〈洞山语录〉都有这种写法)，是唐朝人就这样写的呢，还是原来作'你'，宋代初
　　刻时改写的呢，无从决定。〈佛果语录〉里还有作'嬭'的例子，而这是南宋初年
　　的著作。

⑤ 当初提倡他字分化，主要是为的对译西文。可是一部分提倡者的热心不肯以书

面上的分别为满足,还要给它们制定不同的音读(〈国音常用字汇〉:他 ta,伊 i,它 tuo),但是实际上没有成功。要用人力改变一个常用的语词的音读,几乎是不可能的。

⑥ 南朝民歌中又有新侬、故侬、他侬等形式,如'诈我不出门,冥就他侬宿'(〈乐府〉46.4),'鸡亭故侬去,九里新侬还'(又 49.3)。翟灏〈通俗编〉卷十八〈称谓篇〉中又有我侬、渠侬、箇侬等形式。冯梦龙〈古今谭概・杂志〉第三十六:嘉定近海处,乡人自称曰吾侬、我侬,称他人曰渠侬、你侬,问人曰谁侬。夜间有叩门者,主人问曰:'谇侬?'外客曰:'我侬。'主人不知何人,开门方识,乃曰:'却是你侬。'后人因名其处为三侬之地。冯氏未注出处,不知是否明代的事情。这些侬字都不能作我讲。周法高云:侬在吴语中原与人同义,故侬、新侬谓故人新人也。我侬、你侬、他侬、渠侬、箇侬的侬皆可解作人。现代吴语浙江永康人亦与侬同音 nong(〈中国古代语法・称代篇〉,63 注一)。现代吴语区仍有称'我'为侬的,如松江作唔侬(n-nong)。至于上海、浦东、宝山、余姚、金华等地称'你'为侬(nong),则又是另外一回事了。

⑦ 六朝时期,奴或阿奴是第二身代词,是尊呼卑,长呼幼的爱称。详见许世瑛〈释阿奴〉,载〈国文月刊〉75 期;徐震堮〈世说新语词语简释〉,载〈中华文史论丛〉1979 年第 4 辑。

⑧ 魏晋笔记小说中还有用己字做第三身代词的情形。如:

　　有人吊丧,并欲赍物助之……因赍一斛豆置孝子前……孝子哭唤:'奈何!'己以为问豆,答曰:'可作饭。'孝子复哭唤:'穷!'己曰:'适有便穷,自当更送一斛。'(笑林,钩沉 185)

　　某甲为霸府佐,为人都不解。每至集会,有声乐之事,己辄豫焉,而耻不解。妓人奏曲,赞之,己亦学人赞和。同时人士令己作主人,并使唤妓客。(同上)

　　[殷]浩于佛经有所不了,故遣人迎林公,林乃虚怀欲往。王右军驻之曰:'渊源思致渊富,既未易为敌;且己所不解,上人未必能通。……'(世说 2.14 注引语林)

　　杨彦伯,……天复辛酉岁赴选。至华阴,舍于逆旅。……会豫章邸吏姓杨,乡里旧知,同宿于是。因教己云:'凡行旅至此,未尝不祷金天,必获梦寐之报……'(稽神录,广记卷 85)(按天复辛酉为 901 年,已是唐朝末年,唐代用例待考。)

上面例句中的己字显然不是'自己'的己,而是第三身代词,但不一定与其、渠有牵连。但己字这样用很容易跟'自己'的己相混,因而使用不广。

⑨ 关于三身代词间转指的情况,张炼强:〈人称代词的变换〉一文(〈中国语文〉

1982.3)述之较详,可参看。又,古代汉语中也有一、二、三身代词换用的情形,见周法高:〈中国古代语法·称代编〉17—20页。

⑩ 也许刘鹗根本不知道过去有过'您'字,也许他知道有这个字,但同时又知道这个字在现代方言里读 nen,这才造了个'儜'字。'宁'音 niŋ,标音不正确,但是音 nin 的汉字原来一个也没有,无可假借。

⑪ 我在〈释您、俺、咱、喒〉那篇论文里已经指出金元时期的您只是你们的合音,用法以复数为主,毫无礼貌式的意味。但是我当时对于现代的礼貌式的您还没有满意的解释。后来在一本讲国语的书(书名已忘,作者似是齐铁恨)里看到您为你老合音的说法,觉得很近情理。王力先生的〈中国语法理论〉(下册 21,并注 34)也如此主张。大概可以作为定论了。

⑫ 〈老残游记〉还有一处作儜能:

儜能这们高兴,想必抚台那里送信的人回头了吗?(残 17.7)

这比较难解释,也可能是'您'的-n 凑上'(老)人(家)'留下的-en,又由于-en韵没有阳平字,就借用了 eng 韵的'能'。

'们'和'家'

'们'的形式和来源

弭、伟

2.1.1　们字始见于宋代。唐代的文献里有弭和伟这两个字,都当们字用。弭字的例:

> 卢尚书宏宣与弟衢州简辞同在京。一日,衢州早出,尚书问有何除改。答曰,'无大除改,唯皮遐叔蜀中刺史。'尚书不知皮是遐叔姓,谓是宗人,低头久之,曰,'我弭当家没处得卢皮遐来。'衢州为辨之,皆大笑。(因话录4.10)

〈唐语林〉(6.28)引此作弥。伟字的例：

> 今抛向南衙，被公措大伟虼邓邓把将作官职去。(嘉话录，广
> 记 260.6 引；顾氏文房小说本阙)
>
> 儿郎伟，重重祝愿，一一夸张。(司空表圣文集 10.58 障车文；
> ‘儿郎伟’三字全文凡四见)

宋朝楼钥解释这个伟字：

> 上梁文必言‘儿郎伟’，旧不晓其义，或以为唯诺之‘唯’，或以
> 为奇伟之‘伟’，皆所未安。在敕局时，见元丰中获盗推赏，刑部例
> 皆节元案，不改俗语。有陈棘云，‘我部领你懑厮逐去’；深州边吉
> 云，‘我随你懑去’：懑本音闷，俗音门，犹言辈也。独秦州李德一
> 案云，‘自家伟不如今夜去’云。余哑然笑曰：得之矣，所谓‘儿郎
> 伟’者，犹言‘儿郎懑’，盖呼而告之，此关中方言也。(攻媿集
> 72.660)

弭和弥都是明母字，跟们字是双声，大概有语源上的关系。伟是喻母
字，但如拿现代关中方言伟和尾同读 u-/v- 的情形来推测，伟也很可能
代表一个跟们有语源上关系的原属微母的字(微母是明母分化出
来的)。

懑、瞞、门、们

2.1.2　在宋代的文献里，们字有懑(满)、瞞(懑)、门(们)等写法
(出现的先后大略依这里的次序)：

> 孩儿懑切记之，是年且莫教我吃冷汤水。(默记，王溥父祚卜
> 者许寿条，说郛 32.35 引；知不足斋本孩作孙，说海本懑作辈，涵芬
> 楼校印本作孙儿辈)
>
> 相公懑悉起，你家人马来厮杀也。(靖康城下 33.10)
>
> 更休与他懑宰执理会，但自安排着。(清波杂志 1.7)

朝廷又不曾有文字交我管他懑。(挥麈录余话 2.23)

对酒当歌浑冷淡，一任他懑嗔恶。(惜香乐府 45)

他懑虽勇跃，这三个福气邹搜。(刘知远 19)

谎杀贼阵里儿郎懑眼不扎。(董西厢 76)

皇甫殿直和行者尾着他两人来到门首，见他懑入去。(清平 2.12)

失笑他满悲撩乱。(克斋词 4)

问桃杏：贤瞒怎生向前争得？(乐府雅词 102 刘焘词；全宋词 73.3 作门)

说与贤瞒，这躯壳安能久仗凭。(沈瀛词补遗 9)

秀才瞒撰到专城贵。(吴编修词，全宋词 282.3)

不因你瞒番人在此，如何我瞒四千里路来？(齐东野语 5.9)

你瞒只恃着大江，我朝马蹄所至，天上天上去，海里海里去。(黑鞑事略 26)

始初内臣宫嫔门皆携笔在后抄录。(程语 290)

今反谓他门亦尝谤讪。(龟山 33)

他门取了富贵，做了好官。(道山清话 8)

本朝大人门煞怒。(绍兴甲寅 162.8)

你门只有一个日头活哩。(中兴战功录 11)

看他门得人怜，秦吉了。(稼轩词 52)

浪儿门得成全这些方便。(鄮峰真隐词 1.17)

这里甚去处！你秀才门要斫了驴头！(四朝闻见录，甲 15)

你门年四十，头戴笠……你们如何不是？(文山集 13.294)

不须你门说，我自知了。(雨窗 1.6)

郎君们意思，不肯将平州画断作燕京地分。(燕云 4.5)

枢密侍郎们各自尽忠尽节为国家，说得甚是。(靖康城下 29.4)

正是军人们放马遽然到来。(绍兴甲寅 162.2)

在他们说，便如鬼神变怪，有许多不可知底事。(朱语 115)

这些字该是同表一音，最初写作懑，但楼钥已经说懑本音闷(去声)，俗

音门(平声),所以后来用平声的瞒来代替,更后索性写门,最后乃加人旁。①

每

2.1.3 元代文献里虽然也有们,只是少数例外,大多数作每。②例如:

> 教普天下颠不剌的浪儿每许。(董西厢 7)
> 枉惹的街坊每耻笑,着亲邻每议。(元 33.1.7)
> 不信那看官每不耳喧,邻家每不恼聒。(太平 9.9)
> 库藏中钞本多,贴库每弊怎除。(白雪,后 3.78)
> 成吉思皇帝圣旨,道与诸处官员每。(元碑 15)
> 军人每底盘缠军人每的家里要了者。(元典章校补 34.55)

明初的情形还是如此,如:

> 百姓每自躲避了的,依律要了罪过,拿来做军。(洪武四年户部安民帖,见明人笔记)
> 你每家里也不少了穿的,也不少了吃的。(遇恩录 32)
> 你每大小休要出去唱言,如今暗行人多。(牧斋初学集 104.1109 引洪武年刑部口供)
> 久后他每做帝王呵,那时才知道也者。(元秘 1.14)
> 你每捉住我时,留得到今日么?(北使录 10)
> 我每奏讨物件,也不肯与我每。(正统临戎录 2)
> 这厮每说谎,不肯送我,你每守祖宗的城池,操练军马。(北征事迹 8)

到明朝中叶以后们字才又多起来,但〈金瓶梅词话〉还是用每。

宋、元、明之间,同一个词曾经有过们>每>们的反复变化,很不容易解释。最省事的说法是说元人读每若们:但是何以放着现成的们字不用而改写每字不可解。另一个解释是每字代表-m:这也许可

以适用于我每、你每、他每的每——正如我们现在说快了也会把我们说成 uom（甚至 m），把咱们说成 tsam 一样——但似乎不适用于名词之后的每。较为近情的假设是把每和们认为属于不同的方言系统。再推而广之，弭、伟、们、每都是同一个语词在各别时代、各别方言的不同形式。

现代的官话区方言，大体可以分成北方（黄河流域及东北）和南方（长江流域及西南）两系。我们或许可以假定在宋、元时代这两系已经有相当分别，北系方言用每而南系方言用们。北宋的时候，中原的方言还是属于南方系；现在的北方系官话的前身只是燕京一带的一个小区域的方言。到了金、元两代入据中原，人民大量迁徙，北方系官话才通行到大河南北，而南方系官话更向南引退。用北方系官话写成的作品如金人的两种诸宫调，〈刘知远〉和〈董西厢〉，前者用懑，后者用每，但有一处用懑（例见上文），不知当时口语究竟如何。③南宋末年的人记北方人的口语还是用懑（〈黑鞑事略〉）或门（〈文山集〉），可见南方人还不知道写每字。到了元代，北方系官话成了标准话，每字就通行起来。但是我们相信南方系官话始终是说们，〈京本通俗小说〉和〈清平山堂话本〉以及〈水浒传〉是它的代表作品，这些书的写作刻印都在南方，所以其中虽然也有元代的成分，却很少见每字。④

只有一个问题：何以到了元代以后北方系官话也不说每而说们，以致在现代的北方方言里找不着每的痕迹？这还是不容易解答的。

语　源　试　测

2.1.4　们字在早期文献里曾经有过种种写法，这容易使人设想它是古代汉语里所没有的一个词。⑤可是一个在语法上这么重要的词，会象醴泉芝草似的没有一点根源，也叫人难于置信。要是我们在古代的几个'类及之词'里头审察一下，就会觉得辈字和们字不无相当关系。从用例方面来看，辈字有三类用法：

（1）辈前加数字，如：使使还请善田者五辈（史记 73 王翦）；使者十辈来（又 99 娄敬）；诸使外国，一辈大者数百，少者百余人……一岁中使，多者十余，少者五六辈（又 123 大宛）。

（2）和其他类及之词合用，如：后曹辈果遮刺杀盎安陵郭门外（史

记101袁盎);公与遂父同岁孝廉,又与遂同时侪辈(魏志1武帝);姑
幕县有群辈八人报仇廷中(后汉书83朱博);而好陵折等辈(后汉书47
贾复)。

(3) 用于名词及代词之后。名词之后,如:

> 天下当无此鼠辈邪?(魏志29华佗)
> 小儿辈大破贼。(世说3.22)
> 奴辈利吾家财。(晋书33石崇)
> 汝曹羌辈岂可以人理期也!(又115徐嵩)

代词之后,如:

> 情之所锺正在我辈。(世说5.7)
> 尔辈群奴,正可牧牛羊,何为送死?(晋书114符坚)
> 天子使我来,正欲除尔辈。(隋书71冯慈明)
> 使君辈存,令此人死。(世说5.7)
> 恨卿辈不见王大将军。(又4.34)
> 仆得此辈,便欲归蹈沧海乘桴耳,不能自谐在其间也。(魏志
> 16杜恕,注引答宋权书)
> 凡说此辈,无不如言。(又29朱建下)
> 愿陛下一息此辈。(吴志16陆凯)
> 若不容置此辈,何以为京师?(世说2.5)
> 时扬土大饥,此辈多为盗窃。(晋书62祖逖)
> 右侯舍我去,令我与此辈共事。(又105石勒)
> 此辈既见原宥,击贼有功,那得不依例加赏?(宋书83吴喜)

跟我们的问题有关的是第三项用例,这一项的辈字和后来们字的用法
几乎完全相同:用在尔、我等代词之后,也用在指人的名词之后;辈字
有此辈,们字在早期也有这憼(见下)。我们还可以拿别的类及之词来
比较。侪和曹都不和名词结合,属和名词之间必须加一之字,这三个
字的用法都比辈字狭窄;而且以时代而论,汉以后的文献里这三个字

已经不常用，常用的是辈和等。但等字除用于代词和指人的名词之后以外，同样可以附加在指物的名词之后，而辈字只用来指人：辈字的这个限制也正是后来们字所受的限制。

在语音方面，辈和们、每、弭这一群字都是双唇音；虽然前者是塞音，后者是鼻音，可是在谐声字和方言里不乏通转的例子（如陌 m-从百，p-，宓 m-从必 p-，秘 p-在若干方言中读 m-）。每和辈在中古音里同韵。们和辈在中古音里不同韵，但上古音里'文'部跟'微'部原是同类，也有通转的痕迹（如挥、辉从军；旂、祈从斤）。又，辈字去声，们字最初写懑，也是去声，楼钥文中虽然说明'俗音门'，可是当初为什么借用一个去声字，这里头也未尝没有一点暗示。我们现在固然不能肯定地说们是辈的化身，但是也不能忽视这两者之间可能有的关系。

'们'的意义和用法

代 词 后

2.2.1　们字的最常见也是最重要的用法是加在代词我、你、他、咱以及准代词的尊称谦称之后，造成一种复数形式：

何处不觅到？若是不见你时，交我们回去怎的见你爹娘。（雨窗 1.7）

你老人家自己承认，别带累我们受气。（红 19·10）

你懑不敢领他，这件事干人命。（清平 2.7）

你们不用白忙，我自然知道。（红 19.6）

虽然微禄不比他们丰厚。（赵孟坚，全宋词 4.5）

你降不住他们，只管告诉我，我打他们。（红 68.9）

孙坚言咱门是猫狗之徒，饭囊衣架。（三国志平话，上 17）

倒要试试僭们谁强谁弱。（红 76.11）

公门都被陆子静误教莫要读书。（朱语 222）

那三翁听说话，叱喝道，'畜生懑悄地！'（刘知远 8）

　　这里所谓复数,有两种意义。我们或是(a)我1＋我2＋我3……或是(b)我＋别人。第一种意义只有在多人署名的文件内可以遇见;通常说话的时候,我们的意义只是'我和多少个跟我同在一起的人'。你们和他们也都有这种分别:对许多人说你们,指点许多人说他们,是(a)义;对一个人说你们,指点一个人说他们,是(b)义。例如在'你们姐儿俩里头,我总觉得你比他合我远一层儿似的'(儿 32.30)这一句里,你们显然是(b)义。这个分别在代词方面不怎么重要,但在名词方面不可不辨。

　　单数和复数的区别在古代汉语里不受重视,尔、我等字大率是可单可复。近代也还有这种情形:明明所指不止一个人,可是不加们字。例如代词后要是说明人数,就常常不加们字,如我两个(我俩),他三个。第一第二身代词的例子较少,但第三身代词以及名词都很多。

　　　委屈你们几个,算填了馅了,只是饶你不得。(儿 6.22)

　　　胡说,量他一个和尚,一个道人,做得甚事?(水 6.40)

　　　这两个男女却放他不得。(又 49.91)

　　　此四人再三寻人情来说,交将就他。(金 35.380)

　　　烦你叫他们给我拿进来,我给他几个酒钱。(儿 4.20)

　　　这些鸟雀虽然冻饿,却没有人伤害他,又没有什么网罗来捉他。(残 6.10)

‘咱们’和‘我们’

2.2.2　在附加们字的代词里,需要特别讨论的是咱们。这个语词在现代北京话里说 tsammen,说快了是 tsam;写起来或作咱们,或作俗们,这两种写法不但见于不同的作品,也往往见于同一作品,如:

　　　花蝶呀,咱门是前生的冤孽!(侠 60.9)

　　　俗们且吃酒,莫管他人的闲事。(又 60.3)

　　　咱们明日就起身。(儿 3.8)

　　　少爷,俗们就在这里歇了?(又 4.2)⑥

咱的来源见下面 2.5.4 节,偺的来源见下面 2.4.3 节。咱本音 tsa,偺音 tsan,要是依照写出来的字一个个分开来读,咱们和偺们是不同的。但是和们连起来读,就没有多大分别。这是就咱读 tsa 的说法。事实上,管咱字读偺的趋势很早已经有了,例如〈金瓶梅词话〉里边把这偺、那偺、多偺的偺(<早晚)都写成咱。更早于此,一部分元代文献里的咱字也有读偺的可能。这样,〈三侠五义〉和〈儿女英雄传〉的作者可能是把咱跟偺认作同音字而随便写的。〈国音常用字汇〉(1932)里头给咱字定下 tsa 和 tsan 两个音读,而以偺和喒为咱的别体,不大妥当,因为偺字从来只读 tsan,不读 tsa。

　　咱们是'包括式第一身复数'(inclusive *we*),包括你(们)和我(们),跟第三者对立。显然包括你的例子:

> 你不用在这里混搅了,偺们到宝姐姐那边去罢。(红 67.9)
> 你也爱喝酒?等着,偺们晚上痛喝一回。(又 62.25)
> 我卖鸡子,卖柿子,卖萝卜,养活著你,咱们娘儿俩厮守着。
> (冰心,集 282)

显然和第三者对立的例子:

> 也叫他们借着偺们的光儿。(红 22.4)
> 偺们只管偺们的,别理他们。(又 22.5)
> 又该他们拿偺们取笑儿了。(又 34.6)
> 如今再拈一个,要是雅俗共赏的,便叫他们行去,偺们行这一个。(又 62.13)
> 他好说,偺们也好说;他不好说,偺们再另打主意。(又 100.7)

跟这个相分别的是'排除式第一身复数'(exclusive *we*)我们,包括我和第三者,跟你(们)对立,例如:

> 我们都去了,使得;你却去不得。(红 62.27)
> 我们爬高下低的闹了一天,亏你也不来帮个忙儿。(儿 32.41)

这个分别在底下这些我们和偺们同见的句子里表示得最明白：

> 那么着,偺们说开了……我瞧你们那位老程师爷,有说有笑的,我们倒合得来;还有宝珠洞那个不空和尚……再带上女婿,我们就走下去了。我回家,咱[们]就喝;我出去,我们就逛。(儿29.34)

> 我们东口儿外头新开了个羊肉馆儿,好齐整馅儿饼,明儿早起咱们在那儿闹一壶罢?(又34.27)

> 既如此,索兴让我们把这点儿事料理完了,偺们好说闲话儿。(又36.9)

> 咻! 今儿个偺们得分清楚了:你们爷儿三个是客,我们娘儿四个是东家。(又37.30)

> 你拿钱,我们滚。你不——不用说了,咱们心照。(老舍,微16)

咱们和我们的分别只存在于北方系官话里,南方系官话里没有咱们,一概用我们。[⑦]底下的例句里的我们,要是在北方系的方言,是应该用咱们的：

> 这里也不是人去处,我们去休。(京12.13)
> 你三位还不知哩,我们不是他来时,性命只在咫尺休了。(水18.27)
> 我们的私事,昨日何仙姑赴会回来知道了。(通言27.244)
> 我们只得与他完就这亲事则个。(又28.251)
> 平凉侯请太师饮酒,平凉侯说,'我每都是胡丞相作反的人,若上位寻起来,性命都罢了。'(牧斋初学集104.1110)
> 不如趁此时将他赶出去,离门离户,我们才得乾净。(儒27.201)

不但这样,就是在北方系官话里,稍稍读书的人也往往认为咱们太俗,用我们来代替。〈红楼梦〉里的贾政和〈儿女英雄传〉里的安家父

子可以作代表：

> 贾政向詹光道，'……我们索性下完了这一局再说话儿。'（红92.12）
>
> 太太，我看这座店也还干净严密，今日我们就这里住下罢？（儿14.3）
>
> ［何小姐］偺们莫如行个令罢。［安公子］有理。我们行个甚么令呢？（又30.13）

现在也还是有类似的情形：很多人，也许是大多数人，家常说话用咱们，正式一点就说我们，演说或是写文章的时候更会拿我们来代咱们。底下这些例子里的我们，不知道是应该归因于作者的疏忽，还是由于书中人的矜持：

> 你让她画罢，我们三个人做就够了。（冰心，集222）
>
> 你先下去，我们回头再谈。（曹禺，蜕83）
>
> 你别发愁，我们慢慢儿来。（吴祖光，少7）

'这们'、'那们'等

2.2.3　在早期，们字的应用比现代广，可以说这们和那们，意思是'这些人'和'那些人'，实际上等于他们。

> 曾想他劣缺名目，向这懑眉尖眼角上存住。（刘知远10）
>
> 这每取经后不肯随三藏。（董西厢64）
>
> 那每殷勤的请你，待对面商议？（又109）
>
> 被那懑引得滴溜地一似蛾儿转。（克斋词5）

因为蒙古语没有他字，借用这字，元代对译蒙文的文件里这的每尤其常见，也有那的每：

真的这的每言语一般呵,一般断了者。(元碑21)

这的每宫观里房子里使臣休下者。(又38及多处)

那的每这令旨听了已后骚扰呵……。(又32)

又元曲里有那里每,用来跟哪里没有分别,这个每字恐怕只有衬音的作用:

问相公这一半儿那里每可便将来?(元8.3.10)

那里每喧喧哽哽,搅乱俺这无是无非窗下僧?(又48.4.2)

这的的是那里每,哥哥走到来?(又57.3.4)

久以后那里每着落?(又76.2.6)

有金银,那里每典当?(白雪,后3.76)

名 词 后

2.2.4 名词后头附加们字,有点儿象西文的复数变化,但是不完全相同。这可以分两方面来说。一方面,不是所有指多个事物的名词都必须或可以附加们字。第一,只有指人的名词可以加们,指物的名词后头就不能加;们字原来只写作门,后来加'人'旁,可见是指人为主。所以,我们说:

伙计们倘或知道了……。(红57.23)

家人们只好跟在后头站住。(儿38.29)

只好向同事们发空头支票。(老舍,偷399)

但不说狗儿们、花儿们。

在朝鲜旧时学习汉语的两种书〈老乞大〉和〈朴通事〉里,有在动物名词后边用们表示复数的例子:

这伙伴你切的草茇粗,头口们怎生吃的?(老34)

这般时,马们分外吃得饱。(又43)

马们怎么来的迟？（朴 151）
两个汉子，把那驴骡们喂的好着。（又 176）

这是否反映元末明初的北京口语，还需要有其他材料来证实。

现代文学作品里有在生物名称后面用们的例子，似乎多少有点受西方童话文学的影响，不见得能代表一般口语。⑧

这些眼睛们似乎连成一气，已经在那里咬他的灵魂。（鲁迅，呐 151）
狼们站定了。（又，故 102）
船舷上的鸬鹚们不再看天了，他们已听见了鲤鱼们的说话。（叶绍钧，稻草人 98）
骆驼们很慢很慢的立起来。（老舍：骆 23）
他照例把七八只绵羊往河滩的草丛里一撒……羊们就啃起草来。（赵金九，乡村酒肆，人民文学 1981.7）
夜里耗子们在纸顶棚上一趟一趟地游行。（苏叔阳，傻二舅，人民文学 1981.8）

东西这个词，指人可以加们，指物就不加。比较：

别跟着那不长进的东西们学。（红 8.18）
你的东西也不知烦我做了多少。（又 32.4）

其次，名词前头有了确定的数目，后头就不再加们。我们说孩子们、客人们，但不说两个孩子们、十个客人们。象这样的例子：

将一十七个先生每剃了头。（元碑 10）
原曾来不儿罕山围绕了三遭的那三百人每尽数殄灭了。（元秘 3.22）

似乎只见于对译蒙古语的文件，别的文献里没有遇见过。在几个、许

多等不定数量之后,也还是不加们字为常,虽然间或有例外:

> 又有巡察地方总理关防太监带了许多小太监来。(红 18.2)
> 那条凳上坐着许多作买作卖的单身客人。(儿 4.2)
> 下剩的钱还是几个小丫头子们一抢,他一笑就罢了。(红 20.8)

但这些、那些之后常见,如:

> 骂那些浪娼妇们一顿也是好的。(红 60.6)
> 这些小行子们再靠不住。(儿 3.16)

自然,不加们字的同样的多。

又其次,在一个名词包括某一类人物的全体,即所谓'类数'(the generic number)的时候,照例不加们字(西文也可用单数形式)。例如:

> 女儿是水做的骨肉,男人是泥做的骨肉。(红 2.10)
> 秃子当和尚,将就材料儿。(儿 6.13)

谓语名词是当作'类数'看待的,照例不加们字,尽管土语是复数。例如:

> 你们都不是好人。(红 25.20)
> 我们是伙计,你是头目。(老舍,微 8)

即使是指人的名词,前面没有数量词,也没有'类数'的意义,可以加们字,也不一定就加们字。这种例子到处都是,如:

> 你不信,只问别的丫头。(红 20.2)
> 好了!是骡夫回来了!(儿 4.14;有两个骡夫)
> 这庙里的和尚被我杀得净尽。(又 7.1)

由以上所见,我们可以说:附有们字的名词固然是复数,不附们字的名词可不一定是单数。这是们字和西文复数变化不同的一点。

另一方面,上文已经说过,们字有(a) 真性复数和(b) 连类复数两种意义。底下的例子是真性复数:

> 友朋每如兄如弟,亲眷每非虎非熊。(太平 6.9)
>
> 老婆子们忙往外传了;丫头们忙着赶过来;王夫人便命请姑娘们去。(红 35.12)

但在底下这些例句里就是连类复数,们='及其他':

> 因说前辈如李泰伯门议论……却是矫激。(朱语 242)
>
> 马都头门道,'员外在那里?'(清平 15.6)
>
> 我家李四每又犯了。(牧斋初学集 104.1110)
>
> 校长们都没在这里。(老舍,微 141)
>
> 杨大个儿们一齐叫了声'哥儿们'。(又 16)

在甲乙两个名词之后加上一个们字,也跟上面所说的一样,有真性复数,也有连类复数。前者是'甲1+甲2……+乙1+乙2……',如:

> 二则他又常往两个府里去,太太姑娘们都是见的。(红 29.8)
>
> 便听得邓九公在那里催着那些庄客长工们起来打水熬粥,放牛羊……(儿 17.2)
>
> 于是我的弟弟和弟妇们都笑着看我。(男士,女 26)

这,也可以说是在第一个名词后头省了个们:太太们和姑娘们;庄客们和长工们;弟弟们和弟妇们(比较老舍,微 113:'因此,她恨那些识字的太太们,小姐们')。后者是'甲十乙十其他',例如:

> 胡五峰说'性',多从东坡、子由门见识说去。(朱语 33)
>
> 只看濂溪、二程、横渠们说话,无不斩截有力。(又 205)

  四狗子和小秃们急得直打蹦。（老舍，有声电影）

可是这跟一个名词后头加们字的例子稍微有点不同。一个名词加们，那是一定要类及其他的人，校长们决不光指校长一人；但两个名词之后加们，虽然表面上同样有类及作用，实际却往往只包括这两个人而不及其他。例如这里的第三个例句，我们从上下文知道除四狗子和小秃外还有小顺，但头两个例子就很难说。底下的例句是显然不及其他的：

  早是两个[弟兄]粗卤，更怎禁妯娌蔼言语。（刘知远 11）
  你父子们有甚不相和？（元 16.4.8）
  嘱咐你夫妻每休做别生活。（又 80.2.7）
  我知道，你的心里多嫌我们娘儿们。（红 35.4；＝妈和我）
  叫两个妥当些的庄客同他爷儿们去。（儿 16.17；指华忠父子）
  不要吵了，小姑子嫂嫂们。（曹禺，北 250；指思懿和文彩）

这里的们字的作用既不是真性复数，也不是类及其他，而是总括两个有关系的名词，跟一个连词异曲同工，父子们＝'父亲和儿子'。

  由以上所说，们字的作用不完全是化单为复，又超出于西文的复数语尾的作用以外。

  在连类复数的处所，我们也常常用他们来代们。例如：

  玉箫他们你推我，我打你，顽成一块。（金 22.238）
  老胡和老程他们不知那里寻了来的这么粗，这么长，粉脆的鲜藕。（红 26.15）
  就是晴雯麝月他们七个大丫头，每月人各月钱一吊，佳蕙他们八个小丫头，每月人各月钱五百，还是老太太的话。（又 36.5）
  我好好的办一桌席，把院长他们都请来。（曹禺，蜕 99）
  天不早了，保长他们就要来。（又，正 22）
  早晨黄淑芬她们在这里。（袁俊，万 6）

可是我太太她们要打牌。(又,美122)

复 数 代 单 数

我们、你们

2.3.1 由于种种心理作用,我们常有在单数意义的场所用复数形式的情形。很普通的是第一身跟第二身代词的领格,例如一个人称他的学校为'我们学校'跟称之为'我的学校'是一样的合理的,这个我们就是前面说过的'我和跟我同在一起的人'的意思。在过去的中国社会,家族的重要过于个人,因此凡是跟家族有关的事物,都不说我的,你的,而说我们的,你们的(的字通常省去),如'我们舍下','你们府上'。例如:

你也好了,该放我回去瞧瞧我们那一个去了。(红57.15)
若就是这句话呢,我们姑娘在时我也跟着听熟了。(又113.17)
老弟看,我说我的事都得我们这姑奶奶不是?(儿16.17)
你等一刻,我去问我们姑娘去。(残8.13)
我叫我们仲宣辞职,不干这个受气院长。(曹禺,蜕114)
你们紫鹃也找你呢。(红24.1)
我要在跟前,必撺掇你们老爷叫你把那袋烟抽着了再递给他。(儿37.27)

这样用的他们较少:

可巧老太太给林姑娘送钱来,正分给他们的丫头们呢。(红26.2)

有时候实在只跟个人有关,例如夫之于妻,妻之于夫,也依然用我们

(的),你们(的);若照复数讲,这个们字可真有点儿没着落:

> 我贱姓王——呸! 我们死鬼当家儿的姓王。(儿 7.17)
> 我虽门外汉,我们太太倒是善于钻营。(聊 8.10)
> 明儿[你]娶了你们奶奶儿……(红 100.9)
> 你们那位心上的人不是十天就该来了吗? (聊 10.5)

　　这种用法不但见于领格,也见于非领格,最常见的是我们＝我。
这也分别得出比较近情理的和不那么近情理的。前者如:

> 刘老老道,'不相干,我们走熟了。'(红 40.5;＝我们乡下人)
> 明人不做暗事,您这样叫我们小孩子瞧着也不好。(冰心,集
> 284;＝我们这些小孩子,实冬儿自谓)

后者如:

> 小红笑道,'愿意不愿意,我们也不敢说;只是跟着奶奶,我们
> 学些眉眼高低出入,上下大小的事儿也得见识见识。'(红 27.12)
> 我们一个丫头,姑娘只是混说。(又 31.7)
> 若是我们有什么不好处呢,我是太太派来的,二爷倒是回太
> 太去。(又 113.17)
> 姨娘前次……应许给我作衫子,到如今何尝作了呢? 还提衫
> 子呢,没的尽叫我们担个名儿罢了。(侠 89.10)
> [舅太太]见了张太太,站起来道,'偏了我们了,赴了女儿的
> 席来了!'(儿 29.39)
> 为我们这[么]个人儿,居然你会病成这样儿。(聊 4.7)
> 哟,哪位先生行好,扶我们一把吧! (曹禺,正 60)

　　此外,元代有孩儿每一词,意思等于我们,也常用于单数。例如:

> 孩儿每在龙门镇民户当夫役。(元 19.3.6)

'张千,你说甚么哩?'——'孩儿每不曾说甚么。'(又 3.3 白)
叔待,孩儿每是个庄家。(又 40.3.2 白)

以上的例子都出于妇女或卑幼者之口,这不是偶然的事情,实在代表一种谦卑的口吻。

跟这个相应的表示尊敬的你们的例子不多,现代尤其罕见:

你门年四十,头戴笠,身着袍,脚穿黑靴,文书上载了。你门如何不是?(文山集 13.294)

我们跟你们用于单数,不一定都有谦称跟尊称的意味,例如:

拿着我们一个堂堂男子,直会不如你们一个妇人。(聊 8.8)

又如现代模仿西文习惯,写文章(尤其是报纸上的社论之类)的人自称我们:

然而我们很难相信这是终点。(观察 2.17.3)

这些虽不一定表示礼貌,但是为了避免你和我的直率,跟前面的例句里的动机是相同的。

咱　　们

2.3.2　咱们包括你和我,可是说话的时候往往有口说咱们而意思只是指你或我一人的。这个咱们表示休戚相关,因我而及你,因你而及我,是一种异常亲切的说法。意思指你的如:

〔紫鹃劝黛玉道,〕论前儿的事,竟是姑娘太浮躁了些。别人不知宝玉的脾气,难道偺们也不知道?(红 30.1)

又如〈儿女英雄传〉里安公子听见父亲下狱,要赶往淮安,舅太太拦他

不住,说:

> 好孩子! 好外外! 你别着急,别委屈! 咱们去! 咱们去! 有
> 舅母呢。(儿 3.12)

又如⟨惶惑⟩里祁瑞丰告诉他家里人蓝东阳打了他,他祖父说:

> 好! 他打咱们,是他没理,我们(＝咱们)绝不可以还手。(老
> 舍,惶 498)

再如大人对孩子说'咱们别哭,一会儿我买糖你吃',或是老师对学生
说,'咱们这一次用点功,考好点',都属于这一类。
　　意思指我的如⟨儿女英雄传⟩里能仁寺里那个丑妇人对十三妹夸
说庙里的和尚待她怎么怎么好,说:

> '你想,偺们配么?'那女子(十三妹)说道,'别偺们! 你!'
> (儿 7.19)

她要跟人家亲热,却碰了一鼻子灰。又如⟨惶惑⟩里陈野求对祁瑞宣诉
说自己因为家累不能逃出北京,'可是从另一方面看,岳武穆,文天祥,
也都有家庭。咱们——',说到这里,他觉得这种亲热的口吻在这儿有
点不得体,马上更正:

> 咱们,呕,请原谅! 我,不是咱们! 我简直是个妇人,不是男
> 子汉!(老舍,惶 262)

此外如:

> 老弟,你想人家好看咱们,咱们有个自己不爱好看的吗?(儿
> 15.27)
> 你以为他年青,一冲子性? 他正是利用这个骗咱们;他实在

是体谅我,不肯使我受屈。(老舍,微250)

这些都还只能算是咱们的活用,还不能说是咱们变成单数。但是在元代的文献里有过真正的单数咱们(＝我),例如:

黄巢思量,'咱每今番下了第,是咱的学问短浅。'(五代史平话,梁上8)
告天与咱每祝愿祝福者。(元碑19)
张千,喒每也同你看去来。(元20.1白)

这里边,〈五代史平话〉似乎是用的一种比较特别的方言,那里边不用俺或我每,无论包括式或排除式一概用咱或咱每,所以这里的单数咱每等于他处的单数的我每或俺。元碑的咱每好象是由于翻译人的误解,同样的词语在别的碑里就作俺每。要是除去这两方面的例子,单数咱每的例子也就不多了。(参阅下文单数俉)

名　　词

2.3.3　复数代单数,在代词还多少有理可说;在名词就更难解释,或许只能说是把那个事物当作一个类型看待吧。这种用法在现代只限于爷们,娘儿们两个名词;元代的用例较广。例如:

有那同州是个要害田地,须索个好伴当每去据守。(五代史平话,梁上26)
拣一个清耿耿明朗朗官人每告整。(元3.1.12)
扶咱的小哥每是何名姓?(又72.3.10)
你这庄家们倒会受用快活。(又40.3.1白)
有了一个爷们就是了,别折受的他不得超生。(红111.9)
最爱装个爷们,弄个刀儿枪儿。(儿14.5)
叫他娘子到这店里来? 人家是个娘儿们,那不行罢?(又4.5)
见个生眼儿的娘儿们就没说话先红脸。(又9.25)

小妇人的爷们并没在家。(聊 1.26)

俺、您、偺

2.4 们字通行以后不久,就有了两个含有们字的合音字:

俺＝我们,您＝你们;后来又增加了偺＝咱们。徐渭在〈南词叙录〉(曲苑本,9 页)里就说:

> 恁——你每二字合呼为恁。(‘恁’即‘您’的另一写法,见下)
> 喒——咱门二字合呼为喒。

这三个词间或也写作俺每、您每、偺每。这只是一种变式:由于说话的快或慢,每字或隐或显,正如甚和甚么,怎和怎么。至少在俺字等还收音于-m 的时期可以这样说。如元代白话圣旨碑的末了儿常用‘圣旨俺的’(冯辑第 10,21,22,26,28),但也有作‘圣旨俺每的’(冯辑第 9,19),所译蒙古原文是同一个字。又如刘仲璟〈遇恩录〉里,你每(‘你每父亲都是[有]志气的人’,31 页),恁(‘恁父亲到是有见识的人’,33 页),恁每(‘恁每都在这里歇着’,35 页)杂见。这都可以证明这些不同的形式实际上只是传写同一个语词。

他们是跟我们、你们、咱们同样常见的,但是没有产生合音字,这是一个问题。

俺、俺每

2.4.1 俺初见于宋人词:

> 好恨这风儿,催俺分离。(金谷遗音 13)
> 教俺两下不存济。(又 16)

和金人的两种诸宫调:

> 不图酒食不图茶,夫人请我别无话,孩儿,管教俺两口儿就亲

吵。(董西厢 113,张生对红娘说,谓己及莺)

弟兄笑曰,'你发迹后,俺向鼻内呷三斗三升酽醋。'两个妯娌也道,'俺吃三斗三升盐。'(刘知远 12)

古代字书里有俺字(〈说文〉:俺,大也),但是到了宋代口语里,大约早就不用了。宋金白话文献里的俺只是取奄之声来谐我们的合音。也有写成俺的,如:

俺送尔灯,俺送小番随着,不妨事。(文山集 13.277)

'人'旁'口'旁都是新造谐声字惯用的记号,如们、你、偺、喒都是。

俺既是我们的合音,自然是用于复数,如上引宋词及诸宫调的例;又如:

俺众人商量来,你好献三十万贯金珠与俺,便交你建节封侯,腰金衣紫。(三国志平话,上 11)

儿呵,俺从那水胡花抬举的你惹来大,交俺两个老业人色排门儿教化?(元杂 10.4)

风调雨顺民安乐,都不似俺庄家快活。(太平 9.1)

可怜见俺是儿女夫妻。(新声,中 4)

众人共商量着,对帖木真说,'立你做皇帝。你若做皇帝呵,多敌行俺做前哨,但掳的美人妇女并好马,都将来与你;野兽行打围呵,俺首先出去围将野兽来与你。'(元秘 3.44)

俺每的例:

与蒙哥皇帝根底并俺每根底祝延祈福。(元碑 15)

俺每都打死人堆上骑着马跑,方才脱的性命。(元 74.4 白)

现代的我们可以用于单数,当时的俺也可以;而且跟我们相同,也是领格比非领格更多。以下是一句之内非领格用我而领格用俺的例:

对我曾说道,'俺娘乖。'(刘知远 15)

只愿的南京有俺亲娘,我宁可独自孤孀。(元杂 29.4)

我不曾有片时忘的下俺那染病的男儿。(又 29.5)

我如今趁着这个机会辞了俺哥哥,别处寻一拳儿买卖,可不好?(元 8.2 白)

非领格而用俺的例子,在词曲里头特别多;有显然是为了押韵的,如:

偶因那日相逢处,两情牵,他共俺。(白雪,后 5.1;叶参滥)

为俺,大胆,我倒有三分惨。(太平 4.39)

其余的例子也许跟声律有关,也许无关:

引杀俺时直甚,损我儿阴德。(金谷遗音 15)

俺是个没鉴愚迷汉,枉为人怎不羞懒(惭)。(刘知远 25)

簪虽小,是美玉……浑如俺为你俺为你心坚固;你曾惜俺如珍,今日看如粪土。(董西厢 261)

无论如何,散文里的例子不很多。例如〈元秘史〉,就简直没有单数俺的例子,连领格的也没有。

俺武艺粗钝,看军师应当。(三国志平话,中 12)

俺是殿试秀才。(宣和 2.10)

俺底这圣旨这般宣谕了。(元碑 10)

这个时期的单数俺跟现代的单数我们不同,不含礼貌的意味。正相反,〈元碑〉的例子倒很象西文的所谓 royal *we*.

您、您每

2.4.2 您初见于金人的诸宫调:

> 不索打官防，教您夫妻尽百年欢偶。（董西厢 297）
>
> 若您弟兄送他，我却官中共您理会。（刘知远 8）

不见于南宋人文字：如〈指南录〉里有唵，但您还是写作你门。

您是个地道的俗字，不见于元以前的字书。在金、元文献里常借用恁字，如〈董西厢〉里这个代词共二十一见，作恁的十七次，作您的只四次。此外如：

> 恁子母说话整一日。（刘知远 16）
>
> 恁便做下那肉面山，也压不下我心头火。（元杂 12.4）
>
> 凌烟阁上倒把恁来图。（元 19.1.2）
>
> 来时节肯不肯尽由他，见时节亲不亲在于恁。（西厢 3.4.12）
>
> 娘心里烦恼恁儿知。（新声，中 4）

恁字谐你们的合音是很合适的。但是恁又作'那么'讲，在当时口语里是个常用的字，不能尽着借用，因而又在你字底下加个心表-m收声（比较怎）。虽然有了这个新造的字，有时候还是不免要混写。⑨

您的用例大体上跟俺平行。您＝你们的例：

> 问众官，'您怎生料敌？'（三国志平话，下 4）
>
> 唱一本多愁多绪多情话，教您听一遍风流浪子煞。（太平 9.45）
>
> 济困的众街坊，您是救苦的观自在。（元杂 10.4）
>
> 您两个恰便似一个印盒里脱将下来。（元 8.3.8）
>
> 别勒古台说，'我赶去。'合撒儿说，'你不能，我赶去。'帖木真又说，'您都不能，我去。'（元秘 2.31）

您每的例：

> 您每一人将一贯钱借我出注。（五代史平话，汉上 5）

看者,看者,咱征斗;您每,您每休来救。(元杂 12.5)

您每休把原商量了的意思坏了。(元秘 3.50)

　　单数的您也是领格多于非领格。底下是领格您跟非领格你同见的例:

您妻子交来打听消息,你却这里又做女婿!(刘知远 14)

你看承的爵禄高,觑的您性命低。(太平 7.28)

你须身姓刘,您妻须姓吕。(又 9.22)

我眼悬[悬]整盼了一周年,你也,枉把您这不自由的姐姐来埋怨。(元杂 29.7)

不由我不感叹伤怀,则被你抛闪杀您这爹爹和您妳妳。(元 8.3.9)

你那里高叫响如钟,空逞恁的好喉咙。(又 30.1.8)

现代的你们,如上文所见,除领格外是不大用于单数的,但在金元作品里非领格的单数您就很多。跟单数俺相同,有些是为了押韵,如:

分明为您,憔悴如今。(太平 4.36)

此外也是词曲里的多于散文里的:

相国夫人恁但去,把莺莺留下胜如汤药。(董西厢 180)

指彦威,'听吾语……存仁义交您归去。'(刘知远 22)

笑您那看钱奴,枉了乾生受。(白雪,前 2:22)

您那里欢娱嫌夜短,俺寂寞恨更长。(又,后 5.95)

您休说谎,俺不催逼。(太平 9.46)

却不见客如为客,您做的个轻人还自轻。(元杂 12.3)

想您个匹夫不识贤愚。(元 36.4.5)

虏酋曾告马广道,'您看我家用兵有走的么?'(宣和 2.38)

我打您个弟子孩儿！（元 40.3.1 白）

〈元秘史〉里头也没有单数您的例，无论领格或非领格。

这个时期的单数您不含恭敬的意味，上面例句里看得很清楚。

偺、偺每

2.4.3　偺字在元曲里多写作咱或喒。喒是咱的异体，〈广韵〉：'咱，子感切，姓也。'大约最初就是借用这个冷僻的姓氏来谐咱们合音，后来才加上'口'旁或'人'旁。

偺比俺和您后出，不见于〈董西厢〉跟〈刘知远〉，那里边还只有咱。或许是因为咱字本身形成较晚，已经跟俺、您同时，当这两种作品写作的时期口语里还没有偺这个合音。

在元代的文献里，偺（喒、咱）主要见于剧曲，如：

隋何，喒是绾角儿弟兄。（元杂 12.3）

哥哥……喒便似陈雷胶漆。（又 13.1）

那时我坐香车你乘马，喒两个稳稳安安兀的不快活杀！（元 4.2.10）

孩儿，你休问他，他和喒是老亲。（元 8.4 白）

散曲里就不多（例见下）。〈元典章〉，〈元碑〉，〈五代史平话〉，〈元秘史〉等书里头更是绝不见喒字，只用咱每，或单用咱一个字。这也许是因为这个合音字在口语里本来不如俺跟您的普及，但更有可熊的是当时已经有一部分人有了读咱为偺的习惯（参阅上文 2.2.2'咱们'和'我们'）：当时口语里的 tsa 已经渐渐被淘汰而代以 tsam，自然无妨旧瓶装新酒，把咱的读音改变一下。一般的说，除了宋人跟金人的作品里的咱字可以确定为 tsa 外，元代的咱字，要是没有读 tsa 的确证（例如叶韵），就有读偺的嫌疑（如上引〈元杂〉13.1 例作喒，但同剧 8 页就作咱：指望咱弟兄情如陈雷胶漆）；元以后的单用的咱字竟不妨假定只是偺的一种写法。

偺每的例子不及俺每或您每常见，是因为有一部分写作咱每的原

故。例如：

> 喒每看风子耍子去来。（元5.3白）

俉跟俺的区别和现代的咱们跟我们相同。俺间或有作包括式用的，但极少见。如：

> 哎，蛾儿，俺两有比喻。（元杂7.4）
> 婆婆，他要带将俺去哩，喒去不去？（元8.3.11白）

俉用于排除式，除〈五代史平话〉的咱每外，别处竟不大看见；而〈五代史平话〉的用例是不足为训的，因为那里头根本不用俺字（只〈梁史平话〉上卷两见，皆单数）。

现代的咱们很少用于真正的单数，但在元代的文献里单数的俉相当常见，也是词曲里边为多。押韵的例：

> 你那里问小僧，'敢去也那不敢？'我这里启大师，'用替也不用替？'（西厢2.0.4）
> 此身有似舟无缆，恣意教旁人笑喒。（太平7.23）
> 薄幸才郎不顾喒，有谁画青山两眉淡？（又7.51）

不是韵脚的例：

> 既不吵，你两个赶到中途有何意？喒与你对嘴对嘴。（元64.4.9）
> 你道我不亲强亲，喒须是你父亲。（又65.4.4）
> 你将那舌尖儿扛，喒则将剑刃儿磨。（又74.1.7）

散文里头的例子极少：

> 喒和你就去来。（元12.3.4白）

现代方言里的'俺'、'您'、'偺'

2.4.4　南方系官话里没有产生俺、您、偺等合音字,无须讨论。在通行这些合音字的北方系官话里头,这些字盛行的时候,我每、你每的形式几乎绝迹。可是从宋、元之际起,合口韵已经渐渐动摇,咸摄、深摄(-m)的字纷纷转入山摄、臻摄(-n)——南方系官话没有产生俺、您等合音字也许就是因为这个趋势先盛于南方。⑩到了元、明之际,连口头常说的几个代词,应该是最保守的,也保持不住了,俺变成 an,您变成 nin,偺变成 tsan,这就跟我们、你们、咱们的合音不符了。一部分方言就把俺跟您废除,恢复我们跟你们;偺字没有还原成 tsa 加们,但也不再单独说偺而改说偺们(写作'偺们'或'咱们',后者在现代更普通)。北京话是这一派的代表。也许这一派方言全都受了北京话的影响,而北京话的这样改变很可能跟明代迁都因而迁来许多南方人有点关系。

无论如何,这一派方言比较的居少数。大多数方言保持以 -n 收声的俺、您、偺,或其中的一个(俺)或两个(俺、偺)。现在河北、河南、山东、山西境内就有好些方言不说我们、你们、偺们而说俺(an, ŋan, nan)、您(大多数音 nen)、偺(tsan):这可以说是完全继续元代的传统。

这三个代词,尤其是俺,也有时用于单数,特别是领格。在同时容许俺跟偺代我的方言里头,俺字多少有点谦卑的意味,偺字则恰恰相反,是得意甚至傲慢的口气。但是偺字代我很容易产生误会,如:

> 智爷道,'咱有爹。这样好东西,俺拿回去给咱爹吃去。'内相此时听了,笑着点头儿道,'咱爹不咱爹的倒不挑你。你是好的,倒有孝心。'(侠 80.11)

因此远不及俺代我的常见。事实上有好些方言已经把俺当作单数为主的形式,复数说俺们;它们的应用较我跟我们为广,尤其是在妇女里头。

以下是北京话以外的方言性例句:

俺＝我们：

> 这个都是人气不愤俺娘儿们,做作出这样事来。(金 12.119)
> 俺这两条腿儿的头口。(儿 14.8,山东车夫)

俺＝我：

> 那一天晌午,李家店里打发人来叫俺。(红 86.5)
> 爹吓,俺回来了。(侠 80.5)
> 你老请用罢,俺是不敢当的。(残 5.13)
> 人家上了山以后管保还笑着俺尤老二。(老舍,微 23)

领格俺跟非领格我同见：

> 爷爷,我说罢。那日的面是俺娘亲手盛起……。(通言 24.219)
> 这里我也赶忙追进城去找俺爸爸想法子去。(残 4.14)
> 所以把我卖给俺这妈。(又 14.11)

俺们＝我们：

> 到底不及俺们那个伏手。(红 40.13,刘老老)
> 只是俺们拿僭赔送呢？(儿 9.24,张太太)
> 俺们这个玉大人真是了不得。(残 5.13)

俺们＝我：

> 六姐他诸般曲儿倒都知道,俺们却不晓的。(金 21.231)

偺＝偺们：

俺都是一家人。（儿 13.24，张老）

俺＝我：

咱一来为行好，二来……。（儿 3.19，山东旅店主人）

你不听这个，俺唱个好的。我唱个'小两口儿争被窝'你听。（又 4.13，卖唱女子）

咱老张手背向下，和你讨个车钱。（老舍，微 16）

咱们＝我：

你别看我这么粗手笨脚的，家常饭咱们会做啊。（王宗元，惠嫂 78；我与咱们并见）

现代北京话里的礼貌式您跟上面所说元代的您和存留在现代方言里的 nen 不象是有历史关系（见本书 1.4.2 节）。

代词语尾'家'

谁家、我家、你家、他家

2.5.1　有些代词后头加家字。有作领格用的，那里边的家字可作实字，照原来的意义讲。例如：

蒿地谁家地？（蒿里，乐府 27.245）
使君遣吏往，问此谁家姝？（陌上桑，乐府 28.251）
他家物，从他去。（北齐书 50 韩凤；他家＝别人家）
汝家邪（爷）死。（灯录 16.16）

但是也有不作领格用的。例如：

未审佛是谁家烦恼？（灯录 10.7）

手取金钗把门打。君瑞问，'是谁家？'（董西厢 150）

哎，这老爷又是谁家？（元 80.1.9）

我要修于仙果，汝须速上天宫。莫将诸女献陈，我家当知不受。（敦录，光 94）

我家道处无可道。（灯录 11.8）

对中人以上说话即称小人，中人以下即称我家。（辽诗纪事卷 11 引钱氏私志）

便做你家年纪老。（元 87.3.3）

是盲者唱盲，他家见者元来不盲。（神会 115）

他家马上坐，我身步攀草。（敦琐 31.155）

他家解事在。（游仙窟 14）

莫怪邵南书判好，他家自有景监亲。（摭言 13.6）

汝可早去，唤取鹦鸽，他家头尖，凭伊觅曲。（敦琐 3.16）

忽见居士到来，尽被他家呵责。（维摩诘 3）

自身作罪自□□，莫怨他家妻与儿。（敦录，潜 80）

若是得底人，他家依众遣日。（云门 547）

他家自有儿孙在。（灯录 26.27）

想他家那里知人颠颔。（惜香乐府 53）

争奈他家不自由。（董西厢 151）

你与我传语他家。（元 54.3.12）

怎当的他家将咱苦打。（又 64.3.2）

如此伏侍二公婆，他家有甚不欢喜？（清平 7.2）

我不风，他家自有亲老公。（水 24.37）

非领格的用法是领格用法扩展的结果，这大概是没有问题的。作领格用，家字有实义可循；作非领格用，家字有点象是赘疣。但是它可以增加一个音缀，上面的例句多数见于韵文，不为无因。这个没有语法作用的家字，在明代以后的文献里和现代的北京话以及一般的北方话里都不见应用。也许在日常口语里自来就没有怎么通行过？

但是在吴语区的一部分方言里，家字却发展成为一个表复数的语

尾。例如在武进、宜兴、溧阳(都音 ko)、江阴(ka)、丹阳(tɕi＜tɕia)。这个家字的用法跟官话区的们字相同:我家＝我们,你家＝你们。在名词之后,因为有跟表类型的家甚至本义的家混淆的危险,常常利用'名词＋他们'的形式,如'王妈他家'。只有在丹阳话里头,因为这个表复数的家的语音已经变化到了不容易认识的程度,所以可以普遍地应用在指人的名词后头:儿子 tɕi(＝儿子们)跟儿子 ka(＝男孩子家),王妈 tɕi(＝王妈们)跟王妈 ka(＝王妈家),显然不至于相混。

好些方言里,例如湖北和云南,都有你家一词,作为敬语。既没有我家和他家跟它相配,大概不会是由复数用法变来,而是你老人家的省缩形式。(您是另一省缩形式。)

人　家

2.5.2　人家这个词有一个以家字为主体的意义,如'人家有百匹资,尚欲市别宅'(晋书 105 石勒载记),'大小人家都是一理'(儿 30.22),这不是我们所要讨论的。我们所要讨论的是以人字为主体的意义:人家等于人或别人。

人作'别人'讲,跟己相对,这是自古以来就有的。单是〈论语〉一部书,人和己对举就有九处,如'己所不欲,勿施于人','己欲立而立人,己欲达而达人'等等都是。这样用的人字一直流传到现在,在现代口语里还是活生生地存在,如:

> 只许人求着你,你不肯求着人。(儿 19.9)
> 智爷拿了一把铁锹,撮的比人多,掷的比人远。(侠 80.3)
> 她不打价……人和她打价,她挑起挑儿来就走,头也不回。
> (冰心,集 282)

可是己字已经不单独用,常说自己,因而跟自己相对的,也就常常不说单独的人而说人家。例如:

> 那宝玉是个丈八的灯台,照见人家照不见自己的。(红 19.9)
> 有我们先人在日,也叫我跟着人家考秀才去。(儿 15.24)

大半都以为人家笨,要显摆自己怎么聪明。(聊 1.26)

文章既比人坏,老婆就得比人家好。(男士,女 69;人和人家并用)

当然也有说别人的,如:

自己没有法子,也该请教别人。(残 18.10)

你要是不怕人家打搅你,也得防你担搁别人。(李健吾,春 20;人家和别人并用)

但别人之后还是可以加家,如:

想别人家奴胎也得个自在。(元 51.1.4)

难道别人家来得,僧们倒来不得的?(红 9.14)

你叫别人家可怎么知道?僧们是一起儿来的呢。(儿 38.38)

从泛指别人变成专指别人里头的一个,人或人家就可以等于他。这个转变好象很特别,可是我们知道他字的专指第三人的用法就是这样来的(1.1.3),现在人字无非是又在走那条老路罢了。可是当作他讲的人(以及别人)不常见:

人要死了,你们还只管议论他。(红 114.3;前用人,后用他)

常见的是人家:

你快喝了茶去罢,人家都想了一天了。(红 82.4)

人家赏脸不赏脸在人家。(又 113.18)

他也不想想,人家原是许过的,他却是要图谋人家的。(侠 35.11;第一人家指柳金蝉,第二人家指颜生)

嗳呀,我的太爷,你怎么惹他呢?人家的照应到了。(又 37.11;人家和他并用)

你瞧瞧,人家脊梁上可披着把大刀呢。(儿 7.11)

等人家回来,可叫我怎么见人家呢?(又 27.16)

平白的受了人家一副金镯子。(残 5.8)

这从那里说起,叫人家花这许多钱。(又 17.17)

也不知甚么时候他看上了人家,屡次托我转致鄂郎,意思是非嫁人家不行。(聊 1.7)

人家忙得这样,你还拿她开心!(冰心,集 230;人家和她并用)

你不要这样乱说人家,人家是个没出嫁的姑娘。(曹禺,北 40)

人家不要你了,人家到上海了。(曹禺,蜕 366)

人或人家指别人,大率是指你我以外的第三者,如上文的例。但也可以拿'你'做主体,指你以外的别人,那么'我'也在内;有时候,意思就指的是'我'。从前的人字常常这样用,后来有了人家这个词儿,也可以这样用,但是人字还是常见。人字的例:

惟锺会与人意同。(魏志 28 锺会)

庚子嵩读〈庄子〉……曰,'了不异人意'。(世说 2.9)

每一见时明月夜,损人情思断人肠。(欧阳炯,赤枣子,唐词 195)

若知人为伊瘦损,成病又何妨。(古今词话 24)

倒把我一只脚踩在雪里,把人的鞋也踩泥了。(金 21.231;我和人并用)

你好人儿! ……昨日人对你说的话儿,你就告诉与人。(又 23.248;第二个人=别人)

真真把人气死。(红 24.10;戚本作'真真气死我')

你不说你的话咽人,倒说人性急。(又 32.2)

早听人一句话,也不至有今日。(又 34.2)

我跟你说话,怎么不理人哪?(聊 1.23;我和人并用)

人家的例：

> 人家盖一个门楼,措大家又献言语。(东原录15)
>
> 人家这里费力,你们紧着混,我就不说了。(红54.21;人家和我并用)
>
> 人家各自梳头,你爬在旁边看什么?(又101.14)
>
> 人家这儿疼的都顾不过命儿来呢,你还拿我打哈哈哪。(聊11.5;人家和我并用)
>
> 我的老太太,您这们哆嗦,人家怎么睡呀?(又19.3)

用人家代我,动机自然也是为了避免说我;以现代口语而论,人家比我要婉转些,也俏皮些。

自　家

2.5.3　在许多方言里,例如吴语区,跟人家对待的不是自己而是自家。在形式上,这自然更加整齐,同样都用家做语尾。可是这里有一个问题:自家跟人家并不是同时出现的,自家要早得多。为什么?因为跟早期的自家对立的另有一个词,那就是他家。在上文2.5.1节所引的例句里,〈神会〉和〈敦琐〉的他家都不等于他而等于别人。原来人、己对待虽然起源甚古,可是当中曾经一度为他、自对待所掩盖。在正统文言言里,他(指人)和自都不作实体词用,但在中古的口语里却这样用起来。他、自对待的例子很多,尤其是在佛经以及受佛经影响的作品里,例见1.1.3节。一直到现在,把'及物动词'和'不及物动词'称作'他动词'和'自动词'也还是用的这个意义,虽然已经在日本人那里转了个手。

他家和自家的出现同时,在这个时候他字已经开始由泛指变为特指(即第三身代词),他家也就往往转为这个新的意义。再过了些时候,才有人家出来填补它的原缺,跟自家对待。

自家曾经有过三个意义。(1)跟别人相对,跟自己同义,常常放在你、我等字后头做同位词。这个意义起源很早,也一直用到现代。例如:

夸道自家能走马,团中横过觅人看。(王建,宫词)

不知他命苦,只取自家甜。(寒山 17)

可怜父母自家饥,贪馁一孤儿。(敦录,周 87)

说似一物则不中,尔但自家看。(临济 503)

尔为什么抛家失业?何不回头认取自家宝藏?(黄龙 634)

万水千山行已遍,归来认得自家身。(击壤集 46)

物未尝不齐,只是你自家不齐。(程语 289)

自家犹不能快自家意,如何他人却能尽快我意?(朱语 48)

你也自家宁耐,我也自家将息。(金谷遗音 10)

你要去你自家去,我是不敢去。(元 13.3 白)

迤逦取路到自家门前。(恒言 14.157)

我自家心里的事我自家知道。(儿 21.11)

在现代,虽然很多方言里还是用自家,北京话已经作自个儿。这大概是因为家(ka)在这个词儿里没跟着一般的读音颚化,所以反而要另外用'个'字来传写(比较:今日家>今儿个;张家庄>张各庄)。

(2) 近代既然借用古代表示'其他'的他来指示第三身,则借用跟他对立的自来指示第一身,也是很近情的。现在人常用自己或本人来代我,也是由于相同的心理。于是自家就有了第二个意义,等于我自家。这个意义现代已经不用了。

自家见了,尚自魂迷;他人睹之,定当乱意。(敦录,光 94)

表上……阿舅大官家:你前时要者玉,自家甚是用心,只为难得似你尺寸底。自家已令人两河寻访,才得似你尺寸底便奉上也。(云麓漫钞 15.14)⑪

莫笑衰容双鬓改,自家风味依然。(樵歌,上 12)

雁儿且住,略听自家说。(乐府雅词 102 刘焘)

今之论学者只务添人底,自家只是减他底,此所以不同。(陆语 262)

有亲戚托人求举。先生曰,'……况某人事母如此,临财如此,居乡曲事长上如此,教自家举荐他甚么得?'(朱语 142)

相逢樽酒何时？征衫容易，君去也，自家须住。（龙川词 4）

去则是？住则是？烦恼自家烦恼你。（龙洲词 5）

岂是自家无仙骨？尚被红尘牵绊。（玉蟾诗余 23）

又问，'秦中丞安乐么？此人元在自家军中，煞是好人。'（绍兴甲寅 162.7）

欲问自家心头事，愿听我说似：这心头横侥（躺）个海猴儿。（董西厢 172）

自家韩信的便是……想自家空学的满腹兵书战策。（元杂 9.1）

自家拜揖，愿求恩官高姓大名。（水 37.49）

(3) 我字可以有泛指的作用，意思是'你或我或任何人'（如〈庄子·养生主〉：吾生也有涯，而知也无涯），自家也可以有这个意思。同时，他可以跟我相对，也可以跟你我相对；跟他家相对的自家也就可以有你我的意义。这两个意义是十分密切，不容易分开的，合起来可以算是自家的第三个意义。底下是较偏于泛指的例子：

人生天地间，都有许多道理，不是自家硬把与他，又不是自家凿开他肚肠白放在里面。（朱语 52）

诗上说'思无邪'，自家口读'思无邪'，心里却胡思乱想，这不是读书。（又 162）

显然为你我的意义的例子：

［窦］俨谓其弟偁参政曰，'俨兄弟第五人皆不为相，兼总无寿。其间惟四哥稍得，然结裹得自家兄弟姊妹了亦住不得'。（丁晋公谈录 25）

自家好家门，各为好事，以光祖宗。（范文正公集，尺牍卷上 7a）

学士，学士，他们取了富贵，做了好官，不枉了恁地。自家做甚来陪奉他门波波地打闲官方（？），落得甚声名？（道山清话 8）

此是契丹男妇媳，且教与自家劝酒，要见自家两国欢好。（燕云 4.7）

事已如此，自家这里斗口做甚？（㧑斋 23.4）

你不知，自家相公得出也。（挥麈录余话 2.21）

又如今两人厮吵，自家要去决断他，须是自家高得他。（朱语 154）

张昭，吴危再言，'……汉皇叔，自家莫管。'（三国志平话，中 17）

小姐，这里又无外人，我和你自家闲讲，怕甚的来？（元 4.1.4 白）

作你我讲的自家显然是复数，因此有明白加上一个们字的。例如：⑫

自家懑都望有前程，背地里莫教人呪骂。（晁元礼词补遗 5）

且教子由伏事娘娘，我小使头出来，自家门打一解。（随手杂录 4）

莫且自家门如今且把这事放着一边，厮杀则个：待你败时，多与银绢；我败时，都不要一两一匹。（燕云 14.6）

今自家懑都出岳相公门下。（挥麈录余话 2.23）

自家懑相近为一家人。（襄阳守城录 4）

恰如自家们讲究义理到熟处，悟得为人父确然是止于慈，为人子确然是止于孝。（朱语 170）

这样用的自家跟自家们现代也没有了——不是没有，是变成咱跟咱们了。

咱

2.5.4　咱字不见于宋以前的字书，但是宋词之近于语体者里头已经有这个字，这分明是个俗字。从字形上看，'口'旁往往是俗字的符号，右边从'自'，跟自字该有关系；从语音方面说，又恰好是自家的切音。⑬要是能从用例方面证明咱跟自家完全吻合，则咱为自家转变而成，当无疑问。上面说过，自家共有三个意义，这三个意义咱(tsa)都曾经有过。

(1) 宋、金词曲里常有我咱、你咱等说法，如：

外边闲事无心觑，直自我咱怕你恶肠肚。（晁元礼词补遗 4）
我咱谙分，随有亦随无。（惜香乐府 4）
我咱忱后，神歌鬼舞，任尔万般毁谤。（乐府雅词 101）
思量都为我咱呵，肌肤消瘦。（董西厢 205）
惟有俺咱真分浅，往事成空。（惜香乐府 56）
自入舍做女婿，觑俺咱似儿戏。（刘知远 8）
俺咱情愿苦战沙场。（董西厢 64）
姓名标在青史，却干俺咱甚事。（癸辛杂识，别下 14）
瑶琴是你咱抚，夜间曾挑逗奴。（董西厢 261）
骂薄情，听道破，你咱实话没些个。（刘知远 16）
您咱两口儿夫妻似水如鱼。（又 6）
问卿咱，为甚不说半句儿知心话？（元 21.3.5）

这个咱字如果作咱们讲是讲不通的。但如假定是我自家、你自家音合而成我咱、你咱，同时自家的意义也减杀而近于无义解，只供词曲中增添音缀之用（末例兼押韵），类似我家、你家的家，那就很可以理解了。更可注意的是有我咱（俺咱）跟你咱（您咱），但是没有他咱或伊咱，岂不是因为在同类的义献里他家跟伊家依然通用？（2.5.1）

　（2）在宋、金、元的文献里咱字有单数（＝我）跟复数（＝咱们）两种用法。自然，我们要是参照您和俺的用例，可以说复数的意义是原始的，单数的意义是扩展的结果。可是事例有点两样，咱字的单数意义是跟复数意义同时出现的，甚至还可以说是略早。要是假设咱是自家的合音，那么这两个意义各有所承，就不必分出哪个先哪个后来了。

　咱等于我，跟上面第二义的自家相当的例：

你若无意向咱行，为甚梦中频相见？（乐章集 34）
你待更瞒咱，咱也今知晓。（竹斋词 8）
教惺惺浪儿每都伏咱。（董西厢 1）
咱有服制，谁人敢为做媒？（五代史平话，汉 2）

夜深也，咱独坐。谁想道，人瞧破。（元 5.3.5）

您儿女就是咱儿女，我怎肯两样三般觑。（又 90.0.1；咱、我互文）

也是咱运拙时乖。（白雪，后 4.9）

这别离，一半儿因咱，一半儿你。（太平 5.49）

你不肯遮盖咱，咱须当遮盖你。（又 9.37）

即使是在咱字盛行的时期，它也没完全替代了我字；除了《五代史平话》所用为一种特殊方言，那里边咱比我多而外，其余文献里都是我多咱少。用咱字，往往是为了句子内部的声律（我上声，咱平声），如以上多数例句所见；也常常同时利用它押韵，如：

御史台开除我，尧民图添上咱。（太平 8.14；我、咱互文，咱叶马、大、猾）

比及见咱，我不瘦杀，多应害杀。（元 41.2.9；我、咱互文，咱叶杀、怕）

又常常跟俺交互着用以求变化，同时兼调协声调（俺上声），如：

他于咱意亲，俺于他心顺。（白雪，后 2.69）

大排场俺占，乔风月咱兼。（太平 7.31）

咱字本身原来已有家字在内，但这个合音字一旦固定之后，一般人忘了它的来源，又由我家、你家、他家类推出一个咱家的形式：

咱家乾志诚，不忘（望）他家怎地孤恩短命。（董西厢 175）

自分咱家无分消任。（太平 6.42）

被咱家说破他行止。（元 7.4.4）

咱家私自暗思。（又 37.1.4）

紧拽住咱家衣袂，则徒（图）要步步追随。（又 58.2.4）

怎便要杀坏咱家？（又 80.1.9）

恁地一个有名的揭阳镇上,没一个晓事的好汉抬举咱家。
（水 36.49）

咱(tsa)作我讲,现在北京话里不用,方言里也少见。

（3）咱等于咱们,跟上面第三义的自家相当（这里面较晚的例子可能不代表 tsa,而代表 tsam 或 tsan）。例如:

咱是的亲爹娘生长。（刘知远 25）

咱两个彼各当年。休,休,定是前缘。（董西厢 144）

咱两个瓶坠簪折,恩断义绝。（宣和 2.15）

此处不是咱坐处,二公不弃,就敝宅聊饮一杯。（三国志平话,上 7）

咱须是一父母,又不是两爹娘。（元 7.0.2）

不是你呵,我这马如何得? 咱两人可以分,你要多少?（元秘 2.34）

复数意义的咱家比较少,远不及单数的多:

不来后是咱家众僧采,来后怎当待?（董西厢 58）

这个咱字现代北京话里也不用了,跟这个相当的是咱们。（一般北方话里是俺,据说山西北部和绥远境内还有方言用复数的 tsa。）

如上所见,咱们的来源很远:并不等到有了咱字才加上们字,在自家还没有合音的时候已经有自家们了（见 297—8 页）。咱们等于上面的复数咱,包括'你'和'我',构成所谓包括式第一身复数。

问则甚! 咱门这里拜章。（全宋词 282.3）

咱们祖上亦是宋氏(民?),流落在此。（癸辛杂识,续下 23）

孙坚言咱们是猫狗之徒。（三国志平话,上 17）

我这里拜辞在阶下,知咱每相见在何年。（元 57.2.13）

咱每夜里且休行,可就这里下营。（元秘 3.17）

咱们赌甚么？（金 2.229）

咱们这个字形虽然从南宋一直传到现在，但在已有偺这个合音字之后，咱们里边的咱是否还是早期的单纯的 tsa，就很成问题了。

注

① 懑字在〈广韵〉有莫困，模本，莫旱三个反切；瞒字在〈广韵〉只有母官切，但〈集韵〉有谟奔切。

② 元曲一般用每，但间有们字，如臧选 12.3.4；13.2.7；40.3.5；70.1.6；及他处所见。而且似乎并非明人传抄之误，如'那秀才每谎后生……嘱咐你女娘们休惹这样酸丁'(83.3.6)，每与们互文；'那里象嗒们，恰便似空房中锁定猢狲，'(12.3.4)，'我使尽金银，投托你们，说起原因，有救命之恩'(54.1.9)，们字都叶韵。

③ 〈刘知远〉传下来的是当时的刻本，懑字自然可靠。因此〈董西厢〉的每字很可能是元代或明代传抄或翻刻时改写的，改之未尽，还留下一个懑字。否则这个懑字颇难解说。

④ 在平话小说中有通篇用们而间有每字的，如'你每是东京人'(清平 15.5)；'可奈这个和尚要打我每'(水 5.25)。

⑤ 关于们的起源，我在〈释您、俺、咱、嗒，附论们字〉(〈汉语语法论文集〉32 页)后面有一段补记，转载于此。

　　本文付印之后，偶于〈史通〉卷十七'北齐书'条见有'渠们底箇，江左彼此之辞；乃若君卿，中朝汝我之义。斯并因地而异、随时而革，布在方册，无假推寻'之语。若此言信然，则们字起于南朝，较本文所假定者为尤古。然于此不能无疑。宋代以前著录们字之例，作者尚未见及。而刘氏明谓为'布在方册，无假推寻，'一也。'渠们'与'底箇'(＝'他们'与'这个')非恰当之对语，更揆以'乃、若、君、卿'之例，则'渠、们、底、箇'亦应为四字离立，而'们'字独用无可为义，此又一也。颇疑〈史通〉'们'字为'伊'字传写之讹，'伊'字诚江左所盛用(如〈世说〉中)，而'渠、伊'与'底、箇'亦恰与'彼'及'此'分别相当。然诸家校本，均无异文，姑识以存疑。　　　1941 年 2 月 15 日

经过四十多年，不但始终没看过'渠们'连文，也没看见过'底箇'连文，我现在更加相信〈史通〉的'渠们'是'渠伊'之误。

⑥ 〈儿女英雄传〉里咱们和偺们的数目差不多相等：

咱们：2.1,2.6,3.6,3.8,3.12,3.14,及他处。

俺们：1.13,2.3,3.9,3.16,4.2,及他处。

⑦ 还有一种办法,用我和你或你我。例如：

我和你尾这厮去。(清平 2.12)

比似只管等待,何不今夜我和你先做夫妻。(京 10.7)

明日是个相合日,我同你先到张宅讲定财礼。(又 13.3)

也免得这些乡户人家放了驴和猪在你我田里吃粮食。(儒 1.2)

有咱们的方言里也用你我：

我的哥哥,他家的金银虽多,你我去白要一二钱,他们给俺们吗?(红111.11)

你我就依着他住几天,俺们痛痛的多喝两场。(儿 15.11)

⑧ 在某些北方方言里,可以在动物名词后边加们,甚至在植物以至非生物名词后边加们,还可以在指代词谁、这个、那个后边加们,详见杨耐思等：〈藁城方言里的'们'〉(〈中国语文〉1958.6)；黄伯荣等：〈兰州方言概况〉(〈甘肃师范大学学报〉1960.1)。

⑨ 和这相反,也有把您写成您的,如：

乐意开怀虽您地,也省可里不记东西。(元杂 29.2)

只他这小孩儿家说话别,便大人也不会您样说。(元 27.3.4)

同心结义数年过,徒您如今昏暗多。(新声,中 4)

⑩ 这里所说的南方,是官话区的南方,即长江流域,在这个区域里现在又进一步把-n 跟-ŋ 也混同起来了。至于更往南去的闽、粤方言里,合口韵到现在还保存着。关于宋代乃至宋以前-m,-n,-ŋ 三者的混用,可参阅商务印书馆标点本〈樵歌〉钱、黎、林诸人跋语。

⑪ 案此大观中求玉于于阗,其王奉表,译文云云。宋人笔记多记此事。〈清波杂志〉、〈游宦纪闻〉所载表文并同〈漫钞〉,惟〈铁围山丛谈〉所载第二自家作我。

⑫ 比这里的例子更早的是楼钥所见的元丰中的自家伟一例,见本书 2.1.1 节。

⑬ 自字〈广韵〉'疾二切',但宋代大概声母已经清化。除这里所说的代词咱外,金、元白话中另有助词咱,见作者〈释景德传灯录中在、著二助词〉(〈汉语语法论文集〉58—72 页)。

〈三身代词〉和〈'们'和'家'〉引书目录

本目以引用例句的书为限,引用论著随文加注,此处不列。经、子、诸史据通行本,此处也不列。所列各书酌以时代分段,一段之内以类相次,不再分先后。

引例较多的书用简称,本目在书名下加浪线为记。例句书名后只有一个数目的,指页数;有两个数目,用点隔开的,指卷数(回数、种数)和页数。合于这个通例的,本目不在书名后注明。有些书分卷或回,但页数通贯,除记出页数外仍记出卷次,以便用别的本子的读者检校。〈元曲选〉和〈西厢记〉因为用过两种本子,所以改用种(本)、折、曲为记。这些都在本目书名后注明。〈元曲选〉和另外几种总集抄列子目,也是为了读者检查的方便。另外还有引用本目所列之外的版本的,记明篇目,不记页码,以示有别。

唐 以 前

乐府诗集　郭茂倩辑　　　四部丛刊初编(缩印本)
古小说钩沉　鲁迅辑　　　鲁迅全集,人民文学出版社(1973)

唐、五代

司空表圣文集　司空图　　四部丛刊初编(缩印本)

寒山子诗　寒山　　　　　同上

元氏长庆集　元稹　　　　四部备要

全唐诗　　　　　　　　　中华书局(1960)

唐五代词　林大椿辑　　　文学古籍刊行社(1956)

才调集　韦縠辑　　　　　四部丛刊初编

临济慧照禅师语录　　　　大正大藏经第四七卷

洞山悟本禅师语录　　　　同上

隋唐嘉话　刘悚　　　　　涵芬楼影印顾氏文房本

刘宾客嘉话录　韦绚　　　同上

葆光录　陈纂　　　　　　同上

开元天宝遗事　王仁裕　　同上

因话录　赵璘　　　　　　稗海

北梦琐言　孙光宪　　　　雅雨堂丛书

游仙窟　张鷟　　　　　　开明书店古佚小说丛刊

朝野佥载　张鷟　　　　　中华书局(1979)

酉阳杂俎　段成式　　　　中华书局(1981)

大唐起居注　温大雅　　　丛书集成

句道兴搜神记　　　　　　中华书局(1981)搜神后记附刊

敦煌掇琐　刘复辑　　　　前中央研究院历史语言研究所(种,
　　　　　　　　　　　　　总页)

　　(3)燕子赋甲　(30)阙名五言白话诗　(31)阙名五言白话
　　诗　(32)王梵志诗

敦煌杂录　许国霖辑　　　商务印书馆

维摩诘经变文　　　　　　世界文库第十一号

敦煌变文集　王重民等辑　人民文学出版社(1957)

　　伍子胥变文,汉将王陵变,捉季布传文,王昭君变文,秋胡变

文,庐山远公话,韩擒虎话本,叶净能诗,茶酒论,破魔变文,维摩
诘经讲经文,欢喜国王缘,丑女缘起

太平广记　李昉等辑　　　　文友堂影印谈刻本

宋

景德传灯录　道原　　　　四部丛刊三编

汾阳无德禅师语录　　　　大正大藏经第四七卷

黄龙慧南禅师语录　　　　同上

范文正公集　范仲淹　　　四部丛刊初编

河南程氏遗书(程语)

　　　　　　　程颢,程颐　国学基本丛书

杨龟山集　杨时　　　　　同上

朱子语类辑略　朱熹　　　丛书集成据正谊堂丛书

象山先生集(陆语)陆九渊　四部丛刊初编(缩印本)(卷,总页)

击壤集　邵雍　　　　　　同上

诚斋集　杨万里　　　　　同上

文山集　文天祥　　　　　同上

全宋词　唐圭璋编　　　　前国立编译馆

乐府雅词　曾慥编　　　　四部丛刊初编(缩印本)

珠玉词　晏殊　　　　　　国学基本丛书影印汲古阁宋六十名
　　　　　　　　　　　　　　家词

六一词　欧阳修　　　　　同上

乐章集　柳永　　　　　　国学基本丛书影印汲古阁宋六十名
　　　　　　　　　　　　　　家词

山谷词　黄庭坚　　　　　同上

淮海词　秦观　　　　　　同上

稼轩词　辛弃疾　　　　　同上

惜香乐府　赵长卿　　　　同上

金谷遗音　石孝友　　　　同上

龙川词　陈亮　　　　　　同上

龙洲词　刘过　　　　　　同上

克斋词　沈端节　　　　　　同上

樵歌　朱敦儒　　　　　　　疆村丛书

东坡乐府　苏轼　　　　　　同上

玉蟾诗余　白玉蟾　　　　　同上

竹斋词　沈瀛　　　　　　　同上

鄮峰真隐词　史浩　　　　　同上

笑笑词　郭应祥　　　　　　同上

东堂词　毛滂　　　　　　　同上

须溪词　刘辰翁　　　　　　同上

漱玉词　李清照　　　　　　赵万里校辑宋金元人词

晁元礼词补遗　　　　　　　同上

沈瀛词补遗　　　　　　　　同上

古今词话　杨湜　　　　　　同上

燕云奉使录　赵良嗣　　　　三朝北盟会编(许刻)引(卷,页)

茆斋自叙　马扩　　　　　　同上

靖康城下奉使录　郑望之　　同上

北记　范仲熊　　　　　　　同上

绍兴甲寅通和录　王绘　　　同上

梦溪笔谈　沈括　　　　　　四部丛刊续编

桯史　岳珂　　　　　　　　四部丛刊续编

挥麈录　王明清　　　　　　同上

鸡肋编　庄季裕　　　　　　涵芬楼校印

南唐近事　郑文宝　　　　　涵芬楼本说郛卷二〇

道山清话　王口　　　　　　同上　　　　卷八二

丁晋公谈录　　　　　　　　同上　　　　卷九八

闻见近录　王鞏　　　　　　知不足斋丛书

随手杂录　王鞏　　　　　　同上

默记　王铚　　　　　　　　同上

曲洧旧闻　朱弁　　　　　　同上

四朝闻见录　叶绍翁　　　　同上

湘山野录　文莹　　　　　　津逮秘书

癸辛杂识　周密　　　　　同上
老学庵笔记　陆游　　　　学津讨原
齐东野语　周密　　　　　同上
画墁录　张舜民　　　　　稗海
襄阳守城录　赵万年　　　指海
云麓漫钞　赵彦卫　　　　涉闻梓旧
懒真子　马永卿　　　　　丛书集成据儒学警语
中兴战功录　李璧　　　　藕香零拾
东原录　龚鼎臣　　　　　十万卷楼丛书
黑鞑事略　彭大雅、徐霆　海宁王静安先生遗书

金

刘知远传诸宫调　　　　　生活书店世界文库第二号
董解元西厢记　　　　　　万有文库影闵刻本

宋、元

三国志平话　　　　　　　开明书店古佚小说丛刊
五代史平话　　　　　　　商务印书馆
宣和遗事　　　　　　　　同上（1915）
京本通俗小说　　　　　　烟画东堂小品
　　（10）碾玉观音　（12）西山一窟鬼　（13）志诚张主管
清平山堂话本　　　　　　古今小品书籍印行会
　　（2）简帖和尚（7）快嘴李翠莲（15）杨温拦路虎
雨窗集　　　　　　　　　鄞县马氏印

宋、元、明

警世通言　　　　　　　　生活书店　（卷,总页）
醒世恒言　　　　　　　　同上　（卷,总页）

元

元代白话碑　冯承钧辑　　商务印书馆（编号）

元典章校补　陈垣　　　　北京大学研究所
西厢记　王实甫　　　　　暖红室本;开明书店本(本、折、曲)①
古今杂剧三十种(元杂)　　日本京都帝国大学
　　　(7)诈妮子调风月　(10)公孙汗衫记　(12)汉高皇濯足气
英布　(13)张千替杀妻　(29)闺怨佳人拜月亭
阳春白雪　　　　　　　　国学基本丛书
朝野新声太平乐府　　　　同上
梨园按试乐府新声　　　　四部丛刊三编

元、明

元曲选　　　　　　　　　商务印书馆本;世界书局本(种、折、
　　　　　　　　　　　　　　曲)②

　　　(1)汉宫秋　(3)陈州粜米　(4)鸳鸯被　(5)赚蒯通
(7)杀狗劝夫　(8)合汗衫　(10)争报恩　(12)救风尘
(13)东堂老　(16)曲江池　(19)薛仁贵　(20)墙头马上
(21)梧桐雨　(24)虎头牌　(30)小尉迟　(33)神奴儿
(36)岳阳楼　(37)蝴蝶梦　(40)黑旋风　(41)倩女离魂
(43)马陵道　(48)昊天塔　(50)渔樵记　(51)青衫泪
(54)后庭花　(55)范张鸡黍　(57)赵礼让肥　(58)酷寒亭
(64)灰阑记　(65)冤家债主　(72)金线池　(74)气英布
(76)刘行首　(79)摩合罗　(80)盆儿鬼　(87)李逵负荆
(90)罗李郎
朴通事谚解　　　　　　　日本影印朝鲜奎章阁丛书第八
老乞大谚解　　　　　　　同上　　　　　　　　第九

明

元朝秘史　　　　　　　　四部丛刊三编
遇恩录　刘仲璟　　　　　四部丛刊初编诚意伯文集卷一

---

①　白随曲为次,第一首前以 0 为记,楔子以 0 为记。
②　白随曲为次,第一首前以 0 为记,楔子以 0 为记。

北使录　李实　　　　　　丛书集成影印纪录汇编
正统临戎录　哈铭　　　　同上
北征事迹　袁彬　　　　　同上
牧斋初学集　钱谦益　　　四部丛刊初编（缩印本）（卷，总页）
水浒（一百二十回本）　　国学基本丛书
金瓶梅词话　　　　　　　上海杂志公司　（回，总页）

清

儒林外史　吴敬梓　　　　商务印书馆（回，总页）
红楼梦　曹雪芹　　　　　亚东图书馆据程乙本
儿女英雄传　文康　　　　亚东图书馆
三侠五义　石玉昆　　　　同上
老残游记　刘鹗　　　　　同上

近人

鲁迅：呐喊　　　　　　　鲁迅三十年集
　　　故事新编　　　　　同上
叶绍钧：稻草人　　　　　开明书店
冰心：冰心小说集　　　　开明书店（1947）
　　　　别后（219—236）　姑姑（242—249）　第一次宴会
　　（250—261）　分（268—279）　冬儿姑娘（280—286）
　　　三年（冰心小说散文集）人民文学出版社（1954）
男士：关于女人　　　　　开明书店（1945）
老舍：骆驼祥子　　　　　文化生活出版社（1947）
　　　惶惑　　　　　　　晨光出版公司
　　　偷生　　　　　　　同上
　　　微神集　　　　　　同上
　　　　上任（1—25）歪毛儿（192—207）黑白李（239—261）
　　　老舍剧作选　　　　人民文学出版社（1978）
曹禺：日出　　　　　　　上海文化生活出版社（1947）
　　　北京人　　　　　　同上

　　　　蜕变　　　　　　　　同上

　　　　正在想　　　　　　　同上（1940）

袁俊：美国总统号　　　　　文化生活出版社（1947）

　　　　万世师表　　　　　　新联出版公司

李健吾：这不过是春天　　　上海商务印书馆（1937）

　　　　黄花　　　　　　　　上海文化生活出版社（1945）

吴祖光：少年游　　　　　　开明书店

白话聊斋　　　　　　　　　北京实事白话报连载（1932—34）

　　　（1）胭脂　（2）成仙　（4）花姑子　（6）细侯　（8）颜氏
（10）莲香　（11）二商　（14）宫梦弼　（16）红玉　（17）恒娘
（19）绩女

邓友梅：双猫图（邓友梅短篇小说选）　　北京出版社（1981）

王宗元：惠嫂　　　　　　　东风文艺出版社（1961）

把我国语言科学推向前进①

一

这多少年来我们做了不少工作,有的还做得不坏,但是总的说来,不够多,不够好,远远不能适应社会主义现代化的需要。今天我想谈谈如何把我们的语言研究工作再往前推进一步的问题。主要谈汉语研究,在不同程度上也适用于其他方面。

我觉得要推进我们的研究工作,需要处理好四个关系,就是中和外的关系,虚和实的关系,动和静的关系,通和专的关系。

第一个问题是中和外的关系,也就是中西结合问题。很多学科有这个问题,比如美术有中国画和西洋画的问题,音乐有民族音乐和西洋音乐的问题,医药方面有中医西医的问题,语言学也有这个问题。有些学科结合得比较好,有些学科结合得不那么好,语言学上的中西结合有一定成绩,但是还不很圆满。

中国和西方有各自的语言学传统。中国的语言学传统,严学宭先生将要在这里做专题报告,我就不多说了。简单的说两点:第一,中国传统语言学以古汉语为研究对象,主要是研究秦汉以前的古书。有时也对'俗语'做些考证工作,多少有点业余性质,如翟灏的〈通俗编〉,钱大昕的〈恒言录〉,章炳麟的〈新方言〉等等,一直到 1920 年还有一位方毅先生出版一本小册子〈白话字诂〉,都是站在文言的立场,用文言来解释白话的。第二个特点是以文字为中心,把语言的研究包括在'文字学'之内。从前老北京大学的讲义有〈文字学形义篇〉、〈文字学

---

① 根据 1980 年 10 月 22 日在中国语言学会成立大会上的发言的记录改写。

音篇〉。西方的语言学传统,起初也是以古典语言为对象,后来转移到当代语言,近二百年又扩展到多种语言的比较研究。西方的文字只是声音的符号,没有象我们的文字学那样的学问。他们也有古文字学,只是辨认文字形体,是史学和考古学的辅助学科。西方的语言学传统可以说是以广义的语法学为中心,十九世纪产生了历史比较语言学,二十世纪产生了一般性的语言学理论即所谓普通语言学,又有比较语音学。这些都是跟多种语言的研究分不开的。中国由于历史和地理的原因,研究的对象基本上局限于汉语。

以上说的是中国和西方的语言学传统的差异,现在来谈谈结合问题。西方语言学闯进中国可以说是从明朝末年天主教教士用拉丁字母拼写汉字开始,以后又有基督教(新教)教士用拉丁字母拼写汉语方言,这些对于清末民初的切音字运动都有影响。语法方面,从十九世纪末年马建忠的〈马氏文通〉开始,汉语语法的研究一直受到西方语法学的影响。现在的问题已经不是要不要结合,而是如何结合的问题。我觉得,重要的是学习西方学者研究语言的方法,而不是套用他们的研究成果。比如在中古音的构拟上,因为把传统的声类韵类的研究跟用西方的历史比较法研究汉语方言的结果结合起来,就取得了比较满意的结果。跟这个比较起来,语法研究的成绩就要差些,很可能就是因为套用现成结果多了些,钻研方法少了些。

有两种偏向我想提一提。一种偏向是谨守中国语言学的旧传统埋头苦干,旧传统里没有的东西一概不闻不问。当然不能说这样进行研究不会有收获,但是可以肯定说收获不会很大。要知道现在中国学问已经成为世界性学问,很多国家里边很多学者在那里研究中国的语言,中国的历史,中国的艺术。他们在方法上,有时候甚至在材料上,有胜过我们的地方。他们的研究成果有很大的参考价值,我们不一定全都接受,但是至少我们不可以不知道。如果有的问题别人已经替我们解决了,我们却还在暗中摸索,岂不可笑?

另一种偏向是空讲语言学,不结合中国实际,有时候引些中国事例,也不怎么恰当。介绍外国的学说当然需要,我们现在介绍得还很不够,但是介绍的目的是借鉴,是促进我们的研究。我们不能老谈隔壁人家的事情,而不联系自己家里的事情。就讲介绍吧,也要下一番

融会贯通的功夫，枝枝节节，依样画葫芦是没有多大用处的。

所以会有这两种偏向，主要是由于学习途径不同（中文系，外语系，自学），传授不同，这是可以理解的。但是偏向总还得说是偏向，对于推进我们的工作不利。如果从中国传统语言学入手的人能在吸收西方语言学方面下点功夫，如果从西方语言学入手的人能在结合中国语言实际上下点功夫，那就最好了。

二

其次，谈谈虚和实的关系，也就是理论和事例的关系（这里说的‘事例’，用科学家的术语就是‘数据’）。理论从哪里来？从事例中来。事例从哪里来？从观察中来，从实验中来。不管做哪种学问，总不外乎‘摆事实、讲道理’六个字。事实是客观存在的，但是你要观察它，才能认识它。拿语言来说，每个人每天都接触到大量的语言材料，自己说的话，别人说的话，多得很，数不清有多少。如果你不用心观察，就只感觉有那么一大堆乱七八糟的东西；如果你用心观察，就会发现语音的组合有一定的模式，词语的组合有一定的规律。把这些模式和规律系统化，就构成理论。观察语言现象，除了直接听人（包括自己）说话以外，还有书面材料，就是用文字写出来的。过去研究语言的人偏重书面材料，忽略口头材料，这是不对的。口语至少跟文字同样重要，如果不是更重要的话；许多语言学家认为口语更重要，因为口语是文字的根本。研究自然科学，除了观察，还常常进行实验，研究语言能不能进行实验呢？语音可以用仪器来测量，这可以算做实验。语法方面，语义方面，可以提出问题，这样一句话能不能说，这个字眼跟那个字眼能不能搭配，拿来征求别人的意见，这个一般叫做调查，也可以算是一种实验。也可以用来征求自己的意见，那就是反省。

如何对待前人的理论？讲语言的书已经很多了，无论中国还是外国，都是两千多年以前就有人提出有关语言的理论了。怎样对待它？科学成果是累积起来的，白手起家是困难的，并且这个时代也早已过去了，前人的理论是我们的财富。但是，对一个研究语言的人来说，前人的理论无论多么重要，都只是一种参考，要用自己的观察来验证。

不能奉为神圣,那样就没有进步了。并且,前人的理论往往有分歧,有矛盾,你把哪一家奉为神圣呢? 中国从前做学问的人讲究'家法',讲经学有今文学家和古文学家,讲理学有程朱之学,有陆王之学,各种学派多得很。外国也是这样,目前就有结构主义学派,有转换生成语法学派,派之中还有派,结构主义有日内瓦学派,布拉格学派,美国学派,英国学派,如此等等。讲'家法'有好处,免得拼拼凑凑,不成名堂,甚至自相矛盾;但是也有缺点,容易墨守成规,拘泥于一先生之言,不敢越雷池一步。禅宗和尚很有意思,他们一方面常常问'宗风嗣阿谁?'就是问'你是哪一派?'可是另一方面他们又会'诃佛骂祖',连释迦牟尼都不放在眼里,求解脱(那是佛教徒的'真理')还得靠自己。这种精神还是值得佩服的。

我们说理论从事例中来,在一定程度上也可以说事实,也就是材料,决定理论。例如中国音韵学里边讲反切,讲等韵,都跟汉语、汉字的单音节性质有关。又如汉字的构造产生文字学,拼音文字就不可能产生这样一种文字学。

理论和事实比较起来,哪一个更重要呢? 这个问话好象是多余的。因为理论是理性知识,对事实的认识则仅仅是感性知识,感性知识上升为理性知识,理性知识当然高于感性知识。但是如果没有感性知识做基础,那个理性知识就靠不住,就可能是骗人的玩意儿(连本人也是受骗的)。达尔文的物种起源的理论不是凭空得来的。他进行了多年的观察,他在比格尔号船上航行五年,在南美洲和南太平洋的海岛上考察各种生物形态,他在自己的园子里培养各种植物,观察它们的变异,逐渐形成他的生物演化的理论。没有这样积累起来的知识,就是达尔文那样的天才也不可能创造出什么理论。科学史上这样的例子多得很。从前明朝时候有两位理学家,一位姓刘,一位姓丘。姓刘的讥笑姓丘的,说他只有一屋子散钱,可是没有一根钱串子(绳子),意思是说他写了些书,里边琐琐碎碎讲了不少事情,可是没有一个大道理把它贯通起来。姓丘的针锋相对作了回答,他说,刘某人倒有一屋子钱串子,可惜没有一个散钱,意思是说他空讲大道理,没有事实依据。①你们说散钱和钱串子哪个重要呢? 当然成串的钱最有用,可是如果二者不可得而兼,那末,散钱虽然不便携带,捡起一个钱来还有一个

钱的用处,光有绳子没有钱可是毫无用处。

话是这样说,可这只是问题的一面,还有另一面,那就是,正确的理论能引导你去发现事实。当门捷列夫发现化学元素周期律的时候,他排列的周期表上还有不少空位,后来都填满了。同类的例子科学史上还有。

当然,既善于观察,又善于贯通,这是最理想的了。可是人们做学问总难免有所偏,或者比较善于观察现象,搜罗事例,或者比较长于分析条理,组织系统。可以以一方为主,兼顾另一方,不可走极端,走极端就不会有成就。

我有一个印象,喜欢搞理论的人多,肯在观察、实验上用功夫的人少,特别是在青年同志里边是如此。别人也有这样的印象。已故的北大饶裕泰教授曾经深有感慨地说,现在的物理系学生十个有九个喜欢搞理论物理,他们不去想,实验物理跟不上,理论物理也就上不去。我看语言研究,至少是语法研究,也有类似的情况。为什么会有这种偏向?我想,这是因为搞理论可以得到一种美学上的满足,用通俗的话来说就是'过瘾'。你看,化学元素周期表,原子核模型,美不美?美得很啊!语法体系不是也可以搞得很美吗?观察呀,实验啊,既零碎,又枯燥腻味死了!然而,没有办法:不搞观察和实验就产生不出理论。

其实啊,且不说实验,光是观察也并不容易。记得小时候念英语课本,有一课书的题目叫做'有眼与无眼',说的是一家人家弟兄俩小孩出去游玩,回家之后,大人问他们一路上看见了一些什么东西。哥哥什么都说不出,弟弟却什么花,什么树,什么虫,什么鸟,说出来一大串。观察语言现象也是这样。有人看出来到处都是问题,到处都有好例子,有人却是什么问题也没有,什么有意思的例子也没有。到了写文章的时候要举例,就随便造两句,照着既定的格式往里填,很生硬,不象实际语言里的东西。观察事物的本领也是学来的,要付出辛勤的劳动。丹麦语言学家叶斯丕森的有名的〈近代英语语法〉七大本,正文三千四百多页,每页的例句算它二十个吧,就有将近七万个,都是经过挑选的,假定两个例句里边选用一个,就得抄下十四万个例句。做任何学问都要有这种锲而不舍的精神。

观察事物和做实验还有一点需要注意:不可有成见。一个人做

学问不可能没有一些看法,但是当你进行观察或实验的时候,一定要把你那些看法暂时忘掉。有位科学家说过:'要把一切成见留在实验室的门外。'关于观察,也有人说过:'你只会看到你想看到的东西。'对于反面的例子,有人硬是'视而不见'。当然也有人是有意隐瞒,那是不老实,更加不好了。总之,无论观察还是实验,都要把脑子擦干净,让它象一面一尘不染的镜子。还有,进行调查也要注意不要给调查对象任何暗示,哪怕是不自觉的。比如你去调查一个地方的方言,不要跟他说'你们管西瓜叫什么?'这样问,哪怕那个方言里边不叫西瓜而叫什么别的、他也会回答你'就叫西瓜',因为他怕说出土名来招笑话。你可以对他说:'有一种瓜,圆圆的,外面是青皮或者花皮,里边是红瓤或者黄瓤,有很多小瓜子儿,味道很甜,你们管它叫什么瓜?'这样才能得到你要得到的名称。

这样看来,喜欢搞理论而不愿意进行观察和实验,可以有两种动机,或者是追求虚无飘缈的美感,或者是逃避辛勤劳动。不管是哪种动机,都不利于学问的进步,很容易使人成为一个空头理论家。

难道不能利用别人观察、调查、实验的结果来形成自己的理论?当然可以。可是人家不会光把观察、调查、实验的结果端出来,不加分析,不作假设,专诚准备你去利用。只有极聪明的人才能够看出人家没看出来的道理,这不是人人都能够做到的。

三

第三个问题是动和静的关系,指的是应用科学和纯粹科学的关系,或者说是边缘科学和中心科学的关系。近代语言学的发展,拿它的主流来说,是理性语法——历史比较语言学——结构主义——转换生成语法。总的说来,研究的对象是语言本身,研究的方法是静态分析。

静态研究很重要,是根本,但是不应当到此为止,用一堵墙把自己圈起来。语言不存在于真空,语言是供人们使用的。研究人们怎样使用语言,这就是语言的动态研究。这方面的研究也不是最近才有,但是发展越来越盛,名目越来越多,是最近几十年的事。我把它大致归

纳为三个方面。

一个方面是所谓社会语言学,就是用社会学的方法研究语言。这里边包括很多内容,总起来可以说是研究语言的变异性。我们平常说某一种语言,比如说汉语、英语、阿拉伯语,等等,都是一种抽象的东西。说汉语的人有九亿多,究竟谁说的话可以代表汉语?严格说,没有两个人说的汉语是百分之百的相同。从事语言静态分析的人也早就意识到这一点,所以才有只能拿'个人语言(idiolect)'作为分析对象的说法。这就从反面证明语言的变异性。不同民族,不同地区,不同阶层,不同行业,不同场合,使用的语言或者很不相同,或者大同而又小异。社会语言学的主要研究对象就是一个社会里边的多语言现象,研究一个社会的各部分之间的差异,研究一个社会的众多成员之间怎样因对话人不同而交替地或者混杂地使用不同语种,不同方言,不同风格(语音、语法、词汇方面的或多或少的差异),以及由此而产生的对语言或方言本身的反作用。拿中国的情况来说,在中国人和外国人接触的场合,在民族杂居的地方,在汉语方言地区,在大城市,尤其是新兴的城市,在知识分子中间,在知识分子和工农之间,在不同行业的人们中间,都存在这种语言混杂现象,都值得研究。对语言静态分析的结果,很容易使人觉得语言是静止不变的,但是任何语言的历史都表明语言是要变的。研究语言的实际使用情况能使我们更容易看到语言的变化。

近若干年来,国外关于心理语言学的著作也出来了不少。可是这一门学问似乎还没有定型,范围还不很确定,有时跟社会语言学有交叉。大致说来有两个方向。一个是生理学方向,研究大脑的语言机制,以及伴随语言或代替语言的身体姿势等。一个是哲学、社会学方向,例如语言与文化的关系。有些学者,象美国的 B.L.Whorf,认为不但是一个民族的文化模式能够影响它的语言,它的语言也能影响它的文化模式。

第二个方面是关于语言的学习,或者叫做语言的获得,从另一个角度看就是语言教学。国外的语言学文献里所说'应用语言学'往往就专指语言教学。语言学习的研究包括两个分支。一个分支是第一语言的学习,其中包括幼儿语言的研究和学校里的语文教学。学校里

的语文教学是一个很实际的问题,我国近年来从事这一项研究的人多起来了,这方面的刊物也多起来了,但是还是就事论事的多,也就是讨论这一课怎么教,那一课怎么教。要把语文教学问题解决好,要做些基础研究,需要研究教育心理学,需要研究语言文字本身的规律。语文教学的进一步发展就走上修辞学、风格学的道路,也就是文学语言的研究,这是语言学和文学交界处的学科。幼儿学习语言的研究在国外已经很有成绩,在我们这里还几乎是空白,要急起直追。过去研究幼儿语言有一大困难,就是记录幼儿的语言,现在有录音机,事情好办多了。

另一个分支是第二语言的学习(以前叫外语学习,这个名称有缺点,不能包括例如一国之内一个民族的人学习另一民族的语言)。这方面的科学研究在外国已经有将近一百年的历史,近年来在我国也已经多起来了,这是很好的。但是实际教学的研究在一定程度上也需要有两种语言对比的研究做基础,这方面的工作还有待开展。

跟语言的获得多少有些牵连的是人类语言的起源问题。这是很有吸引力的一个老问题。过去想从所谓‘野蛮人’的语言里找线索,后来发现不管多么‘原始’的民族,它的语言都不‘原始’,都很复杂。于是语言学家们宣告:语言起源问题不在语言科学范围之内,语言学杂志上不发表这方面的文章。但是问题依然存在,对这个问题感兴趣的人照样有。现在研究的方向改变了,改为向动物求教了,蜜蜂的语言,蚂蚁的语言,海豹的语言,都有人研究。更接近人类的黑猩猩,被人们用来做试验,教它某种符号语言,获得一定程度的成功,但是还没有人能教会它使用有声语言。

第三个方面可以概括地叫做数理语言学,就是用数学方法研究语言。这跟语言的学习和使用没有直接关系,只是提供一种方法,一种工具。把数学方法用到语言研究上,在计算机出世以前就有,但是现在已经离不开计算机,所以又有人管这门学科叫计算机语言学。目前主要用于三种工作:一,统计;二,检索,例如查篇目,编索引,编词典查用例,等等;三,机器翻译,人工智能,等等。数理语言学虽然只是一种方法,但是也从一个侧面揭示语言的某些性质。例如词汇里边出现频率和词数构成的曲线,以及某些词、某些模式的多义性,等等。

以上三个方面都可以算做广义的应用语言学,区别于只作静态分析的纯粹语言学。有些语言学家看不起这些研究工作,说这不是语言学。这不好。应当互相尊重,互相帮助。事实上纯粹科学和应用科学常常是互相促进的,应用科学也常常能给纯粹科学提出新问题,开辟新园地。

最后谈谈边缘学科里的合作问题。边缘学科一般是跨学科的,需要不同学科的人合作。能够一人兼备,当然最好,但是不容易实现。有人以为不同学科的人合作没有什么困难。比如搞机器翻译,你懂外语,他懂计算机,有你们俩就成。没有这么简单,你也得懂一点计算机,他也得懂一点外语。简单说就是要求彼此都不外行,不外行不等于内行,但确实不同于全外行,全外行是没有法子合作的。

四

现在来谈通和专的关系,主要是联系培干的问题,壮大队伍的问题。我国的语言研究的力量还很单薄,离开雄厚二字还远得很,还需要大力培养。

通和专的问题是向来有争论的。最好让我们先看看实际情况。在外国的大学里边,教师一般要能教四五门课,同时教两三门。我们这里则是以一人一门为常,教两门的就少了,甚至还有几个人合教一门的,一年只要教两个月的书。我教古代,你教现代,他教理论;我教语音,你教语法,他教方言。各据一方,分工越来越细。是不是每人专搞一门就利于深造?我们的教授、讲师的水平是不是都比外国的高?我看是不见得。画地为牢不是好办法,目光局限,思路狭窄,不利于进步。

另一个问题,我们常常把基础课推给年轻教师教,教授、副教授教范围狭小的专业课,或者躲在研究室里不出来。这个情形跟外国的情形恰好相反。在他们那里,一般情形是,——拿美国做例,别的国家也差不多,——一个研究生选定一个研究题,写出论文,考得了博士,到大学里去担任助教授(别的国家称为讲师或高级讲师,美国也有定这样职称的),总是先教他的博士论文题目在内的一门比较专门的课。

在教课的同时,扩大研究的园地,逐渐担负起中等范围的专业课,然后才有可能教大范围的基础课,那时候他早已升为副教授或教授了。为什么我们的办法恰好相反呢?我不大懂。当然,如果教授老了,讲课吃力了,当然可以少教或者不教。不过,到了那个年纪,早就该退休了。

还有教学跟研究分家,这也不好。现在不但是科学院(包括地方的)跟大学分家,大学之内也分家。大学之内设研究所或研究室,这是好的,但是做研究的人不管教课,教课的不做研究,这就不好了。这样利少弊多。教学相长嘛。教课的人常常从学生那里得到启发,学生提出一个问题,是你原来没有想到的,这就促进你的研究。不教课就失去这种机会。另一方面,只顾教课而不进行研究,年年老一套,用不了几年就落伍了。外国的情形(苏联和东欧国家例外),除了保密的研究工作,以及动用大量人力物力的研究工作,需要专门建立研究所外,一般的研究工作都在大学里边进行,人文科学尤其如此。大学里的教授、讲师一边教课,一边承担一定的研究任务,平时少做,假期多做,尤其是几年一休假,集中时间做些工作量大的研究。这个办法很好。

附带谈谈写文章的问题。这看上去是件小事,内容比文辞更重要。然而仔细一想,倒也不是一件小事。你著书立说,为的是什么?还不是为了宣传你的理论,为了使别人信服?这就有赖于文辞。孔夫子说:‘辞达而已矣。’‘达’这个字可以作种种解释,不但是要让人看懂,还要让人不费力而就能看懂。人家看不懂还不是文章白写了。曾经有人拿罗素和杜威比较,罗素的文章容易看懂(除了涉及数理逻辑),杜威的文章难懂,不见得杜威的哲学就比罗素高深。杜威有一个学生叫 Irwin Edman,在他的一篇文章里回忆杜威讲课的情形,说他讲起课来迂回曲折,简直叫听的人迷失方向,不知道他要把他们引到哪里去,到最后画龙点睛,做出了结论,使听的人恍然大悟,认识到他讲的话没有一句不为最后的结论服务(好比下围棋的人,东下一子,西下一子,观棋的人觉得莫名其妙,可是下来下去,终于连成一片,赢了这盘棋)。我相信这个话不假,可是我又怀疑是不是非这讲不可,就没有使听众更容易领会的别种讲法?杜威写的书也大多有类似的情形,是要读者费力才能看懂的。比这个更叫读者伤脑筋的是费了力气

而仍然似懂非懂。最近一期的〈国外语言学〉上有王宗炎先生的一篇文章,②是介绍英国语言学家弗斯的理论的,里边提到弗斯的文章难懂。王先生说:'弗斯还有一点很象乔姆斯基:文字晦涩,意思模糊,说来说去说不清楚。'王先生提到乔姆斯基,对于这位先生我也有同感。这位先生有很多值得佩服的地方,可是'善于表达'不在其内。

换一种说法,可以说写文章有两个理想:一是谨严,一个字不能加,一个字不能减,一个字不能换;一是流畅,象吃鸭儿梨,又甜又爽口。这两种美德,有人长于此,有人长于彼;当然也可以兼而有之,但是不容易。

在坐的诸位先生之中,有的以谨严出名,有的以流畅出名,我不说大家也知道。这两种风格也可以说是各有适用的场合,都能产生好文章。最怕的是什么?是既不谨严,也不流畅。说到这里,想起一个小故事。二十多年前,朱德熙先生跟我合写的〈语法修辞讲话〉出版之后,送了一些朋友,其中有一位有一天在路上遇到,他说谢谢你们送的书,我说请批评指教。你猜他说什么?他说:'你们的书比起同类的书来,至少有一个优点,能让我看下去。'你看他这个话够多损,把我们搞语言工作的人骂苦了。然而,值得我们警惕啊。所以我说不要把写文章看做无足重轻的小事,借用刘备的一句话,就是'勿以善小而不为'。写文章不是雕虫小技,王了一先生在这里,王先生的斋名不是就叫做'龙虫并雕斋'吗?

再谈谈大学生的问题。首先,我们要有一个认识,大学本科是打基础的阶段。如果本科生的课程名目繁多,势必学得不深不透,反而冲击了基础课的学习。

另一个问题是教学方向。我觉得教大学生决不应该满堂灌,不要希望在四年里边塞满填足,够他一辈子用的。要培养他自学的能力,让他不断自己充实,自己提高。到了三年级就要练习做小题目,学会搜集材料,分析数据,熟悉文献,学会写科学论文的格式和程序。这比多记住几个事实,多背诵一些条条更重要,重要得多。

再一个问题是要在中文系和外语系之间通通气。语言研究的后备军主要是大学中文系和外语系的学生。现在的情形是中文系不管学生的外语,外语系不管学生的汉语。课程是有的,可是抓得不紧,结

果是中文系的学生不能用外语做工具，不能阅读用外语写的参考书，外语系的学生对祖国语言的历史和现状相当隔膜。这样就很难培养出大量的适合做语言研究工作的青年学者，我们的队伍就壮大不起来。

谈谈中文系分文学和语言专业的问题。我觉得完全分开，不一定最好。要考虑到学生毕业后的就业问题。中文系毕业生可能分配的工作是多方面的，因此要有较大的适应性。几年前有一个大学的中文系部分教师要求成立语言专业，学校领导问他们，学生毕业后的出路有没有保证。他们来问我，语言研究所能不能包下来，我只能说包不下来。为什么要求分专业？因为文学方面和语言方面的课都多，而且都是必修，这就逼得要分。如果采取学分制、选课制，问题就解决了，比分专业好。现在有的学校也有选修课，但是范围小，作用不大，有名无实。要发挥选课制的长处，就要把必修课尽量压缩。我有一个大胆的设想，中文系可以只设两门基础课，一门是汉语通论，把现代汉语、汉语史、汉语方言全放在里边，一门是汉语文学，包括文学史和文学选读。这样可以避免几门课之间有部分内容重复。这两门都要学两年。别的都是选修课。可以要求选修的方面广一些，甚至可以选外系的课，不要集中在一个方面。大学本科还是打基础为主，真正专门化是研究生阶段的事。

不管分不分专业，外语都重要，既是学习的工具，也叫以做研究的对象。并且一定要学到管用的程度，否则容易前功尽弃。外国大学生一般都通两种外语，通三四种的也很多，特别是母语不是大语种的国家的学生。别的学科的学生尚且如此，拿语言做专业的学生就更不用说了。正如我起头说过的那样，我国语言研究工作进展不快，跟我国学者能利用外文资料的较少不无关系。我希望即将参加我们队伍的年轻的一代能弥补这个缺点。

注

① '刘阁老尝议丘文庄著述，戏曰："丘仲深有一屋散钱，只欠索子。"丘应曰："刘希贤有一屋索子，只欠散钱。"'（冯梦龙：古今谭概）按：刘健，明洛阳人，字希贤，谥文靖。天顺进士，仕至文渊阁大学士。学宗伊洛。丘浚，明琼山人，字仲

深,谥文庄。景泰进士,仕至文渊阁大学士。精通朱子之学,著有〈大学衍义补〉
〈朱子学的〉等。

② 王宗炎:〈伦敦学派奠基人弗斯的语言理论〉。〈国外语言学〉,1980:5,1—
8页。

(〈中国语文〉1981 年 1 期)

〔补记〕宋朝罗大经的〈鹤林玉露〉里有一条笔记(涵芬楼本卷十
八,第五页):

> 有士夫于京师买一妾,自言是蔡太师府包子厨中人。一日令
> 其作包子,辞以不能。诘之曰:'既是包子厨中人,何为不能作包
> 子?'对曰:'妾乃包子厨内缕葱丝者也。'

这也许是实事,但也不妨作对于无限专门化的讽刺故事看。一位厨师
专做包子,不做别的,这已经够专门的了;连包子也不会做,只会切葱
丝,这是专门到什么程度了!

1983 年 3 月 15 日记

漫谈语法研究

常常有人给我写信,或是当面问我:‘我想研究语法,请问应该怎么着手?’这个问题可不好回答,这叫做‘一部十七史从何处说起?’在这种场合,我常常建议:‘请你把问题提得具体些。’于是我就遇到各式各样的问题,有的实在答不上,有的多少能说几句,也不一定能满足提问者的要求。姑且把它写下来,给它一个总的题目叫做‘漫谈’。

一

有人打算做点语法研究,问我怎样找问题。按说,解决问题是研究的动机,没有问题哪来研究的要求?但是确实有寻找或者选择题目的时候。大致可以分别三种情况。一,有些题目过去没有人做过,大可一试。例如‘光杆动词’(没有任何附加成分的动词)的用法,这个题目就好象没有人做过。可是随着六十年来,特别是建国三十年来语法研究的逐步开展,这种‘开荒’式的题目是越来越少了。二,已经有人做过这个题目,但是结论不对,或者还有探讨的余地。例如我曾经写过一篇〈释您、俺、咱、喒,附论们字〉,①就是由于曾经有人写文章说‘们’是从‘俺、您、喒’的韵尾-m变来的,而我发现这个结论恰好把演变的历史颠倒了。又如我写〈把字用法的研究〉,②是感觉前人只注意到动词要有处置意义以及‘把’后头的名词只能是有定的事物,不能是无定的事物,没有注意到动词几乎必须有后加或后续成分这一情况。三,这个题目已经有很多人讲过,并且其说不一,甚至曾经引起过论争,例如‘台上坐着主席团’这种句型应当如何分析,动词转成名词的界限在哪里,等等。这一类里边有一些是所谓老大难问题。

选择题目应当注意几件事情。第一,不要凑热闹:大家都在讲这

个，'我也来谈谈'。谈是可以的，要确实做了点调查研究，说得出一些别人没有说过的情况。其次，不要把题目搞得太大，例如〈汉语的词类〉，〈汉语的虚词〉，〈汉语的复合句〉，等等。这些都是可以写成书的，不要用一本书的题目来写一篇论文。当然，对于这类问题如果的确有点新鲜意思，也可以把它写成文章，但是不要全面铺开，饶上好几倍人人都知道的话。还有，如果要写文章批驳某种意见，应该看看这种意见是否还有很多人相信。要是本来没有或者已经没有几个人信服，就不必浪费笔墨去驳它。例如汉语无词类论就已经不值得批驳了。

选题目的时候，应当查文献，看前人研究这个问题已经达到什么程度。尤其是如果对于某一问题自己脑子里已经有某种假设，更应该查对文献，看看是不是前人已经有过类似的或者相反的结论。结论不同就得比较长短。如果别人的结论站得住，自己的假设就有问题。要是结论相同，应当检查自己掌握的材料，如果有新的论证，还是可以把它写出来，但是不可不指出前人的成果。否则尽管自己是见闻不周，失于孤陋，别人也会怀疑你是有意干没，自矜创获。我在前面提到过的那篇论文里用了不小的篇幅论证'俺'是'我们'的合音，'您'是'你们'的合音，'喒'是'咱们'的合音。论文发表之后，一位朋友远道写信告诉我，明朝的徐渭在〈南词叙录〉里已经说过。对我来说，这岂但是扫兴，简直是惭愧。后来我把那篇文章改写成〈说们〉的时候，③把徐渭的话引用在第四节的头上。

二

有的同志问：题目决定了之后，怎样一步一步地进行？我总是这样回答：你会不会看棋谱？不会看棋谱的人，一局棋一路看到底，收获不大。会看棋谱的人，看甲方走一步，不急于看乙方怎么走，先自己想该怎么走，然后看乙方是怎么走的，往往比自己想的高明，这样看棋谱就大有收获。你要了解研究问题的具体过程，可以找那么十篇八篇你认为或者别人介绍是写得好的论文，这里边一定有几篇是能反映出作者的研究过程的。看这样的论文，不要一口气看完，要看一段，想一想。一般论文总是首先提出问题，看到这里就停下来想想，如果你拿

到这个题目,你打算怎么办? 提出来的问题可能是前人已有结论而作者不同意,你就设想应该从哪里找反面的论据;也可能前人有几种意见,还没有定论,你就设想应该从哪里找判别是非或者比较长短的标准;还可能是一个全新的问题,你就设想应该从哪里下手。——然后看下一段,看作者的做法是否符合你的设想。很可能不符合你的设想,这样你就学了一招。然后设想下一步该怎么进行,再看作者是否这样进行。这样看下去,直到全篇看完。然后再把作者的结论四面八方琢磨一遍,看是否有漏洞,或者是论据不充分,或者是论证不健全;是否还遗留问题,该怎样进一步研究。

跟怎样进行研究的问题联系在一起的是怎样写出论文的问题。可以按照研究的过程写:提出问题;试作假设;在有关材料中找论据,正面的和反面的;进行论证;作出结论。如果这个问题可以分成几个小问题,就按照逻辑的顺序分别进行探讨,然后加以综合。可是不要忘了,不是所有的题目都要按实际研究过程写成论文。有的题目不含辩论的性质,只是论述某一种现象,某一组规律,那就完全可以直接把结论端出来,按照那现象或那规律的内部条理或层次,依合理的顺序一一叙述。用这种方式写而写得很好的论文也是我们学习的榜样。

三

怎样选用例句,这也是一个问题。在任何一本语法书或一篇语法论文里,例句都是重要的组成部分,有时候甚至是主要的部分。例句选择得好,说明的话就可以简单些,读者能从例句上悟出道理(规律),说明部分只要点一下就行了。反之,如果没有很好的例句,说明部分使多大的劲也不容易让读者完全领悟。

很多语法著作里的例句是平稳有余,贴切不足。不能要求所有的例句都扣得很紧,但是最好是一组例句之中能有一两个是能让读者点头叫好的。用例句决不能'随手拈来',要有选择,不但是要能恰好'说明问题',还要内容和语言都可取,并且不支蔓,不涉及别的问题。〈现代汉语语法讲话〉④这本书里的例句是选择得比较好的,吕冀平同志对于这一点特别欣赏,在书评⑤里举了好些例子。我自己也不止一次遇

到教语文的同志说:'〈语法讲话〉里的讲法我不一定都能同意,可是那里边的例句确实好,我讲课的时候常常到里边去找例句。'

例句是怎么来的?有时候是为了说明一个问题临时编出来的,有时候是带着问题到书刊里去找来的,有的是平时看书看报摘录下来的,有的是从别的语法著作的相应章节里抄来的。例句是不是必须有来历,可不可以自己编,有不同意见。我觉得为了说明十分平常的语法现象,是不妨自己编例句的,只要编得'像',也就是说,可以'乱真'。就是引用作品中的例子,也不一定要注明出处。这种场合引用现成例子,有时候难免节外生枝,反而不如现编的干净利索。有一个折中的办法是,用现成的例子而加以必要的修剪,免得分散读者的注意。这说的是关于极其粗略的语法现象,如果涉及细节,尤其是涉及比较特殊的细节,引用的例句,不用说,必得交代出处,才能取信于读者。('有书为证'或者'有人这样说'的例子也不一定全都可以引用,这里边涉及规范问题,这不是几句话能说清楚的。)至于引用别的语法著作里的例句,必要的时候可以偶一为之,但如果全部例句都是转引来的,就太没有意思了。除非是为了辩论,为了要做出跟原著不同的解释。

寻找合适的例句是颇为费劲的事情,有时候半天找不着一个非常合适的。所以最好是在平常看书看报的时候,遇到有用的例句就摘录下来;如果有条件每天或经常有一定时间专门为了搜集例句而看书,那就更好了。那些特别'解决问题'的例句往往不是临时找来而是平时储备的。我在〈这、那考原〉那篇札记里,⑥为了证明'这'字和它的前身'者'字在宋朝都已经跟现在一样念去声,引用了两个例子。一个是杨万里的诗:'只者天时过湖得,长年报道不须愁。'作者在'者'字底下自己注上'去声'。一个是〈朝野遗记〉里有一条记刘攽请客,苏轼要先走。刘说:'幸早里,且从容。'苏说:'奈这事,须当归。'各以三果一药为对。(杏、枣、李、苁蓉;柰、蔗、柿,当归。)有的同志问我,这么巧的例子是怎么找来的。说实话,'找'未必找得来,这是还没有起意写这篇札记的时候就摘录下来的。但是平时看书搜集例句是全面进行的,脑子里装着各种各样的问题,难于照顾周到,到了要用的时候往往不够用,还得有目的地再去搜寻。换句话说,这两种办法要结合起来。

四

有人问：怎样做研究才能出成绩？这个问题太大，没有法子做出全面的回答。姑且说两点吧。

首先，不要躲避棘手的事例。不要绕开走，绕是绕不过去的。许多语法书，夸大点儿可以说是几乎所有的语法书，都只举些很'听话'的例子，因而全书'整齐清洁'，看起来很舒服，可是拿到课堂上去讲，就常常受窘，学生能提出一大堆事例，都是书上没有照顾到的。绕有两种绕法。一种是装做没看见，这不用举例。一种是'因地制宜'地加以解释，例如把'王冕七岁上死了父亲'里边的'死'字讲做'失去'（'他已经死了这条心了'的'死'也讲'失去'？）；把'她去年又生了一个女儿'里边的'生'讲做'生育'（'他去年生了一个孙子'，'生'还能讲'生育'？）；只有首先正视事实，才有可能作出合理的解释。

其次，不要满足于笼统的说明。比如'他答应另写一篇'和'他允许另写一篇'，光说这都是用动词短语做宾语，就不免笼统。第一句的'答应'和'写'是一个人的动作，第二句的'允许'和'写'是两个人的动作。如果在两句的'写'字前边都加个'我'字，第一句'他答应我另写一篇'是个双宾语的句子，第二句'他允许我另写一篇'是个兼语式的句子。

又比如说形容词可以做定语，也可以做谓语。事实上，不但是有很多形容词只能做定语不能做谓语，象'共同、个别、主要、小型、慢性、新生'等等，而且有的形容词有时候能两用，有时候只能一用，例如'老将军'可以变成'将军老[了]'，可是'老朋友'不能变成'朋友老'。还往往有这种情形：'形＋名'和'名＋形'的意思不相应，例如'重要外语'和'外语重要'。前者是因为两个'老'字的意义不同，后者是因为前一个'外语'不是全称，后一个'外语'是全称。可见语法的研究有时候涉及语义，有时候又涉及逻辑。

再举一个例子，并列关系包括加合和交替两类，这是语法书上都讲的，可是加合关系里边又可以分成加而不合和加而且合两种情况，这就很少讲到了。例如：（a）老张和老李是山东人（加而不合。等于

'老张是山东人,老李是山东人');(b) 老张和老李是同乡(加而且合。不能说'老张是同乡,老李是同乡',必得'老张和老李'才是'同乡')。前一种情况可以用副词'都'字,'老张和老李都是山东人',后一种情况不能用'都'字,不能说'老张和老李都是同乡'。

五

很多人提出这个问题:过去的语法研究,受西方语法的影响很深。我们研究的是汉语的语法,汉语不同于别的语言,在我们的研究中怎样突出汉语的特殊性?

中国自古以来没有语法这门学问,语法学是十九世纪末从西方引进来的,因此不免有一段时间以模仿为主,这是可以理解的。但是模仿过了头就成了削足适履,例如把一个以连接修饰语于被修饰语为其主要作用的'的'字分成语尾、介词、关系代词。模仿过头引起反作用,又会走到另一极端,强调汉语的特殊性到不适当的程度,例如说汉语不能分词类,汉语一个字就是一个词,等等。再进一步就会说汉语没有语法,一切取决于字义,那就是因噎废食了。(因为汉语没有印欧语的词类特征,就说汉语没有词类,因为汉语没有印欧语的构词方式,就说汉语里词就是字,这仍然是拘泥于印欧语法是语法正宗的一隅之见。)

从原则上讲,世界上没有没有语法的语言,汉语也必然有汉语的语法;世界上没有两种语言的语法完全相同,汉语和印欧语言的语法也必然有同有异。正确的态度应当是实事求是,还汉语语法以本来面目。但是这件事说起来容易做起来难。曾经有一位语法学界的前辈引用王夫之的话'不迷其所同,亦不失其所以异'来表明他对待中西语法的态度,然而恰好是他的著作被有些人引来做模仿西方语法的典型。这也可以说明要做到这两句话是多么不容易了。

事情要从根儿上讲起。凡是语言都有语法结构,有语法结构必得先有大大小小的语法单位。小单位对于大单位之内的各种位置,必然有不同的选择性,因而可以在大单位的内部划分成分,在小单位中间划分类别。这些道理适用于一切语言,自然也适用于汉语。至于汉语

有哪些单位,这种、那种单位有哪些类,这种、那种单位有些什么样的结构,这些单位、类、结构跟印欧语的类似的单位、类、结构比较起来异同如何,都是可以探讨、应该探讨的。最好不要笼笼统统地说汉语的特殊性,要说出特殊在哪里,对汉语语法产生什么影响。比如说,汉语里的语素绝大多数是单音节,汉语的音节结构不很复杂,因而同音的语素多,可是写成汉字有分别。这个情况对于语法的影响是:除极常用的词里边单音词较多外,双音词占绝对优势(这样就减少了同音词);容易产生也经常产生双音节的简称作为短语的特殊形式,这些简称又很容易凝固成双音词,例如:语言文字→语文;医疗效果→疗效。汉语的另一个特点是不具备印欧语那种形态变化。这个情况对于语法的影响是:词和构词成分的界限不清,词和短语的界限不清,词类的转变与否难定,与谓语动词有关的名词的身份(主语、宾语、补语、状语)难定。几乎可以说,汉语语法里有争论的问题大都跟这个情况有关系。当然,说'不清'、'难定'是说有的地方不清,有的地方难定,不是说处处不清,处处难定,更不等于说'不能分','不能定',只是说费斟酌,伤脑筋罢了。这些是研究汉语语法的人必须考虑的问题。别的特点也应该这么具体地摆出来,这样有利于研究工作。笼笼统统地讲特殊性,容易搅乱思想,不利于研究工作。

六

近年来常有人提到语法应该联系修辞来教学,联系修辞来研究,因而也常有人问我怎样联系。这个问题我没有认真探索过,不过谈谈随便想到的例子还是可以的。首先要澄清对于修辞学的认识。那种认为修辞学主要是讲修辞格的想法恐怕是不妥的。从原则上讲,语法讲的是对和不对,修辞讲的是好和不好;前者研究的是有没有这种说法,后者研究的是哪种说法比较好。从修辞的角度看,没有绝对的好,倒可能有绝对的坏,例如使用生造的、谁也不懂的词语。哪种说法最合适,要看你是在什么时间、什么地方、对谁说话,上一句是怎么说的,下一句打算怎么说。不同的场合有不同的要求,有时候典雅点儿较好,有时候大白话最为相宜。好有一比:我们的衣服,上衣得象个上

衣,裤子得象个裤子,帽子得象个帽子。上衣有两个袖子,背心没有袖子,如果只有一个袖子,那就既不是上衣,又不是背心,是个'四不象'。这可以比喻语法。修辞呢,好比穿衣服。人体有高矮肥瘦,衣服要称身;季节有春夏秋冬,衣服要当令;男女老少,衣服的材料花色不尽相同。总之是各有所宜。修辞就是讲究这个'各有所宜'。至于修辞格,只好比做在领子或袖口上滚一道花边,或者在胸前别个纪念章什么的,是锦上添花的性质。要是不管什么场合都要想方设法安上几个'格',或者砌上一堆'成语',那是小学生的玩意儿,会写文章的人是不这么写的。

讲几个语法联系修辞的例子。比如'被'字表示被动,但并不是凡是有被动意义的地方都必须或者可以用'被'。例如'这句话说错了',决不能说成'这句话被[他]说错了'。'那些书他都卖了',这句话不含褒贬;'那些书都被他卖了',就有对他不满的意思。

举一个句子格式的例子,'广场中央矗立着人民英雄纪念碑'和'人民英雄纪念碑矗立在广场中央',结构不同,意思一样,可是放在下面这两个大句子里面就各有所宜:(1)广场东边是历史博物馆,广场西边是人民大会堂,广场中央矗立着人民英雄纪念碑';(2)'人民大会堂和历史博物馆在广场的两边遥遥相对,人民英雄纪念碑矗立在广场中央'。如果把这两个小句交换位置,语法上没有什么不可以,修辞上就没有原来的好了。

再讲一个有关语言节律的问题。修饰语和被修饰语之间的'的'字,用和不用,在大多数场合不取决于语法(尽管有'的'与否是两种结构),而取决于修辞。从下面这几个例子可以看出来:

　　(1)账是要算的,但要算活账,算群众积极性的账,算集体经济优越性的账,算共产主义风格的账,特别要算人的潜力〔的〕账,算过去浪费劳力的账。(〈把农田基本建设当作伟大的社会主义事业来办〉,〈红旗〉1977年10月号28页)

　　(2)李锁寿说:'共产党的县委,只能拉社会主义的车。'……李锁寿是怎样拉社会主义〔的〕车的?一是路线是非分得清……(〈人民日报〉1978年1月11日一版)

（3）总之，许多人热望他能成功；也有人等待他的失败。（同上）

例（1）四处'账'字前头有'的'字，只有'潜力'和'账'中间没有'的'字，那是因为'潜力'前头已经有了个'的'字。例（2）'社会主义'和'车'中间，一处有'的'，一处没有，那是因为第二处'车'字后头有'的'字。例（3）'他的失败'和'他能成功'对称，如果上半句没有'能'字，下半句也就可以不用'的'字。又如：

（4）……去年从三月底到十一月，他和战士谈心四百多人次，平均每天谈两个人次。（〈人民日报〉1978 年 1 月 31 日一版）

（5）恢复和发展小商品生产，领导重视〔与〕不重视，抓与不抓，大不一样。（〈人民日报〉1978 年 1 月 17 日二版）

例（4）'人次'是个复合量词，一般可以直接用在数词后头，象这里第一处'四百多人次'（没有'多'，'四百人次'，也行）；可是第二处'人次'前边的数词'两'是个单音节，'两人次'有点不顺口，就加了个'个'。例（5）'重视'和'不重视'之间，'抓'和'不抓'之间，都是可以用'与'（或'和'）也可以不用的，现在一处用一处不用，跟'重视'是双音节，'抓'是单音节有关。单音节和双音节的分别对于现代汉语的词语结构所产生的影响是很值得研究的。[7]

注

① 吕叔湘：〈释您、俺、咱、噷，附论们字〉，载〈华西协合大学中国文化研究所集刊〉第一卷第二期（1940）。

② 吕叔湘：〈汉语语法论文集〉。科学出版社。1955 年。125—144 页。

③ 同上。145—168 页。

④ 丁声树等：〈现代汉语语法讲话〉。商务印书馆。1961 年。

⑤ 吕冀平：《现代汉语语法讲话》读后，载〈中国语文〉1962 年第 6 期。

⑥ 吕叔湘：〈汉语语法论文集〉。179—181 页。

⑦ 吕叔湘：〈现代汉语单双音节问题初探〉见本书。

通过对比研究语法^①

一种事物的特点，要跟别的事物比较才显出来。比如人类的特点——直立行走，制造工具，使用语言等等，都是跟别的动物比较才认出来的。语言也是这样。要认识汉语的特点，就要跟非汉语比较；要认识现代汉语的特点，就要跟古代汉语比较；要认识普通话的特点，就要跟方言比较。无论语音、语汇、语法，都可以通过对比来研究，这里只讲语法方面的对比研究。语言学院的主要任务是教外国留学生学习汉语，就在中外对比上多讲点，主要是讲汉语和英语比较。

一　汉语和外语对比

记得有一位有名的人说过——好象是哥德，记不太清楚了——他说，一个人如果不懂得一种外国语，那末他对本国语也不会懂得很透彻。这个话是有几分道理的。我们教外国学生，如果懂得他的母语（或者他熟悉的媒介语），在教他汉语的时候，就能了解他的需要，提高教学的效率。英语的语法跟汉语的语法比较，有很多地方不一样。当然，相同的地方也不少，不过那些地方不用特别注意，因为不会出问题，要注意的是不同的地方。先引一小段做个例子。引的是毛主席的〈别了，司徒雷登〉里头的两句话，拿英译本来对照。

(1) 多少一点困难怕什么。封锁吧，封锁十年八年，中国的一切问题都解决了。

What matter if we have to face some difficulties? Let them

---

① 根据 1977 年 5 月 5 日在北京语言学院演讲的记录改写。

blockade us! Let them blockade us for eight or ten years! By that time all of China's problems will have been solved.

(1)第一句原文和译文各有前后两部分,可是译文的前半句相当于原文的后半句,译文的后半句相当于原文的前半句。(2)'多少一点困难',没有动词,也可以说是省掉一个'有'字,英语这里就非有动词不可(至于不用 have 而用 have to face,那是修辞问题);反过来,'怕什么'里头有动词,而 what matter 里头没有动词。(3)'封锁吧',谁封锁谁,英语里必得交代出来。(4)'封锁十年八年',译文里头是'八年十年',习惯不同。汉语'十年八年'中间没有连词,英译有 or。(5)'十年八年'前头汉语不用介词(没法儿用),英语非用上一个 for 不可。(6)'中国的一切问题',英译把'一切'提到前头。(7)原文有了'一切',还用了个'都'字跟它呼应,并且这里还似乎非有不可;英译没有用一个相当于'都'的字(要用就得再来一个 all,不象话!)。(8)原文'解决了',一个动词'解决'带一个语尾兼语助词'了',英译用 will have been solved 四个字组成的一个动词来表示。'解决了'大致相当于 have 和 solved 加在一起,表示未来的 will,表示被动的 been,汉语里都'不言而喻'了。这么短短的两句话,汉语和英语之间就有这么一大堆不一样。

　　拿一种语言跟另一种语言比较,就会发现有三种情况:一种情况是彼此不同,第二种情况是此一彼多或者此多彼一,还有一种情况是此有彼无或者此无彼有。

　　先说异同问题。

　　(2)你在看什么? what are you reading?

英语里边疑问句和非疑问句的语序不同(相同只是偶然),汉语里边语序相同。

　　(3)他一句话也没说。He didn't say anything,或者 He said nothing.

汉语的否定句里边常常把宾语放在动词前头,英语里没有这种习惯。

    (4) 这个电影我看过。I have seen this picture.

汉语里边动词的受动者如果带上'这个'、'那个'的,一般放在动词前头,英语不这样。汉语里如果把这个名词放在动词后头,就好象话没说完,还得说下去:'我看过这个电影,是个惊险片。'
    以上都是关于语序的问题,下面讲几个用介词的例子。

    (5) 向雷锋同志学习。Let's learn *from* Comrade Lei Feng.

要是孤立起来看,'向'和'from'的意思恰好相反。

    (6) 在同志们的帮助下。*With* the help of comrades.

'在……下'现在用得极其广泛,翻成英语有多种翻法,这里用 with 较好。
    这两个例子是汉语和英语都用介词,但是用的是不同的介词。下面的例子是英语用介词汉语却必须用动词的例子。

    (7) Go *by* train.坐火车去。
    (8) A book *on* grammar.讲语法的书。
    (9) A friend *from* far away.远方来的朋友。
    (10) The right man *for* the job.适合[做]这个工作的人。
    (11) The Man *Without* a Country.没有祖国的人。(小说名)
    (12) Lady *into* Fox.女人变狐狸。(小说名)

    汉语和英语语法上的差别很多,不能列举。要特别注意的是表面上好象一样,而仔细检查还是有分别的。比如汉语的'这'和'那'跟英语的 this,that 应该完全相等了吧? 然而不然。

（13）这应该有一对,那一个呢? There should be a pair(of them).Where is the *other* one?

这一句头上的'这'在英语里可以不翻出来,要翻也不能用 this;'那一个'的'那'也不能翻成 that,只能翻成 the other.(参看(19))

还有英语的 yes,no 和汉语的'对','不对',该是相等吧? 不,有时候相等,有时候相反。

（14）太阳打东边儿出来吗? ——对,打东边儿出来。
Does the sun rise in the east? ——Yes,it does.
太阳打西边儿出来吗? ——不对,不打西边儿出来。
Does the sun rise in the west? ——No,it doesn't.

这是用法相等。

太阳不打东边儿出来吗? ——不对,打东边儿出来。
Doesn't the sun rise in the east? ——Yes,it does.
太阳不打西边儿出来吗? ——对,不打西边儿出来。
Doesn't the sun rise in the west? ——No,it doesn't.

这是用法相反。汉语的'对,不对'针对问话内容的真实性,'对,不对'后头的话可以是肯定的形式,也可以是否定的形式。英语的习惯不同,yes,no 是给后头的话打先锋的,后头是肯定形式,头里用 yes,后头是否定形式,头里用 no。

这种相同而又不完全相同的情况,最需要注意。本来嘛,世界上万事万物,除了用机器造的,总是没有两样东西是完全一模一样的。

现在来谈第二种情况——一对多的情况。先看两个汉语一而外语多的例子。

（15）伟大的诗人。A great poet.
你的书。Your book.

你找的人。The man (*whom/that*) you are looking for.

找你的人。The man *who* is asking for you.

开会的地方。The place *where* the meeting will be held,或 the place *for* holding the meeting.

汉语里边名词的修饰语,不管它是一个词,一个短语,一个小句,都用一个'的'字连接;英语就有各种不同的连接法。

(16) 你要看什么？*What* would you like to read?

我想看点什么。I would like to read *something*.

我不想看什么;我什么都不想看。I don't want to read *anything*.

汉语一个'什么',既能用在疑问句,又能用在肯定句和否定句,英语三种句子里头用了三个不同的词。

再来看一个外语一而汉语多的例子。

(17)

| we—us | 我们 |
| | 咱们 |

英语没有'我们'和'咱们'的分别,we 和 us 只能算一个词,区别在于跟动词的关系不同。

还有一种多对多而对得不整齐的情况。

(18)

| tu—te—toi | 你 | （法语）|
| vous | 您 | |

thou—thee		（英语）
you	你	
	您	

汉语里的第二人称代词，一般场合用'你'，表示尊敬或客气用'您'。法语的第二人称代词也有两个，一般用 vous，不分客气不客气，tu-te-toi(一个词的不同形式)只用于极其亲密的人，或者大人对孩子，等等。英语的 you 相当于'你'和'您'加在一块儿，另有 thou—thee 用在十分虔敬的场合，例如向上帝祈祷以及老派的诗歌里。从前教友派基督徒相互之间还用，不知道现在是不是还这样。

(19)

this	这
the	φ
that	那

英语除 this 和 that 外，还有一个 the，是个中性(即不分指近指远)并且弱化的指示词，语法书上管它叫有定冠词。汉语里边没有跟它相当的词，有时候用'这'或'那'(这时候没有分别)，有时候不戴帽子。(俄语也没有跟 the 相当的词，可是在英语用 the 的场合，它一概光头，不借用 тот，этот，所以跟汉语的情形也不一样。)

现在来谈谈此有彼无的情况。

外语有而汉语没有，象名词变格，动词变时态，等等.中国人学外语感觉困难，外国人学汉语不感觉困难。汉语有而外语没有，如量词，语气助词，外国人学汉语感觉困难。这里要讲的有和无的问题，不指这些个，是另一种意义的有和无。一种是省略，一种是重复。

先说省略。往往一个句子里有一个成分，外语必得说出来，汉语可以不说，甚至必得不说。

(20) 他问过许多人，[他们]都不知道。He has asked many people. *Nobody* knows.

(21) 她有一个儿子，[他]去年参的军。She has a son, *who* joined the army last year.

(22) 这本书我用不着了，你可以[把它]拿去。I have no more

use for this book. You may have *it*.

(23) 这是一本好词典。我已经买了[一本]，你要不要买[一本]？ This is a good dictionary. I have got *one*. Don't you want to have *one*?

上面这四个例子无须解说。

(24) (a) 他问我你去不去。He asked me whether *you* would be there.

(b) 他问我[ ]去不去。He asked me whether *I* would be there.

(c) 他问我[ ]能不能去。He asked me whether *I* would be able to be there.

(d) 他问我[他]可以不可以去。He asked me whether *I* would let *him* be there.

这四个句子是一个句型，都是双宾语句，第二个宾语本身是一个小句（或者叫做主谓短语）。这个小句的主语要不要说出来有三种情形。(a)的'你'跟前边的'他'和'我'都不同，必得说出来。(d)的'他'跟前边的'他'相同，可以不说，也可以说。(b)和(c)的宾语小句里边的主语都是'我'，这个'我'紧接在另一个'我'之后，一般不说，说出来挺别扭。在英语里边，这四个句子的宾语小句的主语，无论是'你'，是'我'，是'他'，都必得说出来。习惯于英语的外国学生就很可能在(b)(c)两句里都加进一个'我'去。（第三句也可能跟第四句是一个意思，那就可以把'能不能去'前边的'他'说出来。）

(25) 赤膊磕头之后，居然还剩几文，他也不再赎毡帽，统统喝了酒了。（鲁迅：阿Q正传）

After kowtowing with bare back he still had a few cash left, but instead of *using these* to redeem his felt hat from the bailiff, he *spent them* all on drink.（杨宪益、戴乃迭译本）

原文对'几文'跟'赎毡帽'、'喝酒'的关系没有明文交代,汉语里边是允许的。但是英语里边不行,所以杨戴二氏的译文不得不增添必要的词语,其中的指代词 these 和 them 都指 cash.

　　以上都是省去指代词的例子,下面讲几个省去连词、介词的例子。

> (26) 你不去我不去。I won't go *if* you are not going.
> (27) 长江黄河。The Yangtze *and*（∼*or*）the Yellow River.
> 今天明天。Today *and*（∼*or*）tomorrow.

'长江'和'黄河'之间,'今天'和'明天'之间是加合关系还是交替关系,汉语可以让上下文去决定,英语必得交代清楚。

> (28) 他晚上工作,白天睡觉。He works *by* night and sleeps *by* day.
> (29) 我睡行军床。I'll sleep *in* the camp bed.

这两个例子都是汉语不用介词而英语必须用介词的。(例(1)的'封锁十年八年',英译本里既加上个 for,又插进去个 or。)

> (30) 蛋白。the white *of* egg.
> 年底。the end *of* the year.

英语里边'蛋白'和'年底'还没有构成复合词,所以中间还有介词。但是英语里省去介词的趋势在发展,例如 egg-powder(蛋粉),week-end(周末),book jacket(包书纸),book club(优待购书会)。在这个问题上,法语比英语保守。比较:

> (31) 铁路。(英)railway. 　(法)le chemin de fer.
> 牙刷。(英)tooth brush. 　(法)la brosse à dents.

指代词、连词、介词这些,英语里有时候也会省掉,但是英语里边最容

易省掉的是动词或者复合动词的一部分,这是汉语里边决不允许的。例如英语里边可以说:'My sister works in a factory, and my brother on a farm.' 汉语里边必得说:'我姐姐在工厂工作,我哥哥在农场工作。'

现在来谈重复,指的是下面这种例子:

    (32) 买书卖书。Buy and sell books.
    (33) 看书看报。Read books and newspapers.

外国学生不大会运用这种格式,不但是因为他们习惯于把并列成分连在一块儿,还因为看见汉语里也有'收购和出售古旧书籍'、'看看电影和话剧'之类的话。汉语里单音节和双音节对于词语结构有一种制约作用,这是汉语语法里边比较微妙的部分,外语里边缺少类似的现象。①

    (34) 我的眼睛不好是因为看小字书看多了。My poor eyesight is the result of reading too much small print.

这一句外国学生也许更难理解,因为这里的两个'看'字只代表一个动作。

二　现代汉语和古汉语对比

从古汉语演变成现代汉语,语法上有不少差别。几个主要问题,象古汉语疑问代词在句子里的位置,否定句里边代词的位置,现代汉语里各种类型复合动词的形成,以及多数虚词的古今更替,这些都有过论述,大家知道的。这里我只想谈两个小问题,说明汉语古今语法的对比研究还大有可为。

    (35) 自己骗自己。　自欺欺人。

为什么现代汉语要把古汉语'自欺'的'自'字前后重复,说成'自己骗自己'呢? 同样的还有:自救＝自己救自己,自卫＝自己护卫自己,自慰＝自己安慰自己。为什么这么不怕麻烦,一前一后来两个'自己'? 乍一看似乎可以这样解释:把自己看成既是施动者又是受动者,是双重身份,所以来它两下。再一想,不对。比如说,'你别自己骗自己了',施动者'你'已经说在头里了,还要'自己'做什么? '自'在古汉语里边总是放在动词前边,可是有两种情形。一种是象'自觉自愿','自备工具','车费自理','咎由自取'等等,或者是不及物动词,或者是及物动词而另有受动者,这个'自'字只有副词的性质。一种是象前头举的例子,'自欺','自救','自卫','自慰'等等,'自'字兼有副词和代词的性质。古汉语里代表受动者的代词在一定条件下要放在动词的前边,到了现代汉语里边都要放在动词后边。'自'字既有代词的性质,自然应该挪到后头,可是它又有副词的性质,理应留在头里,这样就有了矛盾,而解决的办法是一前一后来两个'自己'。'自觉','自愿'等等里边是不及物动词,就只要说成'自己觉悟','自己愿意'就行,'自'字不必前后重复。(顺便说明,古代的'自'是副词,现代的'自己'可是代词,比较一下'不自觉'和'自己不觉悟'里边的语序——'自'和'不'的先后——就知道了。)

讲了一个'自'字,再讲一个'相'字。

(36) 你看看我,我看看你,微微地笑了笑。　　相视而笑。

'你看看我,我看看你','你找我,我找你',这是现代汉语里特有的格式。这种格式很形象化,可是从另一方面看,又不免有点笨重。怎么产生这种格式的? 古汉语里的'相'字,跟'自'字一样,也是一个兼有代词性质的副词;也跟'自'字一样,在现代汉语里只作为一个构词的语素来用,例如:相同,相反,相等,相似,相继,相随,等等。作为可以自由运用的词,'自'变成了'自己','相'变成了'互相',二者相同。可是这两个词又有所不同:'自己'用起来比'互相'自由,'互相'的书面味道重,只能修饰双音节的动词;我们可以说'自己学','自己看自己',但是不能说'互相学','互相看',只能说'互相学习','互相凝

视'。在日常生活里边,我们不大说'互相怎么样',我们应用'你……
我,我……你'的格式,并且可以用在主语是你我以外的人的场合,例
如'她们你教我,我教你,都学会了剪纸'。

三　普通话和方言对比

　　方言的语法和普通话的语法比较,句法方面的差别很小,虚词和
近乎虚词的构词成分的差别比较大些。研究方言语法的文章还不多,
赵元任写过一篇〈北京、苏州、常州语助词的研究〉,登在〈清华学报〉三
卷二期(1926)上;他在 1928 年出版的〈现代吴语的研究〉里边也有一
章专门讲吴语二十二处方言里的语助词。研究方言里的'虚字眼儿'
往往能对普通话里的虚词研究有所启发。例如苏州话里有一个'仔',
还有一个'哉',用法都跟普通话里的'了'相当,这就帮助我们分出两
个'了',一个是动词的附属成分(现在叫做时态助词,其实更象个语
尾),一个是语气助词。

　　(37)(苏)饭好哉,吃仔饭再去。
　　　　(普)饭好了,吃了饭再去。
　　　　(苏)勿吃哉,吃仔三碗哉。
　　　　(普)不吃了,吃了三碗了。

　　现在再从我的家乡话丹阳话里找一个例子来跟普通话比较。丹
阳话里的方位词里有'上头'和'里(头)',跟普通话一样'但是用法不
完全相同。

　　(38)(丹)　　　　　　　　　　(普)
　　　　枱子上头摆椅子。　　　　桌子上(头)摆椅子。
　　　　井里(头)。城里(头)。　　井里(头)。城里(头)。
　　　　面孔里。墙头里。天里。　脸上。墙上。天上。
　　　　枱里放着两盆花。　　　　桌子上放着两盆花。

第一行用'上(头)',第二行用'里(头)',两处相同。第三第四行,普通话用'上',丹阳话用'里'。为什么? 第一行的'上'跟'下'相对,第二行的'里'跟'外'相对,第三第四行,丹阳话的'里'不跟'外'相对,普通话的'上'也不跟'下'相对。从这里我们悟出来,方位词可以有'定向'和'泛向'两种意义。定向意义的方位词,各地方言的用法必然大致相同,泛向意义的方位词就可能不一样。普通话主要用'上'(不用'上头'),也有用'里'的,例如'心里','嘴里','背地里',不及用'上'的多。而丹阳话则主要用'里',用'上'的少。泛向意义的'里',丹阳话决不说成'里头',普通话也很少说'里头';泛向意义的'上',普通话很少说'上头',丹阳话没有'上',只有'上头',不管是定向意义还是泛向意义都说'上头'。但定向意义的'上头'音不变,而泛向意义的则音变为[xæte],如'账目上头'、'蔬菜上头'。

四　普通话内部的对比

事实上,我们研究汉语语法,尽管不拿它跟外语对比,也不作古今对比或者普通话跟方言对比,就普通话语法研究普通话语法,也还是常常应用对比的方法——拿一个虚词跟另一个虚词比较,拿一个格式跟另一个格式比较。

(39)(a)你会说日本话吗? (b)你会说日本话吧? (c)你会不会说日本话?

三个问句一个内容,但是前两句有倾向性,(a)倾向于怀疑,(b)倾向于肯定,只有(c)是实事求是的询问。

(40)(a)他拿出一张相片儿来。(b)他拿一张相片儿出来。(c)他拿出来一张相片儿。

这三句的不同在于'一张相片儿'的位置。三种句式都有,可是用法上有什么分别,出现的频率如何,都还有待于研究。至少有一点是可以

肯定的：命令句不用(c)式。我们只说'拿点勇气出来!'或者'拿出点勇气来!',不说'拿出来一点勇气!'

（41）（a）我弟弟骑走了我的自行车。（b）我弟弟把我的自行车骑走了。（c）我的自行车让我弟弟骑走了。

同一个内容往往这三种句式都可以用,但不是任何内容都可以用这三种句式,有的只能用其中的两种,有的只能用其中的一种。在形式方面有些什么限制,在意义方面有些什么限制,很值得研究。

（42）他学了英语。他学过英语。
　　　我前年到了上海。我前年到过上海。

'他学了英语'含有学会了的意思;'他学过英语'的含义就不一定,多半是没学会,但也不排除学会了,例如说:'他学过英语,应该看得懂。''我前年到过上海',说这个话的人一定不在上海;'我前年到了上海',说这话的人可能已经不在上海,也可能还在上海。

　　在普通话内部作比较研究,还涉及一个方面:某些句式,某些虚词,用在某种环境很合适,用在另一种环境就不合适。比如'我们'和'咱们','被'和'叫、让','跟'、'和'、'同'、'与'、'及',都有这样的问题。这类问题过去叫做文体问题,有人嫌'文体'二字不好,近于'风格',主张用'语体',我看也不好,因为以前曾经管白话文叫语体文,这段历史离我们还很近。近年来英文的语言学著作里讨论这个问题,常用 register 这个字,我想可以译做'语域'。语域的研究属于社会语言学范围,也可以说是语法和修辞的边缘学科,是以往探索得很不够的一个领域。

五　结　束　语

　　最后再讲一种比较,那就是讲语法的书或者文章跟语言实际的比较。任何人讲语法,他对现象的观察不一定都正确,更不可能完

备——世界上没有完备的东西，——因此他所说的话不能'照单全
收'，要跟实际语言核对核对。这里又遇到一个问题：规范问题。规
范当然很难定。'有人这样说。'那得看有多少人这样说，人多人少不
一样。还得看是什么人，哪儿人，不能是任何人。如果把任何人任何
时候说的话都当做归纳用法的根据，那就恐怕归纳不出几条来。无论
你规定得多宽，都还是会有包括不进去的。如果不作为例外，那就很
不好办了。关于这个问题，张志公同志有一篇文章可以看看，题目是
〈一般的，特殊的，个别的〉，登在〈语文学习〉1954 年 4 月号上。

　　撇开规范问题，还来谈核对事实问题。'尽信书则不如无书'，这
个话是有几分道理的。介绍一点儿我自己的经验，供诸位参考。我以
前写过一本书，名字叫〈中国文法要略〉，里边第十三章 54,55 两节讲
时间长短的表示法，是这样说的：

> 表示时间长短的词语通常放在动词后头。若是在否定句里
> 头，就是说，某一时期之内没有某事，这个时间词放在动词之前。

为了说明第二句，举了个例句是'一辈子没见过火车的多得很'。后来
邓懿同志在〈语文学习〉1955 年 12 月号上发表了一篇〈谈时间词〉，指
出我第二句话说错了，在肯定句里表示时间长短的词语也可以用在动
词的前头。我在这部书 1956 年修订版里就把这两句说明改了。

> 表示时间长短的词语，放在动词的后头，表示动作持续多久。
> 表示时间长短的词语，放在动词的前头，表示某一时期之内有过
> 或没有过这个动作。

加了一个例句：'一天跑两趟图书馆'。现在看来，这里的说明还是不
够，因为表示时间长短的词语放在动词后头，还可以表示一个动作完
成之后已经有多久，例如'我来了三年了'不是'来'这个动作持续三
年，而是从我来到算起已经有三年。表示时间长短的词语放在动词前
头，也不全是表示这一时期之内有过或者没有过这个动作，也可以表
示一个动作持续多久，但必须两件事情一块儿说，例如'半天工作，半

天学习',还可以表示经过多久之后发生某件事情,如'这趟车一天到长沙,两天到贵阳'。

我这部书里别的地方一定也有很多错误和疏漏,盼望同志们看这部书的时候,以及看我的别的文章的时候,发现说错了的地方,多多纠正。

注

① 参看本书〈现代汉语单双音节问题初探〉。

（北京语言学院:〈语言教学与研究〉第二集,1977）

〈资治通鉴〉标点斠例

标点本〈资治通鉴〉初版在 1956 年。因期限短促，在标点上未能反复推敲，不免有欠妥之处，虽然每次重印都改正了一些，仍然遗留不少。1972 年又准备重印，当时出版社正集中力量从事二十四史的校勘和标点，委托我们几个人对〈资治通鉴〉的标点做一次全面检查。我们把检查的结果交给编辑室，其中多数都蒙编辑室采纳，在 1976 年重印的本子上一一改正。对新版的读者来说，这些校改意见已经是一种历史上的陈迹，没有现实意义了。但是这些例子很能说明标点古书是一件不很简单的工作。我在校读的时候曾经做了一些札记，现在选出一部分有代表性的例子，分类说明，供从事标点古书的同志以及学习古汉语的读者参考。标点古书必然会牵涉到文字的校勘，〈资治通鉴〉有不少校勘上的问题，但是因为本文以谈标点为主，所以只在末了列出少数校勘方面的例子。有个别词语需要注释的用括号附在各条之后。有一部分例子是别的同志校读的结果，分别在各该条后边注明。

共选取一百三十二例，分为三十类。

一、当断不断之例

二、不当断而断之例

三、'而'、'以'之前断否不当之例

四、谋事误为成事之例

五、成事误为谋事之例

六、当属上而属下之例

七、当属下而属上之例

八、点断错误以致张冠李戴之例

九、兼承误为单承之例

十、贯通误为中断之例

一　当断不断之例

(1) 岭南尝献入筒细布一端八丈，……(3745 页)

应于'细布'后加逗号。如无逗号，则所贡者一端而已，不近情理。有逗号则'一端'作'每一端'讲。'端'之长有一丈六尺、二丈、六丈诸说，八丈而仍'入筒'，极言其细。

(2) 悉弃其器甲争投水死者十余万，斩首亦如之。(4572 页)

应于'投水'后加逗号。投水是为了逃命，不是为了寻死，淹死不是出于自愿。

(3) 汉律所杀殊死之罪，仁所不及也，其余逮死者，可易以肉刑。

（2124 页）

　　'汉律所杀'总下'殊死之罪'与'其余逮死者'，应于'杀'字后逗断（或用冒号）。（殊死：指斩首之刑。）

（4）自诸侯王、列侯、公主名田各有限；关内侯、吏、民名田皆毋过三十顷；奴婢毋过三十人，期尽三年；犯者没入官。（1060 页）

　　'期尽三年'总指上文，是说占有田地和畜奴婢都要在三年之内做到合乎限额，不是说奴婢服役以三年为期。标点本〈汉书·食货志〉在'三十人'后用句号，是。（标点本二十四史出版在标点本〈资治通鉴〉之后，标点〈资治通鉴〉的时候还无可参考。）'三年'后也以改用句号为好。

二　不当断而断之例

（5）袁绍皆立其酋豪为单于，以家人子为己女，妻焉。（2069 页）

　　'以家人子为己女妻焉'是说把老百姓人家的女儿作为自己的女儿嫁给那些酋长，不是先认义女，后遣嫁。是一件事，不是两件事，'己女'后不应逗断。

（6）仪同代人薛孤延为殿，一日斫十五刀，折，乃得免。（4876 页）

　　'一日斫十五刀折'是说一把又一把，一天斫断了十五把刀，'斫'和'折'要连起来讲。'一日斫十五刀'点断，使读者迷惑：为什么要用十五把刀去砍杀？

（7）放牛马以饵贼，贼乱，取牛马，操乃得渡。（2107 页）

　　'乱取牛马'是说因抢牛马而乱，不是先乱而后取牛马，不应分割。

（8）自淮、汉以北，诸城多请降，送任于秦。（3497 页）

　　请降于秦，送任于秦，八个字省并成六个字，'请降送任于秦'，中间不断较好，或用顿号。（送任：送亲属去当人质。）

（9）裁置常侍二人，方直有德者省事左右；小黄门五人，才智闲雅者给事殿中。（1668 页）

　　'二人'、'五人'后都不可点断，点断则'二人'、'五人'后隐含'其中'之意，原无此意。用现代格式说，是'两个方直有德的常侍'，'五个才智闲雅的小黄门'。（裁：纔、才。）

(10) 代王方今高帝见子,最长,仁孝宽厚……(435 页)

'见子'后逗号应去。胡注云:'言高帝见在诸子惟代王为最长',是也。'见子'后点断,则代王为唯一见在之子,'最长'便无着落。按吕后死时,汉高祖八个儿子还有两个活着,一个是代王刘恒即汉文帝,一个是淮南王刘长,是最小的儿子。

(11) 毅与循战于桑落洲,毅兵大败,弃船以数百,人步走,余众皆为循所虏,所弃辎重山积。(3632 页)

毅:刘毅。循:卢循。'数百'后点断,前后文义都不通。'弃船以百数'可通,'弃船以数百',无此语法。'人步走'很生硬,'余众'的'余'无所承。'弃船以数百人步走'是说刘毅扔掉船,带几百人徒步逃走。

(12) 杲卿姊、妹、女及泉明之子皆流落河北;……泉明号泣求访,……诣亲故乞索,随所得多少赎之,先姑姊妹而后其子。……泉明有钱二百缗,欲赎己女,闵其姑愁悴,先赎姑女;比更得钱,求其女,已失所在。(7055 页)

杲卿:颜杲卿,就是抗击安禄山,骂贼而死的颜常山。泉明是他的儿子。'姊、妹、女',是三人,'姊妹女'是一人;'姊妹女'与下文'姑姊妹'皆三字为义,与'姑女'所指同,非三人也。从杲卿言为姊妹之女(不知其为长为幼,故'姊妹'连言),从泉明言为姑之女,'姑姊妹'犹言表姊妹。('泉明之子'的'子'即'己女'的'女',古男女皆称'子'。)

(13) 董秦从思明寇河阳,夜,帅其众五百,拔栅突围,降于光弼。(7086 页)

思明:史思明。〈通鉴〉书法,'夜'一字为句,必有所承。上文未说何日之事,'夜'字连下读。'夜'字点断,意为'到了那天夜里';'夜'字不断,意为'趁夜里'。

三 '而'、'以'之前断否不当之例

句中有'而'字'以'字,或逗或否须斟酌,不可一概逗断或一概不逗。

（14）此非其智不逮，而力不足也，必将内有忧逼故耳。（2152 页）

　　'而'字顺承，其前不应逗。标点本〈三国志·法正传〉无逗，是。

（15）言之不舍昼夜而亲属犯之不止……（1478 页）

　　'而'字逆转，其前宜有逗。

（16）上使御史中丞庾徽之奏免庆之官，诏勿问以激之。（4047 页）

　　'上'指宋孝武帝。庆之：沈庆之。'以'字前应有逗。先叫人弹
　　劾他，然后传旨不要追究，用这个办法来激励他。'以激之'承上
　　'奏免'与'勿问'二事。

（17）王含欲奔荆州，王应曰：'不如江州。'含曰：'大将军平素与江州
云何而欲归之？'（2929 页）

　　大将军指王敦，王含是王敦的哥哥，王应是王含的儿子，出嗣王
　　敦。荆州指王舒，江州指王彬，都是王敦的堂兄弟。王彬平时不
　　附和王敦，王舒附和王敦。王敦死后，王含要投奔王舒，王应说
　　不如投奔王彬，王含才说的这句话。'云何'，交情如何之意。
　　'何'字后应逗断。（王含不听王应的话，投奔王舒，父子都被王
　　舒害死。）

（18）且吉士贤人，犹不妄徙其家以宁乡邑，使无恐惧之心，况乃帝王
万国之主，行止动静，岂可轻脱哉！（2276 页）

　　'不'字的否定作用只到'家'字为止，'以'字前应有逗，避免误解
　　为'不'字通贯其后八字。

（19）虽稽颡执贽而边城不弛固守，强暴为寇而兵甲不加远征，……或
招诱安抚以为己用，自是四夷交侵，与中国错居。（2624 页）

　　这是江统〈徙戎论〉里文字。'稽颡执贽'与'强暴为寇'皆指四
　　夷，两'而'字皆用来表转折，其前有逗较好，否则'虽'字贯下，非
　　作者本意。论文言文节律则两'而'字、一'以'字皆以其前用逗
　　号略顿为宜。

四　谋事误为成事之例

（20）王乃与伍被谋，先杀相、二千石。（625 页）

　　王指淮南王刘安，伍被是他信任的臣子。刘安和伍被密谋杀害

淮南国的相和内史、中尉（秩皆二千石），但看下文可知并未实现。'谋'字后无逗则只是谋划，有逗则已杀、未杀两可。

(21) 使谅收交州刺史修湛、新昌太守梁硕，杀之。谅诱湛，斩之。硕举兵围谅于龙编。（2908 页）

谅：王谅，王敦所使。在'梁硕'后逗断则'杀之'是叙实事。看第二句、第三句可知'杀之'还不是事实，只是'使'的内容：使王谅捕杀二人。应去此逗号。

五　成事误为谋事之例

(22) 秦太后苟氏……乃与李威谋赐法死。坚与法诀于东堂…（3166 页）

坚：苻坚，苟氏的儿子。法：苻法，苻坚的异母兄。看下文可知'赐法死'不是仅仅谋划，而是已经命令赐死。应于'谋'字后加逗号。

(23) 梁王将杀齐诸王，防守犹未急。鄱阳王宝寅家阉人颜文智与左右麻拱等密谋穿墙夜出宝寅，……蹍屩徒步，足无完肤。（4515 页）

宝寅：萧宝寅，齐明帝的儿子，和帝的兄弟。梁王：即梁武帝。看下文'蹍屩徒步，足无完肤'八字，可知密谋已遂，应于'谋'字后加逗号。

六　当属上而属下之例

(24) 郦生至，入谒。沛公方倨床，使两女子洗足而见郦生。（288 页）

照此点法，似乎是为了见郦生而故意使女子洗足，恐怕没有这个意思。原文的意思大概是正在倨床洗足，不为见郦生而整饬仪容。要是按这个理解来标点，'床'字后逗号应移至'足'字后。标点本〈史记〉卷九七〈郦生传〉正是如此。

(25) 太皇太后春秋七十，数更忧伤……行道之人为之陨涕。况于陛下登高远望，独不惭于延陵乎？（1086 页）

这是杨宣谏汉哀帝的话。延陵是汉成帝陵名，哀帝是藩王入嗣成帝。太皇太后是成帝的母亲，哀帝的祖母。'况于陛下'当属

　　上句,'陨涕'后句号改逗号,'陛下'后用问号。

(26) 留南阳宗广领信都太守事,使任光、李忠、万修将兵以从。邳肜
将兵居前,任光乃多作檄文曰:'大司马刘公将城头子路、力子都兵百
万众从东方来,击诸反虏。'(1262 页)

　　此叙刘秀(汉光武)到信都以后事。照原标点则任光等将兵从宗
　　广。如此则'邳肜将兵居前'之'居前'所指不明,任光所作檄文
　　称刘公如何,亦似没来由。将'事'字后逗号改为分号,'以从'后
　　句号改为逗号,'居前'后逗号改为句号,则一切疑滞都解开了。
　　前一句述汉光武的部署,'使任光……将兵以从'是从光武,不是
　　从宗广。后一句接着说任光为光武作檄文。

(27) 遣……中郎将、绣衣执法各五十五人,分镇缘边大郡。督大奸猾擅
弄兵者,皆乘便为奸于外,挠乱州郡,货赂为市,侵渔百姓。(1193 页)

　　'大郡'后句号应为逗号,'者'字后逗号应为句号。乘便为奸于
　　外者指上文所遣中郎将、绣衣执法。照原标点,乘便为奸者似即
　　大奸猾擅弄兵者,则'督'字无着落,'乘便'亦不可解。

(28) 荆州虽没,常愿据守汉川,保全土境。生不负于孤弱,死无愧于
地下,而计不在己,以至于此,实怀悲惭,无颜早见耳!(2085 页)

　　这是刘表死后他的部下文聘回答曹操的话。荆州:指刘表。'生
　　不负于孤弱,死无愧于地下',连上为义,是'常愿'的内容的一部
　　分。'土境'后当用逗号,'地下'后用句号或分号。

(29) 夫功者,难成而易败,时者,难得而易失也;时乎,时不再来!
(348 页)

　　'时乎时,不再来',韵语,'时'与'来'皆古'之'部字。参段玉裁
　　〈经韵楼集・使乎使乎解〉。标点本〈史记〉卷九二〈淮阴侯列传〉
　　不误。(丁声树校)

七　当属下而属上之例

(30) 陛下亦宜自谋,以谘诹善道,察纳雅言,深追先帝遗诏,臣不胜受
恩感激。今当远离,临表涕零,不知所言。(2235 页)

　　这是诸葛亮〈出师表〉里的话。前边劝勉后主,后边说到自己就

要出发。'臣不胜受恩感激'跟前边的话连起来不好讲,显然属于下句。标点本〈三国志〉旧版同此误,新版已改正。

(31) 上始大修宫室……坏高祖所居阴室,于其处起玉烛殿,与群臣观之。床头有土障,壁上挂葛灯笼,麻蝇拂。侍中袁颙因盛称高祖俭素之德。(4065—6 页)

高祖:宋武帝刘裕。'上'指孝武帝刘骏,刘裕的孙子。'与群臣观之'乃观其未改建之前,非观新建之玉烛殿也。土做屏风,布做灯笼,麻做蝇拂,都是很俭朴的用具,所以袁颙称颂。'与群臣观之'属下无疑。(阴室,胡注:江左诸帝既崩,以其所居殿为阴室,藏诸服御。)

(32) 公孙氏汉时所用,遂世官相承,水则由海,陆则阻山,外连胡夷,绝远难制,而世权日久;今若不诛,后必生患。(2250 页)

这是刘晔劝魏明帝出兵征辽东公孙氏的话。'水则由海'四句言征辽之难,'世权日久'三句言虽难而不可已,'而'字的作用不是顺承而是逆转。'难制'后当用句号或分号,'日久'后用逗号。

(33) 又,蒋琬守汉中,闻司马懿南向不出兵,乘虚以掎角之,反委汉中,还近成都。(2355 页)

'不出兵'者为蒋琬,非司马懿,此三字属下不属上。原标点使文义扞格难通。〈三国志·吴主传〉不误。(委:放弃。)

(34) 田单令城中人食,必祭其先祖于庭,……(139 页)

逗号应移'人'字后。城中人吃饭是不需要田单下命令的。标点本〈史记〉卷八二〈田单传〉无逗,亦可。(丁声树校)

(35) 今壹受诏如此,且使妾摇手不得设。妾欲作某屏风张于某所,曰:'故事无有。'(969 页)

此汉成帝许后上书中语。'设',如果也,属下不属上。'曰',皇后官属说。〈汉书〉卷九七下〈许后传〉'不得'后'设妾'前有一百多字,〈通鉴〉省。

(36) 马武为茂、建所败,奔过王霸营,大呼求救。霸曰:'贼兵盛出,必两败,努力而已!'乃闭营坚壁。(1322—3 页)

茂:苏茂。建:周建。逗号应在'盛'字后,'出'连'必两败'为句。王霸的话是:'敌人兵力强,我要是出兵,不但是救不了你,

连我也要被打败（'两败'）。你努力吧！'（'弩'字不误。）

(37) 仲之还顾，言不已，绍之命榎之，折其臂。仲之大呼曰：'吾已负汝死，当讼汝于天！'（6599 页）

仲之：张仲之。他触犯了武三思，三思使御史姚绍之审讯他。'吾已负汝'是我已经输给你了的意思。'死'字属下。〈考异〉引〈御史台记〉：'仲之大呼"天！"者六七，谓绍之："反贼！我臂且折矣，已输你，当诉尔于天曹！"'

八　点断错误以致张冠李戴之例

(38) 业上书言王氏世权日久，薛宣、张禹惑乱朝廷而荐朱博。（1079 页胡注）

业：杜业。'朝廷'后应有逗。无逗则荐朱博者为薛、张而非杜业矣。

(39) 桓宣佐祖逖拒祖约，守襄阳，皆有功。（3242 页胡注）

拒祖约的也是桓宣，不是祖逖，祖氏兄弟没有对垒过。'祖逖'后应有逗，有无一逗，差别甚大。佐祖逖事见 2847 页，拒祖约事见 2947 页。

(40) 云复上言：'滈父绚执政之时，人号"白衣宰相"'。（8107 页）

云：张云。滈：令狐滈。'滈'字后宜有一逗。否则'白衣宰相'将指令狐绹，但绹既执政，何得云'白衣'？

(41) 初，诏书下举钩党，郡国所奏相连及者，多至百数，唯平原相史弼独无所上。……从事大怒，……遂举奏弼。会党禁中解，弼以俸赎罪，所脱者甚众。（1800 页）

'以俸赎罪'，史弼赎自己的罪（上文'从事……举奏弼'），'赎罪'后应为句号。用逗号则连下句讲，容易解为史弼为党人赎罪。〈后汉书〉卷六四〈史弼传〉，'弼以俸赎罪得免，济活者千余人'，有'得免'二字，用逗号不至误解。（钩：钩连。从事：刺史佐吏。）

(42) 素闻之惶恐，虑获谴，以告封德彝曰：'公勿忧，俟皇后至，必有恩诏。'（5548 页）

素：杨素。根据引号内文义,应是封德彝对杨素说的话,'曰'字前边当用句号划断。无句号则是杨素对封德彝云云,前后文义不合。

(43) 乾归……以乞伏审虔为河州刺史,镇枹罕而还。(3648 页)

乾归：乞伏乾归,西秦国君。'刺史'后有逗号则'镇枹罕而还'上承'乾归'。既'镇枹罕'而又'还',矛盾。应去逗号。镇枹罕者乞伏审虔,还者乞伏乾归。

(44) 论安自百井擅还,郑从谠不解靴衫,斩之,……(8253 页)

'不解靴衫'是不解论安的靴和衫,应去逗号。胡注引〈考异〉引〈唐末闻见录〉：于坐上把起论安,不脱靴,于毬场内处置。(靴和衫是礼服,处决罪犯先剥去靴衫；不脱靴衫而斩之,言其急。)

(45) 李克用……又曰：'韩建天下痴物,为贼臣,弱帝室,是不为李茂贞所擒,则为朱全忠所虏耳！'(8492 页)

'为贼臣,弱帝室',可以斥之为奸,不得讥之为痴。此'为'字去声,乃介词,非动词,应去'臣'字后逗号。贼臣谓李茂贞与朱全忠。

(46) 宗播令其众曰：'吾与汝曹决战,取功名；不尔,死于此！'(8580 页)

'与'作介词有二义：一,共同；二,对待。王宗播对部下说话,'与'应是共同义。'决战'后逗断,则'与'为对待义,统帅与部下决战,谬矣。

(47) 王建曰：'继密残贼三辅,以其降,不忍杀。'复其姓名曰王万弘,不时召见。诸将陵易之,万弘终日纵酒,俳优辈亦加戏诮；万弘不胜忧愤,醉投池水而卒。(8581 页)

继密：李继密,李茂贞养子,本姓王,名万弘。王建不时召见王万弘,是主帅待他好。尽管诸将欺凌他,他也不至于要自杀。应去'召见'后句号,连其后五字为句,在'陵易之'后用句号。王建虽不杀王万弘,而厌恶他,时时当众羞辱他,他就毫无生趣,只能纵酒以至于投水了。

(48) 韩信曰：'善！'从其策,发使使燕。燕从风而靡,遣使报汉,且请以张耳王赵；汉王许之。(329 页)

照原标点,遣使报汉者为燕,燕国为什么要请立张耳为赵王？又

有什么资格提出这种请求？遣使报汉者乃韩信。'使燕'后句号应为逗号，'而靡'后逗号应为句号或分号。'王赵'后分号应为逗号。（汉王：刘邦。）

(49) 高季兴亦以流言间郁于殷。殷不听，乃遣使遗节度副使、知政事希声书，盛称郁功名，愿为兄弟。（9031 页）

殷：马殷，五代楚国的国君。郁：高郁，马殷的谋臣。高季兴在马殷处离间高郁不成，又到马殷的儿子马希声处激怒他，终于使马希声杀死高郁。原标点使人误解遣使为马殷，应改'于殷'后句号为逗号，'不听'后逗号为句号。

(50) 己未，或走马过汝阴王之门，卫士恐。有为乱者奔入杀王，而以疾闻，上不罪而赏之。（4229 页）

照原标点，疑义甚多：为乱者与走马者是一是二？'以疾闻'，是谁打的报告？'赏之'，赏谁？为什么要赏他？'卫士恐'后去句号，'为乱者'后加逗号，文义便贯通易解。汝阴王是南朝宋的末代皇帝顺帝被废之后的封号。卫士是奉齐高帝之命监守他的，看见有人跑马过来，怕是要拉宋顺帝出来复辟，就自己跑进去把宋顺帝杀了。齐高帝认为他做得对，所以赏他。

(51) 反逆既异，余犯虽欲矜恕，如何可得？（4409 页）

'余犯'指反逆以外的罪犯。为什么'反逆既异'，余犯就不能矜恕？其理难通。逗号应移在'余犯'后，虽欲矜恕而不可得者为反逆，非余犯。（俞平伯校）

(52) 〈邺侯家传〉曰：韩相将入朝，觐先公，令人报'比在阙庭已奏，来则必能致大梁入朝。今来，所望善谕以致之。'十二月，刘玄佐果入朝。（7475 页胡注引〈考异〉）

谁令人报谁，以及谁奏、谁望，标点的人大概没有认真想过。'觐'用于皇帝以外的人也少见。'朝'字后逗号应在'觐'字后，'先公'后逗号应去，'报'字后按通例加冒号。〈邺侯家传〉是李泌的儿子李繁写的，称泌为先公。韩相是韩滉，此时为两浙节镇。'大梁'指汴州镇将刘玄佐，韩滉从两浙到长安朝见，路上要经过汴州。李繁所记李泌的话是：我已经奏明皇帝，说你来朝见时一定能叫刘玄佐也来朝见。现在你要来，盼望你说服刘玄佐也来。

九　兼承误为单承之例

(53) 绛侯周勃既就国,每河东守、尉行县至绛,勃自畏恐诛,常被甲,令家人持兵以见之。(462 页)

　　周勃怕被杀害,会见地方官的时候自己被甲,叫家人拿着兵器。'见之'是周勃见,不是家人见,'被甲'后逗号应改为顿号。

(54) 以诸葛恪为太子左辅,张休为右弼,顾谭为辅正,陈表为翼正都尉……(2252 页)

　　'右弼'与'左辅'同承上'太子','都尉'兼承上'辅正'与'翼正',史传多有此例。'辅正'后宜用顿号,'左辅'后顿号逗号皆可。

(55) 足下何不归将印,以兵属太尉;请梁王归相国印,与大臣盟而之国。齐兵必罢,大臣得安,足下高枕而王千里,此万世之利也。(432-3 页)

　　这是郦寄说吕禄的话,梁王是吕产。'与大臣盟而之国'不是专指吕产,而是兼指产、禄二人,下云'足下高枕而王千里'可证。分号应改为逗号。

(56) 皝自将劲兵四万出南道,以慕容翰、慕容霸为前锋;别遣长史王寓等将兵万五千出北道以伐高句丽。(3051 页)

　　皝:前燕国君慕容皝。'以伐高句丽'承上南道与北道,不应以分号隔断。'前锋'后分号改逗号,'北道'后加逗号。

(57) 若惠、文之世,无所赦之。若孝景之时,七国皆乱,异心并起,奸诈非一。及武帝末年,赋役繁兴,群盗并起,加以太子之事,巫蛊之祸,天下纷然,百姓无聊。及光武之际,拨乱之后,如此之比,宜为赦矣。(919,920 页)

　　'如此之比',谓如孝景七国、武帝末年、光武平定,不可独系于光武之下。'非一'后与'无聊'后句号皆应改为分号,'拨乱之后'后逗号应改为冒号。

十　贯通误为中断之例

(58) 曩者朕之不明,以军候弘上书,言'匈奴缚马前后足置城下,驰言

"秦人,我匄若马。"'又,汉使者久留不还,故兴遣贰师将军,欲以为使者威重也。(739页)

　　'以'与'故'相应。遣贰师将军之原因有二:一,边将传匈奴陵侮之言;二,匈奴留汉使者久不还。'马'字后引文虽止,全句未完,标点本〈汉书〉卷九六〈西域传〉此处用逗号,甚是。

(59) 会欲使姜维将五万人出斜谷为前驱,会自将大众随其后。既至长安,……一旦天下可定也。(2430页)

　　会:钟会。'既至长安'云云,仍为钟会设想之一部分,中间不宜用句号。

(60) 遣参军司马赞、孙双奉表诣台。罗英至广州,约陶侃同进。(2897页)

　　遣罗英至广州,承上省'遣'字,'诣台'后句号应为逗号,'广州'后不用逗号更好。(台:指中央政府。)

(61) 今当远别,何以赠我? 使我睹物思人。(3228页)
　　'赠我'后问号应移至'思人'后,原处用逗号。

十一　插叙误为正文之例

(62) 初,……以纯为太守。纯在官十年而卒。后人不能抚循夷人,九月,哀牢王类牢杀守令反,攻博南。(1476页)

　　纯:郑纯。'九月'承上'八月庚寅,有星孛于天市'。自'初'至'夷人'皆插叙,'夷人'后应为句号。〈通鉴〉多有此种由追叙过入当前之事者,用逗用句须斟酌,一般以用句号为宜。又,'而卒'后句号可改用逗号。

(63) 西燕既亡,其所署河东太守柳恭等各拥兵自守。秦主兴遣晋王绪攻之,恭等临河拒守,绪不得济。初,永嘉之乱,汾阴薛氏聚其族党,阻河自固,不仕刘、石。及苻氏兴,乃以礼聘薛强,拜镇东将军,强引秦兵自龙门济,……(3436页)

　　从'初'字起到'将军'止,是插入追叙,'强引秦兵自龙门济'接上文'绪不得济'。'将军'后应为句号。(刘:指十六国汉—前赵刘氏;石:指后赵石氏。)

(64) 帝游宴东山……立为诏书,宣示远近,将事西行;魏人震恐,常为度陇之计,然实未行。(5149 页)

　　'帝'指北齐文宣帝高洋。'将事西行'是说要去打西魏。'宣示远近,将事西行'下接'然实未行'。'魏人震恐,常为度陇之计'是插叙,应在前后用句号或破折号隔断。(俞平伯校)

十二　层次错乱之例

(65) 故言事者虽合圣听,辄见掎夺。何者? 其顽士暗于时权,安习所见,不知乐成,况可虑始,苟云率由旧章而已;其达者或矜名妒能,耻策非己,舞笔奋辞以破其义,寡不胜众。遂见摈弃。虽稷、契复存,犹将困焉,斯贤智之论所以常愤郁而不伸者也。(1724 页)

　　这是崔寔〈政论〉里的一段,意思是说:言事者一则困于'顽士',再则厄于'达者',寡不胜众,终被摈弃。'而已'后、'其义'后,皆当用句号。'摈弃'后的句号和'困焉'后的逗号,对调一下较好,都用句号也可以。('圣听'的'圣'指时君。)

(66) 然优假士人太过,牧守多侵渔百姓,使者干扰郡县。又好亲任小人,颇伤苛察;多造塔庙,公私费损。江南久安,风俗奢靡,故琛启及之。(4934 页)

　　琛:贺琛。他对梁武帝启陈四事,见 4929—33 页。这一段是史家评论,也分四层,与贺琛奏疏照应。其一是优假士人,其二是亲任小人,其三是多造塔庙,其四是风俗奢靡。原标点两处用句号,一处用分号,一处用逗号,应当前三处都用分号。'奢靡'后用逗号,似乎'故琛启及之'专指风俗奢靡一事,实则总上四事言之,这个逗号非改句号或冒号不可。

十三　不当用而用引号之例

(67) 太子议欲谢;少傅阎崇以为'为人后之礼,不得顾私亲,不当谢';太傅赵玄以为'当谢',太子从之。(1045 页)

　　'以为'之后,可用引号可不用,话语长短是应当考虑的一个因

素。象这里'以为当谢'四字为句,没有必要把'当谢'二字放在引号之内。'当谢'不用引号,上面'为人后'云云也不用较好。

(68) 刑部以'反逆缘坐律兄弟没官为轻,请改从死。'(6183 页)

'以'与'为'相连为义,岂可一在引号之内,一在引号之外? 此句不应有引号。

(69) 濬至京师,有司奏'濬违诏,大不敬,请付廷尉科罪。'诏不许。又奏濬敕后烧贼船百三十五艘,辄敕付廷尉禁推;诏勿推。(2571 页)

濬:王濬。'有司奏'之后用引号,'又奏'之后不用引号,不知为何有此分别。皆不用引号较好。又,'诏不许'之前用句号,'诏勿推'之前用分号,亦宜改从一致。

(70) 陛下既已察之于大臣,愿无忘之于左右,左右忠正远虑,未必贤于大臣,至于便辟取合,或能工之。今外所言,辄云'中书虽使恭慎,不敢外交'。但有此名,犹惑世俗,况实握事要,日在目前;倘因疲倦之间有所割制,众臣见其能推移于事,即亦因时而向之。(2342 页)

'中书'以下十字不应有引号。'辄云中书'是一句,该用句号,意思是'总是说中书如何如何',因为中书在皇帝左右,有权有势。第一句的'左右'即指中书。'外交'后句号应为逗号,'世俗'后逗号应为句号。'但有',光有,只要有,'但'不作但是讲。这一句是说:在中书的人,即使小心谨慎,不与外面交通,只要有中书之名,就不免引人怀疑。'目前'后分号应改为逗号。'之间'后可加逗号,文言节律有此要求。

(71) 孙权围合肥,久不下。……曹操遣将军张喜将兵解围,久而未至。扬州别驾楚国蒋济密白刺史,伪得喜书,云步骑四万已到零娄,遣主簿迎喜。三部使赍书语城中守将:'一部得入城,二部为权兵所得。'权信之,遽烧围走。(2097—8 页)

应去引号,'守将'后冒号改为逗号。这一段的意思是假造张喜的信,说已带重兵到达某地,要城里派主簿去接他。城里派三起密使带着这封假信从城外往城里走,故意让孙权的兵捕获两起。孙权见信,信以为真,撤走了。有了引号,'一部得入城,二部为权兵所得'变成信的内容,完全不知所云。标点本《三国志》卷十四〈蒋济传〉不误。

十四　当用引号而不用之例

(72) 将军举动,不肯详思,忽有失得,动辄言误,误岂可数乎!(1999 页)

　　这是吕布部将高顺谏吕布的话。'动辄言误'是说吕布动不动就
说'错了!'为避免把'言误'错讲成说错话,把'误'字放在引号内
较好。(数:频频。)

(73) 皓众叛亲离,……而江北诸军不知虚实,不早缚取,自为小误。
臣至便得,更见怨恚,并云守贼百日,而令他人得之。(2570—1 页)

　　皓:吴国末代皇帝孙皓。'江北诸军'指王浑统率的部队。晋将
王濬、王浑灭吴争功,王浑告王濬的状,说他不听指挥,抢先受
降。这是王濬答辩里的一段。'并云'后应有冒号,其后十字加
引号。此十字形容王浑忿恨之情,颇为传神,'得之'后宜用
叹号。

十五　引文上溢之例

(74) 又诏:'齐三服官、诸官,织绮绣难成、害女红之物,皆止,无作
输。'(1060 页)

　　应为:又诏齐三服官:'诸官织绮绣,难成、害女红之物,皆止,无
作输。''官织'指贡进之物,胡注以'诸官'连文,误。标点者从胡
注,不悟如此则'织'字成为赘疣,文理不通矣。

(75) 伊邪莫演罢归,自言:'欲降;即不受我,我自杀,终不敢还。'(971 页)

　　伊邪莫演是匈奴单于派来朝贡的。引语从'欲降'起,二字殊突
兀。应为:自言欲降,'即不受我……'。先为间接引语,然后转
入直接引语,史传多有此例,以下二例皆是。

(76) 权先作两函,欲以盛祖及苏飞首。权为诸将置酒,甘宁下席叩
头,血涕交流,为权言:'飞畴昔旧恩,宁不值飞,固已捐骸于沟壑,不得
致命于麾下。今飞罪当夷戮,特从将军乞其首领。'(2078 页)

　　权:孙权。祖:黄祖。'飞畴昔旧恩'自为一句,无此文理,应连
'言'字为句。引文从'宁不值飞'起。

（77）基驰驿遗司马昭书，说'由等可疑之状，且当清澄，未宜便举重兵深入应之。'（2457 页）

基：王基。由：邓由，吴将，请降于魏。'由等可疑之状'应在引号外。

十六　引文下衍之例

（78）孙綝称'草莽臣诣阙上书，上印绶、节钺，求避贤路。'（2448 页）

此句可不用引号，用引号也只能用于'草莽臣'三字。'诣阙上书'显为叙述语，如何阑入引文？

（79）册曰：'盛衰存亡，与魏升降。北尽穷发，南极庸、岷，西被崑岭，东至河曲，王实征之，以夹辅皇室。置将相、群卿、百官，承制假授。建天子旌旗，出入警跸，如汉初诸侯王故事。'（3834 页）

这是北魏太武帝册立沮渠蒙逊为凉王的册文。引册文至'以夹辅王室'止，'置将相'以下是概举诏命内容，非引册文语句。（俞平伯校）

（80）告齐云：'僧辩阴图篡逆，故诛之，仍请称臣于齐，永为藩国。'（5133 页）

陈霸先与王僧辩共灭侯景，僧辩欲迎立萧渊明（时流亡在北齐），霸先欲立萧方智（即梁敬帝）。陈霸先既杀王僧辩，乃以梁敬帝名义告北齐云云。引文至'故诛之'止。'仍请'以下有'于齐'字样，可知非引文。（俞平伯校）

（81）洪氏隶释曰：成都有汉蜀郡太守何君造尊楗阁碑，其末云'建武中元二年六月'。按范史本纪，建武止三十一年，次年改为中元，直书为中元元年。观此所刻，乃是虽别为中元，犹冠以建武，如文、景中元、后元之类也。又祭祀志载封禅后赦天下诏，明言云'改建武三十二年为建武中元元年'。东夷倭国传，'建武中元二年，来奉贡，'证据甚明。宋莒公纪元通谱云：'纪、志俱出范史，必传写脱误，学者失于精审，以意删去。梁武帝大同、大通俱有"中"字，是亦宪章于此。司马公作通鉴，不取其说。'余按考异，温公非不取宋说也，从袁、范书中元者，从简易耳。（1423—4 页胡注）

'司马公作〈通鉴〉,不取其说'十字是〈隶释〉里的话,标点的人误以为〈纪元通谱〉里的话。〈通鉴〉成书在元丰七年(1084),宋庠(宋莒公)卒于治平三年(1066),看不到〈通鉴〉,司马光是宋庠的后辈,宋庠也不会称司马光为司马公。而且就拿文字来说,如果这十个字是宋庠的话,应该说'不取余说',不该说'不取其说'。胡注引〈通谱〉有删节,今附〈考异〉原文于下:

> 〈续汉志〉云:'以建武三十二年为建武中元元年。'〈纪年通谱〉云:'据〈纪〉、〈志〉俱出范氏,而所载不同,此必传写脱误。今官书累经校定,学者失于精审,但见改元复有建武二字,辄以意删去,斯为谬矣。梁武帝大同、大通之号俱有"中"字,是亦宪章于此。'今从袁〈纪〉、范〈书〉。(袁〈纪〉:袁宏〈后汉纪〉。范〈书〉:范晔〈后汉书〉。)

又按,〈纪元通谱〉说'〈纪〉〈志〉俱出范氏',非,〈祭祀志〉(〈考异〉引全书名为〈续汉志〉)乃司马彪著。

十七　引文不足与中断之例

(82) 封上官安为桑乐侯。安日以骄淫,受赐殿中,对宾客言:'与我婿饮,大乐!'见其服饰,使人归,欲自烧物。(756 页)

上官安是汉昭帝的岳父,'我婿'即指昭帝。'见其服饰,使人归欲自烧物!'应在引号内,形容上官安骄狂之态如画。把这一句放在引号之外,只说明上官安的蠢而傻,远不如作引语之传神。在引号内,'人'指自己,'归'后不得有逗。

(83) 诸葛亮与兄瑾书……又云:'顷大水暴出,赤崖以南,桥阁悉坏。'时赵子龙与邓伯苗一戍赤崖屯田,一戍赤崖口,但得缘崖与伯苗相闻而已。后亮死于五丈原,魏延先退而焚之,即是道也。(2243 页胡注引水经注)

据'缘崖与伯苗相闻'句可知是诸葛亮与兄书中原文,非〈水经注〉作者的话,'悉坏'后引号应在'而已'之后。

(84) 帝谓懿曰：'公孙渊将何计以待君？'对曰：'渊弃城豫走，上计也；据辽东拒大军，其次也；坐守襄平，此成禽耳。'帝曰：'然则三者何出？'对曰：'唯明智能审量彼我，乃豫有所割弃，此既非渊所及。'又谓：'今往孤远，不能支久；必先据辽水，后守襄平也。'（2332 页）

帝：魏明帝。懿：司马懿。'又谓'二字在引文内，'又'与'既'呼应。'谓'，以为；逆料公孙渊必以为如何如何也。屏'又谓'于引文之外，则'今往孤远，不能支久'与'必先据辽水，后守襄平'文义如何贯通？应在'割弃'后改用句号，'所及'后改用逗号，'又谓'后去冒号，'支久'后改逗号。

十八　当用问号而用句号、叹号之例

(85) 杀大将军即车骑也，吏士能为报仇乎！（1901 页）

大将军指何进，车骑指车骑将军何苗。这一句是何进部将吴匡用来激怒兵士去给何进报仇的。用叹号则意在否定，大背原意。

(86) 安妻……见家门贵盛，而安独静退，谓曰：'丈夫不如此也！'安掩鼻曰：'恐不免耳。'（3183 页）

安：谢安。'丈夫不如此也'显然是问话。〈世说新语·排调〉作'大丈夫不当如此乎？'〈晋书〉卷七九〈谢安传〉引这句话，删去'大'字、'当'字，又把'乎'字改成'也'字。如果用问号（标点本〈晋书〉用问号），还是可以正确理解的；一用叹号就不对了，变成否定句了。并且与谢安的回答'恐不免耳'也不合拍。

标点本〈通鉴〉于宜用问号处多用叹号，不知何故。这里只举两例作代表。下例是宜用问号而用句号的，这种例子不多。

(87) 左武卫将军刘升谏曰：'秦王非有他过，但费官物，营廨舍而已，臣谓可容。'上曰：'法不可违。'杨素谏曰：'秦王之过，不应至此，愿陛下详之！'上曰：'我是五儿之父，非兆民之父。若如公意，何不别制天子儿律！……'（5557—8 页）

秦王杨俊是隋文帝第三子。'兆民之父'后句号应为问号。隋文帝这句话是反问，等于说'我不光是五儿之父，还是兆民之父，我只有一种法律。'用句号则意思适得其反，与前后文义扞格难通。

十九　专名误为非专名之例

(88) <u>栾布</u>破<u>齐</u>还，并兵引水灌<u>赵</u>城；城坏，王遂自杀。（528页）

　　赵王遂是汉高祖的孙子，参加七国反叛，兵败自杀，见〈汉书〉卷
三八〈高五王传〉。〈通鉴〉520页有赵王遂的名字。这里因为
'遂'字可作'于是'讲，就忘记它是专名了。'遂'字应加专名号。

(89) 抚夷将军<u>高尚</u>谓<u>牧</u>曰：'……今既无往日之援，而<u>郭纯</u>已据<u>迁陵</u>，
而明府欲以三千兵深入，尚未见其利也。'（2476页）

　　牧：锺离牧，武陵太守。'尚未见其利也'，'尚'是高尚自称其名，
应加专名号。

二十　非专名误为专名之例

(90) 此丧制者，<u>文帝</u>自率己意创而为之，非有取于<u>周礼</u>也。（509页胡注）

　　按〈周礼〉书中不论丧礼，此处'周礼'谓周代之礼，非书名。应去
浪线，在'周'字下加横线。

(91) 初，<u>莽</u>之欲诱迎<u>须卜当</u>也，大司马<u>严尤</u>谏曰……。<u>莽</u>不听。既得
<u>当</u>，欲遣<u>尤</u>与<u>廉丹</u>击<u>匈奴</u>……令诛单于<u>舆</u>而立<u>当</u>代之。……及<u>当</u>出，
廷议，<u>尤</u>固言'<u>匈奴</u>可且以为后，先忧<u>山东</u>盗贼。'（1219页）

　　莽：王莽。'当出'，将出也，指要执行派遣严尤和廉丹出击匈奴
的计划。上文没有说直接派须卜当去，这里'当'不是人名，应去
专名号。

(92) 书三四上，辞情危切；又欲诣<u>都口</u>陈嫡庶之义。（2362页）

　　'诣都口陈'，到京城去亲口陈说。'都口'不是地名，应去专名
号。凡是怀疑是地名的，应先查地理志。〈三国志·陆逊传〉：
'书三四上，及求诣都，欲口论适庶之分，以匡得失，''都''口'二
字不连。

(93) <u>魏</u>徙<u>青</u>、<u>齐</u>民于<u>平城</u>，置<u>升城</u>、<u>历城</u>、民望于<u>桑乾</u>，立<u>平齐</u>郡以居
之；自余悉为奴婢，分赐百官。（4148页）

　　'民望'指高门望族，'自余'指高门望族以外的人。以'民望'为

地名，'自余'就不好讲了。历城为齐州治所，见〈魏书·地形志〉，升城不见于志，疑为青州治所。'历城'后顿号应去。'置升城……'句的意思是，把刘宋的升城、历城两地的上层人物安置在桑乾地方，建立一个平齐郡。原标点把'置'作设置讲，既立升城等三地（郡？县？），又立平齐郡，二者什么关系？交代不出。（俞平伯校）

二十一　姓名与封爵、郡望混淆之例

（94）癸丑，以光禄勋<u>陈国</u>、<u>袁滂</u>为司徒。（1844 页）

袁滂是陈国人。〈后汉书·郡国志二〉，豫州领郡二、国四，陈国其一。标点本〈后汉书·灵帝纪〉无此顿号。

（95）田胡王乞基部落最强，……（3456 页）

'王'应连后不连前。就在这一句底下有胡三省的注：'田胡，胡之一种。'可见这一位部落首领叫做王乞基，也许'王'是他的汉姓。王乞基的名字又见于 3471,3479,3483 页，可以证明他不是'田胡之王'。

（96）<u>任城王澄</u>命统军<u>党法宗</u>、<u>傅竖眼</u>、<u>太原王神念</u>等分兵寇<u>东关</u>、<u>大岘</u>、<u>淮陵</u>、<u>九山</u>，……（4532 页）

王神念是当时颇有点名气的人物，先在北魏，后来投降南朝梁，〈梁书〉卷三九有传。太原是他的郡望，〈通鉴〉书法，凡高门望族，第一次出现时书其郡望。同样误标的还有 5126 页的'<u>太原王操</u>'，应为'<u>太原王操</u>'。

（97）<u>侯景</u>置<u>吴州</u>于<u>吴郡</u>，以<u>安陆王大春</u>为刺史。（5024 页）

这一条的错误恰好与上条相反。萧大春是梁简文帝的儿子，封安陆王，〈梁书〉卷四四有传。

二十二　因不计人数而误之例

（98）太后兄弟八人，独弟曼早死，不侯。〔胡注〕凤嗣父爵阳平侯。崇安成侯庶弟五人，同日封，谓之五侯。八人之中，独曼不侯。（1000 页）

'崇安成侯庶弟五人',加王凤、王曼,共只七人,不足八人。应标
点为:凤,嗣父爵阳平侯。崇,安成侯。庶弟五人,同日封,谓之
五侯。

(99) 于是帝呼超、悺入室,谓曰……超等对曰……于是召璜、瑗五人
共定其议……(1745—6 页)

　　五人是中常侍单超、徐璜,黄门令具瑗,小黄门史左悺,以及汉桓
　　帝自己。'召璜、瑗'后应断,用句号或逗号。否则'璜、瑗五人',
　　连桓帝与超、悺,共有八人了。

二十三　因不明地理而误之例

(100) 陆法和闻魏师至自郢州,入汉口,将赴江陵,帝使逆之曰:'此自
能破贼,但镇郢州,不须动也!'(5118 页)

　　照原标点,魏师从郢州来,一定是已经占领郢州,梁元帝还叫陆
　　法和镇守郢州不要动,于理不合。郢州,今武昌。此时梁元帝在
　　江陵,陆法和为郢州刺史,魏师指向江陵,陆法和闻讯欲赴援,梁
　　元帝叫他不要动。'自郢州'后逗号应移至其前。汉口之名晚
　　出,古曰夏口,此处乃汉水之口之意,专名号应只标'汉'一字。

(101) 李晟行且收兵,亦自蒲津济军于东渭桥,……(7372 页)

　　蒲津与东渭桥相去非近,在蒲津渡河和在东渭桥驻军是先后二
　　事,'军'是动词。应于'济'字后加逗号。

二十四　因不明物理而误之例

(102) 渠绕兴安界,深不数尺,广丈余,六十里间,置斗门三十六,土人
但谓之斗舟,入一斗则复闸,斗伺水积渐进,故能循崖而上,建瓴而下,
千斛之舟,亦可往来。(8106 页胡注引桂海虞衡志)

　　斗门的作用是用启闭闸门之法使水面逐段升降,以便通航。原
　　标点,'斗舟'、'斗伺水积渐进'皆费解。应改为:'土人但谓之
　　斗。舟入一斗则复闸〔一〕斗,伺水积渐进。'(疑脱'一'字。)

二十五　因不明制度而误之例

(103) 冬,十一月,初令郡国举孝、廉各一人,从董仲舒之言也。(576 页)

孝、廉分科,前所未闻。'各一人'谓一郡一人,一国一人。

(104) 上诏公卿大夫悉心陈过失;又令举贤良、方正、能直言者各一人。(1109 页)

贤良方正能直言总为一科。'各一人'谓公卿大夫每人举荐一人,非分为三科科各一人也。标点本〈汉书·哀帝纪〉在这里没有加顿号,本书五四九页'诏举贤良方正直言极谏之士'也没有加顿号。

(105) 乐成敬侯,许延寿,后父嘉所自出也。嘉继大宗延寿,于后为叔祖。(969 页胡注)

按许延寿是许嘉的父亲,许后的祖父,只是因为许嘉承继许延寿的哥哥,许延寿就成为许嘉的叔父,许后的叔祖了。按原标点,许延寿既是许嘉的生父('所自出'),又是他的嗣父('嘉继大宗延寿'),不可理解;'于后为叔祖'者为谁,更不明。混乱之极。把第二句'延寿'后边的逗号挪到'大宗'之后,什么疑难都不存在了。

(106) 上以襄阳外接关、河,欲广其资力,乃罢江州军府文武,悉配雍州;……(3936 页)

襄阳是雍州治所。资力:人力物力。'罢江州军府文武'就是把这些人都遣散了,又拿什么人去配给雍州呢? 事实是撤销江州军府的建置,把这一摊子的文武官员加到雍州军府去,'文武'二字属下。所谓'军府',指某州刺史加'都督某、某、某诸州军事'的头衔,权力加大,属员增多。

(107) 山阴公主,帝姊也……尝谓帝曰:'妾与陛下,男女虽殊,俱托体先帝。陛下六宫万数,而妾唯驸马一人,事太不均。'帝乃为公主置面首,左右三十人,……(4077 页)

'面首'的出处就在这里,可是标点有问题。'左右三十人',是左右各三十人呢,还是左右共三十人? 史家不应如此胡涂。原来

这个不体面的差使的职称叫做'面首左右',三十人是共三十人。'面首左右'省称'面首'是后来的事情,这里用的是全称,把它割裂成两段,使'左右'属下,于是人数成了问题。案,以'某某左右'为侍从的职名,创于江南,延及北朝。见于〈通鉴〉的有:

> 旧制:诸王在都,唯得置捉刀左右四十人。(4263 页)
> 巴东王子响有勇力,善骑射,好武事,自选带仗左右六十人,皆有胆干。(4293 页)
> 帝(东昏侯)……又选无赖小人善走者为逐马左右五百人,常以自随。(4457 页)
> 誉以上衰老,朝多秕政……招募勇敢左右至数千人。(4941 页)

不见于〈通鉴〉而只见于正史的还有:

> 〔敬则〕年二十余,善拍张,补刀戟左右……补侠(挟?)毂队主,领细铠左右。(南齐书卷二六王敬则传)
> 颖胄府长史张炽从绛衫左右三十余人,入千秋门,城内惊恐。(南齐书卷三八萧颖胄传)
> 其后太后从子都统僧敬与备身左右张车渠等数十人谋杀叉,复奉太后临朝。(魏书卷十三宣武胡后传)

(108) 人年及课则受田,老免;及身没则还田。(4268 页)
照原标点,既曰'老免',又要等到身没才还田,则'免'字作何讲法? 应去分号。年老则免耕作而还田,未老而身没亦还田。

(109) 定太子见三师仪……其与三师书,前后称'名惶恐'。(6198 页)
'名惶恐'煞是难懂。应为:前后称名、'惶恐'。意思是太子给老师写信要在信的开头和结尾处写自己的名字,并用'惶恐'字样。(三师:太子太师,太子太傅,太子太保。)

(110) 率左右羽林五营营士屯都亭。(1866 页)
左右羽林与五营营士是两支部队,应用顿号隔断。五营指北军五营,即屯骑、越骑、步兵、长水、射声五校尉所属。

(111) 以右军中尉梁守谦为左·右神策、京西·北行营都监,……(7784 页)

> 应去'神策'后顿号。盖神策军本驻京城,此时西北吃紧,神策军驻防京西京北,设行营,非神策军之外别有行营也。

(112) 户部侍郎、判户部、驸马都尉郑颢。〔胡注〕唐自中世以后,天下财赋皆属户部,度支、盐铁率以他官分判。户部侍郎判户部,乃得知户部一司钱货谷帛出入之事。(8060—1 页)

> 照原标点,只有度支和盐铁是以他官分判('判'是差使,不是职官),没有判户部的。这显然与下句和正文的'户部侍郎判户部'不合。应改胡注第一句'户部'后逗号为顿号,于'盐铁'后加逗号。户部、度支、盐铁为三司,故胡注有'户部一司'的说法。这种三司制度从中唐开始,一直沿用到宋朝。

二十六　因不明词义而误之例

(113) 有司请禁南越关市、铁器。(424 页)

> 关市:边境通商。禁南越关市,好讲;禁南越铁器,意义不明,如讲作禁止进口南越铁器,则适得其反。此处'关市'是动词,应去顿号。禁止铁器流入南越,因铁器可改铸兵器也。

(114) 周有泉府之官,收不售与欲得。(1181 页)

> '收不售与欲得'六字为句,义欠明确。看胡注引颜师古的话:'言卖不售者(售:卖掉),官收取之;无而欲得者,官出与之,'可知'与'是动词,非连词。'不售'后应有逗号。标点本〈汉书·食货志〉不误。

(115) 董侯似可,今欲立之,为能胜史侯否? 人有小智大痴,亦知复何如为当;且尔,刘氏种不足复遗!(1903 页)

> '当'非去声,乃平声,'为当且尔'是也只能就这么着之意。应于'何如'后加问号,'为当'后去分号,'且尔'后作句号。董侯指汉献帝,时为陈留王,因为他是董太后抚养的,所以称董侯。史侯指少帝刘辩,是献帝的哥哥,小时养于道人史子眇家,所以称史侯。刘氏种不足复遗:刘家后代不值得保存了。〈三国志·袁绍

传〉注引〈献帝春秋〉,此数语标点不误。

(116) 洪于大义,不得不死;念诸君无事,空与此祸,可先城未败,将妻子出。(1976 页)

臧洪守东郡,粮尽援绝,叫部下将士和百姓弃城逃命。'无事',没有必要、犯不上之意,连下为句,不当有逗。

(117) 琛从兄奕为秦尚书郎,坚使典客,馆琛于奕舍。(3220 页)

坚,苻坚;琛,燕使臣梁琛。'坚使典客'承上句是使梁奕典客,则下句应为'馆琛于其舍',不当云'于奕舍'。此处'典客'是官名,乃名词,非动宾短语,连下为句,应去逗号。

(118) 徐羡之……沈密寡言,不以忧喜见色;颇工弈棋、观戏,常若未解,当世倍以此推之。(3742 页)

如原标点,有三事致疑:一,观戏有无工拙可言? 二,既'颇工',又'若未解',矛盾;三,'当世倍以此推之','以此'何所指? 以其颇工抑以其'未解'? '观戏',观弈也,连下为句。棋下得好,可是看人下棋时不显露,正是不以忧喜见色之一例,人家特别佩服他这个本事。'弈棋'后顿号改为逗号,'观戏'后去逗号。(俞平伯校)

(119) 寿阳多其义,故皆受慰唁;唯不见夏侯一族,以夏侯详从梁王故也。(4516 页)

前十字意不连贯,因割裂'义故'一词。义故谓故旧属吏。梁武帝将篡位,杀害齐室诸王,鄱阳王萧宝寅逃到寿阳,寿阳地方有很多从前的属吏,都来慰唁,萧宝寅都接受,就是不见夏侯一姓,因为夏侯详附从仇敌梁王(梁武帝)。

(120) 怦有与将帅书云:'事事往,人口具。'(5085 页)

怦:徐怦。'往人'犹今言'来人';中间点断,上下俱不成文义。(口具:面告。)

(121) 望勘会诸州初纳两税年绢布,定估比类当今时价,加贱减贵,酌取其中,总计合税之钱,折为布帛之数。(7557—8 页)

'定估比类',义晦难明。'定估',定价,应属上;'比类',比较。这是陆贽上唐德宗奏疏里的话。当时税制以钱币为定额而折征杂物,陆贽建议仍征布帛。但两税制已经行了十几年,布帛和钱

币的比价已经不同,陆贽建议比较一下这两个年份的布帛价格,如果贱了,就给加些,要是贵了,就减掉些,取个中数,然后把纳税的钱数折成布帛数,以后就按这个数目征收布帛。

二十七　因不谙文体而误之例

(122) 臣闻天不言语,以灾异谴告王者,至尊出入有常,警跸而行,静室而止……(1722 页)

'王者至尊,出入有常,警跸而行,静室而止,'皆四字为句。〈后汉书〉卷五四〈杨秉传〉'谴告'与'王者'之间有二十二字,为〈通鉴〉节去。

(123) 幼王临州,长史行事,宣传教命;又有典签,往往专恣,窃弄威权……(3768 页)

这一段〈通鉴〉引裴子野的史论(〈宋略〉?),按当时骈体文例,此六句必为二、二、二,不为三、三。专恣弄权,兼指长史,非仅典签。

(124) 虽居暗室,恒理衣冠小坐,盛暑未尝褰袒,……(4934 页)

此十六字为四句,句各四字,可皆用逗号,'小坐'与'盛暑'间加顿号。(褰袒:解开衣服,露出皮肤。)

二十八　因信任胡注而误之例

(125) 或谓帝曰:'晔不尽忠,善伺上意所趋而合之,陛下试与晔言,皆反意而问之,若皆与所问反者,是晔常与圣意合也。每问皆同者,晔之情必无所逃矣。'〔胡注:言者谓晔善迎合上意,上若有所问,试反上意而问之,晔之对必与上所问者反,而与上意所向者合,每问皆然,则可以见晔迎合之情矣。〕(2278—9 页)

原标点本于胡注,胡注实误。关键在'每问皆同'四字之解释。原意是'答与问同'(与上句'与所问反'相对),胡注误解为'每问皆然'。本意只是:若答与所问反,是所见暗合;若答与问同,是有意迎合,赖不了了。如此解释,不仅更近情理,且以上文论伐

蜀事观之,魏明帝将伐蜀,朝臣皆曰不可,刘晔入与帝议则曰可伐,出与朝臣言则曰不可。此为迎合上意,然而答与问同,非答与问反也。如胡注则刘晔必逆知上问之为故反其意,方能反反得正,合于上意,晔之计谋之深有如此乎? 毋乃求之过深乎? 且如晔每答必与问同,为迎合耶? 非耶? 如亦为迎合,则无论所答是否合于所问,皆为迎合,刘晔注定要当奸臣,无所逃于天地之间矣。按本意,'合之'后为句号,'问之'后为句号,'合也'后为分号,'逃矣'后为句号。

(126) 周主从容问译曰:'我脚杖痕,谁所为也?'对曰:'事由乌丸轨。'宇文孝伯因言轨捋须事。〔胡注:宇文孝伯何为出此言也! 欲自求免死邪?〕(5394 页)

周主:周宣帝。译:郑译,宣帝幸臣。乌丸轨:王轨,其先世仕魏,赐鲜卑姓乌丸氏。这里的标点也是因胡注而误,胡误读正文。'宇文孝伯'应在引号内,与'乌丸轨'连名。言王轨捋须事者为郑译。上文只说问郑译,不说宇文孝伯在旁。且宇文孝伯尝云:'父子之际,人所难言。臣知陛下不能割慈忍爱,遂尔结舌'(5352 页),在郑译目中其可恶仅次于王轨,故二人连名。又,周宣帝诛王轨之后,继即赐宇文孝伯死,亦可证郑译之对乃二人并以为言。严氏〈通鉴补〉已纠胡注。捋须事见 5351 页:后轨因内宴上寿,捋帝须曰:'可爱好老公,但恨后嗣弱耳。'('帝'谓周武帝,宣帝之父。)

二十九　因只校不改而误之例

(127) 明堂成,高二百九十四尺,方三百尺。凡三层:下层法四时,各随方色。中层法十二辰;上为圆盖,九龙捧之。上〔章:十二行本'上'上有'上层法二十四气,亦为圆盖'十一字。〕施铁凤,高一丈,饰以黄金;中有巨木十围,上下通贯,柟栌樽栱借以为本;下施铁渠,为辟雍之象。(6454 页)

这一段叙述明堂的建筑,其层次如下:

(1) 明堂成,高二百九十四尺,方三百尺。

(2) 凡三层：

　(2.1) 下层法四时，各随方色。

　(2.2) 中层法十二辰；上为圆盖，九龙捧之。

　(2.3) 上层法二十四气；亦为圆盖，上施铁凤，高一丈，饰以
　　　黄金。

(3) 中有巨木十围，上下通贯，㭇、栌、欂、栱借以为本。

(4) 下施铁渠，为辟雍之象。

因为胡刻本脱落十一个字，插进章氏校语，打乱了层次，把原属
于(2.3)的'上施铁凤……'误会成与(3)'中有巨木……'和
(4)'下施铁渠……'配套，用两个分号联系起来。不知'中有巨
木'的'中'不是上、中、下之'中'，而是中外之'中'，因而才可以
'上下通贯'。'下施铁渠'的'下'是整个明堂之下，即四周台阶
之下。（㭇、栌、欂、栱：梁柱等等。）

(128) 上以诸〔章：十二行本'诸'作'问'；乙十一行本同；孔本同；退斋
校同；熊校同。〕从臣皆畏惮，莫敢行；金吾将军吴漵独请行，上悦。
(7357 页)

　第三字作'问'，则'臣'字读断，文从句顺；作'诸'字则无法读断，
'上以'二字无着落。校而不改，标点无能为力。

(129) 即归晋王〔章：十二行本'王'作'阳'；乙十一行本同；孔本同；张
校同；退斋校同。〕邑，〔章：十二行本重'邑'字；乙十一行本同；孔本
同；张校同；退斋校同。〕成疾不复起。(8863 页)

　'即归晋阳，邑邑成疾，不复起，'原是好文字，错成'即归晋王邑
成疾不复起'，勉强分为两句，'即归晋王邑'不通，'成疾不复起'
也蹩脚。

校书有两种校法。一种校法是为了重印一种书，要校出一个最
好本子。先在几种本子中选出最好的一种，用别的本子来校。
下一步有改不改字的问题，一种办法是改，一种办法是不改，两
种办法都要做校勘记。另一种校法不是为了重印，只是用较好
的本子来校通行的本子，使读者认识通行本的脱误。这种校法
只能作校勘记，没法改字，校者可以在校记中表示取舍，也可以
让读者自己选择。标点本〈资治通鉴〉是要重新印制的书，但是

采取的是校而不改的办法(参看书前的〈重印说明〉)。虽然有校记,但是错误的正文并未改动,怎么能有妥善的标点呢?只好糊弄局儿混一下,混得过去混不过去就不管了。当初如果选用一个好本子做底本,比如用涵芬楼即四部丛刊的本子,再用别的本子校,校出一个最好的本子,就不会有(或很少有)这种无从标点的情况。上面三条,如果用涵芬楼本做底本,标点都不成问题,并且连校记也不用写。当初因为胡刻本有胡氏注散入正文之下,所以采作底本,但是这也不妨害校改。章式之的校勘只能是校而不改(要改也只能改在他个人的胡刻本上),标点本为什么只校不改呢?尤其叫人不明白的是对于〈考异〉,用单刻本校出胡刻本的脱误多处,一一改正,就是不改胡刻的正文。为什么?只能有一种解释,就是太信任章氏的校勘,不但是认为已经无可再校,并且连不应接受的校而不改的原则也接受下来了。章老先生的校勘真是那么可以完全信赖吗?请看下面(130)(131)两例。

三十　因失校而误之例

(130) 恪是何人,而敢久违先敕,令遂叔父高蹈之意?(4483 页)

恪是北魏宣武帝元恪,叔父指元勰。宣武帝的父亲孝文帝临终手诏太子(宣武帝):汝叔父勰,清规懋赏,与白云俱洁;厌荣舍绂,以松竹为心。吾少与绸缪,未忍暌离。百年之后,其听勰辞蝉舍冕,遂其冲挹之性。(见 4440 页)本文的‘先敕’就指这个手诏。这里的‘令’字很不好讲,如果照原标点在末了用问号,‘令’字应该是‘不’字。涵芬楼本是‘今’字,《魏书》卷二一〈献文六王传〉此字正作‘今’,可证涵芬楼本不误。应当把问号移到‘敕’字后,末了用句号。

(131) 兼琼大喜……乃使人献春缕于京师,将别,谓〔杨钊〕曰:‘有少物在郫,以具一日之粮,子过,可取之。’(6867 页)

兼琼:章仇兼琼,时为剑南节度使。这里的‘少物’,下文说是蜀货精美者,直万缗,是一份厚礼。如所使非杨钊(后改名国忠),

如何叫他过而取之？此'人'字甚可疑。查涵芬楼本，乃'之'字。章氏列举用来校勘的版本，明明有涵芬楼本在内，为何这两处（可能还有他处）没有校出来呢？一种可能是他见到涵芬楼本的时候，校勘已有时日，校过各卷没有补校。另一种可能是狮子老虎也有打盹的时候。教训：不要以为有名家校过了，自己就无事可做。

（132）太子辞以不能饮三升，舞逼之曰：'不孝邪！天赐汝酒而不饮，酒中有恶物邪！'（2635 页）

两句两个'邪'字。第二句的'邪'相当于今天的'吗'。第一句的'邪'不知道该怎么讲。〈晋书〉卷五三〈愍怀太子传〉作'不孝！那天与汝酒饮不肯饮！中有恶物邪？''那'相当于今天的'怎么'，'天'指贾后，是太子的嫡母。这里的问题是：可以不可以用〈晋书〉校〈通鉴〉？有些古书没有几种本子，主要靠用别的书的引文来校，以彼例此，用正史校〈通鉴〉是可以允许的。司马光编〈通鉴〉，主要来源是正史，而传写讹误是不能排除的。否则'不孝邪'不好办。

（〈中国语文〉1979 年 1，2 期，
原题'琐议'，今改'斟例'）

关于语文教学的
两点基本认识

　　想谈谈中小学语文教学的问题。中小学语文教学中的具体问题很多。比如怎样讲课文，怎样批改作文，怎样消灭错别字，怎样教文言文等等，都是教师们最关心的问题。我不打算在这里针对教师的具体工作谈这些问题。首先，我在这方面没有直接经验，从侧面了解到一些情况也不一定靠得住，因此说话就难望中肯。其次，我觉得每逢在种种具体问题上遇到困难，长期不得解决的时候，如果能够退一步在根本问题上重新思索一番，往往会使头脑更加清醒，更容易找到解决问题的途径。因此，尽管我下面要讲的话多少有点近于老生常谈，我还是打算搬出来谈谈。

　　我要谈的有两点。第一，我认为每一个做教学工作的人必须首先认清他教的是什么。从事语文教学就必须认清语言和文字的性质；①从事汉语文教学就必须认清汉语各种形式——普通话和方言、现代汉语和古代汉语——的分别和它们的相互关系。其次，我认为从事语文教学必须认清人们学会一种语文的过程。

　　语言和文字不是一回事，可又不是两回事。'语言'和'文字'这两个名词都不止一种意义，这里所说的'语言'是'口语'的意思，这里所说的'文字'是'书面语'的意思。口语和书面语，一个用嘴说，用耳朵听，一个用手写，用眼睛看，当然不是一回事。可是用嘴说的也可以记下来，用手写的也可以念出来，用的字眼基本上相同，词句的组织更没有多大差别，自然也不能说完全是两回事。然而不完全是两回事不等于完全是一回事。说话的时候有种种语调、种种表情，写文章的时候语调和表情是写不进去的（标点符号所能替代的极其有限），得在词句的安排上多用些工夫来弥补。说话是现想现说，来不及仔细推敲，但

是可以因为听者发问，或者不等听者发问，而重说一遍，补充几句，或者改正一些说法。如果写文章也是这个样子，就变成啰嗦和杂乱。写文章有更多的时间来考虑，可以放下笔来想想，可以抹掉几句，甚至抹掉整段、整篇，重新写过。这样，写文章就应该比说话更加有条理，更加连贯，更加细致而又更加简洁。所以语言和文字必然是既一致而又有一定的差别。我们提倡'写话'是主张写文章要跟说话基本上一致，不要装模作样，不要耍花招。如果机械地理解'写话'，把现想现说的话一个一个字记下来，那是决不会成为一篇好文章的。

　　语言和文字哪个更重要呢？很难说。因为'重要'这个字眼可以有种种意思。语言是文字的根本。人类先有语言，后有文字；世界上多的是没有文字的语言，可找不着没有语言的文字。人们总是在幼儿时期就学会说话，然后在这个基础上学习使用文字。在实际生活中，用语言的时间也比用文字的时间多得多。职业上或者职务上经常要跟文字打交道的人不算，一般人一年里边除了写上几封信，开上几张便条，有时候记个笔记，拿笔的时候就不多了，可是三百六十五天没一天能不说话，有时候还要说很多的话。另一方面，文字有它的特殊用途。往往不是语言所能替代。同时，文字对于语言也有一定的影响。很多字眼，很多句法，是在书面上先出现然后进入口语的。一个人受过文字训练，说起话来能够更准确更细密，如果有需要的话。鲜明和生动是语言固有的特色，文字在这方面可以也应该尽量发挥语言的潜力，但是准确和细密却是文字的优点，是写文章的条件不同于说话的条件的结果。

　　学校里的语文教学应该以语言为主呢，还是以文字为主？应该语言和文字并举，以语言为门径，以文字为重点，达到语言和文字都提高的目的。

　　有人这样想：儿童七岁入学，口语早已学会了，不用老师操心，只要教他识字、读书、作文就是了。这种想法是只知其一，不知其二。学校里的教学应该以文字为重点是对的。尤其是因为汉语还在用汉字书写，而汉字有它的特殊性。汉字不是拼音字，不是教会二三十个字母和一套拼写规则就能了事的。汉字得一个个的学，一个字有一个字的形体，字形和字音有时候全没关系，有时候有关系而又不一定可靠，

而一字常常多义,许多字常常同音,还有多音多义字、多音一义字、同音同义异形字,光是识字就要费很大的工夫。而识字这一关如果过得不好,读书、作文都有问题。所以说,语文教学应该以文字为重点。

可是如果把以文字为重点理解为只要有文字的教学,不必有语言的教学,那又就大错而特错了。语言在实际生活中的重要性刚才已经说过。儿童早在入学之前已经学会说话,这是不错的。可是他说的话是幼稚的,而且以全国范围而论,绝大多数儿童只会说方言,不会说普通话。这些缺点可以通过文字的教学给以一定程度的补救,但是如果只依靠'读书'而不直接给以口头训练,要认真提高儿童的语言水平是做不到的。退一步,不谈语言本身的训练,就拿文字的教学来说,撇开语言教文字,教学的效率也一定很低。以作文教学为例,多做口头作文的练习就很有好处。口头作文,口头评改,费时间少而收效广,不光是本人得益,全班都得益。能够把一件事情说得有头有尾,次序分明,写下来就可能是一篇很好的记叙文;能够把一个道理说得有条不紊,透彻有力,写下来就可能是一篇很好的论说文。所差的只是有些字该怎么写也许不知道,这是可以在书面作业里练习的。反过来,如果作文限于书面,评改也限于书面,且不说教师的时间有限,不可能篇篇'精批细改',而且评改一篇只有一个学生看见,甚至连这个学生是否用心看都成问题。更严重的是这种教学有可能在某些学生的脑子里造成一种错误观念:写文章和说话是互不干涉的两码事。说话可以随便,作文么,就得好好地'做'它一番。拿起笔杆来就要摆架势,必得用些'高深'的字眼,造些'复杂'的句子,甚至说些云里来雾里去、连自己都莫名其妙的话。这种毛病,小学生不会犯,初中学生就难免要尝试尝试,高中学生就常常会来这一手。当然不是人人如此,也有老老实实基本上是写话的,可是因为说话从来没有得到老师的教导,习惯于支离破碎,乱七八糟,写下来也就不可能很好了。

撇开语言教文字,这是一种半身不遂的语文教学。这种错误的做法是有它的历史根源的。直到六七十年以前,我国社会上通用的书面语是文言,书房里教的自然也是文言。社会上通用的口语是方言,这是用不着老师教的。普通话?老师做梦也不会想到要教学生说普通话(有的老师一辈子也没说过甚至没听见过一句普通话)。而况普通

话不是配合文言的口语，也无法利用它来教文言。文言只有一个教法：读书。清末民初，私塾之外有了学堂，也无非把〈四书〉、〈五经〉改为〈国文教科书〉，把单人教授改为合班上课，并且语文之外还有别的功课罢了，语文教学的内容和方法没有原则性的改变。直到本世纪的二十年代把'国文'改成'国语'，这才算是改变了书面语的教学内容，可惜普通话的普及程度还差得远，因而'国语'的教学方法没能及时革新，还停留在老一套上。时间又过去了四十年了，国家的面貌已经焕然一新，语文使用的情况也今非昔比，语文教学的方法也应该检查检查了。

有人会问：难道文言和白话的差别就那么大，教文言的方法就完全不适用于教白话吗？现在中学课本里有白话文也有文言文，难道应该有两种教法吗？我的回答是：教文言和教白话，在方法上可以有很多共同之处，可就是有一样不可能相同：文言的教学离不开书本，白话的教学可以也应该口语和书面双管齐下。如果把白话和文言一样看待，教白话的时候忘了它是现代汉语，教文言的时候又忘了它不是现代汉语，这样的教法，用之于白话，用之于文言，都是不恰当的。

怎样教文言？要讨论这个题目，得先弄清楚两个问题：一，文言是什么性质的文字；二，为什么要学习文言。文言原本是古代汉语的书面语。古代汉语渐渐变成近代汉语，近代汉语渐渐变成现代汉语，而古代通用的书面语却一直沿袭应用，词汇方面多少有些发展，语法则基本上是二千多年以前的古汉语语法。古代汉语、近代汉语、现代汉语一脉相承，文言和白话自然有很多共同的成分。白话取代了文言的地位作为通用的书面语以后，又直接从文言里吸收了一些词语，又时常临时借用一些词语（加引号或不加引号）。白话和文言的关系千丝万缕割不断，然而从整体来讲，是一古一今的两种书面语，不能混为一谈。

自从二十年代到现在，中学语文课本里一直是既有白话课文也有文言课文，只是两者的比重因时因地而异，可以相差很远。教学文言的目的，课本例言里有过种种提法，教师和一般社会人士中间也有过种种想法。归纳起来，有四种提法：一，为了了解现代文章里出现的成语和典故；二，为了欣赏古典文学作品；三，为了接受文化遗产；四，

为了写好白话文。末了这一种提法,如果理解为学习古人语言中有生命的东西,借以丰富自己的语言,那是正确的(可是也得提防一种流弊,那就是主客不分,古今无别,写出一种半文半白、不文不白的怪文字来)。可是这种提法还有一种解释,是说不学文言就写不好白话文。这种说法今天似乎已经不见于明文(也许有而我没有看见),但是在私人谈话中不止一次听到。这是一种似是而非的理论,正如要写好钢笔字必得先练毛笔字的理论一样。事实并不支持这种理论。五四以后一段时期,很多受过长期文言训练的人改写白话,就是写不好。而现代有许多作者并没有受过多少文言训练,写的白话挺漂亮。(欧洲也曾流行过要学好本国文必得先学好希腊文、拉丁文的理论,也早已为事实所否定。)第一种提法的理由也不充分。现代文章里的确常常引用一些文言成语或文句、诗句,但是光为这个没有全面学习文言的必要。常见的成语可以加以注解,专门编成词典,或是收在一般的词典里。偶尔引用的语句,写文章的人可以加以注解或翻译。应该认真考虑的是二、三两种提法。我们有丰富的古典文学,为了使年轻的一代能够享受这份遗产,可以有几种办法。一种办法是翻译。这个办法的优点是无需克服文字上的困难,缺点是有些作品经过翻译会受到相当损失,有的甚至无法翻译。第二种办法是读原文,篇数有限制,读一篇算一篇,只串讲字句,不系统地讲文言词汇、语法和背景材料。这个办法的优点是用的时间不至于太多,对教师的要求不是很高,缺点是学生没受到文言的基本训练,不容易获得阅读课本以外的作品的能力,甚至连课文也懂得不透彻。第三种办法是进行文言基本训练,这种训练对于培养阅读古书的能力是必不可少的。这就联系到接受文化遗产的问题了。文化遗产包括文学作品,但是不限于文学作品,可以说是经史子集,杂记短书,无所不包。学习文学作品还可以学一篇算一篇,接受文化遗产就非具有自由阅读古书的能力不可,也就非有基本训练不可。

什么是文言的基本训练呢?首先是讲求字义。难字固然要注意,常见的字更需要注意。常见的字大多数都不止一个意义,而这些字义又常常有时代限制,不但是不能用现代的字义去理解古书,并且同是古义也不能用后起的字义去理解时代在前的文字。特别要留意的是

与习见的意义相近而又不同的意义。比如读到一句'敩历三朝','敩'字是个难字,会去查字典,②倒是那个'朝'字很容易滑过,以为是汉朝、唐朝的'朝',然而这里的'朝'指一个皇帝在位的时期。③又如文言里说某人'有经济才',就不仅仅指他善于理财。④虚字,唐宋以后的文章里用法比较固定,先秦的书里就很多变化。句法则不仅先秦,只要是文言,就有使现代读者困惑的地方。读木版书,断句就是个不简单的问题。近来翻阅些重印的古书,新加标点,给读者很大便利,可是也常常有断句上的错误,例子是很多的。整理古书的学者尚且如此,刚学习读古书的青年,他们的困难更可想而知。更麻烦的是一接触古书就不得不涉及古代的风俗习惯、典章制度,常常会因为遇到这种疙瘩而看不懂或产生误解,熟读《古文观止》并不能解决这一类问题。(不得不举一个例子:新印的《挥麈〔zhǔ〕录》14页有一句是这样标点的:'国朝百官致仕:庶僚守本官,以合迁一官回授;任子、侍从,仍转一官;宰执换东宫官',这就是由于不了解'任子'的意思而点错了的。⑤)纯文学作品里这一类问题少些,可是有另一类麻烦:典故,尤其是那些藏头露尾、哑谜似的典故。

　　要进行这种基本训练,就需要有:一,合适的课本和工具书;二,合适的教师;三,足够的教学时间。在目前,这三个条件似乎都有些问题。当然,不能要求中学阶段完成这种可以说是相当艰巨的任务,因此才有'培养学生阅读浅近文言的能力'的提法。可是什么是'浅近文言'也还大可研究。生字少不一定就是浅近,熟字也可能有生义;句法跟现代差不多,也可能所差的那一点出入很大。而况选文章还得受内容的限制,文字浅近不一定内容可取。即令找到一些合适的篇章,也不等于可以放松基本训练。相反,正是这种地方需要警惕,怕的是教者学者都为这种貌似浅近所误,掉以轻心,一滑而过。这样就会为进一步的学习制造困难。学唱戏最怕一起头就唱成油腔滑调。学外国语最怕一起头就把它跟汉语等同起来。学文言也不是没有可能养成一种'自以为懂'的习惯,以至一辈子改不了。总之,我认为文言的教学,如果要达到培养学生阅读文言书籍的能力这个目的,绝对不能光依靠串讲,要严肃对待,要从根本处做起。如有必要,还得在课程的安排上采取一些措施。例如文言和白话不一定要求同一个教师教,甚至

可以分作两门,各编课本。时间也是一个重要问题。现行教学计划中能派给文言教学的时间是远远不够的。过去若干年里,中学语文课和外语课都抓得不紧,学生在数、理、化方面用的时间较多。现在如果提高语文和外语方面的要求而又要不影响其他课程,恐怕有相当大一部分学生会感觉负担过重。我觉得在这种情况下是可以考虑高级中学文理分科的。(事实上,高等院校入学考试的科目早已经分为三类了。)总之,中学里的文言教学不是个很简单的问题。要实事求是地考虑实际需要,制定适宜的目的和要求,针对这样的目的和要求采取切实有效的措施,才能求得问题的合理解决。要是以为不必改变现有的教学条件,就能达到预期的目的,恐怕不免要徒劳无功的。

现在来谈谈学习语文的过程。使用语文是一种技能,跟游泳、打乒乓球等等技能没有什么不同的性质,不过语文活动的生理机制比游泳、打乒乓球等活动更加复杂罢了。任何技能都必须具备两个特点,一是正确,二是熟练。不正确就不能获得所要求的效果,不成其为技能。不熟练,也就是说,有时候正确,有时候不正确,或者虽然正确,可是反应太慢,落后于时机,那也不成其为技能。从某种意义上说,语言以及一切技能都是一种习惯。凡是习惯都是通过多次反复的实践养成的。观察儿童学说话的过程,完全能够证明这个论断。儿童学说话从模仿开始,先是模仿得不很好——语音不很准,用字眼、造句子,有时候对,有时候不对,然后经过多次实践,语音越来越准,用字、造句越来越有把握,最后达到'习惯成自然'的地步。习惯的特点就是不自觉。学龄前儿童的学习语言是不自觉的。进了学校,学认字,学写字,学新词新语,起头是自觉的,但是最后仍然得由自觉变成不自觉,让这些东西成为自己的语文习惯的一部分,才能有实用价值。打乒乓球的时候不可能每一举手都测定一下角度的大小、腕力的强弱。同样,说话的时候也不可能每用一个字都想一下它的定义,每说一句话都想一下它的组成。有人问:写文章不是有'字斟句酌'之说吗? 对,有这回事。可是仔细省察一下就会发现:一,不是每字必'斟',每句必'酌';二,所谓'斟酌'也很少是有意识地进行字义、句法的分析,多半是直觉地感觉这个字不合适,换那个字才合适,直觉地感觉这么个说法不合适,换另一种说法才合适。这里所说'直觉地'不是出于什么本能,而

是已经养成的语文习惯在那里起作用。正因为语文的使用是一种习惯，所以一旦养成一种坏习惯，例如某一个字老念错，某一个字老写错，改起来也不容易，注意的时候就对，一不注意就又错了。归结一句话，语文的使用是一种技能，一种习惯，只有通过正确的模仿和反复的实践才能养成。

　　从这个基本认识出发，分别谈谈讲解、练习、示范在语文教学中的作用。讲解是语文教学中重要的一环。教师们无不要求自己把讲解工作做好，很多家长也都拿讲课的好坏来衡量教师的优劣，而好坏又往往以多寡为标准，讲得越多就是讲得越好。在我看来，现在的问题，至少以白话课文而论，不是讲得太少，而是讲得太多。难字难句需要解释。课文的组织层次或是中心思想，如果不很明显，也需要讲一下。作者是怎么个人，这篇课文有没有什么背景，如果课本上没有说明，也需要说几句。这些讲解是必要的，超过这个限度就是多余的。过去几年把语文课讲成政治课或文学理论课的风气很盛，现在有的已经纠正了，有的正在纠正中，这是好的。少讲点政治，少讲点文学理论，多讲点语文知识，应该博得赞许。然而这里面仍然有一个分寸问题，要讲得不多不少，要讲得切合实际。讲得太多，占用的时间太多，一则没有充分时间让学生多练习，二则不知不觉造成学生的错误认识，以为上语文课是为了学会讲语文，不是为了学会用语文。所说切合实际，比如讲句子结构，是为了有时候遇到很长很复杂的句了，不点明它的结构会误解它的意思。如果没有必要分析结构的时候也要分析分析，甚至只因为某种句子结构的分析在语法学家中间还有不同意见，就故意拿出来分析分析，旁征博引，借以表示自己的博学，这就是一种错误的做法。

　　讲解和练习都是为了教好学好语文，很难分主次。但是如果要追问两者之间的关系，恐怕只能说是讲为练服务，不能说是练为讲服务。这也跟数学课一样，教师讲得好，对于学生做习题有很大帮助，可是如果学生只听讲不做习题，还是不可能把数学学好。学生的语文课学好没有，要看他阅读的能力如何，写作的能力如何，而阅读能力和写作能力必得多练习才能提高。现在语文课里的练习有三个缺点：一是少，二是偏，三是死。练习少，因为时间被讲解侵占了，上面已经说过。何

谓偏？偏是偏重作文，忽略用词、造句的基本练习，忽略阅读的综合练习。课本中每一课课文后面也都附有一些练习题，这些练习题出得好不好是另一问题，教学的时候不重视这种练习却是相当普遍的现象。一般是敷敷衍衍，草草了事，个别教师还视为'盲肠'，实行切除。至于阅读练习，现在中学课本里编进了一些'阅读课文'，实际教学时如何处理我不知道，很可能是变成了'备用课'，有时间就跟别的课文一样的讲一遍，没有时间就'你们自己看看吧！'。我认为这种阅读课文要好好运用：不讲，但是要提问，要讨论，要测验。指定课外读物，也不可放任自流，得同样提问、讨论、测验。现在学生在课外看的书并不少，但是往往是不求甚解。要克服这种缺点，非教师认真指导和检查不可。⑥重视作文，这件事本身是好的，可是要知道，如果只有作文而没有别种练习来配合，作文的水平也是不容易提高的。何谓死？是说练习大都着重试验学生是否把念过讲过的东西记住了（练为讲服务），不太注意学生是否创造性地运用（讲为练服务）。比如，问学生一个词或成语怎么讲，就不如要求他在句子里用一下；要他分析一个已经讲过的句子，就不如要他分析一个没有讲过的句子，更不如要他改换句法，例如把一句话拆成两三句或是把两三句话合成一句。改写，各种方式的改写，各种范围的改写，实在是作文的最好的准备。学生应该把念过讲过的东西记住，这是不成问题的，但是我们不仅要求他记住，还要求他能运用，能动脑筋。他能动脑筋，就是我们的大功告成了。如果只是记住而不能运用，仍然是为山九仞，功亏一篑。

最后谈谈教师的语文实践对学生的示范作用。一个人学习语文从模仿开始，而且一直在模仿，不仅模仿书上念的，也模仿四周围一切人说的和写的。教师是学生模仿的对象。如果教师说的话、写的文字跟他对学生讲的道理不尽相符，那末，学生会丢掉以前听到的道理而模仿当前的榜样，至少是会感到无所适从。这就是古人说的言教不如身教。如果教师告诉学生应该说普通话，但是自己用方言讲课，学生就知道'说普通话'云云只是说说罢了。推而至于写字、用字眼、造句，无一不是如此。不但语文科的教师应该认识到这一点，各科教师都应该认识到这一点。说到这里，我要代语文教师呼吁一下，请求各科的同事和他合作，都来关心学生的语文，对学生的语文负责。消极方面，

给学生树立好榜样。如果语文老师说某一个字不能这样写，学生说数学老师就是这样写，语文老师怎么办？积极方面，各科教师都应该要求学生在回答提问和书面作业的时候正确地使用语文。不能因为不是语文课就可以在语文上马马虎虎，正如语文课虽然不讲各科知识，可是不能让学生在作文里任意颠倒史、地、理、化方面的事实。分科教学是为了工作的便利，学生所受的教育是整个的，是不能割裂的。不但各科教师，学校行政也应该关心学生的语文，对学生的语文负责，每出一个布告，每发一个通知，每作一个报告，都应该检查一下语文质量，包括错别字在内。总之，要在整个学校里树立起正确使用祖国语文的风气，学生生活在这样的环境里，正如蓬生麻中，不扶自直。否则学生就认为语文也只是一门功课而已，只要作文本上不出问题，别的地方都是可以随随便便的。

学生不仅生活在学校里，也生活在社会里。整个社会对于语文的使用是否严肃认真，对学生也有极大的影响。有些教师感慨系之地说：课堂里讲的是如此，耳濡目染的是如彼，还不是抵消拉倒！平心而论，近年来出版物的语文质量是大有提高的。但是出版物是如此之多，光是大大小小的报纸，一天就得印出几百万字，哪能尽如人意。可是如果每一位写文章的人想到我也是家长，我也有孩子学习语文，我的文章可能只影响别人的孩子，可是别人的文章会影响我的孩子，大家写文章（包括翻译）的时候多操一分心，也就是为大家的孩子多造一分福，不也就可以提高一步吗？

注

① '语文'有两个意义：一、'语言'和'文字'，二、'语言文字'和'文学'。中小学的'语文'课是否包含文学的成分呢？似乎包含，但是我这里不谈。一般说到'语文教学'的时候总是用的'语文'的第一义。

② '敩〔yáng〕历'是经历的意思，专指做官的经历。

③ 此义〈辞海〉失收。〈辞源〉说是'一纪元年之称，如康熙朝、乾隆朝之类'，似是而非。一个皇帝在位，不管换了几次年号，只是一朝，如朱熹编集的〈五朝名臣言行录〉，指宋太祖、太宗、真宗、仁宗、英宗五朝，其间一共有二十三个年号。

④ '经济'是经世济民、经时济世的意思。

⑤ 这一句的标点应该是'……回授任子;侍从仍转一官;……'。做官的人的子弟,由于父兄的功勋或其他原因,不经过考试而得官,称为'任子'('任'是保举的意思),类似后世的'廕生'。'庶僚'指一般官吏。'侍从'指诸馆阁学士、直学士、待制等官。'东宫官'指'太子少师'之类。

⑥ 课外读物可以指定整本的书,这是这个办法的优点,但是学校里不可能置备很多复本,一班学生要轮流阅读,不容易进行全班讨论和测验。我觉得可以把课本里的阅读课文抽出来,跟课外读物(精选)合起来印成一本(篇幅约为精读课文的三到五倍)。这样,对于进行阅读教学也许更方便些。

(〈文字改革〉1963 年 4 月)

动补结构的多义性^①

0　含动补结构的句子,一般句式是:

主＋动⌒补＋宾

例如:我还没闹明白这个道理。他一会儿就写完了三封信。^①

有时候主语不出现,承上省略;有时候没有宾语,动词是不及物,或者主语是受事。

除此之外,还有用'把'和用'被'的句子,^②句式是:

主＋把＋宾＋动⌒补

主＋被＋宾＋动⌒补

尽管含有动补结构的句式基本上相同,可是主、动、宾、补这四个成分之间的语义关系是多种多样的,下面分节举例说明。请参看下页示意图。

有两点需要在这里说明:(1)上面句式里'动⌒补'的写法只是表明动词和补语通过因果关系而紧密结合,在语音上形成一个整体,至于动、补、宾之间的层次,可能是'(动＋补)＋宾',也可能是'动＋(补＋宾)',本文不加讨论。(2)本文只讨论补语跟主语或宾语有语义关系的例子,另外有些补语只跟动词有关,作用近似状语,没有包括在内。

1　先说不用'把、被'的句子。分八类,四类有宾语,四类没有。

---

① 这是〈汉语句法的灵活性〉的第三部分。

含动补结构句式示意图

1

2

（1—2）　主╱动（　）╲宾╲补

（27—29）　主-把宾（　）→动╲补

（3—10）　主╱动宾⁰/不（　）╲宾╲补

（30—32）　主-把宾……（　）……宾→动╲补

（11—14）　主╱动宾⁰/不（　）╲宾╲补

（33—40）　主→动，-把宾（　）→动╲补

（15—18）　主╱动（　）╲宾╲补

（41）　主→动，-把宾（　）→动╲补¹

（19—20）　主╱动宾⁰/不（　）╲补

（42—49）　主-把宾（　）╱动╲补

（21—22）　主╲主⁰动宾⁰（　）╲补

3

（23—24）　主╱动（　）╲补

（50—51）　主-被宾（　）→动→补

（25—26）　主╱动（　）╲主⁰补

（52—54）　主-被宾（　）╱动→补

（55—61）　主-被宾（　）╱动╲补╲主

第一类句子的语义关系是：动作发自主语，及于宾语，结果表现为补语，宾语和补语构成一个表述，也不妨说是有一种主谓关系。例如：

(1) 小刘爬上车身,拉紧帆布篷,拴牢绳子。

(2) 十一平以后,他一连发出界两个球,攻球力量也软。

　　第二类句子里边的语义关系是:动词是不及物的,[③]或者虽然有宾语,但是不在这里出现;动作的结果是使句中宾语和补语之间形成主谓关系,下面例句(3)到(6)是动词自有宾语,已经在前面出现过,或者不言而喻;例句(7)到(10)是动词不及物。拿例(3)来说,踢的是球,见前半句,而踢的结果是鞋坏了。

(3) 踢球,踢球,一个月踢坏了三双鞋。

(4) 你说破了嘴唇皮也不中用。

(5) 有了钱买块糖吃,他还说吃馋了嘴。

(6) 他们觉得铁健一个月挣二百多块,有的是钱,吃几顿面条也吃不穷他。(蒋子龙:维持会长,蒋子龙选集(一))

(7) 孟姜女还能哭倒长城呢。

(8) 小姑娘们想是睡花了眼出去,风摇的树枝儿,错认了人。(红楼梦73回)

(9) 贾大奇熬红了眼,跑肿了腿,喊哑了嗓子。(秦兆阳:贾大奇自述,人民文学1981:1)

(10) 吃不着芦虾籽儿/馋得直打滚儿/姥姥馋掉了牙/奶奶馋瘪了嘴儿。(邓刚:芦花虾,小说选刊1983:11)

　　第三类句子里的动词也是不及物或者是另有不出现的宾语,句子里的宾语不是动词的宾语而是补语的宾语,如(11)的'心'不是'吃'的宾语而是'迷'的宾语。

(11) 你真是吃浆糊吃迷了心了。

(12) 今天我们总算苦出了头。

(13) 这个班是'乱'出了名的。

(14) 稻子熟过了劲,荒在地里。(杨朔:三千里江山)

第四类句子跟前三类不同在于其中的补语不跟宾语直接发生关系，倒是主语跟它形成主谓关系。如(15)是'他喝酒'加'他醉'。

(15) 别理他，他是喝醉了酒发酒疯。

(16) 这个时候我已经睡醒了一觉。

这一类句子有的不容易跟第一类区别。例如：

(17) 我答对了三道题。

(18) 他记错了门牌号码。

既可以说是'我答了三道题'加'我答对了'，也可以说是'我答了三道题'加'三道题都对了'。

第五类句子里的动词是不及物或者另有不出现的宾语，主语和补语之间存在主谓关系。

(19) 我的伤已经好了，再闲就闲疯啦。（杨朔：三千里江山）

(20) 二十几年，咱们都围着这口大锅吃饭。咱们吃老了，儿子吃大了，还有了孙子。（金河：这不仅仅是留恋，人民文学1982：11）

第六类句子的特点在于主语既不是动词的施事，也不是受事，但由于动词的作用，主语和补语之间形成主谓关系。动词的施事和/或受事可以在这个句子或小句的前边或后边出现。

(21) 你今后别再研究火箭了！人也研究老了，家也研究穷了，身体也研究垮了，还是研究不出来。（自学 1983：4）

(22) 地已经下饱和了，雨不再渗进去。（路遥：惊心动魄的一幕）

第七类句子的语义关系简单，主语是动词的受事，主语和补语形

成主谓关系,是动词作用的结果。

　　　　(23) 这个字写错了。
　　　　(24) 要看的书看不完,要做的事做不完。

　　第八类句子的主语也是动词的受事,但跟补语没有语义关系,跟补语形成主谓关系的是补语的未出现的施事。

　　　　(25) 这种酒喝不醉的。
　　　　(26) 这种饼一块就能吃饱。

　　2　现在来看用'把'字的句子,大致分为四类。
　　第一类句子,'把'字后面的宾语是动词的受事,跟补语形成主谓关系。这种句子非常多。

　　　　(27) 年轻人那股不肯服输的神气把我逗笑了。
　　　　(28) 这一问把大家都问楞了。
　　　　(29) 怎么? 一颗手榴弹把咱们炸哑巴啦?

　　第二类句子基本上跟第一类相同,但在补语之后又跟上一个名词,例如:

　　　　(30) 架不住姚大婶天天啰唆,到底把女儿女婿说活了心。
　　　　(31) 你听这话! 能活把人气崩了肚子!
　　　　(32) 接连三封电报终于把张驴儿催起了身。(喻清新:张驴儿和他的驴,小说选刊 1984:5)

补语之后的名词所代表的事物和宾语所代表的事物二者之间多半存在部分和全体的关系,(30)也可以说成'……把女儿女婿的心说活了',(31)也可以说成'……把人的肚子气崩了'。
　　第三类句子,'把'字的宾语不是动词的受事,但动词的作用使它

跟补语形成主谓关系。这类句子的特点是动词已经在'把'字前出现过,或者带宾语,或者不带。

(33) 社员们盼雨都把眼睛盼红了。

(34) 老吃高粱米饭算是把人吃怕了。

(35) 拿十块头的票子到村里买鸡,买蛋,买鱼,把价钱都买涨了。

(36) 陈司令员在台下忽然笑得前仰后合,把演员都笑楞了。

(37) 没法子,只好唱一出极其寡淡无味的戏,把他们唱走。(汪曾祺:晚饭后的故事)('他们'指看蹭戏的各式人等)

(38) 红梅刚说了个头,被琴荷踢了一下,把她的话踢断了。

(39) 二楞这阵牢骚把个梁永生牢骚笑了。(郭澄清:大刀记)

(40) 那场架可打得好,把这小子打出息了。(邢原平、邢小平:站在高高的脚手架上,小说选刊 1984:2)

这类句子跟1的第六类句子可以互相变换,例如(21)可以改成'研究火箭把人也研究老了……'。

也有由于动词的作用让'把'的宾语成为补语的受事的,例如:

(41) 我原来心里是装着这件事的,可是事情一忙就把它忙忘了。

第四类句子的特点是:主语不是动词的施事而是它的受事,'把'字的宾语不是动词的受事而是它的施事,它跟补语形成主谓关系。

(42) 这一点儿酒就把你喝醉了?

(43) 这几步路不会把你的脚走大的。

(44) 别老坐沙发椅,把人都坐懒了。

(45) 这些年的大锅饭把人都吃穷了。

(46) 都说这本书好,可我怎么一点儿也不懂,都把我给看腻味了。

　　(47) 真不简单呀，把我听呆了。

　　(48) 这篇文章算是把我写苦了。

　　这四类句子的共同点是'把'字的宾语跟后面的补语之间存在主谓关系(41是动宾关系)，这种关系的形成是由于动词的作用。不同之点是：第一类和第二类句子里，主语是动词的施事，'把'字的宾语是动词的受事；第三类句子里，主语是动词的施事，但'把'字的宾语不是动词的受事。第四类句子里，主语是动词的受事，'把'字的宾语倒是动词的施事。

　　这四类大致能概括绝大多数用'把'字而有动补结构的句子，但也还有包括不了的。例如：

　　(49) 一个春节把孩子们的心都玩儿野了。

这句话的'循规蹈矩'的说法该是'一个春节使得孩子们玩儿得心都野了'吧?

　　3　用'被'字的句子可以分为三类。

　　第一类句子很简单，主语是动词的受事，'被'的宾语是动词的施事，主语和补语之间存在主谓关系，是动词作用的结果。这一类句子最常见。

　　(50) 妈妈果然被闺女逗笑了。

　　(51) 也许是被夏天的阳光晒懒了，或是被春天的柔风吹软了。

　　第二类跟第一类不同在于动词的受事不是句子的主语而是'被'的宾语，至于主语和补语形成主谓关系，那是跟第一类相同的。

　　(52) 脸上不知何时已经被泪流湿。（老舍：惶惑）

　　(53) 好多人怎么参加革命的? 都是被八路军的歌子唱去的。（李国文：月食，人民文学 1980：3）

　　(54) 革命被头挂退的事是很少有的。（鲁迅：三闲集·铲共

大观)(国民党杀害革命党人挂头示众)

第三类的特点是补语之后还有一个名词,它代表的事物是属于主语所代表的事物的(比较用'把'字的第二类例句)。

(55)尤老二被酒劲催开了胆量。(老舍:上任)

(56)白茹却被这赞美声羞红了脸。(曲波:林海雪原)

(57)她一不小心,被碾滚子碾坏了苫帘把。

(58)他很高兴,但竟给那走来夜谈的老和尚识破了机关。
(鲁迅:朝花夕拾)

(59)车开动了,我也被许多胳膊挡住了视线。

(60)出去不了啊,都叫这些小家伙坠住手了。

(61)这两年我叫死羊死寒了心。(林斤澜:山里红)

说(59)和(60)两句里的'住'跟'视线'和'手'形成主谓关系,好象有点说不通,可要是把'住'理解为'使它不能发挥作用',那也就说得通了。(61)比较特别,用'死羊'做'死'的施事词,可以跟(39)的'牢骚……牢骚'比较。

总起来看,无论用'把''被'不用,这种包含动补结构的句子的基本成分无非是主、宾、动、补四项,可是从语义方面分析,四者之间的关系真是变化多端。这的确是汉语句法的灵活性与节约性相结合的一种表现。

注

① 李临定同志曾经对动补格句式做过详细论述,见〈中国语文〉1980年第2期,读者可以参考。那篇论文主要从形式上进行分类,本文着重在语义方面的分析。

② 用'把'的句子、用'被(叫、让)'的句子和不用'把、被'的句子,三者之间变换的可能与限制是一个很复杂的问题,至今还没有人详细探讨过。本文也只限于分别举例。

③ 本文提到不及物动词的场合都包括形容词。

(〈中国语文〉1986年1期)

歧义的形成和消除[①]

歧义的产生,或者是由于同一片段可以分析成几种结构,或者是由于这个片段之中有一个多义成分。前者又可以分别两种情形:或者是结构切分不同,或者是结构关系不同。后者也可以分别两种情形:或者是多义成分引起不同结构,或者是不引起不同结构。底下分别举例。

一

结构切分不同的例子:

(1a) 我们|三个一组
(1b) 我们三个|一组

(1a)'三个一组'是'我们'的谓语,(1b)'一组'是'我们三个'的谓语。

(2a) 有的作品写年轻的妻子死了丈夫|发誓不再结婚
(2b) 有的作品写年轻的妻子死了|丈夫发誓不再结婚

(2a)死了的是丈夫,发誓不再结婚的是妻子。(2b)恰好相反。

赵元任在〈汉语中的歧义〉中举了一个有四种意义的例子:[①]

---

① 这是 1975 年旧稿〈现代汉语语法提纲〉的一部分,那个提纲曾经有少量打印本分送同志。后来把这一部分加以整理和补充,提交给 1984 年 7 月延吉'现代汉语(语法)学术讨论会',并曾在〈中国语文〉1984 年第 5 期用〈歧义类例〉做标题发表。

(3a) 叫:'汽车,快点儿!'

(3b) '叫汽车! 快点儿!'

(3c) 叫汽车|快点儿(比乘电车什么的)

(3d) 叫|汽车快点儿

(3a)由'叫'字引进一个命令句,是对出租汽车说的。(3b)是两个命令句,是对身边的某人说的。(3c)是一个陈述句,'叫汽车'是主语,'快点儿'是谓语。(3d)是一个直接命令句(对身边的某人)包含一个间接命令句(对出租汽车)。

有一个老笑话:有一个人赴宴,看见席上有板鸭,恍然大悟,说:'以前我不知道咸鸭蛋是哪儿来的,现在知道了,原来是咸鸭生的。'对于'咸鸭蛋'的正确的和错误的理解可以用不同的结构分析来说明。

(4a) 咸|鸭蛋

(4b) 咸鸭|蛋

曾经有一位中学语文教师解释'不要求全责备',说是'不要要求人家负全部责任'。一时传为笑谈。(5a)是正确的分析,(5b)是错误的分析。

(5a) 不要|求全责备

(5b) 不要求|全责备

二

结构切分相同,结构关系不同的例子:

(6) 赵大姐下放到村子里来不过几天,许多人还不认得

可以是许多人不认得赵大姐(6a),也可以是赵大姐不认得许多

人(6b)。

（7）北京一条街上曾经有过一个理发店，门口招牌是：

女子理发店

这个理发店可能是专门给女同志理发的(7a)，也可能是理发师全都是女性(7b)。

（8）老金早两天就来了

'早'修饰'两天'，'早两天就来了'意味着不是今天才来(8a)；'两天'补充'早'，'早两天就来了'意味着不是早一天半天(8b)。这个分别在语音上有所表示。如果重音在'早'字上，应当按照前一种理解；如果重音在'两'字上，应该按照后一种理解。

（9）补充材料

这四个字放在'还需要再'后头，'材料'是'补充'的宾语(9a)；放在'这里还有点'后头，'补充'是'材料'的定语(9b)。

（10）点播

作为农业用语，'点'是'播'的方式，是一个人的动作(10a)；作为广播用语，'点'是听众点，'播'是电台播(10b)。

三

很多歧义是'的'字引起的。'的'字不止一种用法，用得最多的是把修饰语连到名词上去。这里常常遇到一个问题：被'的'字引进的修饰语从哪个字算起？换个说法就是'的'字的管界问题，也就是会不会产生结构歧义的问题。例如：

(11a) 新建　的　工厂　的　大门
(11b) 新建　的　工厂大门
(11c) 新建工厂　的　大门
(11d) 新建工厂大门

(11a)和(11d)都有歧义,都可以或者等于(11b),或者等于(11c)。

(12a)（四个医学院的）学生参加了巡回医疗队
(12b) 四个（医学院的）学生参加了巡回医疗队
(13a) 桌子上放着（许多朋友送来的）礼物
(13b) 桌子上放着许多（朋友送来的）礼物

(12a)和(12b)的学生人数相差很多。(13a)和(13b)的礼物数量大致差不多,因为(13b)里的'朋友'也不会是一位,要是一位,这句话会说成'桌子上放着一位朋友送来的许多礼物'。下面的例子属于同一类型:

(14a) 没有（必要的批评）是害人的
(14b)（没有必要的）批评是害人的

在下面这两句里边,'这些孩子的妈妈们'的结构不同:

(15a) 动员这些孩子的妈妈们出来把自己的孩子领回去
(15b) 这些孩子的妈妈们干得跟年轻的姑娘们一样欢

(15a)里边是'（这些孩子的）妈妈们',(15b)里边是'这些（孩子的妈妈）们'。

'的'字跟'和'字用在一起,最容易产生管界问题。例如:

(16a) 把（重要的书籍）和（手稿）带走
(16b) 把重要的（书籍和手稿）带走
(17a)（车票）和（零用的钱）都在这里了

(17b)（车票和零用）的钱都在这里了

(17b)里的'车票……的钱'指买车票的钱。
　　下面是'的'字不引起结构分歧可是仍然有歧义的例子：

　　(18) 百分之八十的退休金够他和老伴晚年享用的了（梁晓
声：葛全德一家)②

照一般的理解，这'百分之八十'应该是'退休金'的百分之八十(18a)，
可是这里的意思是按照退休条例拿相当于工资的百分之八十的退休
金(18b)。

　　(19) 他看了一个月的报

这'一个月'可能指某一个月份(19a)，也可能指看报的时间，意思是他
有一个月没做别的工作，就是看报(19b)。照后一种理解，这个'的'字
尽管形式上处在'一个月'和'报'中间，并不在二者之间起连结作用，
'一个月'实际上是'看了'的补语。

　　(20) 她是去年生的孩子

这也是赵元任那篇论文里的例子。照'的'字的一般用法，'她是一岁
上下的小女孩(20a)。另一种理解等于'她是去年生孩子的'(20b)，这
里的'的'字是一种特殊用法。

　　(21) 弟弟做哥哥的工作

可以理解为弟弟去顶替哥哥的工作(21a)，也可以理解为弟弟给哥哥
做思想工作(21b)。后者是'的'字的又一种特殊用法。

　　(22) 糟了，忘了喂孩子的奶了！

'喂孩子的奶'可以是一样东西,忘了取了(22a),也可以是一件事情(22b)。照后一种理解,很有点象是在'喂'的两个宾语之间加了个'的'字,比较:'一天喂孩子五顿奶','她教我弟弟(的)外语'。

有时候,有'的'字没有歧义,省去'的'字就有歧义。例如:

> (23) 全国有十多个县,一千多个公社,一万多个大队,十万多个生产队,百分之七十以上的农户办起了沼气(人民日报 1978.
> 5.31)

这有可能误解为

$$(23a) \left.\begin{array}{l}\text{十多个县}\\ \text{一千多个公社}\\ \text{一万多个大队}\\ \text{十万多个生产队}\\ \text{百分之七十以上}\end{array}\right\} \text{的农户}$$

作者原来的意思是

$$(23b) \left.\begin{array}{l}\text{十多个县}\\ \text{一千多个公社}\\ \text{一万多个大队}\\ \text{十万多个生产队}\end{array}\right\} \text{的百分之七十以上的农户}$$

前一个的字最好不要省去。如果嫌它累赘,可以改成:

> 百分之七十以上的农户办起了沼气的,全国有十多个县,一千多个公社,一万多个大队,十万多个生产队。

> 再引一个报刊上的例子:

（24）吉林山西安徽分别召开工会代表大会　　选举产生三省总工会领导机构（北京日报 1973.6.9 标题）

尽管前面有'分别'二字,也还不能完全防止读者误会'三省总工会'是一个机构。如果'三省'之后有一个'的'字,就不容易产生这样的误会。比较前面的例(11)。

四

除'的'字以外,也还有些别的字,由于语义不同,引起结构分歧。例如'没有'：

（25a）我没有一次 | 看完
（25b）我没有 | 一次看完

(25a)是说,我看这本书(或这个电影、话剧)都是半途而废,没有一次是看完的。(25b)是说,我没有一次就把它看完,是分几次看完的。前一句的'没有'是'有'的否定,是动词；后一句的'没有'是完成的否定,是助动词。

（26a）找来找去,没有(下棋的人)
（26b）(没有下棋)的人都在看下棋

这两句里边的'没有'也有跟(25)相类似的两种理解。

（27a）我们没有 | 做不好的事情
（27b）我们没有做 | 不好的事情

(27a)的另一种说法是'对我们来说,没有做不好的事情'。
'让'字的两种意义——等于'使'或'被'——让下面的例句产生歧义：

(28) 洪书记，那受罪队就是让你停了职的那个王长兴包的队（崔巍、钮宇大：爱与恨）

'让'作'使'讲，'让你停了职'是兼语结构(28a)。'让'作'被'讲，'让你停了职'是被动结构(28b)。原文的意思是后者。

(29) 我跟他去过

'跟'作'跟随'讲，'跟他去过'是连动结构，有'我没有一个人去过'的意思(29a)。'跟'作连词，意思是'我和他，我们两个人去过'(29b)。

(30) 这篇稿子你给我看看

'给'可以理解为动词，'给我看看'是要求你让我看(30a)。'给'也可以理解为介词，那就是我请你看，不是你让我看了(30b)。

(31) 写得好

'得'可能是表示可能性的助词，'写得好'的反面是'写不好'(31a)。'得'也可能是引进结果补语的助词，'写得好'的反面是'写得不好'(31b)。

(32) 你等一等，小杨保证一定来

如果是小杨保证，'保证'是主要动词(32a)。如果是我保证，'保证'是插入性质的状语(32b)。

(33) 那时，山乡一年也不准演一场电影

'不准'可以作'不允许'讲，是主要动词（被动式)(33a)。这里多半是作'不一定'讲，是状语(33b)。

（34a）（拿手表）不准作为迟到的借口

（34b）拿（手表不准）作为迟到的借口

这里的'不准'也是两种意义：'不允许'和'不准确'，两种意义引起两种结构。

五

现在来看单纯由于多义成分而产生歧义，不同时引起结构分歧的例子：

（35）你不要什么？

'什么'作为疑问代词，这个句子的意思是'你不要的是什么?'（35a）。'什么'作为虚指代词，这个句子的意思是'你要点儿什么不要?'（35b）。

（36）多操心！

这可以是一个表示请托的祈使句（36a），也可以是一个感叹句（36b）。这两句的'多'字从前有些人分别读阴平声和阳平声，现在都读阴平声了。

（37）天津贸易部门已向华北东北调拨秋冬货物（人民日报1953.8.21标题）

'向'有'往'和'从'两种恰好相反的意义，一般受动词的制约，不能同时有两种讲法（比较'向长沙发书'和'向长沙要书'）。但是这一句里边的动词'调拨'适用'向'字的两种意义。

（38）你怎么还不知道？

'还'字重读轻读,意思不一样。'还'字重读,强调时间,有'早就应该知道'的意思(38a)。'还'字轻读,表示一般的诧异,多少有点强调'你',仿佛有'你应该比一般人先知道啊'的意思(38b)。

　　　　(39) 他明年才三岁

'才'表示数量少,重音在'三'上,意思是他明年也只三岁(39a)。'才'表示有所待而然,重音在'明年'上,意思是他今年还不到三岁(39b)。

　　　　(40) 他一个早晨就写了三封信

'就'字重读,是说他早晨事情做得少(40a)。'就'字轻读,是说他早晨事情做得多(40b)。

　　　　(41) 他又把物理温习了一遍

'又'字重读,意思是温习物理不止一遍(41a)。'又'字轻读,'物理'重读,意思是先已经温习了别的学科(41b)。如果把'又'字挪到'物理'之后。

　　　　(41′) 他把物理又温习了一遍

就只能有(41a)的意思,'又'字读音可轻可重。

　　　　(42) 这些书他们都喜欢

'都'的总括作用可以针对'这些书'(42a),也可以针对'他们'(42b)。无论是哪一种意思,'都'字都重读。假如前边这两项有一项是单数,不会有歧义:'这本书他们都喜欢','都'字总括'他们';'这些书他都喜欢','都'字总括'这些书'。

（43）他把楠木书箱里的书都翻出来了

‘都’字或者重读，或者轻读，两句的意思不同。‘都’字重读，是说把书箱里的书全翻出来了（43a）。‘都’字轻读，是说不光是把别的地方的书翻了出来，连平常不大去动的楠木书箱里的书都翻出来了（43b）。

（44）这些工作这些人全能干

这一句的两种意义可以参照（42）。‘全’的总括作用跟‘都’一样。

（45）这一位没法儿再和气了

‘再’字可以指时间上的继续，也可以指程度上的增高，这两种意思在这一句里都适用。按照前一种理解，这一位同志已经忍无可忍，没法儿和气下去了（45a）。按照后一种理解，这一位同志真是太和气了，没法儿比他再和气（45b）。

（46）这北房住过三家人家

‘住过’可能是同时住过（46a），也可能是先后住过（46b）。

（47）三个人读一本书

这‘一本书’或者只指内容相同，例如同是〈西游记〉，可以是不同的版本，或者同一版本的不同‘拷贝’（47a）；或者指实体相同，就是如果拿在一个人手里，别人手里就没有（47b）。这一句如果把内部次序改换，成为

（47'）一本书三个人读

一般只会理解为（47b）。

　　（48）中间一竖,一边儿一点

相传有人用这个字谜来捉弄人。你说是'小'字,他就说:'不对,是
"卜"字(48a)。'要是你说是'卜'字,他就说:'是"小"字(48b)。'这就是
利用'一边儿'的两种不同的理解,可以是'有一边'的意思,也可以是
'每一边'的意思。

六

　　现在来谈谈在实际交际中,人们是怎样消除歧义的。细想起来,
歧义并不是一种稀有的现象。词典里的单词,除专门名词外,很少不
是多义的;单词的组合也往往可以作不止一种分析。然而放在一定的
上下文或者一定的生活环境里,这些单词或单词的组合就只能有一种
意义,真正存在歧义的情况是很少的。消除歧义的手段大致有五种:
(1) 语音,(2) 上文,(3) 下文,(4) 环境,(5) 情理。

　　1　语音的轻重可以有抉择意义的作用,前边已经有过不少例子。
这里再举几个例子,第一个例子是常被引用的:

　　　（49a）我|想.起.来.了
　　　（49b）我想|起.来.了(不想再睡了)
　　　（50a）他说他不|知道
　　　（50b）他|说他不知道(不知道是否真不知道)
　　　（51a）华生,恐怕我|只好去一次了
　　　（51b）华生,恐怕我只好去|一次了(不能再去第二次了)

　　这些都是说起来分得清,写下来分不清的例子。跟这些例子相
反,下面是写下来无歧义,说起来有歧义的例子:

　　　（52a）写的好(比印的好)
　　　（52b）写得好(两种意义,见(31))

一种语音,(xiě-de-hǎo),两种书写形式,三种意义。

　　萌(男)回到家中,见莲予(女)安闲地坐在藤椅上……'奇怪我怎么这样闲在?'连问题也是她代他问了。(宗璞:米家山水)③

'她'和'他'都是 tā,这一句光听朗诵不看书,准闹不清谁代谁问。

　　2　底下的例子是因为有上文,所以不产生歧义:

　　(53a＝1a)［问］你们几个一组?　——［答］我们|三个一组
　　(53b＝1b)［问］你跟谁一组?　——［答］我们三个|一组
　　(54a)(我们算)一个半|知识分子
　　(54b)(我算)一个|半知识分子
　　(55a)(剩下的大米)没有东西装了
　　(55b)(还空着两条麻袋,)没有东西装了
　　(56a)(我问他们谁要,)他们一个也不要
　　(56b)(我问他们要哪个,)他们一个也不要

　　(57)马老爷无可推卸,只得赶了过来,瞿太太虽然从未见面,事到此间,也说不得了。(官场现形记,40回)④

因为有前头的两个小句,'瞿太太'是'见面'的受事而不是施事,没有多大问题。如果把这两个小句改为'马老爷既然已经来了','瞿太太'就应该是施事了。

　　下面是一个与一般情形相反的例子,是顺着上文说话,把问题回答错了的例子:

　　(58)他刚坐下就听到总理问候他:'林一山,你身体好吗?'他回答:'我眼睛有点不好。'总理又问:'你去看过了吗?'问的是他有没有去葛洲坝看过。他回答:'看过了。'说的是他刚看过了医生。(徐迟:刑天舞干戚)⑤

　　3　下面是由后续词语解除歧义的例子。先举一个前边引过但是

没写全的例句：

> （59＝6）赵大姐下放到村子里来不过几天，许多人还不认得，（连这位学员的名字也还记不清。）（林斤澜：三十个孩子的妈妈）⑥

有了后边的小句，就确定了是赵大姐不认得许多人，不是许多人不认得赵大姐。可如果后边接着说的是'还在打听她是谁'，就只能理解为许多人不认得赵大姐了。

再看别的例子：

> （60）人在政策在，（困难何所惧）（人民日报 1981.8.1 标题）

'人在政策在'可以理解为'人也在，政策也在'（60a），也可以理解为'人在则政策在'（60b）。有了后半句'困难何所惧'，那就一定是（60a）了。

> （61a）你写，我不写，（我有别的事儿）
> （61b）你写，我不写；（你不写，我写）
> （62a）他欠你的钱，（我给还）
> （62b）他欠你的钱。（我不欠你的钱）

（61a）是一个祈使小句和直陈小句并列，（61b）是一个条件复句。（62a）是一个名词短语，（62b）是一个小句。这都是由后续词语决定的。

> （63a）前两天开会，（第三天参观）
> （63b）前两天开会，（我还看见他来着）

第一句的'前两天'是第一第二两天的意思。第二句的'前两天'是'两天前'的意思。

（64）你干吗发呆？你要不要，（就还给我。）（宗璞：后门）⑦

要是没有括号里的那半句，'你要不要'就成了问句；有了后边那半句，前边就只是表示假设的小句。

（65）这回呀，我不进门就问他们，（先查看墙上挂着的那个号房登记牌子。）（浩然：机灵鬼）⑧

孤立地看，'不进门就问他们'可以有两种结构，或者是'不进门｜就问他们'（65a），或者是'不｜进门就问他们'（65b）。有了后面括号里的话，就可以决定前面是（65b）。

（66）〔季交恕〕你知道这个消息吗？

　　　　〔方维夏〕什么消息？

　　　　〔季交恕〕蒋介石开刀啦！

　　　　〔方维夏〕什么病开刀？

　　　　〔季交恕〕你还睡觉！杀人！（李六如：六十年的变迁）

对于'蒋介石开刀'，方维夏做了错误的理解，季交恕加以纠正。

（67）长音加长音号，短音加短音号，只有一种读音不加符号。

这是跟前面的那些个有点两样的例子。'只有一种读音不加符号'可以是一个兼语式（67a），也可以是一个假设复句（67b）。如果是兼语式，必须接着说明是哪种读音不加符号。按照作者的意思，该是假设复句，那就不要求再说什么。（'只有一种读音'之后有停顿，应该加逗号。）

　　4　说话的环境——谁说的，在什么地方说的，在什么时候说的，等等——可以排除歧义，这样的例子也是很多的。例如有名的：

(68) 鸡不吃了⑨

这句话可以理解为鸡不吃食(68a),也可以理解为人不吃鸡(68b),看是在什么地方说的。如果这句话是在院子里说的,大概是(68a)。如果这句话是在厨房里或餐桌旁边说的,大概是(68b)。我们甚至可以说:

(69) 猫不吃了

在没有吃猫的习惯的地方,这句话没有歧义。在有吃猫习惯的地方,这句话就有跟(68)相同的歧义。

(70) 爸爸要开刀

如果你不了解说话的人的家世,你多半会以为他的父亲得了什么病,要做手术(70a)。如果你知道他的父亲是大夫,你就很容易想到是他父亲要给病人做手术(70b)。

(71=17) 车票和零用的钱都在这里了

说这句话的人如果手里拿着车票,那就是'(车票)和(零用的钱)';如果没有车票,那就是'(车票和零用)的钱'。

5 最后,看几个根据情理来排除错误解释的例子。

(72=37) 天津贸易部门已向华北东北调拨秋冬货物

我们知道五十年代华北、东北的消费品很大一部分要从上海、天津等地调进,就可以决定这里的'向'是'往'的意思,而不是'问'的意思(如'向对方索赔')。

(73) 普通话学不好,怎么办? 学呀! ……下点心,往地道里

学。(北京晚报 1982.11.15)

这里的'点心'当然不是可以吃的点心,'地道'也不是〈地道战〉里的地道。

> (74)一米九个头的冯骥才伫立在空荡荡的山谷里。(人民日报 1982.11.23)

'一米九个头'当然不会是说一个人有九个头,加起来有一米长。那么,只能是说他的'个头'有一米九了。

> (75)相传北洋军阀时代有一个政客屈映光,官儿挺大。人家请他吃饭,他不去,他说:'本人向不吃饭'。

一时传为笑谈。如果'吃饭'作赴宴讲,这句话没有什么可笑。听的人觉得可笑是因为把'吃饭'作进餐讲了。如果屈映光晚生几十年,他可能会说:'本人向不吃请',那就没有问题了。

　　末了,用一个实有其事的笑话来结束本文。1954 年国庆前夕,某机关的游行筹备组开会,筹备小组里的一位女同志宣布:

> (76)今年游行,女同志一律不准穿裤子!

哄堂大笑。这句话的歧义不在说出来的部分,而在没说出来的部分。

注

① Yuen Ren Chao, *Ambiguity in Chinese*, in *Studia Serica Bernard Karlgren Dedicata*, Copenhagen, 1959.

② 〈小说选刊〉,1983 年 4 期。

③ 〈宗璞小说散文选〉。北京出版社,1981。

④ 李宝嘉:〈官场现形记〉。人民文学出版社,1957。

⑤ 〈人民文学〉,1982 年 5 期。

⑥ 林斤澜:〈山里红〉,1963。

⑦〈宗璞小说散文选〉。北京出版社,1981。

⑧〈小说选刊〉,1981 年 7 期。

⑨ 赵元任:〈国语入门〉。(李荣编译:〈北京口语语法〉)

说'胜'和'败'

1984 年 5 月 13 日的〈光明日报〉和〈北京日报〉报道同一则新闻，转录如下。左为〈光明日报〉，右为〈北京日报〉。

中国女篮大败南朝鲜队

据新华社哈瓦那五月十一日电　中国队今天在奥运会女篮预选赛第二阶段比赛的第一场比赛中以七十二比三十七战胜南朝鲜队。中国队上半场以三十八比二十四领先。

中国女篮大胜南朝鲜队

据新华社哈瓦那 5 月 11 日电　（记者颜为民）　中国女子篮球队在这里进行的奥运会女篮预选赛第二阶段的第一场比赛中，以七十二比三十七的悬殊比分战胜亚洲劲旅南朝鲜队。

两个标题一个意思。如果消去相同的字眼，则'大败'＝'大胜'，不是很奇怪吗？'胜'和'败'是公认的一对反义词，怎么这里变成同义词了呢？

我们注意到一个现象：这两个标题的结构都是'主语＋动词＋宾语'，主语和宾语都相同；如果把相同的主语消去，剩余部分意思不变；如果把相同的宾语消去，左边标题的意思大变。在下面这个图解里可以看得更清楚，其中 X 代表胜的一方，Y 代表败的一方。

第一格局：　　　　　　　　第二格局：

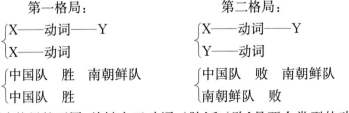

这两个格局的不同，关键在于动词，'胜'和'败'是两个类型的动词。

是怎么样的两个类型呢？需要对这两个格局作进一步的考察，看哪些动词能进入第一格局，哪些动词能进入第二格局，以及哪些动词既能进入第一格局，又能进入第二格局。

在讨论中要涉及及物动词和不及物动词。在汉语里区别及物动词和不及物动词有一定的困难，我们姑且把及物动词定义为能带受事宾语的，虽然对'受事'的理解也还可能不尽相同。

第一格局的情况比较简单，大多数及物动词都能进入这个格局。例如：

(1) { 他写了一首诗。
     { 他写了。

(2) { 他要先吃饭后喝酒。
     { 他要先吃后喝。

有些句子里的动词必须带宾语，就不能进入这个格局。例如：

(3) { 咱们交个朋友。
     { * 咱们交。

(4) { 他生了一场病。
     { * 他生了。

(5) { 她点点头。
     { * 她点点。

(6) { 他伸出两个指头。
     { * 他伸出。

有哪些动词，或是它本身，或者附带什么条件，使它不能进入这个格局，这也是动词研究中值得探讨的一个问题。本文暂不讨论。

第二格局的情况比较复杂。能进入这个格局的动词有三种。

(a) 及物动词。先有三成分句，后有二成分句（$X \cdot V \cdot Y \rightarrow Y \cdot V$）。二成分句受事在前，是一般所说被动式。受事多数是无生物。比较(7)和(8)：

(7) { 我写了封信。
     { 信写了。

*(8) { 我找着他了。
      { 他找着了。

(8)不能成立,是因为'他找着了'只会理解为主动式。'鸡不吃了'之所以有歧义,就是因为它既可以跟'鸡不吃食了'配合,造成第一格局,又可以跟'我们不吃鸡了'配合,造成第二格局。

但是这有生、无生的区别不能绝对化。比较(8)和(9):

(9) { 我找个人。
     这个人找着了。

'这个人找着了'不会理解为主动式。再比较(10)和(11):

(10) { 他卖了一所房子。
      那所房子卖了。

(11) { 他买了一所房子。
      ? 那所房子买了。

房子是无生物,'买'和'卖'是一对反义词,可是'那所房子买了'就不如'那所房子卖了'那么容易站住,似乎得说成'那所房子买下了'什么的才行。所以哪些条件决定一个及物动词可以用被动式进入第二格局,也是一个可以进一步探讨的问题。

(b) 不及物动词,包括形容词。先有二成分句,后有三成分句(Y·V→X·V·Y)。在三成分句里,这个动词或者有'使令'的意义,或者有'容许'(或'止不住')的意义,或者只有'相关'的意义。表示使令意义的例子:

(12) { 他立在树底下。
      他们在那儿立了块碑。

(13) { 他坐在床上。
      你在炉子上坐壶水。

(14) { 我饿了。
      饿你三天你才知道饿是什么滋味。

此外如下象棋的时候说'出车、跳马、飞象、上士',也是使动用法的例子。不及物动词和形容词的使动用法是古汉语里常用的语法手段。现代汉语里,动词的使动用法已经不能广泛应用了,形容词的使动用法如'端正态度、严格纪律'等等,是最近三四十年里才出现的。

表示容许或止不住的意义的例子:

(15) {狐狸尾巴露出来了。
　　　 他终于露出了狐狸尾巴。

(16) {呻吟的声音停止了。
　　　 他慢慢的停止了呻吟。

仅仅表示前后两个名词有关系的例子：

(17) {王冕的父亲死了。
　　　 王冕死了父亲。

(18) {第三队的一个犯人跑了。
　　　 第三队跑了一个犯人。

（c）难于决定及物还是不及物是这个动词的基本用法，也就是不能决定是先有三成分句还是先有二成分句。例如：

(19) {他们家留下他看家。
　　　 他留下来看家。

(20) {玉兰开花了。
　　　 玉兰花开了。

(21) {他摇摇头。
　　　 他的头摇个不停。

(22) {这东西又涨价了。
　　　 价钱又涨了。

　　现在可以回过头来看看'胜'和'败'的问题。'胜'和'败'是古汉语里的两个动词。我们在前边从'胜'和'败'生发出两种动词格局，可是在说明这两种格局的时候都用现代汉语的例子。这，一则是为了更容易领会，二则也因为在古汉语里，可以进入第二格局的动词常常有读音问题，虽然不是都有读音问题。拿'败'字来说，按传统的说法，'败'字有两个音，〈广韵〉共韵：'自破曰败，薄迈切'。'破他曰败，补迈切'。①读音不同就该算两个词，虽然是一对孪生词。'薄'是並母字，'补'是帮母字。现代官话区方言不分阴去和阳去，在分别阴去和阳去的方言区，'败'都读阳去。能不能说'败'的基本用法是自动（自败），使动用法（败他）是派生的呢？很难决定。不管怎样，在古汉语蓬勃发展时期即春秋战国时期，'败'字的使动用法已经跟自动用法同样常见，甚至更常见了。我们曾经把〈春秋经传引得〉里的'败'字句做了个

统计,结果是这样:

败十宾语(其中用于战争的,151)	163
'可败也'	2
'相败'	1
主语十败	114
败作为动词或介词的宾语	54

'胜'字的问题比较简单,是及物动词,可以不带宾语。属于第一格局里常见的类型。'胜'不能以被动意义进入第二格局,因为有它的反义词'败'在。'胜'的被动意义只在两处出现,一处是'胜国''胜朝'里的'胜',一处是'可'字之后,如〈孙子·形篇〉'先为不可胜,以待敌之可胜'。

有一个疑问:既然甲胜乙等于甲败乙,为什么要两种说法并存呢? 因此我们又把〈春秋经传引得〉里的'胜'字做了分析,结果如下:

胜十宾语(其中用于战争11)	23
主语十胜	34
'胜者'	1
胜作为动词或介词的宾语	8

可见'胜'的不及物用法是主要的(超过总数的一半)。'胜'的及物用法只有半数用在战争的场合,还有一半用在其他场合。光就用于战争场合来说,'甲败乙'的次数远远多于'甲胜乙',约为十四倍。除二者的出现次数相差很大外,如果把例句拿出来作进一步的探讨,并且把研究的对象扩展到春秋经传以外,很可能还会发现有某种条件在那里左右用'败'还是用'胜'。[②]

'胜'和'败'是古汉语里的词,在现代口语里只有'打败',跟古汉语的'败'的用法相同,有宾语的时候是打败别人,没有宾语的时候是自己打败。没有'打胜',有'战胜',比较文气些,常带宾语,或者用于'不可战胜'等等。另外有'赢'和'输',用于各种比赛,包括赌博。

'赢'和'输'的用法也是不对称的。'赢'可以带双宾语或者只带其中的一个('我们赢(了)他们三个球','我们赢了他们','我们赢了三个球')。'输'只能带指物的宾语('我们输了三个球'),带指人的宾语或双宾语的时候都得说'输给'('我们输给了他们','我们输给(了)他们三个球')。

上面把'胜'和'败'的问题说了个大概,下面想再来一段'余论'——谈谈'作格语言'和'受格语言'的问题,因为听说国外有些学者认为汉语是,或者部分是,作格语言(ergative language)。我不知道这个说法的根据是什么,是不是跟前面所说的动词第二格局有关。让我先对作格语言做些解说,还从前面讲过的两个动词格局讲起。这两个格局各有一个三成分句和一个二成分句。三成分句里的动词联系两个名词,可以让前面那个名词用 A 代表,后面那个名词用 O 代表。二成分句里的动词只联系一个名词,让它用 S 代表。③从语义方面看,第一格局里的 S 比较接近 A,第二格局里的 S 比较接近 O。有些二成分句里的名词不在动词之前而在动词之后,例如'出太阳了','开会了','放花了','过队伍了',这也是一部分二成分句里的 S 比较接近 O 的证据。④在世界上众多语言里边,多数语言用相同的形态手段或其他手段(如介词、动词照应等)表示 S 和 A 处于同一格;可是也有不少语言用同样的手段表示 S 和 O 处于同一格。在理论语言学里一般给这些格取名如下,我们附以汉语译名:

具有上列左边的特征的语言就称为'主格/受格语言'(简称'受格语言'),具有上列右边的特征的语言就称为'作格/通格语言'(简称'作格语言')。当然这只是就着各个语言的主要特征说的,很多语言不止

两个格。主要是看二成分句里的名词向三成分句里的主语看齐,还是向那里的宾语看齐。事实上有许多语言不是纯粹的作格语言,而是在某些句法构造中又表现出受格语言的特征。受格语言大家都很熟悉,就不举例了。作格语言常被用来举例的有 Eskimo 语,Basque 语,Abaza 语(高加索),Ohukchee 语(远东西伯利亚),以及澳洲和巴布亚-新几内亚的某些语言。下面用澳洲的 Dyirbal 语做例子:

(1) ŋuma banaga+nʸu(父亲回来了)
　　父亲　　回来
(2) yabu banaga+nʸu(母亲回来了)
　　母亲　　回来
(3) ŋuma yabu+ŋgu bura+n(母亲看见父亲了)
　　父亲　母亲　　　看见
(4) yabu ŋuma+ŋgu bura+n(父亲看见母亲了)
　　母亲　父亲　　　看见

ŋuma(父亲)在(1)里是主语,在(3)里是宾语,都没有格的标志,是通格形式。(3)(4)里边的 ŋgu 是作格标志。(1)(2)的-nʸu 和(3)(4)的-n 都是动词的'非将来时'的标志,形式不同是由于动词不同类。

很重要的一点是区别作格语言和受格语言必须要有形态或类似形态的手段做依据。汉语没有这种形态手段,要说它是这种类型或那种类型的语言都只能是一种比况的说法。如果汉语的动词全都只能,或者大多数只能,进入前面提出来的第二格局,不能进入第一格局,那末说它是作格语言还有点理由。可事实上汉语的及物动词绝大多数都能进入第一格局的二成分句,而进入第二格局的二成分句却很受限制。这就很难把汉语推向作格语言的一边了。

注

① 比《广韵》早的有陆德明的《经典释文序》:'夫质有精粗,谓之好、恶(并如字),心有爱憎,称为好、恶(上呼报反,下乌路反);当体即云名誉(音预),论情则曰毁誉(音余);及夫自败(蒲迈反)、败他(蒲败反)之殊,自坏(呼怪反)、坏撤(音怪)之

异：此等或近代始分，或古已为别，相仍积习，有自来矣。'(此据〈四部丛刊〉影
印通志堂刻本，'薄迈反'、'蒲败反'皆误，诸家校订悉据〈广韵〉改正。)这里提到
的是'变音别义'问题，即用声、韵、调三者之一或之二有规律的变化区别一对意
义相近(字形也往往相同或相近)的字的词类(包括动词的自动、使动)。这是古
汉语的语法学和语源学上一大问题，很多学者谈过，请看参考文献中王、周、周
诸位的著作。但是古汉语里动词(及物和不及物)的使动用法是常见的语法现
象。不一定都有读音问题，可参考陈承泽〈国文法草创〉十三。

② 甲骨文里有'败'字一例，是败他的意思：

　　疾虎败女史。(殷虚书契菁华，七)

金文里有'败'字二例。一例是自败的意思：

　　敬毋败速(绩)。(师旅簋二，〈考古学报〉1962 年 1 期)

一例是败他的意思：

　　女勿丧勿败。(南彊钲，〈三代吉金文存〉十八、五)

〈尚书〉(今文)里有'败'字四例。二例是败他的意思：

　　我用沉酗于酒，用乱败厥德于下。(微子)

　　肆亦见厥君事，戕败人宥。(梓材)

一例是自败的意思：

　　夏师败绩，汤遂从之。(汤誓)

一例可有两解，或为自败之意，或为名词：

　　商今其有灾，我兴受其败，商其沦丧，我罔为臣仆。(微子)(疑'受'为人名，
　　三'其'字皆表测度之副词。旧说'受'为动词，'其'为指代词，'败'为
　　名词。)

以上书证是管燮初、姚振武两同志帮我查找的，附此致谢。

③ A，O，S 这三个符号和四个格的简单图解，以及下面 Dyirbal 语的例子，都引自
Dixon 的论文(见参考文献)。

④ 关于及物动词句和不及物动词句里的名词成分的性质，我在〈从主语宾语的分
别谈国语句子的分析〉(1946)里已经触及，摘录有关部分如下：'可是细想起来，
"施"和"受"本是对待之词，严格说，无"受"也就无"施"，只有"系"。一个具体的
行为必须系属于事物，或是只系属于一个事物，或是同时属于两个或三个事
物。系属于两个或三个事物的时候，通常有施和受的分别：只系属于一个事物
的时候，我们只觉得这么一个动作和这么一件事物有关系，施和受的分别根本
就不大清楚……照这个看法，动词的"及物、不及物"，"自动、他动"。"内动、外
动"等名称皆不甚妥当，因为都含有"只有受事的一头有有无之分，凡动词皆有
施事"这个观念。照这个看法，动词可分"双系"与"单系"，双系的是积极性动词

(active verb),单系的是中性动词(neuter verb)。'(〈汉语语法论文集〉增订本,469—470 页。)现在的语法理论文献里常用的是'一位动词''二位动词'等名称,'位'或作'向'。

参考文献

陈承泽:〈国文法草创〉(1922;1982)。

王　力:〈古汉语自动词和使动词的配对〉,载〈中华文史论丛〉第 6 辑(1965)。

李佐丰:〈先秦汉语的自动词及其使动用法〉,载北京大学〈语言学论丛〉第 10 辑(1983)。

周祖谟:〈四声别义释例〉,载〈辅仁学志〉13 卷 1—2 合期(1945),收入〈汉语音韵论文集〉(1957),又收入〈问学集〉(1966)。

周法高:〈中国语法札记(壹)语音区别词类说〉,载〈历史语言研究所集刊〉24 本(1953)。

周法高:〈中国古代语法:构词编〉(1962),第一章〈音变〉,5—96 页。

R. M. W. Dixon:Ergativity,载 Language 55:1(1979)。

M. A. K. Halliday:An Introduction to Functional Grammar (1985),pp.144—154.

Charles F. Hocket:A Course in Modern Linguistics (1958),pp.234 - 235.

John Lyons:Introduction to Theoretical Linguistics (1968),pp.350 - 364.

(〈中国语文〉1987 年 1 期)

笑话里的语言学

　　一般所说'笑话',范围相当广,大体上包括讽刺和幽默两类。笑话为什么引人发笑,这是心理学的问题,我毫无研究,说不出一点所以然。柏格森有一本书,名字就叫做〈笑〉,我没看过。很多笑话跟语言文字有关,我就谈谈这个。我取材于三本书:周启明校订:〈明清笑话四种〉(1983 年第 2 版);王利器辑录:〈历代笑话集〉(1956 年初版);任二北编著:〈优语集〉(1981 年初版)。

　　先举一个有名的例子。唐朝懿宗的时候,有一个'优人'(相当于外国的 fool),名字叫李可及,最会说笑话。有一回庆祝皇帝生日,和尚、道士讲经完了,李可及穿着儒士衣冠,登上讲台,自称'三教论衡'。旁边坐着一人,问:'你既然博通三教,我问你,释迦如来是什么人?'李可及说:'女人。'旁边那个人吃一惊,说:'怎么是女人?'李可及说:'金刚经里说,"敷座而坐",要不是女人,为什么要夫坐而后儿坐呢?'又问:'太上老君是什么人?'回答说:'也是女人。'问的人更加不懂了。李可及说:'道德经里说"吾有大患,为吾有身;及吾无身,吾复何患?"要不是女的,为什么怕有身孕呢?'又问:'孔夫子是什么人?'回答说:'也是女人。'问:'何以见得?'回答说:'论语说:"沽之哉! 沽之哉! 吾待贾者也。"要不是女的,为什么要等着嫁人呢?'[①]这一个笑话包括三部分,第一部分利用'敷'和'夫'同音、'而'和'儿'同音(唐朝妇女自称为'儿')。第二部分利用'有身'的两种解释,即歧义。第三部分利用'贾'字的两种读音,就是故意念白字,本来该念 gǔ,却把它念成 jiǎ(这是今音,但唐朝这两个音也是不同的)。

一　谐　声

很多笑话是利用同音字，也就是所谓谐声。谐声往往利用现成的文句。例如：

唐朝有个道士程子宵登华山，路上摔了跤。有一个做郎中官的宇文翰给他写信开玩笑，说：'不知上得不得，且怪悬之又悬。'这里就是套用〈老子〉：'上德不德，是以有德'和'玄之又玄，众妙之门'。〈老子〉是道家的经典，给道士的信里套用〈老子〉，妙得很。②

宋徽宗宣和年间，童贯带兵去'收复'燕京，打了败仗逃回来。有一天宫中演剧，出来三个女仆，梳的鬏儿都不一样。头一个梳的鬏儿在前面，说是蔡太师家里的。第二个梳的鬏儿在旁边，说是郑太宰家里的。第三个满头都是鬏儿，说是童大王家里的。问她们为什么这么梳，蔡家的说：'我们太师常常朝见皇上，我这个鬏儿叫做朝天髻。'郑家的说：'我们太宰已经告老，我这个鬏儿叫做懒梳髻。'童家的说：'我们大王正在用兵打仗，我这个是三十六髻。'这是用'髻'谐'计'。③'三十六计，走是上计'是南朝齐就传下来的成语。

明末清兵入关南下，当时的大名士并且在明朝做过大官的钱牧斋，穿戴清朝衣帽去迎降。路上遇到一位老者，拿拐棍儿敲他的脑袋，说：'我是多愁多病身，打你个倾国倾城帽。'这两句是套用〈西厢记〉第一本第四折里的'小子多愁多病身，怎当他倾国倾城貌'。'帽'跟'貌'同音。把'貌'字换成'帽'字，连'倾国倾城'的涵义也变了，由比喻变成实指了。④

笑话利用谐声，有时候透露出方言的字音。例如：

有一个私塾老师教学生念〈大学〉，先念朱熹的〈大学章句序〉，念了破句。把'大学之书，古之大学所以教人之法也'念成'大学之，书古之，大学所以教人之，……'。让阎王知道了，叫小鬼去把他勾来，说：'你这么爱"之"字，我罚你来生做个猪。'那个人临走说：'您让我做猪，我不敢违抗，我有个请求：让我生在南方。'阎王问他为什么，他说：'〈中庸〉书里说："南方猪强于北方猪"。'（按：〈中庸〉原文是：子路问强，子曰：'南方之强欤？北方之强欤？抑而强欤？'）这个笑话的关键

在于拿'之'字谐'猪'字,这是部分吴语方言的语音,在别的地区就不会引人发笑了。⑤

苏州有一个王和尚,因为哥哥做了官,他就还俗娶妻,待人骄傲。有一天参加宴会,别的客人跟演戏的串通了整他。戏里边有一个起课先生穿得破破烂烂的上场,别人问:'你起课很灵,怎么还这么穷呢?'按剧本里的台词,起课人的回答是:'黄河尚有澄清日,岂可人无得运时?'这位演员故意说道:'被古人说绝了,说的是:王和尚有成亲日,起课人无得运时。'客人们大笑,王和尚赶快逃走。这也是利用苏州话里'黄'和'王'同音,'亲'和'清'同音。(改词跟原词既然同音,其区别大概在于语调上的分段,原词是2,2,3,改词是3,1,3。)又,原词的上句有出处,〈吴越备史〉说,诗人罗隐投奔吴越,病重,吴越国王钱镠去看他,在卧室墙上题两句诗:'黄河信有澄清日,后世应难继此才。'⑥

有时候,利用通假字的不同音义。例如'说'字本义是说话,又与'悦'字相通,古书里常常把'悦'写成'说'。明朝万历年间张居正做宰相,不让科道官提反对意见——科道指给事中和御史,都是所谓言官。有人就编个笑话来讽刺他。说是科道官出了一个缺,吏部文选司郎中向张居正请示,张居正说:'科道官最难得适当的人,连孔子门下的几个大弟子也未必都合适。'郎中说:'颜回德行好,可以用吧?'张居正说:'论语里说,颜回听了孔子的话,没一句不说出去,不能用。'郎中说:'子夏文学好,可以用吧?'张居正说:'孔子说过,子夏这个人,听我讲道他也说,出去看见繁华世界他也说:不能用。'郎中说:'冉求能办事,怎么样?'张居正说:'孔夫子说,冉求啊,我讲的他没有不说的,不能用。'郎中说:'子路这个人倒还可以,就怕他太鲁莽。'张居正说:'孔子去见南子夫人,子路不说,这个人可以放心用。'⑦

有一个私塾老师教学生念〈大学〉,念到'於戏前王不忘',把'於戏'二字照常用的字音读了。学生的家长跟他说,应该读做'呜呼'。到了冬天,教学生念〈论语〉,注释里有一句是'傩虽古礼而近於戏',老师把'於戏'读做'呜呼'。学生家长说,这是'於戏'。这老师很生气,在他的朋友跟前诉苦,说:'这东家真难伺候,就只"於戏"两个字,从年头跟我闹别扭,一直闹到年底。'⑧

二　拆　字

编笑话的人也常常在字形上做文章,主要是拆字。举三个例子。

宋朝国子监博士郭忠恕嘲笑国子监司业聂崇义,说:'近贵全为聩,收龙只作聋,虽然三个耳,其奈不成聪。'聂崇义回答他说:'莫笑有三耳,全胜畜二心。'⑨

明朝大学士焦芳的脸黑而长,很象驴脸。当他还没高升的时候,有一天跟他的同事李东阳说:'您擅长相面,请您给我看看。'李东阳看了半天,说:'您的脸,左边一半象马尚书,右边一半象卢侍郎,将来也要做到他们那么大的官。''馬'左'盧'右,乃是'驢'字⑩。

清朝有一个平恕,做官做到侍郎。曾经做过江苏学政,大搞贪污,名声很坏。有人编了一出戏,名字叫〈干如〉,开场白是:'忘八,丧心,下官干如是也。'看戏的都笑了。'干'是'平'字去掉'八','如'是'恕'字去掉'心'。这位学台后来被总督参了一本,奉旨革职充军而死。⑪

这三个笑话一个比一个尖锐,头一个还只是一般的开玩笑,第二个就有点叫人受不了了,末了一个是指着鼻子骂——大概那位学台大人不在场,要不然演员没这么大胆。

拆字以外,念白字也常常用来编笑话。举一个时代相当早——是宋朝　　已经成为典故的例了。

相传有一位读书人路上经过一个私塾,听见里边的老师教学生念'都都平丈我',进去纠正。事情传开之后,就有人编了一个顺口溜:'都都平丈我,学生满堂坐;郁郁乎文哉,学生都不来。'当时有一位文人曹元宠曹组,在一幅〈村学堂图〉上曾经题诗一首:'此老方扪虱,群雏争附火,想当训诲间,都都平丈我。'⑫

三　歧　义

在语义方面着眼的,首先是利用某些语词的多义性。例如:

有一个做小买卖的,儿子做了官,他成了老封翁。有一天他去见县官,县官请他上坐,他坚决不肯。县官说:'我跟令郎是同年,理当坐

在您下首。'这位老封翁说：'你也是属狗的吗？'这里就是利用'同年'的两种意义。⑬

　　有个和尚做了几十个饼，买了一瓶蜜，在屋里吃私食。没有吃完要出去，把饼和蜜藏在床底下，交代徒弟：'给我看好饼。床底下瓶子里头是毒药，吃了就死。'和尚出去后，徒弟把蜜涂饼，大吃一气，吃得只剩两个。和尚回来，见蜜已经吃光，饼只剩两个，大骂徒弟：'你怎么吃我的饼和蜜？'徒弟说：'您出去之后，我闻见饼香，馋得熬不住，就拿来吃，又怕师父不肯饶我，就吃了瓶里的毒药寻死，没想到到现在还没死。'师父大骂：'你怎么就吃掉了这么多？'徒弟把剩下的两个饼塞在嘴里，说：'这么吃就吃掉了。'师父伸手要打徒弟，徒弟跑了。这里是利用'怎么'的两种意义：师父问'怎么'是'为什么'（why）的意思，徒弟故意把'怎么'理解为'怎么样'（how）的意思。⑭

　　有一个人尊奉儒释道三教，塑了三位圣人的像。一个道士来了，把老子的像安在中间。一个和尚来了，又把释迦的像挪到中间。一个书生来了，又把孔子的像挪在中间。这三位圣人相互说：'咱们本来好好儿的，被人家搬来搬去，把咱们都搬坏了。'这里是利用'搬'字的两种意义，搬动和搬弄。⑮

　　最早的笑话书相传是三国魏邯郸淳的〈笑林〉，里边有一条说：汉朝司徒崔烈用鲍坚做他的属下官。鲍坚第一回去见他，怕礼节搞错，向先到的人请教。那个人说：'随典仪口倡'，意思是赞礼官怎么说你就怎么办。鲍坚误会了，以为要他跟着赞礼官说。进见的时候，赞礼的说'拜'，他也说'拜'；赞礼的说'就位'，他也说'就位'。坐下的时候他忘了脱鞋，临走的时候找鞋找不着，赞礼的说'鞋在脚上'，他也说'鞋在脚上'。⑯（按：英语 Follow me 也可以有两种意思，电视节目里的 Follow me! 是'跟我说'，回答问路的说 Follow me! 是'跟我走'。）

　　歧义的产生也可以是因为语句的结构可以有两种分析。有一个青盲（俗称睁眼瞎）跟人打官司，他说他是瞎子。问官说：'你一双青白眼，怎么说是瞎子？'回答说：'老爷看小人是清白的，小人看老爷是糊涂的。'这两句话的本意是：你看我看得清，我看你看不清。但是也可以理解为：你看，我是清白的；我看，你是糊涂的。这就变成大胆的讽

刺了。⑰

　　有些词语,写出来,加上标点,就没有歧义了。'下雨天留客天留人不留',这是个老笑话,不用再说。还有一个也是常被人引用的。北齐优人石动筒问国学博士:'孔夫子的门下有七十二贤人,有几个是大人,有几个还没成年?'博士说:'书上没有。'石动筒说:'怎么没有? 已冠者三十人,未冠者四十二人。'博士问:'何以见得?'石动筒说:'〈论语〉里明明说,"冠者五六人",五六得三十,"童子六七人",六七四十二,加起来是七十二。'⑱这要是写成'五、六人'和'六、七人',就不可能加以曲解了。

　　唐朝武则天时代有一个老粗权龙襄做瀍州刺史。过新年,有人从长安给他写信:'改年多感,敬想同之。'他拿信给衙门里别的官员看,说:'有诏书改年号为多感元年。'众人大笑,权龙襄还不明白。⑲要是当时有在专名旁边加记号的习惯,'多感'二字没有专名号,就不会误解了。

四　歇后及其他

　　笑话里也常常运用歇后语。先举一个〈千字文〉的例子。有一个县尉名叫封抱一,有一天来了一位客人,身材短小,眼睛有毛病,鼻子堵塞。封抱一用〈千字文〉歇后来嘲笑他:'面作天地玄,鼻有雁门紫,既无左达承,何劳罔谈彼。'四句暗含着'黄、塞、明、短'四个字。⑳

　　另一个例子:有一个穷书生给朋友祝寿,买不起酒,奉上一瓶水,说:'君子之交淡如。'主人应声说:'醉翁之意不在。'分别隐藏'水'字和'酒'字。㉑

　　有一个用上句隐含下句的例子,也可以算是广义的歇后。梁元帝萧绎一只眼瞎,当他还是湘东王的时候,有一天登高望远,有个随从的官员说:'今天可说是"帝子降于北渚"。'梁元帝说:'你的意思是"目眇眇兮愁予"吧?''眇'是偏盲。这两句是〈楚辞·九歌湘夫人〉里的。㉒

　　歇后是把要说的词语隐藏在别的词语背后,近似谜语。从修辞的角度看,跟歇后相对的是同义反复,笑话书里也有引用的。例如:有一个诗人作一首〈宿山房即事〉七绝:'一个孤僧独自归,关门闭户掩柴

扉。半夜三更子时分,杜鹃谢豹子规啼。'又作〈咏老儒〉,也是一首七绝:'秀才学伯是生员,好睡贪鼾只爱眠;浅陋荒疏无学术,龙钟衰朽驻高年。'㉓

从信息的角度来看,不但是这种同义反复里边有羡余信息,一般言语里也有羡余信息。例如:有一个秀才买柴,说:'荷薪者过来。'卖柴的因为'过来'二字好懂,就把柴挑到秀才跟前。秀才问:'其价几何?'卖柴的听懂'价'字,说了价钱。秀才说:'外实而内虚,烟多而焰少,请损之。'卖柴的不懂他说些什么,挑起柴来走了。㉔

笑话里不但可以涉及修辞学,还可以涉及逻辑学。有一个秀才很久不上县学老师那儿去了,学老师罚他作文一篇,题目是〈牛何之?〉。这秀才很快把文章做完,它的结语是:'按"何之"二字两见于〈孟子〉:一曰,"先生将何之?"一曰:"牛何之?"然则先生也,牛也,二而一,一而二者也。'这个结语的逻辑犯了中项不周延的毛病。㉕

最后说几个避讳的例子。从前有避讳尊长的名字的习俗,有时候就闹出笑话。避讳跟歇后一样,都是把要说的字眼隐藏起来,近似谜语。举两个例子。五代时冯道连着做了几个朝代的宰相,是个大贵人。有一个门客讲〈老子〉第一章,头一句就是'道可道,非常道'。这位不敢说'道'字,就说:'不敢说,可不敢说,非常不敢说。'㉖

南宋时候有个钱良臣,官做到参知政事(副相),他的小儿子很聪明,念书遇到'良臣'就改称'爹爹'。有一天读〈孟子〉,'今之所谓良臣,古之所谓民贼也',他就念道:'今之所谓爹爹,古之所谓民贼也。'你说可笑不可笑?㉗

避讳不限于名字,也可以是不吉利的字眼。宋朝有个秀才叫柳冕,最讲究忌讳,应考的时候,特别忌讳'落'字。他的仆人不小心说了个'落'字,就得挨打。跟'落'同音的字都得忌讳,不说'安乐',说'安康'。他考完了等发榜,听说榜已经出来,就叫仆人去看。一会儿仆人回来了,柳冕问他:'我中了没有?'仆人说:'秀才康了也。'㉘这个'康了'后来成了典故,〈儿女英雄传〉的作者就用上了,见第三十一回。

笑话要能达到引人笑的目的,必须听的人和说的人有共同的背景知识,如古书、成语、谚语、语音、文字等等,否则会'明珠暗投'。例如,不知道老子里有'上德不德'和'玄之又玄',就不会懂得给道士的信里

用上'上得不得'和'悬之又悬'的天然合拍；不知道有'三十六计，走是上计'的成语，也就领会不了'三十六髻'的深刻讽刺。

注

① 〈优语集〉54，〈历代笑话集〉58，同引宋代高怿〈群居解颐〉。

② 〈历代笑话集〉45，引唐代朱揆编的〈谐噱录〉。

③ 〈优语集〉145，引宋代周密〈齐东野语〉。蔡太师是蔡京，郑太宰是郑居中，童大王是童贯。

④ 〈优语集〉430，引清代独逸窝退士〈笑笑录〉。

⑤ 〈明清笑话四种〉39，引明代冯梦龙〈笑府〉。

⑥ 〈优语集〉206，引明代冯梦龙〈古今谈概〉和浮白斋主人〈雅谑〉。

⑦ 〈优语集〉422，引明代周晖〈金陵琐事〉。张居正引书的原文分别是'回也，非助我者也，于吾言无所不说（＝悦，下同）'（论语·先进）；'自子夏，门人之高第也，犹云："出见纷华盛丽而说，入闻夫子之道而乐，二者心战，未能自决"'（〈史记·礼书〉）；'冉求曰："非不说子之道，力不足也"'（〈论语·雍也〉）；'子见南子，子路不说'（同上）。

⑧ 〈明清笑话四种〉38，引〈笑府〉。

⑨ 〈历代笑话集〉84，引宋代范正敏〈遁斋闲览〉。

⑩ 〈历代笑话集〉367，引〈古今谈概〉。

⑪ 〈优语集〉234，引清代黄协埙〈锄经书舍零墨〉。

⑫ 〈历代笑话集〉345，引〈古今谈概〉。

⑬ 〈历代笑话集〉206，引明代浮白主人〈笑林〉。

⑭ 〈历代笑话集〉21，引敦煌卷子本〈启颜录〉（相传为唐代侯白著）。

⑮ 〈明清笑话四种〉11，引明代赵南星〈笑赞〉。

⑯ 〈历代笑话集〉3，引邯郸淳〈笑林〉。

⑰ 〈历代笑话集〉206，引浮白主人〈笑林〉。

⑱ 〈优语集〉19，引〈太平广记〉247卷引〈启颜录〉。

⑲ 〈历代笑话集〉346，引〈古今谈概〉。案：此事见于唐代张鷟〈朝野佥载〉卷四。

⑳ 〈历代笑话集〉28，引〈太平广记〉256卷引〈启颜录〉。

㉑ 〈历代笑话集〉264，引明代江盈科〈雪涛谐史〉。

㉒ 〈历代笑话集〉91，引宋代天和子〈善谑集〉。

㉓ 〈历代笑话集〉348，引〈古今谈概〉。

㉔ 〈明清笑话四种〉20，引明代赵南星〈笑赞〉。

㉕ 〈历代笑话集〉201,引明代浮白斋主人〈雅谑〉。按:'先生将何之?'见于〈孟子·告子下〉;'牛何之?'见于〈孟子·梁惠王上〉。

㉖ 〈历代笑话集〉109,引宋代无名氏〈籍川笑林〉。

㉗ 〈历代笑话集〉136,引元代仇远〈稗史〉。

㉘ 〈历代笑话集〉81,引宋代范正敏〈遁斋闲览〉。

(〈读书〉1985 年 8 期)

汉语文的特点和当前的语文问题

一　引　　言

　　1985 年的新年到了,我想借这万象更新的日子跟青年同志们谈谈当前的语文问题。语文问题可以有两种理解,或者指人们使用语文的能力有所不足,或者指人们在使用语文的时候碰到一些问题。前者是语文教学的问题,后者是语文本身的问题。

　　语言文字在人们生活里的重要性在增加,学习和使用语言文字中出现的问题也就更加引起人们的注意,特别是文字。不断的听到埋怨的声音:父母埋怨子女写不好家信,教授埋怨学生写不好论文,局长埋怨秘书写不好文件,等等。念错字,写错字,包括乱造简化字,随时随地都会遇到。说话方面也不是没有问题。开会发言,啰啰唆唆,冗长而不得要领,是相当普遍的现象。方言土语听不懂,也常常遇到。这些都是问题。所以会有这些问题,一半是由于语文教学——其中自然也包括说话教学和普通话教学——效率差,教得不认真,学得不认真,教得不得法,学得不得法,可是还有一半是由于语文本身存在一些特殊的情况。今天不谈语文教学方面的问题,只谈语文本身的问题,先从汉语文的特点谈起。

二　汉 语 和 汉 字

　　语言和文字是两样东西,又是一样东西,是一样东西,又是两样东西。从历史发展上看,先有语言,后有文字。世界上的语言有几千种,有文字的不过一二百种,有些文字造是造出来了,却没有广泛使用。

语言用声音传达人们的意思,在无法用声音传达的场合,人们就用形象也就是文字来代表声音。最早的文字有直接表示意思的,就汉字说,就是所谓'六书'里边的'象形'、'指事'、'会意'。可是很快就都变成代表声音的符号了。

世界上的文字,它的形式是多种多样的,但是按照一定的原则来分类,也就是按照文字代表语言的方式来分类,可以分成三类。一类是音素文字,一个字母代表一个音素(又叫做音位)。英语、法语等等所用的拉丁字母(罗马字母),俄语、保加利亚语所用的斯拉夫字母,都是音素文字。第二类是音节文字,一个字母代表一个音节,就是辅音和元音的结合体。日语的字母(假名)、阿拉伯语的字母,都属于这一类。音素文字和音节文字都是拼音文字,拼音文字的字母原则上都是没有意义的,有意义是偶然的例外。第三类文字是语素文字,它的单位是字,不是字母,字是有意义的。汉字是这种文字的代表,也是唯一的代表。汉字以外的文字都只是形和音的结合,只有汉字是形、音、义三结合。

这种性质的文字有利也有弊。有利是很明显的,写成文章,印成书,都节省篇幅。还有,因为汉字有表意作用,它就具有一定程度的超时间超空间的特点,关于这个,后边还要讲。汉字的缺点也是很明显的。首先是难学。为什么难学呢? 有四个原因。第一,看见字形读不出字音——秀才不识字念半边,念错的机会和念对的机会一半一半——读不出字音也就不明白字义,得有人一个字一个字的教。第二,笔画多,结构复杂,容易写错。第三,字数多,要学上很多字,一般要学上三四千字,才能读书读报。第四,形音义之间很多交叉关系,容易搞错。有多音多义字,象'行'xíng 和'行'háng,'还'huán 和'还'hái。有一音多义字(指几个意义联系不上的),象'倒'(倒下来,三班倒),'批'(批评,大批)。有一义多音字,象血管的'血'念 xuè,'流血'的'血'念 xiě,'不差什么'的'差'念 chā,差不多的'差'念 chà,这还是合乎规定的一字两读,还有很多不合规定的读音,象'塑(sù)料'念成'朔(shuó)料''发酵(jiào)'念成'发孝(xiào)'等等。再举一个例子,有六个字:溜、熘、馏、遛、蹓、镏;三个读音:'liū,liú,liù';表达八种意义。是这么分配的:

音　义　形		溜	熘	馏	遛	蹓	霤
liū	~冰	+					
	~肝尖	+	+				
liú	逗~				+		
	蒸~			+			
liù	~馒头			+			
	~大街　~达	+			+	+	
	大~	+					
	檐~	+					+

　　有这四条，念错字的多，写错字的多，用错字的多，就一点也不奇怪了。外国来华的留学生都说，他们的学习时间小一半花在汉语上，多一半花在汉字上。

　　除了难学，汉字还有一个缺点是难查。曾经被人提出来过的查字法不知有多少种。有人说有一百多种。曾经用来编过字典的少说也有二三十种。从原则上分类：（1）音序类，按汉语拼音字母排列。从前'注音字母'时代有按 b，p，m，f，d，t，n，l……排列的，现在不用了。（2）部首类。老牌是〈康熙字典〉的214部，改良的有〈辞海〉的部首检字，〈新华字典〉的部首检字，〈现代汉语词典〉的部首检字，这三家都对〈康熙字典〉的部首做了修改，可是不完全相同。（3）笔顺类，不止一种。笔形的数目有多有少，次序也不尽相同。（4）字形编码类。四角号码最有名，也还有别的。除这四种以外还有一种方法，数笔画，主要是用做辅助手段，比如先按部首排，同一部首之内按笔画多少排。除此之外就只用在小范围之内，例如排人名单，以姓氏笔画为序。这些都是现代的排列法，从前还有按韵排列的，如〈广韵〉、〈佩文韵府〉等等，也是字典性质的书。查字法的多，表明给汉字排次序的困难。跟拼音文字比较，难易相差就太大了。拼音文字只有几十个字母，排一个固定的次序，很容易记住。按说咱们现在也有按汉语拼音排列的音序查字法，可是由于汉字本身不表示语音，遇到不知道读音的字就没法子查，所以音序查字法不能单独用，必得附带别种查字法作为辅助

手段。缺少一种简便的查字法，不但是影响语文的学习，还在其他方面产生一系列的困难，回头还要讲到。

三　语言文字的演变

　　语言文字总是要有变化的，时间短不觉得，时间一长就明显了。先说语文单位的演变，也就是字音、字义、字形的演变。上古时候的事情有许多现在说不清，姑且拿中古时候的情形来跟现在比较。字音是朝着简化的方向变化。古时候的字音，声母不一定比现代多，韵母可比现代多得多。字音简化的结果，许多古时候不同音的字现在变得同音了。例如：致、制、智、质、治、痔，古时候不同音，现在同音了。立、力、历、利、吏、丽、例、栗，古时候不同音，现在同音了。平、瓶、凭，右、幼、诱，换、患、幻，这三组古时候也都不同音。同音字增多的结果是一个字音代表好多字，表示为数更多的义项，产生超负荷的现象，不利于交际。为了补救，很多单音词（单字）发展成为双音词，例如力气、经历、利益、便利、官吏、美丽等等。

　　字义的变化是有增有减。拿'级'字做例子，古时候有等级、台级、首级三个义项，现在首级这个意义不用了，却多了个量词的用法。再拿'报'字做例子，古时候有判罪、报答和报复、告知、答复四个义项，现在判罪这个意义不用了，可是从告知的意义产生了报告、报纸、电报的意义，而报答和报复的意义也分开来各用一个双音词来表示。

　　讲到字形的演变，可以说是既有简化，又有繁化。简化指减少笔画，为的是写起来方便。繁化指增加偏旁，为的是区别字义。从元朝明朝流传下来的通俗文学作品里就有许多简化字现在还在通用，例如：'独'、'桥'、'万'、'权'。五十年代，国务院公布了一批简化字，有原来就有的，有新造的。繁化的例子如'然'字加'火'成'燃'，'席'字加草头成'蓆'，这是字典里边认可的，安装的'安'写成'按'，包子的'包'写成'饱'，这是字典里边不承认的。

　　以上讲的是以汉字为代表的语文单位的演变，也就是从微观方面观察的语文演变。现在再讲语文系统的演变，也就是从宏观方面观察的语文演变。主要是两个问题，一个是文言问题，一个是方言问题。

什么是文言？文言只是书面上的交际工具，不是口头的交际工具，是只能'目治'不能'耳治'的。这句话不但是适用于现代，大概从秦汉以后就可以这样说。比如〈论语〉这部书是记录孔子和他的学生们的说话的。〈论语〉头一卷的头一句，'子曰：学而时习之，不亦悦乎！'在孔子当时一定是听得懂的，而现在就得说成'学习并且时常温习，是一种乐趣'之类的话才能懂。这不等于说在孔子的时代，书面语和口语绝对一致。这种情况恐怕古今中外都不曾有过。但是在孔子当时，'学而时习之，不亦悦乎！'念出来是可以懂的。正如现代的英语、法语、俄语等等，尽管有些文字，包括诗，跟日常说话不一样，可是念出来都能懂。当然，这是指受过教育的人说的。可是咱们的文言，即使受过教育的人，也不能用耳朵听懂，必得用眼睛看才能懂——成语和常被引用的诗句、文句除外。这种'文言'是怎么产生的？这跟汉字的存在分不开。如果一种语言用的是拼音文字，它的书面形式必然要跟着口语的变化而变化，否则就要看不懂。当然，在时间上可以有些距离，但是不能让字音改了而拼法老不改，说话的字眼换了而文字上老不换。汉语的书面形式是汉字，汉字可以离开口语而存在，这就促成了书面语和口语的分离，口语改变了而书面语不变或者少变。经典著作的学习，世代相传，就把'文言'这种书面语基本上固定下来。说'基本上'，是因为除正规的文言外也还有些受口语影响、不太正规的文言存在。到了晚唐五代，开始出现　种半文半白的文体，用于通俗文学，到宋元以后，这种'白话'越来越成熟，差不多能代表口语，但是直到本世纪初，白话的用途一直局限于通俗文学，除此之外仍然是文言的天下。

　　再说方言问题。古代有没有方言？一定是有的。汉朝扬雄编过一本〈方言〉，说明汉朝方言词汇分歧的情况。词汇有分歧，语音也不会没有分歧；汉朝有方言，汉朝以前也不会没有方言。春秋战国时代有跟'方言'相对的'雅言'，那大概是一种跟后世的'官话'相类似的口语，是通行于各诸侯国之间的上层人士的语言，同时也就是后世'文言'的底子。这种雅言或官话想来秦汉以后也应该是一直存在的。按照一般通例，随着社会的发展，一种为全民共同使用的口语逐渐取得对方言的优势。中国社会长期停留在封建阶段，也就迟迟未能以某种形式的官话为基础形成全民共同的口语。这期间，用汉字为其表现形

式的'文言'能够在各个方言区通行,这一事实对于共同口语的形成也起了消极的阻滞作用。

四　语文改革运动

一方面有不受时代拘束、不受地区限制的,也就是'超时空'的文言,一方面有活跃在各个地区的方言,这二者互相配合,满足了中国人民千百年来的语言生活的需要。这是有条件的,条件是全国只有地主阶级及其附庸阶层,也许占全国人口不到百分之一,有足够的时间和其他条件学习那艰难的文言,其余百分之九十九的老百姓只会说话,不会读书,不会写文字,其中也许有少数人认识不多的字,可以写个简单的信,记个简单的帐。封建社会不变,这种情况不会变,也没有变的需要。

到了十九世纪中期,帝国主义来叩中国的大门,中国的知识分子做出了积极的反应。经过几十年,他们当中有一部分人认识到,欧美日本等国家的胜过中国,不仅仅在于船坚炮利,还在于文化教育的普及。他们也认识到,在文言加方言的局面之下是很难普及文化教育的。正是在这样的背景之下,在十九世纪末,二十世纪初,兴起了语文改革运动。这个语文改革运动有三个组成部分:针对言文不一致,有白话文运动;针对方言分歧有国语运动;针对汉字难学难用,有拼音字运动。赞成其中某一部分的,往往(但不是必然)也赞成其余的部分。

白话文运动最初是包含在拼音字运动里边的,拼音字不可能以文言为拼写的对象。至于撇开拼音字,大张旗鼓的提倡白话文,把白话文引进到中小学课程里去,这是二十世纪二十年代的事情。同时,在文艺创作上,由于有白话小说的传统,白话很快就占领了全部阵地。在应用文方面,三十年代白话就在共产党统治区取得胜利,又随着解放区的扩大而推行到全国。以现在而论,作为汉语的书面语,白话已经完全取代了文言。但是在某些文体里,例如法律文书和考据文章,文言的成分还是相当的多。有些作家的文艺散文里也出现不少文言词语。社会上还流行一种意见,说是要写好白话文,得先学好文言文,有些中学老师也有这种主张。这显然是不正确的。要在白话文里边使用文言词语(当然是指那些还没有归化的),能够做到'化'在里边而

不是'镶'在上面，并不是一件很简单的事情，非常容易弄巧成拙，文白夹杂，引起读者的反感。我曾经在一个学校的纪念册上题过两句话：'做人要做现代人，作文要作现代文。'其实白话的潜力是很大的，咱们应当努力耕种白话的田地，不要图省事老向文言伸手。

　　国语运动和拼音字运动的关系始终是很密切的。国语运动的最早的形式是民国初年的教育部读音统一会，它的任务是制定一套给汉字注音的字母，这就是1913年公布的'注音字母'（后来又经过修改）。读音统一会演变为国语统一筹备委员会，后来又改组为国语推行委员会，做了不少工作。但是在军阀官僚统治下，这项工作没能取得应该可以取得的效果。解放后不说'国语'，改称'普通话'。国家大力推广普通话，在五十年代后期成绩显著，可惜在三年困难时期松了劲，到了十年动乱时期更不用说了。现在'国家推广全国通用的普通话'已经写进宪法，有关方面也正在积极采取措施推广普通话。但是要达到全国的中青年都能说普通话，还有大量的工作要做。前面说有些人写文章大量使用文言词语，这跟普通话不普及也有关系。你想呢，一个人既不熟悉普通话语汇，又不便搬弄他的方言词语，自然只好向文言求救了。可见，为了写好白话文也应当认真学习普通话。

　　拼音字运动是个总的名称，有一个共同的主张，就是要有一套拼音字母。至于要这套字母做什么用，就有三种不同的意见。一种意见是拿来给汉字注音。一种意见是拿来拼写口语，这里边又可以分为只拼官话和也拼方言，但都是作为一种初级文字，与汉字分工并用。第三种意见就是要用拼音字来代替汉字。清朝末年的拼音字运动者都不主张废除汉字，但是都主张要有一种学起来容易、用起来方便的拼音文字，与汉字并行，不仅仅是要求有一套给汉字注音的工具。民国以后，占优势的，并且为官方所承认的，是为汉字注音的一派，他们的成绩就是前面说过的注音字母。可是五四运动之后，用拼音字代替汉字的主张也还是不断的出现。1923年出版的〈国语月刊·汉字改革号〉里边就有钱玄同等人写文章鼓吹用拼音字代替汉字。至于具体方案，则先有赵元任、黎锦熙等人研究制定的'国语罗马字'（1926），后有吴玉章、林伯渠和一部分苏联学者研究制定的'拉丁化新文字'（1931），后者一度在左派阵营和解放区推行。解放后，设立了中国文

字改革委员会,制定了'汉语拼音方案'(1958),广泛的用于汉字注音。汉语拼音方案为拼音文字提供了一个基础。但是虽然毛主席说过'文字必须改革,要走世界文字共同的拼音方向'的话,拼音文字目前还处于研究和试用阶段。尽管是这样,汉语拼音方案的用处还是很大的,现在还远远的没有得到充分利用。

有一个虽然不在语文改革的主流之内,可是目前相当严重的问题,那就是汉字规范的问题。从历史上看,自有汉字以来就是一个字往往有几种写法。后来分别'正体'和'俗字',后者多数是简化字。简化字的产生是由于实际的需要,因为有很多汉字实在笔画太多,结构太复杂。缺点是:一、繁体简体并用,增加学习的负担;二、往往一个字有不止一种简化体;三、有些需要简化的字没有现成的简化体。1956 年国务院公布了第一批简化字,规定凡是跟这些简化字相应的繁体字不再在一般场合使用;同时,在公布的简化字表以外的简化字不得作为正式字体使用。这个规定有二十多年一直得到遵守。1977 年公布了第二批简化字试用草案,由于社会上反应不好,试用半年之后就停止试用,但一直没有作出最后处理。① 从那个时候到现在,社会上写字混乱的情形越来越严重。一方面,不合法的简化字到处可以看见。另一方面,繁体字又在不应该出现的地方出现(例如中央电视台)。有些商店的招牌和商品的题名,不光是用了繁体字,并且不是从左到右而是从右到左了。这个问题应当引起严重的注意。

五　联系三个面向

以上谈了汉语文的特点及其历史演变,以及由此引起的语文问题和语文改革运动。现在联系三个面向来谈谈当前的语文问题。

三个面向,第一个是面向现代化。什么是现代化? 简单点说就是高效率。当然,首先有方向问题:要不要社会主义? 要不要民主与法

---

① 据新华社北京 1986 年 9 月 27 日电　国务院最近发出通知,同意并转发国家语言文字工作委员会〈关于废止《第二次汉字简化方案(草案)》和纠正社会用字混乱现象的请示〉,决定从现在起停止使用〈第二次汉字简化方案(草案)〉,并强调对汉字的简化应持谨慎态度,使汉字形体在一个时期内保持相对稳定,以利于社会应用。

制？等等。在保证正确方向的前提下现代化就意味着高效率。怎么取得高效率？一是要有高速度，二是要有高精密度。讲到高速度，汉字怎么样也不能跟拼音字比赛。咱们已经有了汉语拼音方案，现在就是要充分利用汉语拼音方案，并且在一定范围内利用汉语拼音文字。说几件事情。一件事情是打字。汉语拼音打字，跟外文打字一样，只要记住几十个符号，可是中文打字就得记住几千个字的位置。用拼音文字的国家，差不多人人都能打字；在中国，只有职业的打字员。再讲打电报。拼音文字发电报，直接按字母打，收下来就是文字；汉字发电报，先得翻译成四位数的电报号码，收到之后又得把号码翻译成汉字。两相比较，快慢差远了。再讲计算机，也跟电报一个理，汉字输入计算机先得编成号码，拼音字可以直接输入。再讲编各种索引，也就是检字法的应用。地图后边要有地名索引，很多地方的人名要排次序（例如图书馆里的著者目录，医院里的病历，公安局的居民名册），过去习惯用笔画，查起来先得数笔画，第一个字相同的得数第二个字的笔画，且不说画数会数错，同一笔画的字可以有几十个，其中可没有一个固定的次序。如果改用汉语拼音，这些问题都不存在了。千万不要以为索引是件小事情，它可以节省大量的人力和时间。再还有，外国的学术著作几乎没有不附索引的，中国的学术著作相反，附索引的是例外。这对于提高学术水平，普及文化知识是极其不利的。所以会有这种种差别，归结到　点：汉语拼音只用 25 个字母，有固定的次序；汉字有好几千个，没有固定的次序，即使编出个次序来也不容易记住。

　　高速度之外要讲究高精密度。在这一方面，汉语拼音在同音词问题解决以前是不如汉字的。在推广拼音电报上，在计算机的输入输出问题上，汉语拼音遇到的困难不在速度上，速度超过汉字是不成问题的，困难在于区别同音词。

　　讲高效率，也不得不涉及方言问题。方言对于高效率是有妨害的。无论是开会、听报告、办事，彼此的语言不能畅通，轻则一再询问，浪费时间，重则听错了话，产生不好的后果。所以普及普通话也是实现高效率的一个条件。

　　第二个面向是面向世界。面向世界的一个重要内容就是语言文字要有利于中外文化交流。在这个问题上，汉字也是远远不如汉语拼

音便利。汉语拼音用的是拉丁字母，就因为拉丁字母已经成为世界性的字母。拿国际电报来说，苏联、日本这些各有自己的字母的国家，向国外发电报，也得转写成拉丁字母。中国的四码电报，在国外是当作密码看待的。密码电报收费比明码电报贵，贵几倍我不知道，只知道贵得多。我们派到国外去的新闻记者发新闻电报回来，都是或者用外文，或者用汉语拼音，都不用四码电报，因为又慢又费钱。

汉字的不利于国际化，突出的表现在两件事情上。一件事情是翻译外国人名地名。用汉字译写外国人名地名有三个缺点。第一是往往不准确，例如 Aden［eidn］译做'亚丁'，而'艾登'却用来译 Eden［idn］，Bombay 译做'孟买'，Michigan 译做'密执安'。第二是译名往往很累赘，不如原文容易记住，写起来也费事，例如 Zagreb，2 个音节，6 个字母，译成'萨格勒布'，4 个音节，37 画；Magnitogorsk，4 个音节，12 个字母，译成'马格尼托哥尔斯克'，8 个音节，57 画。第三是译名分歧，难于统一，例如〈辞海〉和地图出版社的〈世界地图集〉都是权威性的工具书，但是 Michigan 一个译做'密执安'（辞海），一个译做'密歇根'（地图），Cheliabinsk 一个译做'车里雅宾斯克'（辞海），一个译做'切利亚宾斯克'（地图）。这些都还是有名的地方，不出名的小地方的译名就更难统一了。曾经有人查考过，列宁在 1917 年从国外回到俄国的时候暂时藏身的一个小村庄，在中文文献中有九个不同的译名。外国人名地名，如果用汉语拼音转写，只要定下几条简单的规则，就可以既统一又好记，而且尽可能的准确。

汉字不利于国际化的另一件事情是科技名词。科技名词以及一般外来事物的名称，现在也还有少数译音词在通用，例如雷达、马达、摩托、咖啡、吗啡等等，但是数目极其有限，绝大多数是译意词。有些事物曾经一度用过译音而后来改为译意的，例如：水门汀（士敏土）→水泥，德律风→电话，莱塞→激光，等等。为什么译音输给译意呢？主要原因就是前面说过的，汉字不适宜于译音。只要用汉字翻译，就宁可译意而不译音。译意的科技名词不象译音的人名地名那么累赘，一般也没有不准确的问题，可是不统一的问题还是存在的。五十年代曾经有人搜集过 microphone（麦克风）这东西的译名，从十四种词典里找到十四个译名：传声器，传音器，播音器，广播器，扩声机，扩音机，扩

音器,扬声器,强音器,增音器,微音器,听微机,显微声器,显微音器。这当然是个极端的例子,但是一个科技术语有两三个译名还是常见的,因此才不得不设立'名词统一委员会'之类的机构。

但是,尽管有这个缺点,还是掩盖不了译意名词的优点,那就是,能够让人'望文生义',容易懂,容易记。译意名词的缺点不在于它本身而在于学了这一套名词术语之后仍然不得不学另外一套国际通用的名词术语;知道'铀'不够,还得知道 uranium,知道'坐骨神经痛'不够,还得知道 sciatica。uranium,sciatica 等等是国际通用的,尽管不同语言里边在发音上和拼法上可能有些小出入,大体上可以彼此相通。科学名词无国界,基本上可以这样说,可惜这句话不适用于中国。人家的一个科技工作者只要学一套名词术语,唯独中国的科技工作者不得不有加倍的负担,既要学汉语的一套,又得学外语的即国际的一套。这个负担是很沉重的,对于培养科技人才是非常不利的。解决的办法是把科技名词分别一般的和专门的,前者译意,后者用汉语拼音转写。现在有很多专门学科的出版社出版了好多种中外文名词对照词典,大多数没有注释,只是一种名词对照表。如果专门术语都用汉语拼音转写,这种对照表都不需要了。外国就看不见这种对照式的词典。日本的科技名词从前也多用意译,后来,尤其是二次大战以后,已经大量改用拼音转写。

以上是汉字不利于国际化的两大问题,尤其是第二个问题不能等闲视之。此外,在外国人学汉语方面,汉字是一大障碍,需要更多的利用汉语拼音。另一方面,中国人学外语,如果学过汉语拼音,有拼音的习惯,也会有些帮助。

第三个面向是面向未来。面向未来意味着什么呢? 按照我的理解,面向未来就是要更进一步现代化,更进一步国际化,而决不是相反。那么,它的内容已经包括在上面两个面向里边了。

青年朋友们,未来是属于你们的。你们继承了一份语文遗产,它既有很多优点,也有不少缺点。怎么样发扬它的优点,克服它的缺点,就有赖于你们的努力了。

(《中国青年报》1985 年 1 月至 2 月分期刊载)

［后记］上海〈语文学习〉(1985 年 5—6 期)转载的时候我加了个按语,如下:

〈语文学习〉转载我原来为〈中国青年报〉写的这篇文章,我想加几句说明。我国的语文改革运动,如果从十九世纪的九十年代算起,快要有一百年了。尽管这个运动触及每一个人的生活,很多人还是不知道有这回事。有些人知道有'文字改革',也往往把它仅仅理解为汉字的简化。我写这篇文章就是为了向读者说明这个语文改革运动是怎么产生的,包含哪些内容,目前已经有了哪些成就,还有哪些工作要做。〈语文学习〉的读者有的是教语文的老师,有的是学语文的学生,在校的和校外的,总之都是经常钻研语言文字的人。凡是经常钻研一种事物的人,很容易就事论事,把注意力局限在许多具体问题上。如果能够稍微拿出点时间来,站远些,站高些,对所钻研的事物的整体作一鸟瞰,包括它的背景和前景,一定能够获得对那个事物的更通达的理解,能够按照实际的、长期的而不是表面的、短期的需要安排自己钻研的力量。这就是我的希望。

声、韵、调

从绕口令说起

有一种民间文艺形式叫绕口令,又叫急口令,古时候叫急说酒令。例如,(1)'吃葡萄不吐葡萄皮儿,不吃葡萄倒吐葡萄皮儿';(2)'板凳不让扁担绑在板凳上,扁担偏要板凳让扁担绑在板凳上'。这种话说快了准会说错字儿,比如把'葡萄皮儿'说成'皮条蒲儿',把'扁担'说成'板担',把'板凳'说成'扁凳'。这就叫绕口。绕口令为什么会绕口呢?因为这里头有双声、叠韵的字。

什么叫做双声、叠韵?用现在的名词来解释,双声就是两个字的声母相同,叠韵就是两个字的韵母和声调都相同。(如果不是完全相同,而只是相近,就只能叫做准双声,准叠韵。也有人不加分别。)刚才那两个绕口令里的双声、叠韵关系,可以这样来表示:

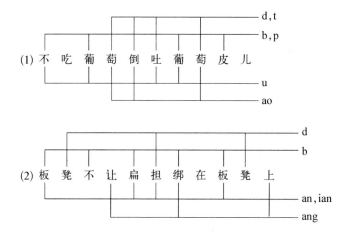

上面用横线连接的字是双声,底下用横线连接的字是叠韵。双声和叠韵的字都是字音一部分相同,一部分不同。把许多这样的字安插在一句话里头,说快了就容易'串'。

古人很早就发现汉语字音极容易发生双声、叠韵的关系,因而在语言中加以利用。例如古代有大量的'联绵字',或者是双声,或者是叠韵。双声的象'留连、流离、辗转、颠倒、踌躇、踟蹰、踯躅、嗫嚅、鸳鸯、蟋蟀'。叠韵的象'逍遥、猖狂、绸缪、优游、蹉跎、逡〔qūn〕巡、彷徨、徘徊'。现代的象声词也大都利用双声、叠韵关系,例如'丁当'是双声,'当郎'是叠韵,'丁令当郎'是又有双声又有叠韵。双声、叠韵的最广泛的用处是在诗歌方面,一会儿再谈。现在且说双声、叠韵在汉字注音方面的利用。

怎样给汉字注音

汉字不是表音的文字,不能看见字形就读出字音来,因此有注音的需要。最古的注音办法是'读如、读若',用乙字比况甲字的音,就是现在所说直音法。直音法的缺点是很明显的:如果不认得乙字,也就读不出甲字;要是一个字没有同音字,那就根本无法注音。大约在魏晋时代,也就是一千七百年以前,产生了反切法。反切法用两个字切一个字,例如'光,姑汪切'。'姑'和'光'双声,'汪'和'光'叠韵,这就是所谓上字取其声,下字取其韵。反切法比直音法进步,所以一直应用了一千几百年。但是反切法还是有很大的缺点,主要是用来做反切上下字的总字数还是太多,一般字书里都在一千以上。也就是说,一个人必得先会读一千多字,才能利用它们来读其余的字。为什么要用到这么多字? 这得先把汉语的字音解剖一番。

汉语里每个字的音,按传统的说法是由'声'和'韵'这两部分构成的。事实上,只有'声'是比较单纯,可以不再分析;'韵'却相当复杂,还可以进一步分析。首先应该提出来的是'声调',就是字音的高低升降,古时候的'平、上、去、入',现在普通话的'阴平(第一声)、阳平(第二声)、上声(第三声)、去声(第四声)'。把声调除开之后,'韵'还可以分成'韵头、韵腹、韵尾'三部分。换个说法,汉语里一个字是一个音

节，一个音节包含声调、声母、韵头、韵腹、韵尾五个成分。这里面只有声调和韵腹是必不可少的，声母、韵头、韵尾不是必要的，有些音节里缺少这个，有些音节里缺少那个，有些音节里全都没有。用1,2,3,4代表声母、韵头、韵腹、韵尾，我们可以用下面这些字作各种音节结构的例子：

(1234)	敲 qiāo	(234)	腰 iāo
	黄 huáng		王 uáng
(134)	报 bào	(34)	傲 ào
	潘 pān		安 ān
(123)	家 jiā	(23)	鸦 iā
	瓜 guā		蛙 uā
(13)	苦 kǔ	(3)	五 ǔ
	河 hé		鹅 é

每个音节都可以有声调变化，例如'敲 qiāo，瞧 qiáo，巧 qiǎo，窍 qiào'。有些音节四声不全，某一声有音无字，例如'光 guāng，○guáng，广 guǎng，逛 guàng'。这就是汉语字音结构的基本情况。

反切法为什么要用那么多不同的上下字呢？首先是因为反切下字要管韵头、韵腹、韵尾、声调四个成分，只要有一个成分跟被切字不同，就不适用，因此字数就不可能太少。还有一个原因是历代编纂的各种字书的反切用字，有因袭也有创新，很不一致。例如'东'字，〈康熙字典〉引〈广韵〉德红切，又引〈集韵〉都笼切；旧〈辞海〉又作都翁切。

我们现在用汉语拼音字母来注音，比反切法进步多了。声母、韵头、韵腹、声调，都只要用少数符号来表示：

声母：b,p,m,f,d,t,n,l,g,k,h,j,q,x,zh,ch,sh,r,z,c,s.

韵头：i(y),u(w),ü(y).

韵腹：a,e,o,i,u,ü.

韵尾：i,o,u,n,ng.

声调：− ′ ˇ ˋ

这样,25 个字母加 4 个调号,就把注音问题全部解决了。

　　读者看到这里,大概会产生一些疑问:为什么有些韵头和韵腹,甚至韵尾,用相同的字母来表示(i,o,u,ü),为什么不用不同的字母来表示? 还有 n 这个字母为什么又作声母,又作韵尾? 还有 r,只列在声母,不列在韵尾,那个代表'儿化'的 r 又算什么? 要知道这是因为汉语拼音字母不是按声母、韵母来设计,而是按元音、辅音的分别来制订的。声母、韵母是音韵学的概念,元音、辅音是语音学的概念。元音、辅音都是音素,就是语音的最小单位,每一个这样的单位,不管它出现在字音的哪一部分,总是用一个符号来表示,这是最经济的办法。a,e,o,i,u,ü 都是元音,元音主要用做韵腹,但是有的也可以出现在韵头、韵尾;n 是辅音,普通话的辅音都只做声母,只有 n 也做韵尾,另外有一个辅音 ng,只做韵尾,不做声母。至于末了的 r,那不是韵尾,只表示发元音时舌头要有点儿卷起来。(zh,ch,sh,ng 用双字母表示一个音素,e 有 e 和 ê 两个音,u 有 u 和 ü 两个音,i 既用来表示'低、基'等字里的元音,又用来表示'知、痴'等字里的元音,这都是受拉丁字母的限制,不过它们的发音都有规定,拼读的时候并无疑难。)

字音的三要素:声、韵、调

　　'声、韵、调'是了解汉语字音的基本概念,必须弄清楚。尤其是因为'声'和'韵'都有不止一种意义。拼音方案里声母的'声'是一种意义,声调的'声',平声、上声、去声、入声的'声'又是一种意义。古时候只说'四声',现在为了跟声母区别,才说'声调'。

　　'韵'也有两种意义。拼音方案里韵母的'韵'包括韵头、韵腹、韵尾,可是不包括声调。诗韵的'韵'就加上声调的因素,'东'和'董'韵母相同,但不是一个韵;可是不计较韵头,例如'麻、霞、华'是一个韵。叠韵的'韵'一般也不计较韵头。

　　关于声调,常说'四声',得区别古音的四声和现代普通话的四声。古音的四声是平、上、去、入,普通话的四声是阴平、阳平、上声、去声。古音的平声在普通话里分化成阴平和阳平,古音的入声在普通话里分别变成阴平、阳平、上声或去声。有的方言里,上声、去声、入声也有分

阴阳的，因此能有八个声调，也有只有五个、六个、七个的。

声调是汉语字音的不可缺少的部分，它的重要决不在声母、韵母之下。有人以为声调好象是外加的，是可以拿掉的，这是一种误解。光写一个 ma，不标声调，你不知道是'妈'，是'麻'，是'马'，还是'骂'，干脆就是读不出来。有了上下文当然可以解决，可要是有上下文，去掉个把声母也不碍事，比如看见'qíshangle tā de zǎohóng…ǎ'，准知道是'骑上了他的枣红马'。说实在的，从远处听人说话，首先分辨不清的是声母，其次是韵母，最后只剩下声调还能辨别。前两天，收音机里播送天气预报的时候，我在另一间屋子里，'最高气温'之后只听到一个'ˇ摄氏度'，可是我知道不是五度就是九度。有一位朋友曾经说过，有时一边刷牙，一边还能跟人搭话，这时候声母韵母都不清楚，传递信息主要靠声调。有人能用马头琴等乐器模仿唱戏，熟习那段戏词的人就能从那声调的高低升降上听出字眼来。墨西哥的马札特克人吹口哨吹出一句话的声调，用来传话。都是证明。

从前填词、作曲，很讲究四声的分别，为的是使字儿和谱子协调，传统的戏词、大鼓书等也还顾到这一点，新编的歌曲就往往不怎么照顾了。大概字儿文点儿，唱腔花点儿，听众也就不大意识到字的声调；唱词越近于说话，唱腔越质朴，四声走了样就越显得别扭——听不懂不好受，听懂了更难受。许多人不爱听用汉语演唱的西洋歌剧，特别是里边类似道白的部分，就是这个缘故。

声、韵、调在文学上的应用

弄清楚声、韵、调的概念，是了解古典文学中许多现象的必要条件。叠韵的关系首先被利用来在诗歌里押韵。上古诗歌押韵以元音和谐为主，似乎声调不同也可以押韵。六朝以后用韵渐严，要求分别四声，后世的诗韵一直遵守这个原则。宋朝人做词，渐渐有上、去不分，甚至四声通押的情况，韵部也归并成较少的数目。到了元曲，四声通押成为通例。现代的京戏和曲艺用的是'十三辙'，可算是最宽的韵类了。

押韵可以是全篇用一个韵，也可以在当中换韵。律诗总是一韵到底，很长的'排律'也是如此。古体诗有一韵到底的，也有几句换一个

韵的,例如白居易的〈长恨歌〉,开头和结尾都是八句一韵,中间多数是四句一韵,有几处是两句一韵。词的用韵较多变化,举一首比较复杂的做例子,温庭筠的〈酒泉子〉:

> 花映柳条,闲向绿萍池上。凭兰干,窥细浪,雨萧萧。近来音信两疏索,洞房空寂寞。掩银屏,垂翠箔,度春宵。

全首十句,除第三句和第八句不用韵外,其余八句花搭着押了三个韵:

这种用韵的格式在西洋诗里常见,汉语诗歌只有在词里才偶然见到。元曲用韵又归于简单,一般是一套曲子一韵到底。

做诗的人常常利用两字双声或叠韵作为修辞手段。例如杜甫的诗:'吾徒自漂泊,世事各艰难'(〈宴王使君宅〉),'吾徒'、'艰难'叠韵,'漂泊'、'世事'双声。这种例子很多。又如韩愈的诗〈听颖师弹琴〉头上两句:'昵昵儿女语,恩怨相尔汝。'按当时的语音,'昵女'双声,'儿尔汝'双声,这两组的声母以及'语'的声母在那个时代是同类(鼻音),此外'恩怨'也是双声。'女语汝'是叠韵,'儿尔'韵母相同,'昵'的韵母也大部分相同。这两句诗里边没有一个塞音或塞擦音的声母,并且除'恩'字外,韵母都有 i 介音。这样就产生一种跟这两句诗的内容配合得非常好的音乐效果。

利用双声、叠韵的极端的例子是全句甚至通首双声或者叠韵的诗。各举一例:

> 贵馆居金谷,关扃〔jiōng〕隔蕙街。冀君见果顾,郊间光景佳。(庾信〈示封中录〉,通首双声)①
>
> 红栊通东风,翠珥醉易坠。平明兵盈城,弃置遂至地。(陆龟蒙〈吴宫词〉,四句各叠韵)

这已经越出修辞的正轨,只能算是游戏笔墨了。

在汉语的诗律里,比双声、叠韵更重要的,占主导地位的语音因素,还得数四声。四声之中,音韵学家把平、上、去归为一类,跟入声对立,文学家却把上、去、入归为一类,跟平声对立,称之为仄声。平声和仄声的种种组合,一句之内的变化,两句之间的应和,构成汉语诗律的骨架。稍微接触过旧诗的人,都知道'仄仄平平仄,平平仄仄平'等等,这里就不谈了。

正如有双声诗、叠韵诗一样,也有一种四声诗。例如陆龟蒙的诗集里有〈夏日闲居〉四首,每一首的单句全用平声,双句则第一首平声,第二首上声,第三首去声,第四首入声。引全平声的一首为例:

> 荒池菰蒲深,闲阶莓苔平。江边松篁多,人家帘栊清。
> 为书凌遗编,调弦夸新声。求欢虽殊途,探幽聊怡情。

本来是平仄相间,构成诗律,现在全句、全首一个声调,当然也只能算是语言游戏了。

不但是诗律以平仄对立做它的核心,散文作者也常常利用平声和仄声的配合,特别是在排偶句的末一字上,使语句在声音上更加谐和,便于诵读。例如:

> 然则高牙大纛,不足为公荣,桓圭衮裳,不足为公贵。惟德被生民而功施社稷,勒之金石,播之声诗,以耀后世而垂无穷,此公之志而士亦以此望于公也。(欧阳修〈昼锦堂记〉)
>
> 野芳发而幽香,佳木秀而繁阴,风霜高洁,水落而石出者,山间之四时也。(欧阳修〈醉翁亭记〉)
>
> 嘉木立,美竹露,奇石显。由其中以望,则山之高,云之浮,溪山流,鸟兽之遨游,举熙熙然迥巧献技,以效兹丘之下。(柳宗元〈钴鉧潭西小丘记〉)

加。和△的是平声字,加·和▲的是仄声字,。和·是主要的,△和▲是次要的。以主要位置上的平仄而论,第一例是基本上用仄平平仄,平仄仄平的配列,节奏柔和,近于骈文和律诗。第二例四个排句的结尾是两个平声之后接着两个仄声,末句用平声字结。第三例的配列又不

同,前面三个排句几乎全是仄声字,后面四个排句几乎全是平声字,结句的末尾用仄声,节奏十分挺拔,跟第一例形成显明的对比。

不必'谈音色变'

中国的音韵之学开始在六朝。那时候好象人人都对语音感兴趣似的。〈洛阳伽蓝记〉里记着一个故事:有一个陇西人李元谦爱说'双声语',有一天打冠军将军郭文远家门口过,看见房子华美,说:'是谁第宅过佳?'郭家一个丫鬟叫春风的在门口,回答他说:'郭冠军家。'李元谦说:'凡婢双声。'春风说:'伫奴慢骂。'连一个丫鬟也懂得用双声说话,文人学士更不用说了。②

不知道为什么语音现象后来变得越来越神秘起来。到了现在,连许多从事语文工作的人也'谈音色变',甚至把那简单明了的汉语拼音方案也看成天书,不敢去碰它,查字典总希望有直音。可是小学生却一点不觉得困难,很快就学会了。一般认为最难办的是辨别四声,小孩儿学起来却毫不费力。我家里有个八岁的孩子,刚进小学一年级不久,有一天问我:'一夜'的'一'该标第一声还是第二声? 原来'一'字单说是阴平即第一声,在去声字之前是阳平即第二声,'夜'是去声字,'一夜'的'一'实际发音是阳平,但教科书按一般惯例,凡'一'字都标阴平,所以小朋友有疑问。这不证明学会辨别声调并不是什么艰难的事情吗?

注

① '见果顾'似应为'果见顾',这里是根据四部丛刊本。

② '是谁'双声,'第宅'准双声,'过佳'双声。'郭冠军家'双声,'凡婢'双声,'双声'双声,'伫奴'双声,'慢骂'双声。古音如此,有些字今音与古音不同,不是双声了。

字、词、句

语言的单位

　　这里要谈的是语句结构的问题。谈到结构,必得先有大大小小的一些单位,没有不同的单位就谈不上什么结构。比如生物的结构是由细胞构成组织,由组织构成器官,由器官构成整个生物。语言的单位,常常讲到的有词、短语、句子等等。这些是语法学家们用的名目,一般人脑子里大概只有'字'和'句'。要是追溯到很古的时候,那就只有一个名称,叫做'言'。这个'言'字至少有三个意思。(1)〈论语〉里孔子说:'今吾于人也,听其言而观其行';又说:'古者言之不出,耻躬之不逮也。'这里的'言'是话的意思,是总括的名称,不是一种单位。(2) 孔子又说:'诗三百,一言以蔽之,曰,"思无邪"。'〈左传〉里赵简子说郑国的了太叔'语我九言,曰,"无始乱,无怙〔hù〕富,……"'。这里的'言'是一句话的意思。这个意义现在还保存在一些熟语里,如'一言为定'就是'一句话算数','三言两语'就是'三句两句','一言既出,驷马难追'就是'一句话说出去就收不回来'。(3)〈论语〉里子贡问孔子:'有一言而可以终身行之者乎?'孔子说:'其"恕"乎。'〈战国策〉里说齐国的田婴有一回要做一件事情,不要别人劝他。有一个人说:'臣请三言而已矣,益一言,臣请烹。'田婴就让他说。他说:'海大鱼',说完了转身就走。(故事的下文从略。)这里的'言'是一个字的意思。后世的'五言诗、七言诗'里边的'言'也是字的意思。(2)和(3)都是语言单位的名称,后来分别称为'句'和'字',例如〈文心雕龙〉的作者刘勰〔xié〕说:'夫人之立言,因字而生句,积句而成章。'这两个名称一直用到现在。只是有过一点儿小小变化,那就是在量词和名词分家之后,

'字'还是个名词,'句'却成了量词,人们只说'一个字'、'一句话',不说'一个句'。直到最近,把'句'叫做'句子',这才可以说'一个句子'。

三位一体的'字'

'字'这个字在古时候,除了别的意义之外,用在语文方面。主要指文字的形体。例如许慎的〈说文解字〉这部书的主要着眼点就是字形构造。可是到了刘勰说'夫人之立言,因字而生句'的时候,就显然是用来指语言单位,以音义为主了。写在纸上的字,有形、音、义三个方面,说话里边的字就只有音和义,形是看不见的,虽然在读书人的脑子里有时候也会闪出一个字的形状。我们平常说到'字'字,有时候指它的这一方面,有时候指它的那一方面。比如说'一横一竖、一横一竖、一横一竖,一竖一横、一竖一横、一竖一横,打一个字',指的是字的形状('亞')。又比如说'"亮"字比"明"字响亮',指的是这两个字的声音。要是说'谅他也不敢说一个"不"字',那就指的是一定的音和一定的义结合在一起的字,一个语言单位。平常说话,这样时而指这,时而指那,也没有什么不方便。可是要讲语文问题,就需要分别定个名称。专门指形体的时候,最好管它叫'汉字'。专门指声音的时候,最好管它叫'音节'。专门指音义结合体的时候,最好管它叫'语素'。

汉字、音节、语素形成三位一体的'字'。当然,这只适用于汉语。要是另一种语言,情形就不同了。它的一个语素可能是一个音节,也可能不到一个音节,也可能不止一个音节。别的语言当然不用汉字,日本还部分地用汉字,可是往往念成两个音节。其实啊,汉字、音节、语素三合一这句话,也只能说是汉语的基本情况是这样,有好几种例外情形。(1) 有些语素不止一个音节,写出来当然也不止一个汉字。例如'蟋蟀、葡萄、马达、巧克力'。后三个是外来语。(2) 一个音节包含两个语素,写成两个汉字。主要是'儿化词',例如'花儿'。(这是普通话的情形,有些方言里'儿'字另成音节。)此外,北京人说'我们、你们、他们、什么、怎么、这么、那么',说快了第二个字就只剩一个-m,粘在第一个字后头,也就只有一个音节了。(3) 一个音节,一个汉字,可是包含两个语素。例如'俩'(=两个),'仨'(=三个),'咱'(zán=咱

们），'您'（＝你＋n〔＋变调〕）。①

正因为说汉语的人习惯于音节有意义，汉字有意义，因而音译外来语总是不太喜欢，有机会就用意译词来代替。清末民初的翻译小说里，多的是'密司脱、德律风、司的克'之类的字眼，后来都被淘汰了。由于同样的理由，在一定的组合里，音译专名的头一个字可以代表全体。例如'马列主义'，'普法战争'；甚至一个'阿'字在不同场合可以代表'阿尔巴尼亚'、'阿尔及利亚'、'阿富汗'或者'阿根廷'。

语音的'句'和语法的'句'

以上谈的是'字'，现在来谈'句'。〈文心雕龙〉里说：'句者，局也。局言者，联字以分疆'，意思是说，把整段的话分成若干小片段，叫做句，句一方面是'联字'，一方面又彼此'分疆'。又说：'句司数字，待相接以为用'，这是说，句子由字组成，字和字之间有一定的结构关系。对于句子的这种说法，跟现在的理解也还相近。可是传统的'句'和现在的'句子'有一点很不同：'句'的长短差不多有一定的范围，可是'句子'呢，可以很短，也可以很长。比如'君子食无求饱，居无求安，敏于事而慎于言，就有道而正焉，可谓好学也已'（〈论语〉），从前算五句，现在只算一个句子。另一方面，象'子曰："参乎，吾道一以贯之。"曾子曰："唯！"'（〈论语〉），这个'唯'字，按现在的说法也是一个'句子'；按从前的理解是不是一句呢，就很难说。要拿'句司数字'，'联字以分疆'做标准，这里只有一个字，就算不了句了。

为什么会有这样的分歧呢？原来现在讲句子是从语言出发。语言的主要用处是对话，一个人一次说的话是一个交际单位，因此不管多短，都得算一个句子。话要是长了，语音上必定有若干停顿。其中有些段落，语法结构上没有什么牵连，尽管在这里是一段跟着一段，在另外的场合却都可以单独说，同时，这些段落的末了都有跟单独一句的末了相同的语调——这样的段落，一段是一个句子。这种段落的内部的停顿，没有上面所说的结构和语音上的特征，就不算句子。这是现在的看法。从前讲句读〔dòu〕是从文字出发。文字大都是独白，整篇才是一个交际单位。把整篇的文字划分成若干句，只是为了诵读的

便利,所以句的长短不会相差太远。一般是三五个字,多到八九个字,只要意义允许,念起来就停顿一下,就算一句。同样的语法结构,有时候算两句,有时候算一句,例如'清风徐来,水波不兴'是两句,'风平浪静'是一句。

'词' 的 今 昔

'字'和'句'都讲过了,再来谈谈'词'。古时候所谓'词'是虚字的意思。用做语言单位的名称,好象是从章士钊的〈中等国文典〉(1907)开始。这本书里只说'泛论之则为字而以文法规定之则为词',可是没有说出怎么个规定法。几十年来,语法学家一直在寻找这个规定法还没找着。现在比较通行的标准是:(1)'可以独立运用',用来区别词和不成为词的语素;(2)'不能扩展',也就是中间不能插入别的成分,用来区别词和词组。这两条标准运用起来都遇到一些问题。'独立运用'可以有各种解释,一般理解为包括两种情形:(a)能单独说的是词,例如'三';(b)把上一类提开之后剩下的,虽然不能单独说,也算是词,例如'个'。这样,'三个'就是两个词。可是按这个标准,'电'和'灯'都能单独说,'电灯'是两个词;'电影'里把'电'提开,剩下'影'也得算一个词。为了防止得出这样的结论才又有'不能扩展'的标准。'电灯'和'电影'都不能扩展,所以都只是一个词。可是这样一来,又得承认'人民公社'、'无机化学'等等都不是词组而只是词,这显然是不行的。

'词'在欧洲语言里是现成的,语言学家的任务是从词分析语素。他们遇到的是 reduce(缩减),deduce(推断),produce(生产)这些词里有两个语素还是只有一个语素的问题。汉语恰好相反,现成的是'字',语言学家的课题是研究哪些字群是词,哪些是词组。汉语里的'词'之所以不容易归纳出一个令人满意的定义,就是因为本来没有这样一种现成的东西。其实啊,讲汉语语法也不一定非有'词'不可。那末为什么还一定要设法把它规定下来呢?原来'词'有两面,它既是语法结构的单位,又是组成语汇的单位,这两方面不是永远一致,而是有时候要闹矛盾的。讲汉语语法,也许'词'不是绝对必要,可是从语汇的角度

看，现代汉语的语汇显然不能再以字为单位。用汉字写汉语，这个问题还不十分显露；如果改用拼音文字，这个问题就非常突出了。所以汉语里的'词'的问题还是得解决，可是只有把它当作主要是语汇问题来处理，而不专门在语法特征上打主意，这才有比较容易解决的希望。

汉语语法的特点

现在来谈谈语句结构，也就是语法问题。一提到语法，有些读者马上会想到名词、动词、形容词，主语、谓语、宾语，等等等等，五花八门的名堂，有的甚至立刻头疼起来。因此我今天下决心不把这些名堂搬出来；要是无意之中漏出一两个来，还请原谅，反正可以'望文生义'，大致不离。至于另外有些读者对这些术语特别感兴趣，那末，讲语法的书有的是。

语法这东西，有人说是汉语没有。当我还是一个中学生的时候，不知道从哪儿听来这种高论，就在作文里发挥一通，居然博得老师许多浓圈密点，现在想起来十分可笑。一种语言怎么能够没有语法呢？要是没有语法，就剩下几千个字，可以随便凑合，那就象几千个人住在一个地方，生活、工作都没有'一定之规'，岂不是天下大乱，还成为一个什么社会呢？如果说汉语没有语法，意思是汉语没有变格、变位那些花样儿，那倒还讲得通。可是语法当然不能限于变格、变位。任何语言里的任何一句话，它的意义决不等于一个一个字的意义的总和，而是还多点儿什么。按数学上的道理，二加二只能等于四，不能等于五。语言里可不是这样。最有力的证明就是，拿相同的多少个字放在一块儿，能产生两种（有时候还不止两种）不同的意义，这种意义上的差别肯定不是字义本身带来的，而是语法差别产生的。可以举出一系列这样的例子：

（1）**次序不同，意义不同。**（a）'创作小说'是一种作品，'小说创作'是一种活动。'资本主义国家'是一种国家，'国家资本主义'是一种经济制度。（b）'一会儿再谈'是现在不谈，'再谈一会儿'是现在谈得还不够。'三天总得下一场雨'，雨也许是多了点儿，'一场雨总得下

三天',那可真是不得了啦。(c)'她是不止一个孩子的母亲'是说她有好几个孩子,'她不止是一个孩子的母亲'是说她还是成百个孩子的老师什么的。'你今天晚上能来吗?'主要是问能不能来,'你能今天晚上来吗?'主要是问来的时间。(d)'五十'倒过来是'十五','电费'倒过来是'费电','包不脱底'倒过来是'底脱不包'。1960年发行过一种邮票,底下有四个字,从左往右念是'猪肥仓满',从右往左念是'满仓肥猪',好在上面的画儿很清楚,是一头肥猪,一大口袋粮食,证明第一种念法对。日本侵略军占领上海时期,有些商店大拍卖时,张挂横幅招贴,'本日大卖出',要是从右往左念,就成了'出卖大日本'。这就自然叫人想到从前的回文诗。历代诗人做过回文诗的不少,这里不举例了。集回文之大成的〈璇玑图〉被〈镜花缘〉的作者采入书中第41回,好奇的读者不妨翻出来一看。

(2) **分段不同,意义不同。**(a) 有一个老掉了牙的老笑话。下雨了,客人想赖着不走,在一张纸上写下五个字:'下雨天留客。'主人接下去也写五个字:'天留人不留。'客人又在旁边加上四个圈,把十个字断成四句:'下雨天。留客天。留人不? 留。'(b) 有人把唐人的一首七绝改成一首词:'清明时节雨,纷纷路上行人。欲断魂。借问酒家何处? 有牧童遥指杏花村。'这样的词牌是没有的,可是的确是词的句法。这两个例子都只是就文字而论是两可,一念出来就只有一可,非此即彼。底下的例子,除非有意加以分别,否则说出来是一个样儿。(c) '他和你的老师',可能是两个人(他|和|你的老师),可能是一个人(他和你的|老师)。(d) '找他的人没找着',也许是他找人(找|他的人),也许是人找他(找他的|人)。(e) 〈人民日报〉(1963.12.8)上有个标题是'报告文学的丰收',分段是在'的'字后头;可是光看这七个字,也未尝不可以在'告'字后头分段。以上三个例子都是'的'字管到哪里(从哪个字管起)的问题。'的'字管得远点儿还是近点儿,意思不一样。(f) 〈北京晚报〉(1961.12.13)上有吴小如先生一篇短文,说白香山的诗句'红泥小火炉'一般人理解为'小|火炉'是不对的,应该是'小火|炉'。讲得很有道理。(g) 有一个笑话说从前有一个人在一处作客,吃到南京板鸭,连声说'我懂了,我懂了'。人家问他懂了什么,他说,'我一直不知道咸鸭蛋是哪来的,现在知道了,是咸鸭下的。'这就是

说，他把'咸|鸭蛋'当做'咸鸭|蛋'了。（h）〈光明日报〉(1962.7.2)上有个标题是'北京商学院药品器械系和附属工厂结合教学实习检修安装医疗器械'，可以有三种理解（两道竖线是第二次分段）：（1）结合教学|实习‖检修安装医疗器械；（2）结合教学实习|检修‖安装医疗器械；（3）结合教学实习|检修安装‖医疗器械。如果在'教学'或者'实习'后边加个逗号，（1）和（2）（3）可以有区别；如果在'检修'和'安装'中间加个'和'字，（3）也可以跟（2）分清。

（3）**关系不同，意义不同。**（a）'煮饺子（吃）'和'（吃）煮饺子'，'煮饺子'三个字次序一样，分段也一样（都是'煮|饺子'），然而意思不同。这是因为两句话里的'煮'和'饺子'的关系不同。（b）'他这个人谁都认得'，也许是他认得的人多，也许是认得他的人多。这当然不是一回事。（c）〈人民日报〉(1956.10.8)上有一篇很有意思的短篇，标题是'爸爸要开刀'。看了正文才知道'爸爸'是医生，不是病人。（d）'小马没有骑过人'曾经在语法研究者中间引起过讨论。在我们这个世界里只有人骑马，没有马骑人，可是在童话世界里人骑马和马骑人的两种可能是都存在的。（e）北京一条街上有个'女子理发室'，男同志光看这五个字的招牌就不敢进去，幸而两边还各有四个字，是'男女理发'和'式样新颖'，这就可以放心进去了。

这样看来，一句话里边，除了一个一个字的意义之外，还有语法意义，这是千真万确的了。

当然还有变格、变位等等玩意儿，即所谓'形态'，以及与此有关的主语和谓语一致、定语和被定语一致、动词或介词规定宾语的形式等等'句法'规律（实际上，这些规律才是变格、变位的'存在的理由'）。在某些语言里，形态即使不是语法的一切，至少也是语法的根本。有了它，次序大可通融，分段也受到限制，哪个字跟哪个字有关系，是什么关系，也差不多扣死了。比如'我找你'这三个字，如果在它们头上都扎个小辫儿，比如在'我'字头上加个[a]，表示这个'我'只许找人，不许人找，在'你'字头上加个[b]，表示这个'你'只许人找，不许找人，而且为保险起见，再在'找'字头上加个[1]，表示只是我'找'，不是别人'找'，那末这三个字不管怎样排列：

我ᵃ找¹你ᵇ　　你ᵇ找¹我ᵃ　　找¹我ᵃ你ᵇ

我ᵃ你ᵇ找¹　　你ᵇ我ᵃ找¹　　找¹你ᵇ我ᵃ

全都是一个意思。如果"你找我"这句话也如法炮制,那末'我¹找²你ᵃ'的意思就跟'我ᵃ找¹你ᵇ'大不相同,反而跟'你ᵃ找²我ᵇ'完全一样。

这样的语法当然也有它的巧妙之处,可是我们的老祖宗没有走这条路,却走上了另外一条路,一直传到我们现在,基本上是一个方向。而且说老实话,我们说汉语的人还真不羡慕那种牵丝攀藤的语法,我们觉得到处扎上些小辫儿怪麻烦的,我们觉得光头最舒服。可是啊,习惯于那种语法的人又会觉得汉语的语法忒不可捉摸,忒不容易掌握。那末,究竟哪种语法好些呢?这就很难说了。一方面,任何语言都必得有足够的语法才能应付实际需要,无非是有的采取这种方式多点儿,那种方式少点儿,有的恰好相反罢了。因此,从原则上说,语法难分高下,正如右手使筷子的人不必看着'左撇子'不顺眼。可是另一方面,在细节上还是可以比较比较。比如,同样是有动词变位的语法,英、法、德、俄语里边都有好些不规则的动词,这就不如世界语,所有动词都按一个格式变化。又比如,某些语言里名词变格是适应句法上的需要,可是附加在名词上面的形容词也跟着变格,不免是重复,是不经济。(象拉丁语那样可以把名词和形容词分在两处,那末,形容词的变格就又有必要了。)拿汉语的语法来说,经济,这不成问题,是一个优点。简易,那就不敢贸然肯定。从小就学会说汉语的人自然觉得简易,可是常常能遇见外国朋友说汉语,有时候觉得他的语句别扭,不该那么说,该这么说,可是说不出为什么不该那么说,该这么说。可见我们在许多问题上还只是知其当然而不知其所以然,有许多语法规则还没有归纳出来,并且可能还不太容易归纳出来。这就似乎又不如那种以形态为主的语法,把所有的麻烦都摆在面子上,尽管门禁森严,可是进门之后行动倒比较自由了。

注

① '您'的来源有两说。一说,'您'是'你们'的合音。先是'们'的韵母消失,成为nim,m又变成n。这个'您'字早就见于金元戏曲,但那些戏曲里的'您'只有

‘你们’的意义，单数敬称的用法是后起的。另一说，‘您’是‘你老’（你老人家）的合音。‘老’的声母是 l，跟 n 的发音部位相同，l 不能做韵尾，就变成 n。‘你’和‘老’都是上声，‘你’变阳平，所以‘您’是阳平。就现代汉语来分析，可以把 n 当作一个表示敬称的语素，只见于‘您’和‘怹’两个字。

意 内 言 外

字义约定俗成

　　'意内言外'这个题目是借用〈说文解字〉里的一句话：'词，意内而言外也。'这句话究竟该怎么讲，其说不一，不必详细讨论。我们只是借用这四个字做题目，谈谈语言和意义的关系。

　　前一章说过，一个句子的意思不等于这个句子里一个个字的意思的总和。可是句子的意义离不开字的意义，这是用不着说的，现在就从字义谈起。一个字为什么是这个意思，不是那个意思？换一种提法，为什么这个意思用这个字而不用那个字，例如为什么管某种动物叫'马'，不管它叫'牛'？回答只能是'不知道'，或者'大家都管它叫马么，你还能管它叫牛？'象声性质的字，例如'澎湃、淅沥、朦胧、欷歔'，它的意义跟它的声音有联系，不容怀疑。有些字，例如'大'和'小'，'高'和'低'，是不是当初也有点儿用声音象征意义的味道（a 对 i，也就是'洪'对'细'），那就很难说了。就算是吧，这种字也不多。有些字不止一个意义，可以辗转解释。例如'书'有三个意义：（1）书写，（2）书籍，（3）书信，后两个意义显然是从第一个意义引申出来的，可是当初为什么管写字叫'书'呢，回答仍然只能是'不知道'，或者'大家都这么说么'。这就是所谓'约定俗成'。二千多年以前的荀子就已经懂得这个道理，他说：'名无固宜，约之以命，约定俗成谓之宜，异于约则谓之不宜。'当然，'约之以命'不能死看，决不是召集大家来开一个会，决定管一种动物叫'马'，管另一种动物叫'牛'，而是在群众的语言实践中自然形成的一致。

　　根据约定俗成的道理，字义形成之后就带有强制性，可是字音和

字义的最初结合却是任意的,武断的。单字意义的形成是任意的,字组意义的形成就不是完全任意的了。比如'白纸'、'新书'、'看报'、'写字',它们的意义是可以由'白'、'纸'等等单字的意义推导出来的。可是这里也不是完全没有约定俗成的成分。随便说几个例子:(1)'保'和'护'的意思差不多,可是只说'保墒、保健'和'护林、护航',不能倒换过来说'护墒、护健、保林、保航'。(2)'预报'和'预告'的意思是一样的,可是广播节目里只有'天气预报',不说'天气预告',出版社的通告里只有'新书预告',不说'新书预报'。(3)'远距离'和'长距离'的意思是一样的,可是操纵是'远距离操纵',赛跑是'长距离赛跑'。(4)'赤'和'白'是两种颜色,但是'赤手空拳'的'赤手'和'白手起家'的'白手'是同样的意思,都等于'空手'。可是尽管意思一样,不能倒换着说。(5)'火车'一度叫做'火轮车','轮船'一度叫做'火轮船',后来都由三个字缩成两个字,可是一个去'轮'留'火',一个去'火'留'轮'。(6)两相对待的字眼合起来说,'大小、长短、远近、厚薄'都是积极的字眼在前,消极的字眼在后,可是'轻重'是例外。'高低'属于'大小'一类,但是'低昂'又属于'轻重'一类。(7)意思相近的字联用,常常有固定的次序,例如'精、细、致、密'四个字组成'精细、精致、精密、细致、细密、致密'六个词,每个词的内部次序是固定的,不能改动(更奇怪的是都按照'精、细、致、密'的顺序,没一个例外)。地名联用也常常是固定的,例如'冀鲁、鲁豫、苏皖、江浙、闽广、湘鄂、滇黔、川黔、川陕、陕甘'。(8)意思相近的字联用,常常因为排列的次序不同,意思也有分别,例如'生产'(工农业生产,生孩子)和'产生'(一般事物),'和平'(没有战争或斗争)和'平和'(不剧烈),'查考'(弄清楚事实)和'考查'(按一定要求来检查),'展开'和'开展'(使展开),'担负'(动词)和'负担'(名词),'罗网'(自投罗网)和'网罗'(网罗人才)。这些例子都说明字的组合也常常带有约定俗成的性质,就是所谓'熟语性'。

字义和词义辗转相生

语言是发展的,字义和词义辗转相生,我们日常用到的字或词十

之八九都是多义的。说笑话的人常常利用一字多义来逗笑。举几个相声里边的例子。(1)〈歪讲三字经〉里有两句是'沉不沉,大火轮',就是利用'沉'字的不同意义(沉重,沉没)。(2)〈字谜〉里边一位演员出了一个字谜是'一竖,一边儿一点',让另一位演员猜。你说是'小',他就说是'卜',你说是'卜',他就说是'小'。这是利用'一边儿'的不同意义(每一边,只一边)。(3)〈全家福〉里边甲演员问:'你和你哥哥谁大?'乙演员:'废话! 当然我哥哥比我大呀。'甲演员:'我哥哥就比我小,才齐我这儿。'这是利用'大、小'的不同意义(论年纪,论个儿)。

就说'大、小'这两个字吧,意思也够复杂的。比如说,有'小哥哥',年纪比我大,所以是哥哥,可是在几个哥哥里他最小,所以又是小哥哥。又有'大兄弟',那不是自己的兄弟,只是因为年纪比我小,只好叫他兄弟,可是他排行第一,或者不知道他行几,只是要表示客气,叫他大兄弟('大叔、大婶'也是一样)。再比如说,'大李比小李大,可是两个人都不大,都不到二十',大李就成了又大又不大,前者是相对地说,后者是绝对地说。再还有,'一个大组分三个小组',这个'大、小'是就层次说;'第三组是个大组,第四组是个小组',这个'大、小'又是就人数多寡说了。

再说几个例子。(4)'有色人种'的'有色',跟它对待的是白色;'有色金属'的'有色',跟它对待的是黑色('黑色金属'=铁)。(5)'你给我就要,问题是你给不给?''你给我就要,问题是你不给。'按第一句说,只有'给不给'才成为问题,可是到了第二句,光是'不给'也成为问题了。(6)'他不会说话'。如果'他'是个小小孩儿,这句话的意思是他不会用一般语言表达自己的意思。如果'他'是个大人(不是哑巴),这句话的意思就是他不善于说话,以至于得罪了人什么的。(7)〈三千里江山〉里说:'姚志兰的好日子本来择的明天。大家的好日子看看过不成时,谁有心思只图个人眼前的欢乐?'这两个'好日子',一个是一般的意义,一个专指结婚的日子。(8)〈六十年的变迁〉里季交恕问方维夏:'你知道这个消息吗?'方维夏:'什么消息?'季交恕:'蒋介石开刀啦!'方维夏:'什么病开刀?'季交恕:'你还睡觉! 杀人! ……'我们前回曾经用'爸爸要开刀'做主动被动两可的例子,这里的'开刀'除主动被动的分别外,还有动手术和杀人的分别。

　　有些字眼，正反两种说法的意思是一样的。(1)'好热闹'和'好不热闹'都是很热闹的意思，'好容易'和'好不容易'都是很不容易的意思。(2)'差点儿忘了'和'差点儿没忘了'是一个意思，都是几乎忘了，可还是想起了。(3)'小心撒了'和'小心别撒了'也是一个意思，都是叫你别撒了。(4)'除非你告诉他，他不会知道'和'除非你告诉他，他才会知道'是一个意思。第一句的'除非你告诉他'可以改成'如果你不告诉他'，第二句不能这样改。(5)'难免要引起纠纷'，'不免要引起纠纷'，'难免不引起纠纷'，全都说的是有引起纠纷的可能。(6)'我怀疑他会不会已经知道'是说不知道他知道不知道(但是希望他不知道)。'我怀疑他会不知道'等于说我不相信他会不知道(尽管据他自己说或是照你估计他是不知道的)。'我怀疑他已经知道了'可就又等于说我估计他已经知道了。这些例子都涉及否定和疑问。一碰上这些概念，许多语言里都会闹纠纷，会出现似乎矛盾的说法。例如双重否定应该等于肯定，可是有些语言里连用两个否定的字眼，意思还是否定的。俄语'Он ничего не скаэад,'一个个字翻出来是'他没有什么不说了'，可是意思是'他什么也没说'。法语也是一样，'Il n'a rien dit,'照单字分别讲是'他没没有什么说'，意思可是'他什么也没说'。法语在含有怀疑、否认、担心、避免等等意思的动词后面的副句里常常加上一个'不'字，用汉语说都得去掉。例如'Je crains qu'il *ne* vienne'是'我怕他会来'，'Je ne doute pas qu'il *ne* vienne'是'我毫不怀疑他会来'，这两句里的 *ne* 在说汉语的人看来都是多余的。还有，法语可以说'avant qu'il ne parte'或者'avant qu'il parte'，这倒是跟汉语一样，'在他没离开以前'和'在他离开以前'是一个意思。

　　上一章我们说过些例子，同样几个字的一句话，因为语法关系不同，意思就不一样。其实同一种语法关系，包含的意思也是种种不一的。比如同样是修饰或限制关系，'布鞋'是用布做的鞋，'鞋面布'是用来做鞋面的布；'蜜蜂'是酿蜜的蜂，'蜂蜜'是蜂酿的蜜。同样是'马'字当头，'马车'是马拉的车，'马路'是车马通行的路，'马队'是骑兵的队伍，'马刀'是骑兵用的刀，'马褂'原先是骑马时穿的短外套，'马褥子'是骑马用的垫子，'马鞭子'是赶马用的鞭子，'马料'是喂马的草料，'马夫'是管马的人，'马医'是给马治病的人，'马戏'原来是在

马上表演的杂技（现在连老虎、狮子等等的表演都包括进去了），'马面'指人的脸长得特别长（'牛头马面'是真的马脸），'马桶'的得名说法不一，原先大概是象形。

同样是中间加一个'的'字，'我的笔'我可以送给人，'我的年纪'年年不同，'我的名字'既不能送给人，也不能随时改变。甚至同样几个字可以有两种意思：'我的书'可以是我买的，也可以是我写的；'你的信'可以是你寄给人的，也可以是人寄给你的；'他的照片'可以是把他照在里边的，也可以是他收藏的；'我的牌是新买的'，这副牌永远是我的，除非我把它送给人，'这回我的牌可好了'，这副牌几分钟之后就不存在了；'跑码头的专家'可以是对坐在家里的专家而言，也可以指一个先进的采购员。有人说'学习雷锋的好榜样'有语病，因为学习的是雷锋本人。这是知其一而不知其二，'雷锋的好榜样'完全可以理解为'雷锋这个好榜样'。

动词和宾语的关系更加是多种多样，有的得用许多话才说得清楚。同一个'跑'字，'跑街、跑码头、跑江湖、跑天津'是说在哪些地方跑来跑去，'跑买卖'是为什么目的而跑，'跑警报'是为什么原因而跑，'跑单帮、跑龙套'是以什么身分而跑，'跑马'是让马为自己服务，'跑腿'是自己为别人服务，'跑电、跑水'是拦不住某种东西跑掉，'跑肚'是拦不住肚子里的东西跑掉。一般常说宾语代表动作的对象，那么上面例子里的名词都不能算做宾语，可是不算宾语又算什么呢？动词和宾语的关系确实是说不完的，这里不能一一列举，只说几个难于归类的例子：'报幕'、'谢幕'、'等门'、'叫门'、'跳伞'、'冲锋'、'闹贼'、'赖学'、'偷嘴'——这里的动作和事物之间是什么关系，您说？汉语里能在动词后面加个什么名词是异常灵活的，有了上下文常常可以出现意想不到的组合：例如'何况如今穷也不是穷你一家'（高玉宝），'这些人认为所有的配角都是"零碎"，一出戏就应当唱他一个人'（萧长华）。

跟修饰关系一样，同一动词加同一宾语还是可以有两种意义。教师说'我去上课'是去讲课，学生说'我去上课'是去听课；大夫说'我去看病'是给人看病，病人说'我去看病'是让人给他看病。

这些例子可以说明语言实践中的经济原则：能用三个字表示的意思不用五个字，一句话能了事的时候不说两句。比如'谢幕'，要把

其中的意思说清楚还真不简单：'闭幕之后，观众鼓掌，幕又拉开，演员致谢'——这不太啰嗦了点儿吗？当然，经济原则在不同的语言里的体现是不可能完全相同的。比如汉语里说'你见着他了没有？见着了'，英语说'Did you see him？Yes, I did.'汉语的回答必须重复问话里的动词，英语可以用 did 这个单音助动词来代替；英语 did 前边必得说出主语，汉语'见着了'前边不必说'我'；英语要在前面来个 yes，汉语不要。总的说来，汉语是比较经济的。尤其在表示动作和事物的关系上，几乎全赖'意会'，不靠'言传'。汉语里真正的介词没有几个，解释就在这里。

什么是'意义'？

谈语言和意义，谈来谈去，有个重要问题还没有谈到：究竟什么是'意义'？这个问题很不容易谈好，可是谈还是得试着谈谈。如果说'意义'是外界事物——包括各种物件，它们的特征和变化，它们的相互关系，以及这一切和说话的人的关系——在人的脑子里的反映，而这'意义'必须通过语言才能明确起来，这大概可以代表多数人的意见。问题在于'意义'依赖语言到什么程度。有一种意见认为没有语言就没有'意义'，这显然是言过其实。只要看几个月的婴儿，不会说话，可是'懂事儿'，也就是说，外界的某些事物在他脑子里是有意义的。又比如人们点点头，招招手，也都可以传达一定的意义。可见不是离开语言就没有'意义'。可是如果说，某种语言里没有这个词，使用这种语言的人的脑子里就缺少与此相应的概念，这就有几分道理。比如汉语里的'伯伯、叔叔、舅舅、姑夫、姨夫'在英语里都叫做'uncle'（俄语'дядя'），是不是说英语的人的脑子里就没有'父亲的哥哥、父亲的弟弟、母亲的弟兄、姑妈的丈夫、姨妈的丈夫'这些意义呢？当然不是这样。可是他们首先想到的是这些人都是 uncle，只是在必要的时候才加以分辨。这就是说，只有与 uncle 相应的概念是鲜明的，而与'伯伯'等相应的概念是模糊的。反过来说，说汉语的人首先想到的是'伯伯'等等，这些概念是鲜明的，而'男性的长一辈的亲属'这样的概念是模糊的，是要费点劲才能形成的。对于外界事物，不同的语言常

常做出不同的概括。我们总觉得外国话'古怪','别扭',就是这个原故。

　　语言不可避免地要有概括作用或抽象作用。外界事物呈现无穷的细节,都可以反映到人的脑子里来,可是语言没法儿丝毫不漏地把它们全都表现出来,不可能不保留一部分,放弃一部分。比如现实世界的苹果有种种大小,种种颜色,种种形状,种种口味,语言里的'苹果'却只能概括所有苹果的共同属性,放弃各个苹果的特殊属性。概括之中还有概括,'水果'比'苹果'更概括,'食品'比'水果'更概括,'东西'比'食品'更概括。每一种语言都有一些这样高度概括的字眼,如'东西、事情、玩意儿、做、干、搞'等等。

　　单词是这样,语句也是这样。比如'布鞋',这里不光有'布'的意义,'鞋'的意义,这是字本身的意义;还有'是一种鞋而不是一种布'的意义,这是靠字序这种语法手段来表示的意义;还有'用……做成的……'的意义,这是在概括的过程中被放弃了的那部分意义。象'谢幕'那样的字眼,就放弃了很多东西,只抓住两点,'谢'和'幕'。说是'放弃',并不是不要,而是不明白说出来,只隐含在里边。比如'苹果',并不指一种无一定大小、颜色、形状、口味的东西;同样,'布鞋'、'谢幕'也都隐含着某些不见于字面的意义。语言的表达意义,一部分是显示,一部分是暗示,有点儿象打仗,占据一点,控制一片。

　　暗示的意义,正因为只是暗示,所以有可能被推翻。比如说到某一位作家,我说'我看过他三本小说',暗含着是看完的,可要是接着说,'都没有看完',前一句暗示的意义就被推翻了。一位菜市场的售货员说过一个故事。'有一天,一位顾客来买辣椒,她问:"辣椒辣不辣?"我说:"辣,买点儿吧。"她说:"哎哟!我可不敢吃。"后来又来了一位顾客,问我辣不辣。我一看她指的是柿子椒,就说:"这是柿子椒,不辣,您买点儿吧。"她说:"辣椒不辣有什么吃头!"说完走了。'这是听话人误会说话人的意思,也就是错误地认为对方有某种暗示的意义。

　　从前有个笑话:有个富翁,左邻是铜匠,右邻是铁匠,成天价丁丁东东吵得利害。富翁备了一桌酒席,请他们搬家,他们都答应了。赶到两家都搬过之后,丁丁东东还是照旧,原来是左边的搬到了右边,右

边的搬到了左边。富翁所说的'搬家'暗含着搬到一定距离之外的意思,可是照字面讲,只要把住处挪动一下就是搬家,两位高邻并没有失信。

欧阳修的〈归田录〉里记着一个故事。五代时候,两位宰相冯道跟和凝有一天在公事房相遇。和凝问冯道:'您的靴是新买的,什么价钱?'冯道抬起左脚说:'九百钱。'和凝是个急性子,马上回过头来责问当差的:'怎么我的靴花了一千八百?'训斥了半天,冯道慢慢地抬起右脚,说:'这一只也是九百钱。'这一下引起哄堂大笑。

暗示的意义甚至能完全脱离显示的意义。比如'谁知道',有时候是照字面讲('谁知道?请举手'),有时候却等于'我不知道'('你说他会不会同意?''谁知道!')。修辞学上所说'比喻'、'借代'、'反语'等等,都是这种'言在此而意在彼'的例子。就因为暗示的意义不太牢靠,所以法令章程所用的语言尽量依靠显示,尽量减少暗示,防备坏人钻空子。与此相反,诗的语言比一般语言更多地依赖暗示,更讲究简练和含蓄。

有时候暗示的意义可以跟显示的意义不一致而同时并存——一般是分别说给同时在场的两个人听的,——这就是所谓一语双关。〈芦荡火种〉第九场刁德一审问沙奶奶,叫阿庆嫂去劝她供出新四军伤病员转移的地址。阿庆嫂对沙奶奶说:'你说呀。一说出来,不就什么都完了吗?'这里的'什么',在刁德一听来,指的是沙奶奶如果不说就要面临的灾难;在沙奶奶听来,指的是伤病员的安全。(后来改编成〈沙家浜〉时,这一段删去了。)

以上讲的都还是语言本身的意义。我们说话的时候还常常有这种情形:有一部分意义是由语言传达的,还有一部分意义是由环境补充的。比如听见隔壁屋子里有人说'刀!',你就不知道这句话是什么意思——'这是刀',或者'刀找着了',或者'拿刀来',或者'给你刀',或者'小心刀',或者别的什么。前面讲过的'我的书','你的信','我去上课','我去看病'等等,本身有歧义,只有环境能够决定它是什么意思。

语言和环境的关系还有另外的一面,那就是,二者必须协调,否则会产生可笑的效果。比如你跟人打牌,人家夸你打得好,你说,'打不

好,瞎打',这是客气。可是如果象相声里边那位打呼噜特别利害的朋友对同屋的人说,'打不好,瞎打',那就叫人啼笑皆非了。有一位华侨回国之后学会了一些寒暄的话,有一天送客到门口,连声说,'留步,留步',弄得客人只好忍着笑嗯啊哈地走了。

语言的地面上坎坷不平

总之,在人们的语言活动中出现的意义是很复杂的。有语言本身的意义,有环境给予语言的意义;在语言本身的意义之中,有字句显示的意义,有字句暗示的意义;在字句显示的意义之中,有单字、单词的意义,有语法结构的意义。这种种情况从前人也都知道,所以才有'言不尽意','意在言外','求之于字里行间'这些个话。

从这里我们可以得到什么教训呢? 是不是可以说:语言的确是一种奇妙的、神通广大的工具,可又是一种不保险的工具。听话的人的了解和说话的人的意思不完全相符,甚至完全不相符的情形是常常会发生的。语言的地面上是坎坷不平的,'过往行人,小心在意'。说话的人,尤其是写文章的人,要处处为听者和读者着想,竭力把话说清楚,不要等人家反复推敲。在听者和读者这方面呢,那就要用心体会,不望文生义,不断章取义,不以辞害意。归根到底,作为人们交际工具的语言,它的效率如何,多一半还是在于使用的人。

比较汉英词义

[客] 请您说说怎么样比较汉语词和英语词。

[主] 一个汉语词也可以和一个英语词构成一对同义词，同时这两个词的义蕴也必须分辨清楚。咱们第一回见面就说过，两种语言里头的词决不能捉对儿相配，尤其是在两个文化历史相去甚远的民族之间。再随便举两个例子说明。譬如 book 和'书'似乎吻合了罢，然而 notebook 却是'笔记本'，bookkeeping 却是'簿记'。'兵'和 soldier 是一对了，但是他们的'大元帅'也还是 soldier（军人），而'水兵'则是 sailor。其他如他们的 queen 有时是'后'，有时是'女王'，他们的 language 兼我们的'语'和'文'而言。反之，我们的'船'或为 ship，或为 boat，我们的'山'或为 hill，或为 mountan。这类词数起来无穷无尽。

以上是名词的例子，再举两个形容词的例子。比如 last 和 next 这两个词用在时间名词上，last year 是'去年'，next week 是'下星期'这是恰好相等，不会有什么问题的。可是 last summer 和 next Saturday 就不是这么简单了。Last summer 可能是'去年夏天'（如果说话的时候是今年的春天或夏天），也可能是'（今年）夏天'（如果说话的时候是今年的秋天或冬天）。Next Saturday 可能是'下星期六'（如果说话的时候是星期六），也可能是'（本）星期六'（如果说话的时候是星期六以前的任何一天）。

[客] 这就怪了。为什么会有这种分别呢？

[主] 这是因为汉语里边的'去'和'下'用于'年'和'星期'的整体，'夏天'是'年'的部分，'星期六'是'星期'的部分；英语的 last 和 next 既可以用于整体，也可以直接用于其中的部分。不管大单位小单位，'最近过去的'就是 last，'最近到来的'就是 next。因此英语和汉

语之间就有时候一致,有时候不一致了。

再讲另外一种情况。英语里边有一对形容词,thick 和 thin,跟汉语里边三对形容词相当。A thick(thin) slice of bread,汉语说'厚''薄';a thick(thin) piece of string,a thick(thin) line,汉语说'粗','细';thick(thin) soup,汉语说'稠','稀'。还有刚才说过的 high 和 tall,汉语里边都是'高',可是从反义词方面来看,情况恰好相反。'高'有两个反义词,一个是'低',一个是'矮','低'跟 high 的反义词 low 相当,可是 tall 没有一个专用的反义词跟'矮'相当,而是跟 long 共一个反义词 short,而汉语的'短'则只跟'长'相对。可以用下面的图来表示:

英语		汉语	
high	low	高	低
tall	short		矮
long		长	短

您要是常常拿英语和汉语的词汇来比较,会发现很多这一类有趣的现象。

〔客〕汉语里边讲到人的高矮也有用'长'、'短'的,有些地方管高个儿叫'长子',旧小说里形容矮人用'五短身材'。

〔主〕对,英语里过去也有过用 long 指人高的,比如美国十九世纪有个著名的诗人姓 Longfellow,准是他有一位祖先长得特别高,得了这么个外号,后来成为他们家的姓氏。咱们今天不谈古语和方言,只讲现代的和一般的情形。

〔客〕您已经讲了名词和形容词方面的例子,是不是也讲些动词的例子?

〔主〕对。讲到动词,尤其是常用的动词,如英语的 do,make,take,get,have put 等,汉语的'干','搞','打','发','弄'等,更是到了对方都因事异词,不可执一不变了。且拿两个广泛性不如此其甚的例子来看看。如汉语的'开'和英语的 open 在许多地方是相当的,如'开门'是 *open* the door,'开瓶'是 *open* the bottle,但是'开河'是 *dig* a canal,'开井'是 *sink* a well,'开路'是 *make* a road,'开车'是 *drive* a car,'(火车)开'是 depart,'开灯'是 *turn on* the light,'开饭'是 *serve* a meal,'开枪'是 *fire*,'开花'是 *blossom*,'开会'是 *hold* a meeting,'开单子'是 *make out* a list.

掉一个方向看,run 是'跑',不错,但是 The trains *are running* agan 是'火车又通了',The play *ran* 100 nights 是'这个戏连演一百场',My watch *has run down* 是'我的表停了',Wate *is running short* 是'水快用完',*run* a factory 是'办工厂',*run* the risk of 是'冒……的危险',*run* the blockade 是'冲破封锁线',*run after* a girl 是'追求一个女子',*run across* an old friend 是'不期而遇故人',He lectured for five days *running* 是'他连续五日讲演'。

〔客〕我懂得您的意思了。咱们应该把一个'开'看成几十个'开',这里面只少数和 open 相当,一个 run 也应该看成几十个 run,这里面只有少数和'跑'相当,其余的都得另寻配偶,是不是?

〔主〕大概说起来就是这么个意思。可是咱们还得记住,因为文化历史不同,一个民族里会有许多意念是另一个民族所没有的;形之于语言,就往往成为这种语言里有些词在另一种语言里找不到适当的译语。例如英语里的 humour,common sense 等词,汉语就没有恰好的字眼,humour 不是'滑稽',common sense 也决不是'常识';fair play,sportsmanship 这些词也都是如此。反之,汉语里头的'飘逸','萧洒','风流'等等也就不容易译成英语。

〔客〕那么,读英语的时候,最好沉浸在英语里头,不必理会汉语了?

〔主〕我想没有什么不可以。假如因为和汉语比较,您能够更充分地认识英语的义蕴,那原是很好的。只怕太放心那些个'等于',那倒不如还是暂时各管各的好。

由'rose'译为'玫瑰'引起的感想

　　1984 年 9 月 16 日的〈北京晚报〉上有一篇题目叫做〈玫瑰、月季与蔷薇〉的'知识小品',节录如后:'玫瑰、月季与蔷薇在国外统称 rose。可是长期以来,我们不少同志只要一遇到 rose,就统统译成玫瑰了。……[这]是很不科学的,甚至常常会闹笑话。其实,玫瑰、月季、蔷薇在植物分类学上是属于绝(sic)然不同的三个种。三者的主要区别在于枝条的长短,皮刺的多少和叶脉的平凹三个方面。枝长且呈攀援状者为蔷薇,刺密而叶脉凹陷者(叶面发皱)为玫瑰,月季枝直立,刺少,叶脉不凹陷,不发皱。因而只要认真观其形,是不难把它们区分开来的。'

　　说得好。'只要认真观其形,是不难把它们区分开来的'——且慢,要是原作者没有附上一幅插图,又怎么'观其形'呢? 如果翻译一本小说,里边说在病床旁边的茶几上放着一个花瓶,插着一簇 roses,作者没有描写皮刺多少、叶脉平凹,也没有交代原来的枝条长短,光有 r,o,s,e 四个字母拼成的一个 rose,翻译的人该怎么办? 再说,即使有插图,也未必能画出刺多或是刺少,叶脉是否凹陷,依然无从判断是玫瑰还是月季,还是蔷薇。就是把上引'知识小品'的作者请来,他也未必有什么高招。'不科学'也就只能'不科学'了!

　　这说明什么问题呢? 说明所有翻译工作者的一个共同经验:'我不是不知道啊,我是没办法啊!'再从翻译英文里举一个例子。如果你翻译一本小说,遇到主人公有一位 cousin,你把它译做'表弟',后来发现他是女性(代词用 she),就改做'表妹',后来又发现她年纪比主人公大,又改做'表姐',再翻下去又发现原来她还比主人公长一辈,又改做'远房姨妈',再到后头又发现她不是主人公母亲一边的亲戚而是他父亲一边的,又只好改做'远房姑妈'。其实这也靠不住,她也有可能是

主人公的'远房婶娘'。要是这位 cousin 在书里只是昙花一现，神龙见首不见尾，父系母系、年长年幼、辈分性别，全然不知道，只知道他是主人公的 cousin，你把他翻成什么好呢？伍光建老先生（如果我没记错）创造了一个名词叫做'表亲'，可以勉强对付一气，管住了四分之三：母系的全部，父系的一半。可是再一想，既然辈分、性别等等全都不知道，那就翻成'表姐'或'表弟'也都不能算错，正如把形状不详的 rose翻做'玫瑰'一样。

　　说到人们的称呼，又想起一件事。多年以前我翻过 A. A. Milne的一个独幕剧 The Boy Comes Home，那里边有一处，叔叔跟侄子说话，火儿了，拍着桌子说：'And perhaps I'd better tell you, sir, once and for all, that I don't propose to allow rudeness from an impertinent young. puppy.'一面骂他'小狗'，一面又管他叫 sir，这个sir 该怎么翻呢？想了半天，把它翻成'少爷'。英国人嘴里的 sir，既可以用来表示恭敬、客气，又可以表示愤怒、讥讽，汉语里找不出一个单一的翻法。很多地方可以翻成'老爷'，有的地方只能翻做'您哪'。有的地方只能不翻，例如很多'yes, sir'只能翻做'是'或者'喳'。象Samuel Johnson 那样对生人熟人，高兴不高兴，都是一会儿一个 sir（这是十八世纪一般习惯），那就只好翻做'老兄'。恐怕只有很少的地方可以翻做'先生'，象有些词典里的译法。

　　不同的语言使用于不同的社群。不同的社群对于万事万物的分别部居各有自己的一套，相互之间有同有异，这一切都反映在他们的语言里。翻译工作者的任务就是随机应变，想办法把这些同同异异逐一配上对，说得难听点儿就是'穷对付'，翻译得较好无非是对付得较好而已。要求翻译工作者翻译一切文章都象翻译化学元素一样，把hydrogen 翻成'氢'，把 oxygen 翻成'氧'，那是一种不切实际，也可以说是违背常识的苛求。

翻译工作和'杂学'

要做好翻译工作，——请读者原谅我用这样的老生常谈开始这么一篇短文章，——必得对于原文有彻底的了解，同时对于运用本国语文有充分的把握（我不把学科内容算进去，因为，一，那是不成问题的先决条件，二，文学作品和一般性的论文很难规定它的学科内容）。这两个条件的比重，该是前者七而后者三，虽然按现在的一部分译品来说，似乎应该掉个过儿。我是按原则说话，所以把大份儿派给第一个条件；因为外国语毕竟是外国语，要充分把握，即令只是了解而不是写作，也谈何容易。

了解原文的第一步，不用说，是获得足够的词汇和文法知识。在原稿纸的一边放一本字典，另一边放一本文法，左顾右盼一阵之后才提起笔来写一行，——这，咱们不必去谈它，那不是翻译，那是开玩笑。

第二道关是熟语。在最近一两天之内有两位朋友来跟我斟酌译文。一位朋友拿着'…… and line their pockets by falsifying election returns（伪造选举结果，借此牟利），不知道怎么翻。一个朋友把'But for all that he was a keen observer of ……'翻做'但是为了这一切，他是一个……的敏锐的观察者'，可是跟上文的意思不合；这是因为他不知道 for all that 作 in spite of that 讲。这两个例子恰好代表熟语的两类，一类是摆出陌生的脸来的，一类是冒充老朋友的，——后者更危险，一不小心就要上它的当。不过熟语是可畏而不可畏的，只要咱们不掉以轻心，就不会不发现问题，而手头有一本较好的字典，也就不怕不能解决问题。

以上是个陪衬，我要讲的是了解原文的第三道关，就是字典不能帮忙的那些个东西，上自天文，下至地理，人情风俗，俚语方言，历史上的事件，小说里的人物，五花八门，无以名之，名之曰'杂学'。就手头

的材料随便举几个例子。

先来一个简单的。Jane Austen 的 Pride and Prejudice 的第一章，常常选入英文读本，因之有好些初学翻译者用来小试其锋。其中有一句'Sir William and lady Lucas are determined to go, merely on that account,'往往译做'威廉爵士和路卡斯夫人……。'中国读者一定会把他们当作不相干的两个人。译者要是熟悉英国贵族圈子里的称呼习惯，他一定会翻成'路卡斯爵士夫妇……'。

再来一个比较曲折点儿的。有一位朋友翻译拉斯基的一篇文章，里面有这么一段：

> I think it is a reasonable criticism of a good deal of academic work in politics that, because the writer, has not seen things from the inside, he tends to mistake the formal appearance for the living reality …… the captaincy in the Hampshire grenadiers was not entirely useless to the historian of Roman empire; long years in the service of Shaftsbury were vital to the thought of Locke; and the election campaigns for the London County Council taught Graham Wallace a good deal he could not have learned in books about human nature in politics.

第二句他的译文是'在 H.郡的掷弹兵里当上尉，对于罗马史家不是完全无用；在 Shaftsbury 城服务多年，对于洛克的思想极为重要；伦敦市议会的竞选教给格拉罕·瓦勒斯许多东西，是他在论政治中的人性的书本上所不能得到的。'这位朋友跟我说，这里的第二第三分句他相信没有什么问题，就是第一分句里，他不懂当掷弹兵上尉为什么对罗马史家有用。他不知道这里的'罗马史家'不是泛指，是指的〈罗马帝国衰亡史〉的作者吉朋，吉朋曾经在 1759—63 年在 H.郡民团里当过上尉。他所谓没有问题的第二第三分句也不是全无问题。Shaftsbury 在这里不是地名，是人名，指的是 Shaftsbury 伯爵，是查理二世时代的权臣，洛克曾当过他的医官，并由他的力量做过好几任官，一直在他们下十几年。Graham Wallace 曾经写过一本书，就叫'政治

中的人性',1908 年出版。

再举一个比较别致点儿的例子。Rebecca West 有一篇论邱吉尔的短文；因为短，我曾经用来做翻译班上的练习材料。里面有一句：'…going vegetarian and repeating 'Om mani padme hum'a hundred times between each bite of lettuce.'班上的同学没有一位能把这'Om mani padme hum'翻对的，这不能怪他们。他们问我怎么翻，我问他们看过'济公传'这部旧小说没有？有同学看过这部小说，想出来这是所谓'六字真言'，可是不知道怎么写。我让他查〈辞海〉，他找出来'唵嘛呢叭嘧吽'的写法。这可以用来表明，翻译工作者所需要的'杂学'杂到什么程度。

也许有人说，只有资本主义社会里的作家们才会这样别别扭扭地写文章。不，为了使文章里的用语具体而生动，社会主义社会里的作家同样也应用这种手法，例如爱伦堡。他在巴黎和平大会上的演说已经选在新华书店的'大学国文'里，单在这一篇文章里就有几十处非注解不能明了。至于马克思著作里'用事'之多，更是一向有名，无庸赘述。

翻译工作者的第一个任务是了解原文，第二步就得把他所了解的传达给读者。有些疑难之点，只要弄明白了，译了出来，就不再需要什么，例如上面所引 Sir William and Lucas 之例，In the service of Shaftsbury 之例，Om mani padme hum 之例。象 human nature in politics 之例，就最好得加个注；至于 the historian of Roman Empire，就更非注不可了。（有人主张，遇到这种场合，干脆把它译做吉朋，这就破坏了原作者的风格，似乎不是最妥当的办法。）

所以，必要的注释应该包括在翻译工作之内。鲁迅先生译书就常常加注，也常常为了一个注子费许多时间去查书。当然，注释必须正确，否则宁可阙疑。比如今年 10 月 12 日〈人民日报〉的保卫世界和平专刊里刊载的爱伦堡所作〈和平拥护者〉那篇文章的头一段有这么一句：'那时候，美国的和亲美的报纸上所谈论的是杜鲁门先生的人道主义，原子弹的诗句，封腾布罗的马刺声……'篇后附注：'封腾布罗是法国东南部的一个城市，以古典建筑和森林著名。当地有兵工学校一所。'这就有问题了。封腾布罗城在巴黎东南，以法国全境而论，还应该算是北部，这且不去说它；兵工学校跟马刺声如何连到一块呢？法

国的军事学校多得很,为什么单单提出这一个来说呢? 原来爱伦堡的心目中的封腾布罗,不是指那个才有一万多居民的小城,而是指那有四百多年历史的有名的离宫,拿破仑在这里签字退位,现在是那有名无实的'西欧联盟'的联军总部所在。(那马刺声该是那'联军统帅'蒙哥马利的马靴上的吧?)

讲到注释,连荷马也有打盹的时候,鲁迅先生译的〈死魂灵〉(文化生活社版)的 243 页上说到'邮政局长较倾向于哲学,很用功的读雍格的"夜"……'鲁迅注作:Young(1826—1884)德国伤感派诗人。这儿显然有问题,因为〈死魂灵〉作于 1835—1841 年间,1826 年出生的诗人这个时候才不过九岁到十五岁。我猜想是指英国诗人 Edward Young(1683—1765),他的有名的一万多行的长诗 Night Thoughts 作于 1742—1745 年,在浪漫主义运动时代是的确曾经传诵各国的。

一般人总觉得创作难翻译易,只有搞过翻译的人才知道翻译也不容易。创作可以'写你所熟悉的',翻译就不能完全由自己作主了。即使以全篇而论可以算是'熟悉'了,其中还是难免有或大或小或多或少的问题,非把它解决不能完成你的任务。而其中最费事的就是这里所说'杂学'这方面的东西。要解决这些问题,当然得多查书和多问人。希望好几位同志在本刊上提议的计划能够实现,在各地建立起翻译工作者的组织,置备够用的参考书,这就可以彼此咨询,共同研讨。但是最重要的还是每人自己竭力提高自己的素养,有空闲就做点杂览的工夫,日积月累,自然会有点作用。

(〈翻译通报〉2 卷 1 期,1951)

这篇文章发表后,承王岷源同志赐教:(1) Om mani padme hum 在商务印书馆出版的〈综合英汉大辞典〉里查得着;(2) 拉斯基文章的最后一段'the election campaigns,…'里面的 about human nature in politics 是 a great deal 的定语,不是 books 的定语,译文中的错误我没有指出。又承王永明同志告知:拉斯基文章里关于吉朋的那句话是引用吉朋自己在他的〈自传〉里的原话。于此一并致谢。

1982 年 2 月补记

短文二十四篇

将 无 同

〈世说新语·文学〉篇云：

> 阮宣子有令闻，太尉王夷甫见而问曰：'老、庄与圣教同异?'
> 对曰：'将无同。'太尉善其言，辟之为掾。世谓'三语掾'。

阮宣子是阮脩，王夷甫是王衍。〈晋书·阮瞻传〉也记着这件事，说是阮瞻对王戎的话。到底是谁和谁说的且不去管他，只问这有名的三个字究作何解？

宋马永卿〈懒真子〉(丛书集成本卷五)里说：

> 仆尝与陈子直、查仲本论'将无同'。仲本曰：'此极易解，谓言至无处皆同也。'子直曰：'不然。晋人谓将为初，初无同处，言各异也。'仆曰：'请以唐时一事证之。霍王元轨与处士刘元平为布衣交。或问王所长于平。曰："王无所长。"问者不解。平曰："人有所短，则见所长。"盖阮瞻之意以谓有同则有异，今初无同，何况于异乎？此言为最妙，故当时谓之"三语掾"。'二子首肯之。

这三位的解说，查说以'无'作'虚无'解，虽然别致，未免把原文弄成象超等电报；陈说最老实，'无同'就是'各异'；马说也承认'无同'就是'无同'，可是嘴里说的是'无同'，心里想的是'无异'，又未免把一位晋朝名士说得象现代某些外交家了。

叶梦得的〈玉涧杂书〉(涵芬楼本〈说郛〉卷八)里也有一说：

> 阮裕对王敦'将无同'三语，人多不晓。此直言无同耳。'将'
> 乃晋人发语之辞，如陶渊明诗'将非趣龄具'，谢灵运云'将不畏影
> 者未能忘怀'之类。盖谓同生于异：周、孔、老、庄，本自无异而
> 不同。

这也是认'将无同'作'无同'讲的，但说是因为无异故无同，和马永卿
的无同即无异说有异曲同工之妙，都是应用正等于负、负等于正的逻
辑的。(这位石林居士又说这句话是第三个姓阮的对第三个姓王的说
的，也不知何所据。)

这几种说法的共同错误是把'无'字太看实了。'将无'是魏、晋时
人常用的一个熟语，如：

> 将无以德掩其言？(世说新语 1.4)
> 如此，将无归？（又 3.21)
> 安石将无伤？（又 5.30)
> 将无从容切言之邪？（又 4.13)
> 吾不以王法贷人。将无后悔邪？(晋书 61 苟晞传)
> 此君小异，将无是乎？（又 98 孟嘉传)

'将无'之外，又或作'将非'，如叶书引陶诗；或作'将不'，如叶书
引谢灵运语(见世说新语 1.33)，又如：

> 卿向言将不大伤切直？(宋书 71 王僧绰传)

又或不用否定词，单用将字，如：

> 此器既盖之，且有掩覆，无缘有此。黄门将有恨于汝邪？(吴
> 志 3 孙亮传注引吴历)
> 卿僻于朋党，将为一病。(北齐书 47 宋游道传)

乃至〈千家诗〉里第一首大程夫子的'将谓偷闲学少年'的'将'字也还是这个'将'字。

刘淇〈助字辨略〉释'将无'为'无乃',其实更相近的该是'得无',如上引〈晋书·孟嘉传〉语又见〈世说新语〉(3.27),即作'得无'(但注引嘉别传作'将无')。'得无'和'将于'都是表示测度而意思偏于肯定的词语,但'将无'除用于事实的测度外又可用于委婉的提议,如上引第二第四两例,它的用途似乎又较'得无'为广,而于唐、宋人的'莫'和'莫须'为近。用现代的词语相比,该是'恐怕'或'别是'加'吧'字。'将无同'无非就是'恐怕没有什么两样吧'。这么一句稀松平淡的话会大见赏识,是有点不可解,无怪后来的人要在这三个字上大事穿凿了。

莫　须　有

'莫须有'是常常被人误解的一句话。〈宋史·岳飞传〉云:

> 狱之将上也,韩世忠不平,诣桧诘其实。桧曰,'飞子云与张宪书虽不明,其事体莫须有。'世忠曰,'莫须有三字何以服天下?'

这就是有名的'三字狱'。望文生训的人往往以为这句话等于说'不须有',和'子虚'、'乌有'差不多,而且就照这个意思来应用,如四月二十四日(1944)成都〈新新新闻〉云,'市面讹传二十元、五十元的关金券已开始流通了,其实仍然是莫须有的事情。'

但是这明明和〈宋史〉原文的语气不合,于是有别种解说。如毕沅的〈续资治通鉴〉卷一二四考异即引〈中兴纪事本末〉作'必须有',这是一说。

俞正燮〈癸巳存稿〉卷三'莫'字条又提出'莫'字断句说,略云:'其事体莫'为一句,'须有'为一句。盖桧骄蹇,反诘世忠,谓'其事体莫',示若迟怀审度之,而复自决言'须有'。故世忠不服,横截其语,牵连为一句,言'莫须有'三字何以服天下,此记言之最工者也。并引〈论语〉'文莫,吾犹人也',东坡与辨长老书'钟铭,子由莫,终当作,待更以书

问之',王巩〈随手杂录〉'既误莫,须放回',范公偁〈过庭录〉'其人莫,未应至是否?'诸例为证。(以上皆依俞说断句。)这又是一说。

俞理初解书,往往很精辟,能发前人所未发,惟独这个莫字断句说,和必须有说竟是半斤八两,同样的可笑,还要恭维韩世忠会做截搭题,真是冤哉枉也。推原其故,大概是把'莫'字当作和表语气停顿的'么'是一个字了。这实在是一种误会。'莫须'是宋人常语,如:

只朝廷推一宽大天地之量,许之自新,莫须相从?(程语 52)

问:五峰所谓'天理人欲,同行异情',莫须这里要分别否?(朱语 167)

清献赵公曰,'莫须待介甫参告否?'(曲洧旧闻 8.9)

不知如今本朝所须底事莫须应副得么?(绍兴甲寅 162.7)

'莫须'就是现在的'恐怕'或'别是'之意。

用'莫'字作测度疑问之词,从南北朝直到现代。最早只用'莫'一个字,如:

莫要太子生否?(〈稗海〉本〈搜神记〉,中华书局印〈搜神后记〉76)

莫是在政别有异能?(同上 98)

此鸟莫是妖魅?(同上 108)

唐人仍以单用为常,如:

莫惊圣人否? 莫损圣人否?(唐书 200 史思明传)

有一'莫须'例:

上谓宰臣曰,'有谏官疏来年御含元殿事,如何? 莫须罢否?'(因话录 1.8)

但似应把'莫'和'须'分开来讲,尚未溶为一体。宋人也还有单用'莫'字的:

> 后莫有难否?(灯录5.4)
>
> 某尚未行,监司莫可先归?(丁传靖编〈宋人轶事汇编〉571 引〈随手杂录〉)
>
> 莫定要剥了绿衫?(〈宋人轶事汇编〉引〈孙公谈圃〉)

在'莫'后加否定词,似乎始于唐代,如:

> 公曰,'诸葛所止令兵士独种蔓菁者何?'绚曰,'莫不是取其才出田者生啖,一也;叶舒可煮食,二也……。'(嘉话录8)

元、明以后就不单用'莫',也不说'莫是'和'莫须',只说'莫不是'和'莫非',甚至'莫非是'了。

一不作,二不休

'一不作,二不休'是旧时常用的一句成语。小时候读旧小说,常常碰着它,总当它'不作不休'即'非作不可'讲,倒也似乎讲得过去,也没有追究为什么要安上个'一'和'二'。后来学着更细心一点读书,才悟出这'一'和'二'是'最好'和'其次'的意思。果然在最近得了一个印证:唐赵元一撰〈奉天录〉(指海本)卷四云:

> 朱泚臣张光晟临死言曰:'传语后人:第一莫作,第二莫休。'

这句话在当时一定很有名,很快的传了出去。北宋的和尚已经拿它来当成语用,如〈法演禅师语录〉云'一不做,二不休,不风流处也风流'(大正藏四七册六五二)。

这句话里的'作'字原来也不作普通'作为'讲,乃是'作贼'的省说。'作贼'就是造反。朱泚是德宗朝的叛臣,后来兵败穷促,部下将

领杀了他去投降,张光晟是其中的一人,而终不免于一死,所以有'第一莫作,第二莫休'之语。要是广义的'作为',天下尽多可作应作之事,怎么能一概说'第一莫作'呢?用'作'一字作造反讲,南北朝已经通行,如〈宋书〉卷七二〈巴陵王休若传〉云:

不解刘辅国何意不作?

〈南齐书〉卷二六〈王敬则传〉,敬则谋反,问僚佐:'卿诸人欲令我作何计?'丁兴怀曰:

官只应作耳。

同书卷四四〈沈文季传〉,唐寓之反,武帝闻之曰:

鼠辈但作,看萧公雷汝头。

〈隋书〉卷六五〈赵才传〉,宇文化及反,才于宴次劝与化及同谋逆者一十八人杨士览等酒,曰:

十八人,止可一度作,勿复余处更为。

都是这个意义。宋朝人也用'做'表示造反,如:

狄青,你这回做也。你只是董士廉碍着你,你今日杀了我,这回做也!(默记,中华书局标点本12)

直到南宋初,王俊出首岳飞,状中谓张宪曾对俊说:

我待做,你安排着。待我交你下手做时,你便听我言语。(挥尘录,余话第八一节)

这个'做'字也还是'反'的意思。

结　果

　　四十年前我写过一条札记讲'结果',发表在桂林〈国文杂志〉第 3 卷第 3 期上。近来翻检抄存的摘记,有材料可供补充和订正。现在先把原文抄在下面。

　　　　小时候读〈水浒传〉,常常看见'手起刀落,结果了他的性命',以为'结果'就是杀人的意思。要照字面讲,也未尝讲不通,'结果'就是'结局',性命的结局岂不就是死?

　　可是有不能这样讲的例子,大率在并非手起刀落的场合。如一百二十回本〈水浒〉第 21 回:

　　　　阎婆道:'……我女儿死在床上,怎地断送?'宋江道:'这个容易,我去陈三郎家买一具棺材与你。……我再取十两银子与你结果。'

又如〈红楼梦〉第 107 回贾母说:

　　　　我所剩的东西也有限,等我死了做结果我的使用。

照这两条看来,'结果'该是'发送'的意思。
　　宋人所撰〈丁晋公谈录〉里有这么一条:

　　　　[窦]俨谓其弟参政偁曰:'俨兄弟五人皆不为相,兼总无寿。其间惟四哥稍得,然结裹得自家兄弟姊妹了亦住不得。'(按偁行四,俨行二,兄对弟也以'哥'相称,是当时习惯。)

这一条据〈百川学海〉本及钞本〈说郛〉卷 98 所录都作'结裹',而〈事实类

苑〉转录作'结果'。可见'结裹'原是宋人寻常言语,'裹'字又简写作'果',到后来就把本字忘了。用'结裹'作发送讲,这是很好懂的;用朴刀来结裹,本有点开玩笑的意味,而又写作'果',就不是一望而知的了。这个词居然到〈红楼梦〉时代还有守着宋初原义的用法,也可以算得长久了。

新找出来两条材料是:

> 乃事得那好阿娘,碎小尽到他结裹。(敦煌掇琐第 23 种。'裹'原作'裏',但叶'个、大、火',可断定是'裹'之误。又第一字'乃'疑为'万'之误。)
>
> 父母世间惊怪我,复畏寒冻来结裹,身着天衣谁知我。
>
> (老子化胡经,成都二仙庵翻印敦煌石室本。按:伦敦、巴黎两处所藏敦煌卷子都有〈老子化胡经〉,且都不止一卷,此不知何卷。)

这两处的'结裹'都不能作发送讲,前一处可以解释为料理,后一处只能解释为用衣服和被窝来裹扎。又〈警世通言〉第 28 卷:

> 今有一头亲事在此说起,望姐姐、姐夫与许宣主张,结果了一生终身也好。

这'结果'也只能作料理讲。这样看来,'结裹'一词的语义演变大概是这样:

〈水浒〉21 回的'结果'应是专指装殓而不是泛指发送。

主　腰

一

〈朝野新声太平乐府〉卷九有曾瑞卿所作〈哨遍〉四套,第二套的题

目，下一字为'腰'，上一字在〈四部丛刊〉的影印本里有点象'麈'字而颇为模胡，〈国学基本丛书〉本据校点者的序是根据好几个元本明本校定的，但上一字仍作方围示阙。依据曲文的内容来揣摩，这个字应是'麈'字，'麈腰'通常写作'主腰'，在元明的俗文学里并不太生疏，如〈阳春白雪〉前集卷三马致远〈寿阳曲〉云：

害时节有谁曾见来？瞒不过主腰胸带。

又一百二十回本〈水浒传〉74回叙燕青在东岳和任教师相扑，形容那教师的打扮，有云：

串带儿拴十二个玉蝴蝶，牙子扣儿；主腰上排数对金鸳鸯，楚褶衬衣。

这和曾瑞卿的曲文'带儿绖十二白蝶舞；牙子对一双碧翠飞'完全吻合。直到六七十年前写定的〈三侠五义〉(52回)里头还有'挂腰子'：

三公子将书信递与他，他仿佛奉圣旨一般，打开衫子，揣在贴身胸前挂腰子里。(他＝宁妈妈)

主腰不是普通的腰带，大致就是现在的褡包；有些地方(如四川)称之为裹肚，有些地方(如鄂东)称之为挂肚(又讹为猪肚)，而我的故乡江苏丹阳则称之为抱肚子。'抱肚'这个名称很古，宋初汾阳无德禅师的〈赞深沙神歌〉(大正藏47卷623页)云：

璎珞枯骸颈下缠，猛虎毒蛇身上布。师子衫，象王裤，更绞毒龙为抱肚。

深沙神就是〈西游记〉里的沙僧的原型。

曾瑞卿的曲文描写主腰的形制，说：'特遣人劳心费力，选二色青红相配，拣四时锦绣希奇，'又说：'穿花鸂鶒偏斜落，出水鸳鸯颠倒飞，

浑绣得繁华异。'可见当时女子所用的是制作很精的。宁妈妈所系的自然不足以语此,深沙神腰间的更是吓人不拉的了。

二

上面是我在 1943 年写的一条札记,发表在〈国文杂志〉(桂林)3 卷 3 期,现在来做些补充和订正。

〈太平乐府〉里笔画不清的那个字,可以肯定是'麈'字,隋树森校订的本子(中华书局,1958)里正是这个字。当初大概是有音无字,'主'和'麈'都是借用。'麈'只见于〈太平乐府〉里曾瑞卿的曲子,'麈'与'主'同音,为什么不怕麻烦,放着五画的字不用而用一个十六画的字,不懂。

主要问题是'主腰'究竟是个什么东西? 札记里说它是抱肚即褡包,是不是肯定得太快? 陆澹安〈小说词语汇释〉(中华书局,1964)里说,主腰就是肚兜(普通话兜肚),引了两个例子,一个就是札记里引用的〈三侠五义〉52 回,另一个是一百二十回本〈水浒〉27 回:

> 那妇人就走起身来迎接。下面系一条鲜红生绢裙,搽一脸胭脂铅粉,敞开胸脯,露出桃红纱主腰,上面一色金钮。

〈汇释〉的作者忘了兜肚是不用钮扣的。当然,抱肚也是不用钮扣的。那末,主腰究竟是什么东西呢? 容与堂刻本〈水浒传〉(上海人民出版社影印,1975)27 回头里有两幅插图,里边的孙二娘都是敞开胸脯,露出主腰的。那东西看起来既不象兜肚,也不象抱肚,倒有点象奶罩流行以前的'小背心',前面清清楚楚有一溜钮扣。第二幅插图里,除前面有一溜钮扣外,还在上沿画出有三指来宽的横幅绣花。

主腰的形制问题解决了,剩下的问题是主腰跟抱肚、裹肚、兜肚的关系——古今名称的关系,古今实物的关系。在前引〈水浒〉27 回那段文字之后,紧接着有一段骈文赞语(据容与堂刻本。人民文学出版社 1954 年版〈水浒全传〉同。国学基本丛书本有这段赞语,但缺第四联):

> 眉横杀气,眼露凶光。辘轴般蠢笨腰肢,棒槌似桑皮手脚。
> 厚铺着一层腻粉,遮掩顽皮;浓搭就两晕胭脂,直侵乱发。红裙内
> 斑斓裹肚,黄发边皎洁金钗。钏镯牢笼魔女臂,红衫照应夜叉精。

这可以证明主腰就是裹肚,形状与后世的兜肚不同。兜肚之制起于何时,有待考证。(兜肚为小背心所取代是几十年以内的事情。)

裹肚和抱肚,名称都很古。〈老学庵笔记〉卷二:

> 祖妣楚国郑夫人有先左丞遗衣一箧。裤有绣者,白地白绣,
> 鹅黄地鹅黄绣。裹肚则紫地皂绣。

又卷七:

> 王荆公所赐玉带阔十四稻,号玉抱肚。

照这里的文字看,裹肚和抱肚不是一个东西,裹肚是穿在里边的,抱肚是系在外面的。裹肚很阔,不但可以从容与堂本〈水浒〉插图里看清,还有文字佐证,如〈鸡肋编〉(涵芬楼校刻宋人笔记)卷上 72 页:

> 人有相仇害者,于树干中去皮尺许,令周匝,谓之‘系裹肚’。
> 虽大木,亦枯死。

抱肚好象也比一般的腰带阔,宋神宗赏给王安石的腰带之所以称为玉抱肚,正是因为它‘阔十四稻’(该有六七个厘米吧)。

从另外一些书证来看,裹肚也可以穿在外面。〈京本通俗小说·碾玉观音〉(亚东图书馆〈宋人话本八种〉):

> 适来郡王在轿里看见令爱身上系着一条绣裹肚。

元曲〈潇湘雨〉(世界书局排印本)第三折:

好着我急难移步,淋的来无是处。我吃饭时晒干了旧衣服,
上路时又淋湿我这布裹肚。

那末,二者的区别仅仅在于阔狭不同了。是不是抱肚和兜肚都是后起
的,都源出于裹肚即主腰呢? 谨以求教于博雅君子。

1982 年 9 月

[补记一]〈人民文学〉1982 年 11 期有一篇小说〈电话没有打通〉
(作者:佳峻),里边有一句:

葛振华又解开一层衣扣,露出里面穿的红腰子。

作者有附注:腰子:塞外农民穿的一种背心。'腰子'之名肯定是从
'主腰'演变来的,但不知道是凡背心都称为腰子呢,还是只有某种背
心称为腰子。

1983 年 1 月

[补记二]上面这则札记在〈语文研究〉发表之后,收到大同师专
马文忠同志来信,说明大同地区至今还有部分居民穿主腰。现在把这
封信节录如下:

(上略)大同一带'主腰'的形状见另图(略)。它分夹的和
棉的两种,穿在外衣里边,当地人的叫法:主腰,主腰子,夹主
腰,棉主腰。面子的颜色有红色、蓝色、黑色等,男人也常穿红
色的。钮扣多为用布条做的'绦疙瘩'('绦'读阳平,音同
'逃'),也有铜质球状的。钮扣一般是上中下三道。另有两根
布带子钉在后面,从两肩搭过来,用纽襻系在最上面的那道扣
子上。解放前它几乎是这里男女老少必穿之物,近一二十年背
心日趋普及,市区人民穿主腰的越来越少,但在农村则主腰与

背心仍可平分秋色。

　　大同一带另外还有一种'搂肚儿'[ᶜlutuər]，一般是夹的，贴身穿，上面用绳子挂在脖子上，中间的两边有两根绳子在腰后相系。现在很少有人穿了。（湘按：这'搂肚儿'即'兜肚'。）

　　除马文忠同志外，我还收到河北、山西、东北几处读者来信，所说'主腰'的名称和形制与上述大同小异。

1983 年 10 月

读〈北梦琐言〉

一

　　以郡望代姓，用来指人，这个风气好象始于中唐而盛于晚唐，〈北梦琐言〉里照例是初见举姓名，以后就用郡望来替代。例如：

　　王文公凝，清修重德，冠绝当时……于时司空图侍郎方应进士举……瑯琊知之，谓其专敬，愈重之。（第 27 则）[1]

　　唐相国刘公瞻，其先人讳景，本连州人，少为汉南郑司徒掌笺劄。因题商山驿侧泉石，荥阳奇之，勉以进修。（第 28 则）

　　唐相国韦公宙，善治生……咸通初，除广州节度使。懿宗以番禺珠翠之地，垂贪泉之戒。京兆从容奏对曰：'江陵庄积谷尚有七千堆，固无所贪。'（第 35 则）

　　大中四年，进士冯涓登第……恩地即杜相审权也。杜有江西之拜，制书未行，先召长乐公密话。（第 40 则）

　　唐杨蔚使君典洋州，道者陈休复每到州，多止于紫极宫。弘农甚思一见，而颍川辄便他适。（第 54 则）

　　卢相光启……受知于租庸张濬。清河出征并、汾，卢每致书

---

① 引文根据上海古籍出版社 1981 年排印本。

疏,凡一事别为一幅。(第 58 则)

近代吴融侍郎,乃赵崇大夫门生,即世日,天水叹曰:'本以毕、白待之,何乃乖于所望!'(第 74 则)

唐大中初,绵州魏城县人王助举进士,有奇文……于时薛逢牧绵州,见而赏之……助后以瞽废,无闻于世,赖河东公振发增价,而子孙荣之。(第 77 则)

刘鬨时为金吾仓曹参军,依栖韦公[皋]……洎京兆变故,彭城知留务,起雄据之意。(第 96 则)

这种称代法宋以后的文字里很少看见了,代之而起的是貌同而实异的另一种称代法。宋朝的曾巩,人称曾南丰。南丰是地名,但不是郡望而是籍贯;以郡望代姓,可以用于所有姓这个姓的人(如上面所引例子里边,韦宙和韦皋都用'京兆'来代),用籍贯来代,在一定时间只用于一个人;用郡望代姓,不能连姓说,用籍贯指人,可以连姓说。这种称代法宋朝还不多见,明朝渐渐多起来,如称严嵩为分宜,称张居正为江陵。清末民初这个风气很盛,例如称李鸿章为合肥,称翁同龢为常熟,称袁世凯为项城,称黎元洪为黄陂,称段祺瑞为合肥。但称徐世昌为东海是用的郡望,徐是天津人;而孙中山则不是人以地名,而是地以人名,中山县原名香山县。

二

〈北梦琐言〉里的官名常常用别称,这也是晚唐五代的风气。例如:

唐相国李太尉德裕,抑退浮薄,奖拔孤寒。于时朝贵朋党,掌武破之,由是结怨。(第 21 则)

唐蔡京尚书为天德军使,衙前小将顾彦朗、彦晖知使宅市买。八座有知人之鉴……勉之曰:'公弟兄俱有封侯之相,善自保爱……'(第 57 则)

唐刘舍人蜕,桐庐人。早以文学应进士举……紫微历登华贯,出典商於……(第 39 则)

唐柳大夫玭……谪授泸州郡守，先诣东川庭参，具橐鞬。元戎顾相彦朗坚却之。亚台曰：'朝廷本用见责，此乃军府旧仪。'顾公不得已而受之。（第49则）

路侍中岩在西蜀……使院小吏罗九皋巾裹步履，有似裴条郎中，大貂遥见，促召衫带，逼视方知其非。（第63则）

陇西李涪常侍……光化中，与诸朝士避地梁川，小貂日游邻寺，以散郁陶。（第104则）

唐张祎侍郎，朝望甚高，有爱姬早逝，悼念不已……其犹子右补阙曙，才俊风流，因增大阮之悲，乃制〈浣溪纱〉……置于几上。大阮朝退，凭几无聊，忽睹此诗，不觉哀恸，乃曰：'必是阿灰所作。'阿灰，即中谏小字也。（第149则）

唐王祝给事……尝典常州……急诏征回……行至甘棠，王琪帅于是邦……以夕拜将来必居廊庙，延奉勤至。（第169则）

伪王蜀叶逢，少明悟……后充湖南通判……梦见乘船赴任……觉后，话于广成先生杜光庭次，忽报敕下，授检校水部员外郎。广成曰：'昨宵之梦，岂小川之谓乎？'（第333则）

这个风气一直延续到宋朝。例如：

宇文虚中以舍人为童贯参谋，卢沟之败，虚中走焉。及燕山奏功，归为翰林学士。宣和八年，复从贯行。金人犯顺，虚中奔还，道君以为资政殿大学士。虏逼都城，虚中走宿、亳间，虏和乃归。上以为枢密。故京城为之语曰：'一走而为内翰，再走而为大资，三走而为枢密。'（三朝北盟会编）[①]

朱行中自右史带假龙出典数郡。是时年尚少，风采才藻皆秀整。（泊宅编。按：直龙图阁谓之假龙，龙图阁待制谓之小龙，龙图阁直学士谓之大龙，龙图阁学士谓之老龙，见〈泊宅编〉。）

---

① 这一处和以下三处引文都是转引自丁传靖编〈宋人轶事汇编〉。

　　[王]继先幸于高宗。初秦桧权未张，颇赂上左右以固宠。继先实表里之，凭依城社者三十年。绍兴蜀人杜莘老为南床，拟击之而未发。（桯史。按：南床是侍御史的别称。）

　　洪公弼为宁海主簿，有荷花桃实竹枝连理之瑞，已而生适（kuò）。故适以贰车行县题诗云：‘久已驰魂梦，今登三瑞堂……展骥惭充位，占熊忆问祥……’（宋诗纪事。按：贰车是通判的别称，洪适曾经做过台州通判，宁海县属台州，洪适以台州通判的身份去他的出生地宁海县视察，所以有‘展骥’、‘占熊’的话。）

　　但是宋朝人只用这些别称代替正式官名，不象唐、五代人的进一步用来指居此官的某人。同时，应用的范围也大大缩小了。洪迈在〈容斋随笔〉里有一则〈官称别名〉，说：‘唐人好以它名标榜官称，今漫疏于此，以示子侄之未能尽知者。’可见很多别名已经不用，以致象洪迈家这种仕宦人家的子弟也不知道了。

三

〈北梦琐言〉里有几则谐音的例子：

　　光化中，朱朴自〈毛诗〉博士登庸，恃其口辩，可以立致太平……洎操大柄，无以施展……内宴日，俳优穆刀陵作念经行者，至御前曰：‘若是朱相，即是非相。’（第108则。‘朱’谐‘诸’。）

　　唐李群玉校书，字文山，澧州人，有诗名，散逸不乐应举，亲友强之，一上而已……或曰，曾为荆之幕下，假书题谒澧吏艾使君。李谓艾侯曰：‘小子困甚，幸使君痛救之。’以戏其姓之癖也。（第109则。‘救’谐‘灸’。）

　　唐曹相国确判计，亦有台辅之望。或梦剃度为僧，心甚恶之……无何，杜相出镇江西，而相国大拜也。（第138则。‘剃度’谐‘替杜’。）

酒泉子的句法和韵式

我在〈语文常谈〉中举词韵复杂之例,引温庭筠的〈酒泉子〉:

> 花映柳条,闲向绿萍池上。凭阑干,窥细浪,雨萧萧。近来音信两疏索,洞房空寂寞。掩银屏,垂翠箔,度春宵。

全首十句,除第三句和第八句不用韵外,其余八句花搭着押了三个韵:

杨联陞先生从美国来信说:'我以前没注意这个情况。试检〈花间集〉,有温庭筠〈酒泉子〉四首。除第一首如上,第二首韵:窗、釭、双;碧、隔;阁、薄、落。第三首韵:归、稀、飞;水、起;鬓、风、梦。第四首韵:香、肠、狂;豆、旧;梁、节、歇。其中鬓字梁字似与起句为韵。但大体言之,吕先生之说不误。'联陞先生接下去引〈花间集〉里韦庄、牛峤、张泌、毛文锡、牛希济、顾敻、孙光宪、毛熙震、李珣等人的〈酒泉子〉共22首,连温庭筠的共26首,加以分析,指明句法和韵脚都颇有出入,并引万树〈词律〉,〈酒泉子〉共有二十体,云云。

我把这26首词,按押韵的情况试为分类,大体如下(上一行是各句的字数,下一行是韵脚,括弧内是举例):

(A) 押三个韵的,共18首。

A1. $\underset{\text{a b} \cdot \text{b a}}{4\ 6|3\ 3\ 3}\ \|\ \underset{\text{c c} \cdot \text{c a}}{7\ 5|3\ 3\ 3}$ (温庭筠:花映柳条)

此式共有11首,其中一首后段第二句六字,一首同句七字,两首前后段第二句皆七字。

A2. $\underset{\text{a b} \cdot \text{b a}}{4\ 6|3\ 3\ 3}\ \|\ \underset{\text{a c} \cdot \text{c a}}{7\ 5|3\ 3\ 3}$ (温庭筠:罗带惹香)

此式与上式不同处是后段首句押 a 韵。共有二首,其中一首前后段第二句皆七字。

A3. $\underset{\cdot \text{b} \cdot \text{b a}}{4\ 6|3\ 3\ 3}\ \|\ \underset{\text{c c} \cdot \text{c a}}{7\ 5|3\ 3\ 3}$ (孙光宪:空碛无边)

此式起句不押韵,余与 A1 相同。共有三首。

A4. 4 7 | 7 3 ‖ 7 5 | 7 3 （顾夐：水碧风清）
　　· b a a 　a b c c

此式与以上三式不同处有二:一,无 3×3 句法;二,前后段末句不同韵。共有二首。

(B) 押两个韵的,共 5 首。

B1. 4 6 | 3 3 3 ‖ 7 7 | 3 3 3 （顾夐：黛薄红深）
　　a b · b a 　b b · b a

此式句法与 A 类前三式相同,但在 A 类押 c 韵处改押 b 韵。共二首,其中一首第二句七字。

B2. 4 6 | 7 3 ‖ 7 7 | 3 3 3 （李珣：秋雨联绵）
　　· · a a 　a b · b a

此式共三首,共同之处是:一,只用两个韵;二,头两句无一句押韵。此外,在句法上和韵脚的排列上都不一致。

(C) 一韵到底的,共 3 首。

4 7 | 7 3 ‖ 7 7 | 7 3 （毛文锡：绿树春深）
· · a a 　a · a a

此式特点,除一韵到底外,头两句也不押韵,并且无 3×3 句法。共三首,其中一首前后段第二句皆六字,一首后段第二句五字。

总的看起来,五代时候的〈酒泉子〉以 A 为主要格式(26 首中 18 首),其中尤其以 A1 为多(18 首中 11 首)。但流传到宋代的却是一韵到底的 C 式,万树在毛文锡'绿树春深'词后注云:'此则前后整齐,宋之同叔、稼轩皆用此体矣。'

联陞先生文中还提到戴密微与饶宗颐合著的〈敦煌曲〉中的〈酒泉子〉四首。我这里没有这本书,只有任二北的〈敦煌曲校录〉,有〈酒泉子〉三首。它们的句法是:47 | 75 ‖ 77 | 75(有一首后段首句八字),用韵则三首三个样儿,一首三个韵,一首两个韵,一首一韵到底。

掉个过儿还是一样

1981 年 7 月 6 日〈人民日报〉第八版上的一篇文章里有这么一句:

　　在家里,我对儿媳象闺女一样,儿媳对我也象亲妈一样。(A)
　　　　　　　· ·　　　　　　　　　　· ·

把这里边的'闺女'和'亲妈'掉个过儿：

> 在家里,我对儿媳象亲妈一样,儿媳对我也象闺女一样。(B)

意思丝毫不变,你道怪也不怪? 再一想,也不难理解。这是因为这两个句子里都有省略：

> 在家里,我对儿媳象[亲妈对]闺女一样,儿媳对我也象[闺女对]亲妈一样。(A′)
> 在家里,我对儿媳象亲妈[对闺女]一样,儿媳对我也象闺女[对亲妈]一样。(B′)

(A′)和(B′)的意思完全相同,所以(A)和(B)的意思也完全相同。

有人说语言里边无所谓省略。象这个句子,不用省略就没有法子解释为什么(A)和(B)意思相同。

'他的老师教得好'和'他的老师当得好'

'他的老师教得好'和'他的老师当得好',这两句的构造是一样的,可是意思不一样,不仅仅是'教'和'当'的意义不同,连'他的老师'的意义也不同。第一句的'他的老师'是一般的意义(以下称为A义),第二句的'他的老师'不是他的老师,是他当老师(以下称为B义)。单说'他的老师'只能有A义,只有放在第二句里才能有B义。

在这个句子里,是什么决定'他的老师'的这种特殊意义的呢? 很容易想到是由于这里的动词'当'是所谓'被动式',而第一句里的动词'教'是所谓'主动式'。有同类意义的句子,里边的动词也都是被动式,例如：他的篮球打得好|你的象棋能下得过他? |她的媒人没做成|他的资本家当不成了,等等。

可是也很容易发现一些句子,可以有A和B两种意思,例如：她的鞋做得好看|他的发理得好|他的笑话说不完。甚至可以有三种意思,例如：他的小说看不完(两种A义：他写的小说,他收藏的

小说；B 义：他是个小说迷）他的针扎得不疼（A 义：针是他的；两种B 义：他给人扎的针，人给他扎的针）。这些句子里的动词都是被动式，可是有 A 和 B 两种意义，可见跟动词的‘式’无关（至多只能说 B义的句子的动词总是被动式，但也有例外，见下）。这里是真正的‘歧义’。

有的句子本身排除两解的可能。或者是由于‘×的×’单独不好讲，例如‘他的资本家’；或者是联系上谓语的意义，不能作 A 义来理解，例如前面‘篮球’、‘象棋’、‘媒人’这三句。象‘她的鞋做得好看’这一类句子，本身不能解决歧义，得看上下文或者实际情况，例如鞋是不是穿在‘她’脚上，‘他’是不是理发师，‘他’是爱说笑话的人还是爱闹笑话的人，等等。

有时候，两种讲法不矛盾，A 义和 B 义合而为一。例如：他的小说写得好（他的小说＝他写的小说）│他的普通话说得漂亮（他的普通话＝他说的普通话）。再拿‘她的鞋做得好看’这一句来看，也可能她脚上穿的就是她自己做的。可是一个人做的鞋不一定自己穿，穿的鞋不一定自己做，跟写小说、说普通话不一样，所以‘她的鞋做得好看’有A 和 B 两种意义。

中性词与褒贬义

有些中性意义的词，连起‘有’字来用就有褒义。例如：

中性	褒义
这句话的意思不明确。	这幅画儿有意思。
各人有各人的眼光。	你真有眼光，让你猜对了。
这是两种不同的见解？	有见解，有文采，是篇好文章。
这就得看他的人缘儿了。	他有人缘儿，你放心。

如果把右栏例句里的‘有’改成‘没’，‘没意思，没眼光，没见解，没人缘儿’，整个短语是贬义，这就从反面证明其中的‘意思’等等是褒义。

与此相反，有些在别处是中性的词，跟‘有’字连起来用就有贬义。

例如：

中性	贬义
你说说你的意见。	领导同意，可是群众有意见。
两个人的看法不一样。	她对他有看法。
近来他情绪比较稳定。	你不觉得他有情绪？
这个人脾气怎么样？	这个人有脾气没有？
不知道会产生什么影响？	这对你的升学有影响。

这也可以从反面证明：'没意见'是没反对意见，'没脾气'是脾气好，'没影响'是没坏影响（比较：'不影响升学'是不妨害升学）。'没看法'和'没情绪'似乎一般不说。

上面所说的那些词都是抽象名词。有一个词，跟'有'连用的时候有褒贬二义，这个词是'味儿'：用于抽象意义，'有味儿'是褒义，例如'这个戏看起来有味儿'（文言，'津津有味'）；用于具体意义是贬义，例如：'这东西已经有味儿了，还不快扔了？'。

语义中的相对性

且抄一段旧报：

> 有一位副部长每天上下班都骑自行车，部里行政部门管司机班的一位处长却对这位副部长说：'按制度，我们派车去接你，你为什么不坐车？你不要搞特殊化！'这也许出于好意，但'特殊化'一词如此运用，真是妙不可言。（人民日报，日期失记）

作者说'"特殊化"一词如此运用，真是妙不可言'，意思是说它跟一般人的理解不同：一般人以坐小汽车上班为特殊化，这位处长却以骑自行车上班为特殊化，所以是'妙不可言'。

从语义学的角度看，这并不奇怪。'特殊'的定义是'不一般'，因此在每一个具体事例上，什么是'特殊'决定于什么是'一般'。十个人

之中九个是胖子,那个瘦子是特殊;十个人之中九个是瘦子,那个胖子是特殊。如果你就整个干部队伍说,骑自行车上班的是一般,坐小汽车上班的是特殊;可是如果你象那位处长那样,就部长级干部说,那末,坐小汽车上班确实是一般,而骑自行车上班倒是特殊了。但是因为一般读者的头脑中有一个不加分辨的想法,'坐小汽车上班是特殊化',因此听到这位处长说副部长骑自行车上班是特殊化,就觉得可笑。说不定这位处长说这句话就是有意逗笑。

空　话

宋朝曾慥的〈高斋漫录〉里有一条:

徐师川之族兄少赴举场,试〈圆坛八陛赋〉,终日不能下一字。乃大书试卷云:'圆坛八陛,八陛圆坛。八陛圆坛,既圆坛而八陛;圆坛八陛,又八陛以圆坛。'榜出,阳为失意状。或调之曰:'吾兄所以被黜,正由小赋内不见题故也。'至今传以为笑。

洪迈的〈容斋随写・四笔〉卷七里有一篇〈人焉廋哉论〉,与此相似而又讨之。〈论语・为政〉有一处'人焉廋哉':'子曰:视其所以,观其所由,察其所安,人焉廋哉! 人焉廋哉!'〈孟子・离娄〉也有一处'人焉廋哉':'存乎人者,莫良于眸子。眸子不能掩其恶。胸中正则眸子了然,胸中不正则眸子眊焉。听其言也,观其眸子,人焉廋哉!'这'人焉廋哉'四个字,〈论语〉里说了两遍,〈孟子〉里只说了一遍,于是一位太学生(类似今天的大学生)就此'戏作一论':

知人焉廋哉之义,然后知人焉廋哉,人焉廋哉之义。知人焉廋哉,人焉廋哉之义,然后知人焉廋哉之义。孔子所云人焉廋哉,人焉廋哉者,详言之也。孟子所云人焉廋哉者,略言之也。孔子之所谓人焉廋哉,人焉廋哉,即孟子之所谓人焉廋哉。孟子之所谓人焉廋哉,即孔子之所谓人焉廋哉,人焉廋哉也。夫人焉廋哉,人焉廋哉,人焉廋哉,虽曰不同,而其所以为人焉廋哉,人焉廋哉,

人焉廋哉,未始不同。

这些都是赤裸裸的空话,事实上是极难遇到的。但是不这么露骨而实际上差不多的空话却是常常可以见到的。试看:

> 我们知道,要做好某一件事情就要懂得这件事情的规律,写文章也不能例外。了解了写文章的规律、原则和方法,写作的时候就有所遵循,就有可能自觉地根据写文章的规律、原则和方法去完成一篇文章的写作过程,就有可能运用这些规律、原则和方法去解决一篇文章的写作过程中所遇到的问题。

文学与语言的关系[①]

我在一本书里头,偶然看见这么一个故事。就是有一个法国的画家,叫德卡,是一个印象派画家。这位画家,除画画之外,还喜欢作两首诗,对于作诗也很热心。有一天,他作诗,那个诗老是不出来,他去找他的朋友,一个诗人,叫马拉梅,他是一个有名的诗人。德卡跟他说:'我呀,一肚子的诗,写不出来,是个什么问题? 我有很多诗的思想,不能把它写出来。'马拉梅就对他说:'老兄呀,诗这个东西,是拿语言把它写出来的,用文字把它写出来的,不是用思想写出来的,思想没法子写,要写就得用语言。'

就这么一个故事。这个故事引起我一些感想。文学作品是用语言作媒介,用语言把它写出来的。这个道理,中国古代的诗人懂,散文作家也懂,现代的诗人和作家,有的懂,有的就不太懂。现在的文艺评论都是强调生活,说一个作家要有生活,没有生活写不出东西,这话很对。但是光有生活够不够呢? 你把生活经验转化成为文学作品,你要通过一种媒介,就等于我们吃东西进去,要有一种酶帮助消化。把生活转变成作品要通过语言,这个道理,我们的作家,至少是大部分作

---

① 在〈语文研究新成果系列讲座〉开幕式上的讲话。

家,是懂的,因为这是非常现实的问题。你光一肚子生活,没法子把它变成作品,这就跟德卡问马拉梅问题一样。怎么办? 马拉梅说你得用语言把它写出来。这个道理就跟一个画家画油画一样,你首先得调色,这个颜色,这个色彩,你得会调,然后才能画。你不借助于颜色,没法子画出画来。我们作家,大部分都懂这个道理,因为这是个很实际的问题。

非常遗憾,我们的好些文艺评论家,象是不懂这个道理。他开口生活,闭口意识形态,却不讲语言。这种文艺批评是片面的。我们的文艺批评家是这样讲了,我们学校的老师也就跟着这样讲,也是在那儿讲生活,讲意识形态,很少讲语言。那样讲文学,我认为是片面的,讲不好的。

因为有这个感想,我就去查查书。我查了两本文学史,一本是刘大杰的〈中国文学发展史〉,一本是社会科学院文学研究所的〈中国文学史〉。我看这两本书讲杜甫是怎么讲的。当然都讲到杜甫的思想等等,这是两本书共同的。我就看这两本里头讲杜甫运用语言是怎样讲的。刘大杰的书上讲的不多,讲的是杜甫入蜀以后,他的作品就有一种'逍遥恬静的风格',就那么很笼统的几句,好象杜甫运用语言的能事就那么一点,没多少可以说的。文学研究所讲杜甫,有专门一节讲'杜甫诗歌的艺术成就',这里头讲的就比较多。说他是:'精工锤炼,卓然成章。'又说:'他的风格主要表现为:"深沉凝重",或者如他自己所说的"沉郁"','或雄浑、或悲壮、或奔放、或瑰丽、或质朴、或古简,或轻灵,无不达于胜境',就是说他各种风格都有。还有一个地方说:'杜甫的诗歌在语言艺术上的成就,也是非常突出的',点出他用字,举了几个例子:'星垂平野阔,月涌大江流',一个'垂'字,一个'涌'字,都用得好,'群山万壑赴荆门','赴'字用得好。另外一个地方说他'还善于运用民间口头语言和方言俚谚',另外一个地方,说'他卓越地掌握了中国语言的声韵','他的诗不仅具有形象的美,而且具有音乐的美',如〈石壕吏〉这一首诗,内容有转变的地方,诗的韵脚也换了,换韵是配合它的内容的。总的说来,文学研究所讲杜甫运用语言比较多一点。

我又查查从前人的诗话。这种书我手头不多,就有一部〈苕溪

渔隐丛话〉。这部书分前集后集,杜甫在前集有九卷,后集有四卷,共十三卷。我就拿他跟别的作家比较,韩愈是三卷加一卷,共四卷;欧阳修两卷加一卷,三卷;王安石四卷加半卷,四卷半;苏轼九卷加五卷,十四卷;黄山谷三卷加两卷,五卷。杜甫跟苏轼他们两位,讲的特别多,引的材料特别多,讲他们这首诗那首诗,讲他们作品比较详细。我意思是说,我们古人讲文艺作品,很重视作家怎么运用语言,有些什么特色,举了很多例子。而我们现在讲文艺,这方面非常忽略,光讲内容,不谈语言的运用,片面性很明显。我希望这个讲习班上讲文学的同志——当然有分工,有的题目就是说明讲思想的,那当然讲思想了,是不是也有的可以多讲一点作家怎么运用语言。就是讲思想,他的思想也不能赤裸裸地往作品里头搁呀,他还得给它穿上衣服呀,那就是语言了,他得用语言把思想表达出来,总之还是离不开语言的。我今天就这么个意思:咱们的题目是讲语言的固然是要讲语言,题目是讲文学的也讲讲文学作品怎么运用语言来表达内容。我就提供这么一个建议。

（〈中学语文教学〉1986 年 1 期）

典 故 的 形 成

〈人民文学〉1984 年第 6 期有李国文的一篇小说〈危楼记事〉,第 47 页上有这么一句:

[双方]互相‘文攻’几个回合以后,就一拨楼内一拨楼外‘武卫’起来。

同上 1985 年第 1 期有王蒙的一篇小说〈高原的风〉,第 27 页上有这么一句:

小时候他冻得尿过裤。触及灵魂的时候他冻得把唯一供给他热能的高粱米饭吐了一地。

　　这'文攻'、'武卫'、'触及灵魂',没有经历过所谓文化大革命的人是不懂得什么意义的。'文攻'和'武卫'也许还可以蒙个八九不离十,'触及灵魂的时候'就很容易误会成比'小时候'大点儿的时候。这就需要注释,这就成了典故。

　　又如〈现代作家〉1984 年第 1 期有金河的一篇〈打鱼的和钓鱼的〉,其中有一句是:

　　　　啊,当年的'九爷',覃技术员,今天当了县长了!

这个'九爷'是'臭老九'的美称,而'臭老九'又是文化大革命时期对知识分子的恶谥。

　　又如〈小说选刊〉1985 年第 9 期有一篇小说〈山风〉(作者肖亦农、张少敏),第 37 页上有这么两句:

　　　　大概是张山摊出'工人阶级'的硬招牌,才把王淑娴说服了,她也就不再推辞了,接受工人阶级的馈赠,够光彩的,仔细品一品,颇有些芒果味呢!

这'芒果味'就更需要注释了,因为张山送的是'几张十元票子',钞票怎么会有芒果味呢? 这也只有在文化大革命后期比较注意小道新闻的人才知道这儿的芒果是怎么回事。也可以参考李准的小说〈芒果〉。

　　同一期又有一篇小说〈话说老温其人〉(作者蒋子丹),第 143 页上有一句:

　　　　老温心里什么滋味儿,小侯、大张可不管那些,一切还在'按既定方针办'。

这'按既定方针办',照字面的意义,倒是没什么难懂,难懂在于那一对引号。'按既定方针'紧接上文,就是在做饭做菜上捣乱,可是干吗要安上一对引号呢? 这就非熟悉 1976 年 9 月间的时事不

可了。

很多所谓典故就是这样形成的，只是时代较早，不象这几个例子近在眼前就是了。

背 景 知 识

现在的年头儿，看小说也得有点儿背景知识。最近看了一篇〈约会〉（作者刘剑，载〈小说选刊〉1985 年第 10 期），就有几处如果没有有关的背景知识就看不懂。小说是用第一人称讲一个矿工的恋爱故事。有一处，他说：'即便是这辈子摘不了光棍帽儿，下辈子再做个王老五，我们也宁可不屈不挠。'——这就得知道从前有一个嘲笑光棍汉的民谣：'王老五，王老五，行年二十五，衣破无人补。'

接下去说到矿山的医务室来了个姓姚的年轻女医生，因为她，两个矿工的关系恶化了，常常闹摩擦，小说的主人公（他是作业班长）劝也没用，只好一声长叹：'好一个姚岚！好一个百慕大三角！'——这百慕大三角是什么呀？它是北大西洋百慕大群岛附近的一片水域，常常有船只经过那里会无缘无故沉没，连飞机也会失踪。

后来听说这年轻的医生已经有了对象，于是矿工们和解了，'我们的部落又悄悄恢复了生气……我们有福同享，有难同当。我们才是地道的货真价实的快乐的单身汉！'——这倒没有什么难懂，然而作者在这儿可是有意用上了一部早两年上演过的电影的名字：〈快乐的单身汉〉，不过那电影里的单身汉不是矿工而是造船工人。

小说的末了一段是：'我暗中背过手，使劲儿掐了掐自己的屁股蛋子，火辣辣的发痛。可我还是挺纳闷儿。'——这又是怎么回事儿呢？原来是主人公的恋爱出乎意料之外获得成功，疑心自己在做梦。这要是不知道民间相传，是做梦不是做梦可以用掐在身上痛不痛来判断，那就无法理解了。

所有这些，都可以叫做'新的典故'吧。新的典故比老的典故更难对付，因为没有工具书可查，〈辞源〉〈辞海〉不收，辞书出版社出了那么多词典，也解决不了这方面的问题。

绿帽子的来源和产地

曾经读过一篇名为〈漆彩〉的小说，里边有一段对'绿帽子'的解说：

> 绿头？是指戴绿帽子的头吧？在欧洲，戴绿帽子的人是指妻子和别人睡觉，而他本人还蒙在鼓里的冤大头丈夫。

查清赵翼〈陔余丛考〉卷三八'绿头巾'条：'明制，乐人例用碧绿巾裹头，故吴人以妻之有淫行者，谓其夫为绿头巾，事见〈七修类稿〉。又〈知新录〉云：明制，伶人服绿色衣……然则伶人不惟裹绿巾，兼着绿衣。'前人考证如此，其实是靠不住的，因为伶人和纵妇卖淫者毕竟不能画等号，而且伶人不仅帽子是绿的，连袍子也是绿的。

〈陔余丛考〉同卷又引宋庄绰〈鸡肋编〉'浙人以鸭为讳'。〈鸡肋编〉原文如下：'浙人以鸭儿为大讳。北人但知鸭羹虽甚热亦无气，后至南方，乃知鸭若只一雄，则虽合而无卵，须二三始有子。其以为讳者，盖为是耳，不在于无气也。'按公鸭的头上的毛是绿的，'绿帽子'的来源可能在此而不在彼。但原文'鸭儿'二字可以有两解，或指父鸭，或指子鸭，都说得通。

〈水浒传〉第二十五回，郓哥道：'我前日要籴些麦稃，一地里没籴处，人都道你屋里有。'武大道：'我屋里又不养鹅鸭，哪里有这麦稃？'郓哥道：'你说没麦稃，怎地栈得肥膪膪地，便颠倒提起来也不妨，煮你在锅里也没气？'武大道：'含鸟猢狲，倒骂得我好！我的老婆又不偷汉子，我如何是鸭！'郓哥道：'你老婆不偷汉子，只偷子汉。'这一段书证明：一，〈鸡肋编〉的'鸭儿'指的是父鸭；二，讳鸭之俗到明朝还存在；三，煮而无气与多雄共子并不矛盾，都是鸭犯忌的理由。

不管绿帽子的来源究竟如何，其为中国土产大概是没有疑问的，'在欧洲'云云不免中冠西戴，乃是一种误传。相当于中国早先的鸭或后来的乌龟的字眼，在英语里叫做 cuckold，即 cuckoo（斑鸠）。为什么跟斑鸠发生瓜葛，其说不一。约翰逊博士在他的词典里说是起源于有

好心而又好事的朋友看见'第三者'走来的时候,就发出'咕咕! 咕咕!'之声,本意是给丈夫以警告,说是'鸠'要来占你'鹊'的巢了,后来却弄颠倒了,称不幸的丈夫为'鸠',并且可以用做动词,就是让某人当王八的意思。至于不幸的丈夫头上的标记,那就不是绿帽子而是犄角(horns),当然,跟绿帽子并不真的戴在头上一样,犄角也是看不见的。它的来源据说是出于一种古老的风俗,在阉割小公鸡的时候,同时把它的鸡距割下来嫁接在冠子上,后来长成两只小犄角,借以辨认阉鸡,而阉鸡常被认为是有妇不贞者的象征。

　　cuckold 和 horn 现代英语里是难得遇见了,但在莎士比亚时代乃至十八世纪喜剧里并不罕见。例如莎士比亚〈温莎的风流娘儿们〉第三幕末了,福斯塔夫说:'再见,白罗克大爷,您一定可以得到她;白罗克大爷,您一定可以叫福德做一个大王八。'这里的原文就是'……you shall cuckold Ford'接下去是福德发觉此事,发狠要把奸夫捉住,'王八虽然已经做定了,可是我不能就此甘心呀;我要叫他们看看,王八也不是好欺负的。'原文是'…… if I have horns to make me mad ……I'll behornmad.'(译文见朱生豪译本,'王八'原作'忘八','欺负'原作'欺侮'。)

'要' 字 两 解

　　苏叔阳的〈故土〉里有一处,发言的人利用'要'字的不同意义活跃会场气氛。摘录如下:

> 他说'今天我要讲很长的话——'全体与会者一楞,不少人发出叹息。可是他紧接着说:'大家是不欢迎的。'听众活跃,鼓掌。代表:'所以,我只准备讲三分钟。'又是一阵鼓掌。

'今天我要讲很长的话',作为独立的一句,'要'字表示说话人的意志;作为复合句的第一分句,'要'字表示假设,等于'要是'。发言的人故意说半句就停下来,造成误会,然后说出后半句,解除误会,使听众皆大欢喜,超出一般。这应该也是一种修辞手法吧,可是我查了好几本

讲修辞学的书，都没找出来这是一种什么修辞格。

[后记] 承深泓同志见教，谭永祥同志的〈修辞新格〉书里有歧疑格，即指这种手法，作者举了十三个例子。深泓同志的文章见〈中国语文〉1987 年 3 期。

'吾'是'我'，'我'是谁？

近来看冯友兰先生的〈三松堂自序〉，看到一个笑话，涉及语言的问题。下面引原文（285 页）：

先生给学生讲〈论语〉，讲到'吾日三省吾身'，先生说，'吾'就是我呀。学生放学回家，他父亲叫他回讲，问他'吾'是什么意思？学生说'吾'是先生。父亲大怒，说'吾'是我！第二天去上学，先生又叫学生回讲，问'吾'是什么意思？学生说'吾'是我爸爸。

冯先生对这个故事的解释是：这个'我'是抽象的'我'，既不是他的先生，也不是他的爸爸，正如'面包'是指抽象的面包而不是指这一个或那一个面包。这个比方是不确切的。'我'是指代词，指代词跟名词、动词等等不同，它只有指示的对象，没有固定的概念内容。一方面，同一个'我'可以在不同的场合指不同的人；另一方面，同一个人可以在不同的场合被称为'我'或'你'或'他'。这是'面包'办不到的，它可以指这一块或那一块面包，可是不能有时候指面包，有时候指黄油。

语 义 零 拾

好

'这两本书哪本好？'——'这本好。'

　　'车上看看哪本好?'——'这本好。'

两问两答的'好'的意思不一样。第一个问答的'好'是写得最好或最值得看的意思,第二个问答的'好'是最合适的意思。车上看看最合适的不一定是最值得看的,但也不排除是最值得看的。

　　　离开球队以后,他常常这样对自己说:'球队好也好,坏也好,那都是别人的事情了。'(人民文学 1979:10 期 90 页)

'好也好,坏也好'等于'好也罢,坏也罢'。

　　'病好了'是全好了。'病好多了'是还没全好。有一个'多'字反而不如没有一个'多'字的程度高。

看

　　可以说'明年看今年',也可以说'今年看明年',两句的意思差不多,可是两个'看'字的意思不一样。第一句的'看'含有'视……为转移'的意思,'第二句的'看'含有'可预见'的意思。

他爹,他儿子

　　'他爹受了一辈子的苦,只有一个愿望,就是把他儿子送进学堂去念书。'

两个'他'指两个人。'他爹'里边的'他'是'他儿子'里边的'儿子','他儿子'里边的'他'是'他爹'里边的'爹'。这一句要是翻成英语或类似英语的语言,决不能两处都用'他'。英语在这里用有定冠词 the,汉语在这里不能用'这'或'那'。

二十年前,二十年后

　　'二十年前他还是个给地主放羊的苦孩子,二十年后他已经是个群众拥戴的生产队长。'

'二十年前'是从现在算到那个时候，'二十年后'是从那个时候算到现在。前者的起点是后者的终点，后者的起点是前者的终点。如果是同一个起点，那就相去四十年了。不是那个意思。

望前，往后

　'苦就苦咧，再苦也过去咧！提那做啥？人总要顾望前走的日子。往后咱们会越来越好的。'(《小说月报》1981：11 期62 页)

'望前'指将来，'往后'也指将来，这是怎么回事儿呢？由于'望'和'往'不同？不，这个'往'字跟'望'是一个字，从前也有写做'望'的，现在都不那么写就是了。那末分别在哪里呢？在于'望前'是由空间方向引申为时间方向，跟'前途、前程、前景'一样，'前'指将来；而'往后'则是固有的时间方向，跟'后天、后年'一样，'后'指将来。

笑　和　乐

　'这一笑，倒把昭仙给笑乐了。'(浩然：珍珠 121 页)

词典里边，'乐'字有一个义项是'笑'。上面引的这句话里边的'笑'和'乐'是一个意思呢，还是有所不同？反正这里是既不能把'笑'改做'乐'，也不能把'乐'改成'笑'，也不能倒个儿。

　　这跟'做'和'作'相似，有的地方写'做'写'作'都行，有的地方不能通融，特别是'做作'既不能写成'做做'，也不能写成'作作'。

立　足　点

　'这地方，你进去了就出不来了。'
　'这地方，你进来了就出不去了。'

说第一句话的人站在'这地方'的外边，说第二句话的人站在'这地方'的里边。立足点不同，使两句话的'言外之意'也有所不同。第一句话象是好心的警告，第二句话也有可能是好心的警告，但更象是恶意恫

吓,或者幸灾乐祸。

语　　境

　　'他不会说话'可以或者用于婴儿,意思是他还没有获得说话的能力;或者用于哑巴,意思是他丧失了或者本来没有说话的能力;或者用于正常的人,意思是他说错了话,得罪了人,或者把事情闹僵了。这句话五个字,这种种分别是由哪个字产生的呢? '话'? '说'? '会'? 词典里是说'会'字有'有能力'和'擅长'两种意义,其实这也只是程度之差而已。即使承认这个差别,也只能使第三种情况区别于前两种情况,又是什么使前两种情况互相区别的呢? 主要是语言环境,简称'语境'。这语境集中反映在'他'字上,这个'他'或者指一个小小孩儿,或者指一个聋哑人,或者指一个正常人。因此不妨说这个'他'字的语言学意义只有一个(第三人称代词),可是它的现实意义是多种多样的。

背 景 知 识

　　'算了,趁早别去找那个麻烦。要么等脱了军装再讲,要么穿上了皮鞋再考虑。'(徐怀中: 西线轶事)

'脱了军装'好懂,意思是复员。'穿上了皮鞋'呢? 那是指提干(把战士提上去当干部),因为战士一般只能穿胶鞋或布鞋,干部才穿皮鞋。这就叫背景知识。很多话没有背景知识是不好懂的。需要非常专门的背景知识才能懂的话,就叫做'行话'。

关于'很'和'狠'

　　〈中学语文教学〉编辑部让我看了何昭华同志的文章,并且问我有什么意见。我想做一点简单的说明。昭华同志说:'"很""狠"原非一字',一点儿不错。'很'和'狠'古代不是一个字,现代也不是一个字。然而有一点不同:古代这两个字毫无关系,现代这两字却有些瓜葛。古代的'很'和'狠',字形不同,字义不同,字音也不同。现代的'很'和

'狠'却只是字形不同,字义有关联,字音更是完全相同。昭华同志引辞书材料未加分析,我现在把古代字书里边有关的材料用列表的形式抄在下面。

语词	字　形	释　　　　义	反切(合今音)
A	很	[说文]不听从也;一曰,行难也。从彳,艮声。 [广韵]很戾也。俗作佷。 [集韵]〈说文〉:不听从也;一曰,行难也;一曰鳌(戾)也。	胡恳切(hěn) 胡恳切(hěn) 下恳切(hěn)
B	狠	[说文]犬鬥声。从犬,艮声。 [段注]今俗用狠为很,许书很狠义别。 [集韵]〈说文〉:犬鬥声。	五还切(ŋuàn) 吾还切(ŋuàn)
C	龈狠狠	[说文]齧也。从齿,艮声。 [集韵]〈说文〉齧也,谓豕齧物。或从犬。	康很切(kěn) 口很切(kěn)

上面这个表以字形为纲,并且限于古代的材料。下面的图解以语词为纲,从古代联系到现代,也许能把问题看得更清楚些。括号内为字形,‖ 表示词义废弃不用。

A(胡恳切):① 不听从(很₁)→② 很戾,凶狠(很₁→狠₂)——(狠₂)
　　　　　④ 行难(很₁)‖　　　　　　　　　　　　　　→③ 甚极(很₃)

B(五还切):犬鬥声(狠₁)‖

C(康很切):齧也(龈、狠、狠₃)→(啃)

从以上不难看出:(1)'很₂'和'很₁'虽然字形和字音相同,却不是直接继承,因为词义联系不上。这是旧瓶装新酒的例子。从'凶狠'的意义派生'甚极'的意义,在很多语言里都有这样的例子,如英语的 awfully,terribly,dreadfully。(2)'狠₂'和'狠₁'的字音和字义都不同,也没有历史继承关系,也是旧瓶装新酒。(3)'狠₃'跟'狠₁'、'狠₂'都没有关系,只是字形偶然相同。总之,由于语言的演变而引起的字音、字义、字形之间的分合、交叉、错综复杂的关系必须得到重视,简单的说'某字与某字相通'是不解决问题的。

(〈中学语文教学〉1986 年 4 期)

[后记] 江蓝生同志给我提供了近代汉语和现代汉语里几个还把'很'写做'狠'的例子:

> 谁着你失误官身,相公恼的狠哩。(元曲选·金线池第四折 [沽美酒]后宾白,世界书局本(263 页))
> 这里来,这样热闹得狠。(金瓶梅词话 53 回)
> 这家子远得狠哩。(西游记 22 回)
> 不必看了,不必看了,我晓得这庙里娘娘的籤灵的狠呢!(儿女英雄传 38 回,光绪四年聚珍堂木活字本)
> 今天晚上狠好的月光。我不见他已是四十多年。(鲁迅,狂人日记)

汽车医院和水果医院

1984 年 8 月 30 日的〈人民日报〉上,我看到一条报道大连市建成'汽车医院'的消息。乍一看'汽车医院'这四个字,很容易理解为配备了医护人员和医疗器械与药品的、进行巡回医疗的大汽车。可是看完了这段报道,才知道满不是这回事,原来是一种用电脑控制的汽车检测站。它不是给人看病的,它是给汽车看病的。这样看来,'汽车医院'可以有两种理解:按照前一种理解,它属于'帐篷医院'、'马背医院'一类,按照后一种理解,它属于'儿童医院'、'妇女医院'一类。

过了不到一个月,9 月 19 日的〈北京晚报〉的〈科学长廊〉上又登出一篇以〈应该开设水果医院〉为题的文章。我想这大概又是'汽车医院'的同类,是给水果即果树治病的医院吧?谁知道又错了,不是人给水果治病,是水果给人治病。它说的是水果能治多种维生素缺乏症,'当前正是水果大量上市的季节,凡是患有上述维生素缺乏症的病人,可以多吃些水果。''到了今天,人们还在利用水果治病,例如苏联克什米亚(按:应为'克里米亚')海滨就有用水果治病的医院。在这里,病人不打针吃药,而是一天按时给水果吃。'这样理解的'水果医院'属于'针灸医院'、'按摩医院'一类。

让我们试从语义方面稍加分析。'马背医院'、'帐篷医院'都是'名1＋名2'，名1表示名2所在的处所。'儿童医院'、'妇女医院'乃至'汽车医院'是另一种语义结构，'儿童、妇女、汽车'首先跟'医'联系，是'医'的对象，然后这整个组合才跟'院'发生关系，表示'院'的职能。从语法上讲仍然是'名1＋名2'，从语义上讲则是'(名1＋动)＋名2'。跟这个可以相比的是'山水画家'、'京戏演员'、'音乐教室'等等。

'针灸医院'、'按摩医院'乃至'水果医院'又稍微不同些，'针灸、按摩、水果'不是'医'的对象而是'医'的手段(工具)。它们的语义结构跟'儿童医院'等等相同，都是'(名1＋动)＋名2'只是'名1'不代表对象而代表手段。跟这个可以相比的是'水彩画家'、'钢琴演员'、'电化教室'等等。

髮生、並甫、當寧

1985 年第 7 期〈出版工作〉30 页引用了一个故事，节录如下：

> 有一本书稿，由于需要把原稿中的简化字改成繁体字，编辑部委托一位青年编辑负责。
> 其中有一处是'××事件发生于××年'，这位青年同志把它改成'××事件髮生于××年'。

这位青年编辑因为不知道'发'不光是'髮'的简体，也是'發'的简体，闹了个大笑话。

把'发(＝發)'改成'髮'，讲不通也不管，这是明显的错误。可并不是问题都这么明显。请看下面的例子：

〈中国建设〉(中文版)1985 年第 4 期 76 页〈报人张季鸾先生传〉里有一处是：

> 我那次在太原住了一个多月……我到並甫十天即接到季鸾先生的亲笔信……

〈中国建设〉中文版全部是用繁体字印的,校对的同志看见'到',字后头的'并'字,认为是排字工人搞错了,就拿起笔来把它改成'並',尽管'並'字在这里讲不通。他不知道这里的'并'是太原的别名(古'并'州)。

　　还有一个比这个更隐晦的例子。任二北先生的〈优语集〉是花了很大力气编纂的学术著作,全部用繁体字排印,可是校对很差劲,非常可惜。第155页引明人笔记:

> 弘治间,有贵戚封侯者,侍饮禁中。既过三爵,几有'太阳同物'之意。伶人为一猴,乘高跳弄,指之曰:'者猴子爬得高,跌得重。'當寧谕意,为改容者久之。即敕罢宴。

这里的'當寧'应当是'當宁'(zhǔ)。'當宁'指皇帝,〈礼记·曲礼〉:'天子当宁而立,诸公东面,诸侯西面,曰朝。'〈尔雅〉:'门屏之间谓之宁。'郭注:'人君视朝所宁立处。'就现在说,'当宁'已经是一个很冷僻的用语了,一般的校对是不会知道的,于是奋笔把'宁'改为'寧',虽然他也说不出'当宁'是什么意思。

附注:

　　(1)借'宁'作'寧',一般不会发生问题。字典里有四对字——伫:儜;苎:薴;訏:譁;柠:檸——除'伫'和'苎'外都是极生僻的字。

　　(2)'太阳同物'的典故出于〈晋书·王导传〉:'中宗既登尊号,百官陪列,诏王导升御床共坐。导固辞,曰:'太阳下同万物,苍生何由仰照?'中宗乃止。

数目字马虎不得

　　(1)1984年12月15日的〈北京晚报〉上有一条新闻,里边有这么一句话:

> 宣武区教育局中教科近期就此问题对六个中学的十六个高

中班共六千名学生进行了调查。

做一个简单的计算：6 000÷16＝375

问：一个教室坐得下三百七十五个学生吗？

(2) 1985 年 2 月 14 日〈光明日报〉有一条新闻：

今年全国招收攻读硕士学位研究生和研究生班的报名工作已结束，报名总人数达十六万人。……今年全国计划招收研究生近三十五万人，比去年增加百分之十二点一。

照这一说，把报名的学生全部录取也还不到招收名额的一半，怎么办？原来是记者同志把招收研究生的五位数读成六位数了！

(3) 1984 年 12 月 12 日的〈人民日报〉第七版有一条新闻：

这个小组估计，现在有 90％ 的过时化学武器，销毁这批危险物资要花费二十亿至四十亿美元和十至二十年的时间。

'过时化学武器'有 90％ 要销毁，那末，还有 10％ 的'过时化学武器'不需要销毁？留着它干什么呢？揣测文意，大概是说现有的化学武器里边有 90％ 已经过时了，需要销毁，翻译的人把它翻错了。这条新闻的头上有'据〈纽约时报〉报道'云云，可以核对。

(4) 1984 年 10 月 14 日的〈参考消息〉第三版有一篇〈蒙娜丽莎失踪记〉，里边说：

西方多数考证者认为达·芬奇于 1903 年开始作此画。

按：达·芬奇生于 1452 年，卒于 1519 年，怎能在 1903 年作画呢！

一个'被'字见高低

1978 年 9 月 20 日的〈光明日报〉有一条新闻，它的标题是：

〔教育部〕要求有关单位限期退还被占用校舍

第二天的〈人民日报〉上刊载同一条新闻，它的标题是：

〔教育部〕要求有关单位尽快退还占用的校舍

主要的差别在于一个有'被'字，一个没有。究竟是有'被'字好呢，还是没有'被'字好？答：没有'被'字好。这里有一个观点问题。这里争执的目的物是'校舍'，涉及的双方是学校和'有关单位'；从学校这方面说，校舍是被人家占用了，从'有关单位'那方面说，就只是占用而不是被占用。顺着'要求有关单位退还'的方向说下来，就只应该说'占用'，不应该说'被占用'。（除非是'被它占用的'）

图书在版编目(CIP)数据

吕叔湘自选集/吕叔湘著.-上海：上海教育出
版社，2019.1
ISBN 978-7-5444-8700-9

Ⅰ.①吕… Ⅱ.①吕… Ⅲ.①汉语-语言学-文集
Ⅳ.①H1－53

中国版本图书馆 CIP 数据核字(2018)第 290599 号

责任编辑　徐川山
特约编辑　胡惠贞　冯　战
封面设计　陆　弦

吕叔湘自选集
吕叔湘　著

出版发行　上海教育出版社有限公司
官　　网　www.seph.com.cn
地　　址　上海永福路 123 号
邮　　编　200031
印　　刷　上海展强印刷有限公司
开　　本　965×635　1/16　印张 32　插页 4
字　　数　460 千字
版　　次　2019 年 1 月第 1 版
印　　次　2019 年 1 月第 1 次印刷
书　　号　ISBN 978-7-5444-8700-9/H·0302
定　　价　108.00 元

如发现质量问题，读者可向本社调换　　电话：021－64377165